发展地方经济决策丛书

盘活要素市场

新旧要素大融合

Vitalizing Factor Markets:
A Great Fusion of Old and New Factors

杨成长　龚　芳
方思元／著

上海人民出版社

序言

Preface

中国特色社会主义市场经济充满活力的重要特色，是地方政府主动谋求发展的积极性。我国地方政府发展经济的热情和积极性，是任何西方市场经济国家以及新兴工业化国家所难以企及的。在西方发达国家，促进经济发展的主要任务由中央政府和宏观调控部门承担，地方政府更多是提供公共服务和管理。至于地方经济发展的体量和速度，并不是它们关注的焦点。当然，境外经济体的地方政府也承担着完善基础设施、提高公共产品和服务水平、促进就业以及解决民生问题等职能，但它们推动地方经济发展的工具、举措和创新精神，都无法与我国地方政府相媲美。截至2022年底，我国大陆范围内构成地方政府的31个省、自治区、直辖市，293个地级市以及3000多个市辖区、县级市和县，都是推动区域经济发展的重要主体。

地方政府为一方百姓提供公共产品、公共服务和社会管理，但它们更重要的职责是发展经济。地方政府发展经济的积极性和主动性，既体现政府官员为政一任、造福一方的任职理想，也是考核和选拔官员制度导向的结果。我国区域辽阔，发展条件、发展环境和发展水平差异很大，必须在中央统一的思想和政策指导下，根据各地发展条件和水平，实行差异化发展政策，才能形成发达带动落后、先进带动后进的发展局面。地方官员的执政水平体现在贯彻落实中央战略和政策基础上，能否根据区域发展实际状况，制定独特的发展政策，促进本地区经济增长速度和发展水平超过同级别和同条件的其他地区。改革开放以来，我国经济发展的过程也是制度不断创新的过程。制度创新除了靠中央的顶层设计外，也要靠地方政府在实践中的探索和总结。我国各级政府都掌握着土地等重要要素资源，形成了相对完整的地方税费收入体系，拥有相当数量的国有资产和事业单位，具有一定权限范围的行政法规的立法和执法权力，这为各级地方政府发展区域经济奠定了重要的要素、财力和政策基础。

当前我国正步入高质量发展阶段，对地方政府政绩考核的导向也发生了重要变化，更加重视发展的全面性、均衡性和民生性，牢固树立科学发展的理念，坚持走高质量发展道路。虽然发展的内涵和要求进一步提高了，但促进经济发展作为地方政府的第一要务并没有改变。发展才是硬道理，只有在发展中才能改善民生并促进城乡面貌发生改变，这些基本的发展理念始终没有动摇过。

改革开放以来的经验证明，任何一个地方要获得超常规发展，仅仅依靠盘活自身存量资源是远远不够的，关键要靠招商引资，通过引入项目和企业，导入资金和要素，才能获得长足发展。巧妇难为无米之炊，没有资源导入，再好的政策也很难发挥作用。改革开放的逻辑，就是通过开放促进制度改革，特别是市场化改革。开放让我国融入全球经济一体化中，充分发挥要素和制度比较优势，全面加入全球化分工和合作，在利用全球市场的同时也激活了国内市场。开放的过程，是倒逼我国在市场、企业、贸易、投资和金融制度上与国际通行惯例相接轨的进程，有效推动各级政府形成了符合现代市场经济和国际贸易规则的经济调控体系和制度体系。区域经济发展同样也需要通过区域开放倒逼地方政府实行制度改革。区域开放首先是向国内市场的开放，在国内统一大市场中，寻找区域发展的特定优势，布局具有区域比较优势的产业，加入国内市场的大循环。

如果说改革开放的早期阶段，地方政府的着力点放在通过市场化改革，大力发展本地乡镇企业和民营经济，那么从20世纪90年代开始，各地都将全面对外开放和扩大招商引资作为发展经济的头等大事。招商引资成功了，引来了项目和资金，自然就有了增加值、税收收入和就业，经济增长的各项指标就会有所提升。步入新时代，人们逐渐认识到单有项目和资金的引入，没有现代生产要素的导入，发展依然难以持久。只有持续不断地导入人流、物流、资金流、信息流和技术流，形成流量经济和平台经济，才能获得长期、持久、稳定的发展基础。因此，要素资源的流向和流量成为决定一个地区发展能力和持续性的关键指标。凡是要素净导入的区域发展必然加快，凡是要素净流出的区域，政府制定再好的政策和优惠措施，经济发展也难以持久，招商引资已经转向招商引流了。

与招商引资不同，招商引流需要地方政府打造的是整体发展环境并形成综合比较优势。地方政府可以采取特殊优惠政策吸引单一项目，却无法采取特殊优惠政策去持续吸纳各种现代要素。从发展阶段来看，改革开放早期阶段，招商引资的主要项目是制造业，包括内资和外资制造业，对土地、劳动力和税收政策较为敏感。各级政府利用掌握的土地资源和政策，可以努力创造一个土地、劳动力成本洼地并实行税收优惠，从而形成阶段性要素成本和政策优势。然而，现在要发展的是中高端制造业和现代服务业，对传统要素成本的敏感度下降，对现代要素和营商环境的要求大大提高，单纯的税收优惠和差异化政策已经很难产生效果。如何根据区域特定发展环境，从整体上全面打造发展优势，持续加大各种要素尤其是现代要素导入，获得持久稳定的发展优势，成为各级地方政府促进经济发展的关键着力点。

发展经济依靠吸纳各种要素，要素的流向和流量遵循市场规律和资本投资规律。要素是企业生产的基础资源，企业的生产过程是获得要素、组织要素、形成产品和服务，并通过商品和服务的销售形成要素收入的过程。要素总是流向能获得最优组合，能产生最大产出的地方。单一要素无法进行生产，要素之间按照生产的技术结构形成组合关系。要素为企业家创新创业提供资源，企业家的创新创业过程是要素组合方式和组合过程的创新过程。更有效的组合形成更高的产出，更高的产出形成更高的要素价格，从而吸引各种要素持续流向该地区。

从招商引资到招商引流，地方政府促进经济发展的理念发生了重大变化，从创造单一项目落地的特定条件转化为持续吸引要素特别是现代要素导入的优越发展环境和综合比较优势。发展环境和综合比较优势的打造，需要整体性的制度设计和各领域改革创新政策的集成效应，单一领域和单项政策所能发挥的作用将十分有限。如何优化区域发展环境，形成区域发展优势，总体来看包括以下五方面的工作：

一是如何发挥资源禀赋优势并弥补发展环境短板，形成区位比较优势。一个地区发展的区位优势是指该地区所拥有的基本无法改变的资源禀赋，包括区位地理位置、自然资源禀赋以及历史传承下来的人口和文化传统观念等，例如我国东、中、西和东北地区，南北地区以及城乡地区之间，在地理区位、自然禀赋和文化观念上的差异，都是在短期内无法改变的。然而现代市场经济的最大特点就是在促进产业和劳动力分工的同时，也促进区位空间分工。任何一个地区，尽管按照传统观念其天然条件有多么不好，只要其参与统一大市场的空间分工，总能找出区位特色，形成区位发展的相对比较优势。更何况，区位优势既有在短期内难以改变的自然禀赋和历史传承因素，也有通过基础设施投资、融入国家区域发展战略和主动加入城市群大循环等可为行为带来的积极因素。

在打造区位优势上，地方政府主要面临三大问题。首先是如何融入城市群，并在现代城市群和都市圈中准确定位自己的发展特色。现代市场经济本质上是城市经济，即使是农业经济也需要以城市化和工业化为核心来带动。市场经济促进区域分工，形成以都市圈和城市群为中心的经济圈，人流、物流、资金流、信息流、技术流等流量要素围绕都市圈和城市群进行内循环并与其他城市群之间形成外循环。任何地区的发展脱离了城市群的带动，就会成为国内市场大循环中的孤岛，创造条件加入城市群的循环圈是地区经济发展的首要条件。其次是如何从产业和企业发展的角度去发现和培育区位优势。翻阅各地招商引资宣传册，第一部分总是要隆重介绍区位优势，历史如何悠久、交通如何便捷、物产如何丰富、制度如何优越。然而，这类区位优势的描述，往往都是政府思路，跟企业和投资者所关注的区位优势存在着很大差距。一个地区的区位优势，尤其是发展某些产业的优势，往往需要企业家和投资人来发现。最后是如何弥补短板，形成新的区位优势。区位优势中自然禀赋部分难以改变，但是很多短板都可以通过政府的投资和发展战略来弥补。如通过加大交通建设改变区域物流、交通和通关条件；通过主动融入城市群形成在城市群循环中的节点和区域枢纽优势；通过主动对接国家战略，形成政策集成优势等。

二是如何通过优化营商环境，形成制度性比较优势。跟打造区位比较优势相比，地方政府在创造制度性优势方面更有可为性。区位地理优势、自然资源禀赋，以及历史留存的人文条件，都是在短时间内难以改变的。地方政府再努力，也只能在既有条件下进行创造，难以消除在区位优势上的根本性缺陷。但是制度优势不同，它构成了一个地区发展以及导入现代要素的软环境，是完全可以重塑和再造的。这些年来，我国中西部地区营商环境已经发生了根本性改变，很多地方的发展甚至超过了东部地区。优化营商环境是为了降低企业和项目投资的制度性交易成本。任何一个企业和项目的运行，总是包括直接的要素成本、企业管理成本和制度性交易成本等。要素成本主要由市场尤其是要素市场来决定，管理成本由企业自身的制度来决定，外部的交易成本则由政府政策、政府效率、市场制度、法治体系和诚信环境来决定。通过改革、创新和健全制度来优化营商环境，成了这几年政府改革创新的主要领域，也是改革成效最显著的领域。跟其他领域的改革相比，优化营商环境的改革抓手比较明确，效果立竿见影，可以纵向横向的对比，也可以量化。世界银行公布了衡量各国营商环境的指标体系并定期进行国际比较。我国在营商环境上的争先进位最为明显，目前已稳定在全球第30名左右的位置。但是，这并不代表地方政府在推进营商环境改革和优化上，已经找准了目标和正确路径。重视指标体系，轻视实质内容；重视办事效率，轻视制度健全；重视流程优化，轻视环境塑造；重视统一营商环境的打造，轻视区域营商环境的特色性等问题依然十分突出。部分地区从指标体系和打分情况来看，已经有了很大进步，但是对企业和项目的吸引力并没有增加，整体营商环境仍然不具备持续吸引力。因此，准确理解什么是营商环境，指标体系所代表的本质内容是什么，如何从制度和流程的统一上，形式和内容的统一上，普遍要求和区域特色的统一上，政府效率、法治环境和诚信文化建设的统一上，全面打造区域一流营商环境依然是地方政府改革创新的重要领域。

三是如何打造现代要素市场，形成区域发展的市场优势。在世界银行有关营商环境的指标体系中，如何让企业更方便地获得各种要素和资源是首要指标。当然，我国企业在获得水电气等公用资源上已经十分方便了。企业在各地发展的主要差异是获得人才、技术、知识、数据等现代要素的难易程度和成本高低。因此，如何打造现代要素市场，成了各级政府创造发展优势的重点领域。建立全国统一大市场，始终是我国市场化改革的重要目标。目前我国在消费市场尤其是商品消费市场上的统一性和流动性已经大大提高。高速便捷的物流交通和遍及城乡的商业渠道，已经让商品流通和交易十分顺畅，但是在要素市场上地区间的差异和分割依然十分明显。打造现代要素市场，引导现代要素流入，是地区经济发展的重要条件。这些年来，各地在发展现代要素上竞相竞争。现代要素市场不同于传统要素市场，无论是技术、知识、管理和数据，都依附于人，都是活劳动的表现形式，都具有高流动性。因此，在所有现代要素中，人才又是第一位的。一个地区能否获得持久稳定发展，关键看能否吸引人才和人口资源的导入。至于数据、技术和管理等要素市场，我国仍处于发展的初级阶段，各地还很难形成比较成型的发展模式。

四是如何进行产业规划，打造最优的产业配套优势。单个企业和单个项目是很难在一个地区生存和发展的。企业发展和项目投资，都必须要有上下游产业链的配套和一定的产业聚集度。链式招商引资和招商引流已经是各级政府的典型做法。如何根据所在地区的区位优势和要素禀赋，规划本地区的主导产业、支柱产业和特色产业？如何规划和设计产业园区，形成产业聚集？如何通过导入新项目，推动本地区传统产业的升级改造？如何发挥龙头企业的作用，强化产业链的主导性，形成链式招商模式？如何畅通产业循环，促进产业链的内连外通，加速产业链的全球化？如何通过一定的土地、投资和税收政策，促进部分产业加速发展？这些都是地方政府在产业规划和打造产业配套体系上要着力解决的问题。

地方政府在产业规划和制定产业政策上普遍存在的问题包括没有理清政府和市场的边界，没有树立企业是产业发展的核心主体的观念，想当然地根据政府制定的产业目标编制产业规划。没有注重挖掘和培育区域比较优势，缺乏空间分工概念，不注重发展具有区位和要素比较优势的产业。不注重产业发展规律，以不合理的优惠条件，盲目引进缺乏配套能力和持续发展条件的所谓重大项目。不注重研究不同类型产业发展的条件，盲目发展所谓高新技术产业，单纯追求高大上，造成了区域产业规划和产业结构的雷同。目前各地区推行的链式招商方式之所以效果比较明显，就在于链长型龙头企业更加懂得产业配套的重要性，更加尊重产业自身的发展规律，更加重视链长企业自身的示范效应。

如何最大程度地发挥政府投资的拉动作用，促进制度优势和市场机制的有效对接和相互拉动，是地方政府促进产业发展的重要手段。改革开放以来，地方政府主要投资基础设施、市政工程和基础产业，为市场主体的产业投资创造良好的交通物流条件，提供坚实的能源资源保障。地方政府、国有企业和民营企业以及外资企业之间形成了很好的互补关系。步入新发展阶段，企业面临着科技化、数字化和绿色化的转型要求。要促进产业的健康发展，地方政府必须为企业的“三化”转型创造更好的外部条件。因此，地方政府除了继续扩大基础设施和基础产业投资外，更需要在基础科学和关键技术研究领域，在大数据交易中心和数据产业基础设施领域加大投资力度，更需要大力发展科技服务产业、平台和数据服务产业以及能源服务产业，才能形成新型的政府投资和产业发展的互动模式。

五是如何打造为区域经济发展提供便捷高效的金融市场服务体系。一个地区的经济发展水平跟区域金融市场的繁荣程度基本成正比。金融市场是高度一体化的，资金和资本是在全国范围内甚至是全球范围内自由流动的。一个地区经济发展的关键是能否有效引入资金和资本。各种实体经济要素都需要一定程度的金融化和资本化，形成更好的流动性，追求更高的投资收益，资金和资本都是跟着投资收益率流动的。

在如何打造区域性金融市场上，很多地方政府走了弯路。一些地方政府认为发展地方金融市场的关键是吸引更多金融机构来本地注册。只有金融机构聚集了，地方金融市场才能发展起来。只有有形要素市场和交易市场建立了，金融市场交易才能活跃起来。然而资本和资金都具有高度的流动性，资本都是围绕优质企业和产业流动的，大部分金融机构也都是全国性的，金融机构是否在本地区发展，关键取决于本地区的业务机会和市场空间，跟是否在本地区注册没有直接关系。地方政府发展区域金融市场的工作中心应放在加速金融市场和区域实体经济的对接上，着力疏导金融服务中的堵点、难点。应该加大对实体项目和实体企业的集体营销，促进实体发展逻辑和金融投资逻辑的统一。应该为金融机构服务实体经济提供更好的市场环境，如发展好区域性知识、技术和数据要素市场，推动动产要素资本化和金融化，提升动产要素的融资能力。应该重点为中小微企业和民营企业提供增信服务，健全金融市场发展所需要的法治和信用市场环境等。

简单罗列上述五个方面的问题，只是想表明，打造区域优势发展环境是一项系统性工程，必须久久为功，方能取得成效。招商引流、发展产业是一项技术活，不是单靠政府重视和工作努力就能实现的。各级政府都深感在这些领域的理论短缺、经验短缺和人才短缺。如何通过学习和培训，逐步建立起一支专业的招商引流和产业发展人才队伍是推动区域经济发展的关键。

各地招商引流和产业发展的工作，既有共性和规律性的共识，也有区域性特色性的问题。目前社会上很难找到系统性的研究资料和能帮助地方政府培训相关人员的培训教材。能够从地方政府招商引流的现状出发，全面梳理和总结各领域工作思路，并有针对性地提出解决思路建议的相关参考资料更是少之又少。有的也多是某个地区或部分领域的经验介绍，缺乏系统性、全面性和逻辑性。

为了弥补这一方面的资料空缺，申万宏源证券研究所围绕地方政府招商引流、产业转型、营商环境建设、区域经济发展等问题，分专题出版“发展地方经济决策丛书”。该系列研究既是申万宏源证券研究所加速智库化建设，促进证券业务更好服务国家战略和区域协同发展的重要成果，也可作为地方政府从事该领域工作和培训相关人员的重要参考资料。

在写作思路上，我们突出了各地政府通过招商引流发展区域经济工作的整体性、系统性和完整性。从突出区域特色，到打造区域发展优势；从打造一流营商环境，到形成区域经济发展制度优势；从做好产业规划，到强化产业配套能力；从大力发展现代要素市场，到形成区域要素市场优势；从大力发展现代生产性服务业，到形成产业发展的服务优势；从努力优化政府投资结构，到形成政府投资和市场投资的互动发展模式；从促进金融服务和实体发展的无缝对接，到形成健全高效的资本市场服务体系；从鼓励创新创业的政策体系，到形成科技、产业和金融良性循环的新高地等，本丛书将全面涵盖政府招商引流和推动产业发展的主要领域、重点政策和核心问题。

我们提纲挈领地总结地方政府招商引流工作中各领域制定政策所必需的基础经济理论，特别是最新的理论创新，同时又避免进行繁琐的理论分析，只为阅读者提供必要的理论背景。我们侧重对各领域改革、实践和创新的总结，从历史中学习，在实践中总结，将经验和案例逐步上升到模式和实践理论的高度。各级政府通过招商引流发展区域经济的各项工作，同中央政府推进重点领域改革进程高度一致。优化营商环境、健全现代要素市场体系、建立现代经济体系和产业体系、推动科技创新、促进工业化和信息化的融合发展、提高金融服务实体经济的水平和能力、完善市场主体制度、全面促进对外开放等，都是近年来我国改革和制度创新的重点领域。因此，从历史角度对各项改革历程进行梳理和总结，是各级地方政府制定更加具体发展政策的基础。区域政策和特色只能在中央统一的改革安排和创新进程中来推进和实现。我们在每一个专题研究中，都高度重视对该领域改革进程、逻辑、成就和经验的总结，这些总结具有总体性和统一性。

我们坚持问题导向，侧重对当前招商引流和区域经济发展中存在的突出问题进行重点分析。这些问题既具有普遍性，也有区域性。产生问题的根源有些是地方政府对部分领域改革的宗旨认识不清楚、理解不到位。比如很多地方政府把营商环境的优化，简单等同于提高政府的办事效率，把缩短办事流程和合并办事窗口，作为改革的重心来抓。很多地方政府自认为已经实现了“最多跑一次”“一个窗口受理”，打造一流营商环境就应该是做到位了，但是实际能吸引的项目并没有增加。有些问题的根源是地方政府缺乏换位思考的精神和理念。比如各级政府为了招商引流，都精心制作了宣传册，突出各地区的优势和特色，如交通优势、区位优势、物流通关优势和政策优势等，但是这些优势的总结和写法，都是以政府为视角的，对于最能打动和影响企业家决策的因素并不清楚。有些问题的根源是地方政府没有结合地方发展条件和环境，简单照搬别人经验和做法。我国东、中、西、东北地区面临的招商引流环境和问题都存在巨大差异性。即使经过各级政府的努力，制定好的政策，也难以改变区域间发展条件的落差。如中小城市高端人才和技术的缺乏问题，大型城市土地等要素成本过高的问题，东北地区因天气导致施工周期过长的问题，这些都是无法改变的事实，如果简单照搬其他地区的经验和做法，是很难奏效的。有些问题的根源是地方政府不重视各领域改革和制度的配套性和整体性，解决问题的视角过于短期化。例如涉及流程、速度和办事方式的领域，涉及市容市貌和园区规划的领域，涉及制定各项优惠政策和产业差异性政策等领域的工作，相对来说都比较容易操作，且容易出成效。至于制度体系、法治环境、信用环境、要素市场和放权让利等领域的改革，推进起来就比较慢，而且在短期内很难产生立竿见影的效果，推进速度和力度往往相对滞后。政策环境和各领域改革的不配套和不同步，往往造成了单项政策和改革即使十分超前，也难以产生整体的带动效果。

从问题出发，揭示问题，最终目的还是解决问题。然而，关于地方政府如何创造优势、全面提高招商引流能力、促进地方经济发展的相关问题，几乎都很难有什么标准答案。

我们遵循根据问题产生的根源来解决问题的研究思路。属于认识问题的，通过学习和研究，加深对问题的理解，矫正工作思路，就能解决问题。属于统一性问题的，我们通过总结改革的历程、取得的成效和经验，就能总结出解决问题的一般方法。最难的属于各个地方的个性化问题，而且各地招商引流面临的大部分问题，都属于个性化问题。对于这类问题，很难有统一答案。我们采取的解决方式是案例法，就是充分研究和比较各地区在解决某类问题上的特色做法，特别是在某一领域取得明显成效的做法。我国有数量庞大的基层政府组织，地区条件和发展水平差异非常大。各类问题的解决方法依赖于各级各地政府的摸索和总结，这就为政策研究积累了大量案例。各级政府通过走访、调研和观摩，尽管也能学习到其他地区的经验和做法，但是走访的范围毕竟有限。如何把各地做法上升到理论和模式的高度，还需要一个研究和加工的过程。我们为解决问题提供的主要研究方法不是提供统一的现成答案，而是对各地案例进行有效总结。将牵涉不同领域的各种改革创新的案例综合起来，与本地区在招商引资中的实践问题对照比较，就能为各地政府解决自身问题提供很好的思路参考。除此之外，我们也将对牵涉各个领域的共性问题，以小专题的方式加以系统研究和总结。

尽管我们努力想完整系统地将地方政府招商引流和发展区域经济中的关键性问题，都逐一梳理，并通过理论、历程、实践和案例等方式，为从事相关领域工作者提供系统的参考材料。然而，受制于编者及作者自身的理论体系和实践经验相对不足，恐难以达到预期效果。本丛书只是作为我们投身地方政府经济发展智库研究的习作，缺点和不足在所难免，只能在未来的研究和服务实践中慢慢总结和完善。

十分诚恳地欢迎各级地方政府中从事相关领域工作的实践和研究者，对我们提出批评意见，并与我们共同探索。

杨成长

2023年6月于上海

前言

Foreword

要素市场是企业家面对的市场，企业家通过采购各种生产要素，选择合适的技术方式，实现各种要素的有效组合，进而形成产品和服务。要素市场也是居民通过出售要素，获得收入的市场。因此，要素市场的健全程度，不仅决定着企业能否健康经营，也决定着居民能否获得稳定的要素收入。

改革开放以来，我国同步推进商品和要素的市场化改革，但是两者之间的市场化程度和发育程度还是存在较大差别。时至今日，我国商品市场已经完全市场化，绝大部分消费品生产和消费品价格完全由市场供求决定。但是生产要素的市场化程度依然明显低于商品市场，且不同类别的要素市场之间，因属性、体制和历史原因，市场化程度差异也非常大。因此，加速生产要素的市场化改革，促进要素定价和配置机制的市场化，仍然是我国经济体制改革的重要内容。

一个地方的要素市场发育程度，是决定一个地方招商引资能否成功的重要条件。企业家能否在一个地方创业，非常重要的条件是看该地区生产要素市场的健全程度和获得要素成本的高低。曾经有相当长一段时间，各地政府利用自己可以控制的工业用地资源，通过人为降低土地价格来形成招商引资优势。

在实现“三通一平”甚至“七通一平”基础上，仍然实行低地价甚至零地价批租，这的确对依赖土地要素的中低端制造业形成了较大吸引力。但是，随着产业升级以及中央推动土地集约化使用的方向逐步明确，这些人为制造低要素成本的办法渐渐失灵了。除了土地要素外，其他各种主要生产要素都具有高度的流动性。市场优化配置资源的功能，首先就体现为企业按照消费者需求，优化配置要素资源的过程。各地政府要发展经济、促进招商引资，只能通过不断优化营商环境，有效引导各种要素资源流入本地区，并不断健全要素市场，打造企业获得要素资源成本低、方便程度高的营商环境。

因此，如何吸引要素导入、如何健全要素市场，是地方政府发展经济的重要工作，也是非常具有技术含量的经济工作。发展要素市场、引导要素流入、健全要素市场机制，就需要对各类要素的基本特性、发展过程、改革历程以及目前最新的改革动向有全面了解，在此基础上，再结合本地区的资源和要素禀赋，研究发挥本地区的要素资源和要素市场优势，从而打造本地区招商引资的差异化条件。由于各类产业对各种要素的依赖度差异非常大，对要素价格的敏感度不同，因此，如何根据本地区的要素禀赋和要素市场状况，选择最具有要素供给优势的产业结构，也是决定一个地区招商引资及经济发展效果的关键因素。

本书以我国正步入新一轮要素市场化改革为视角，全面梳理和总结了五大生产要素市场的基本特性、发展历史、改革进程以及新一轮要素市场化改革的重点、难点和创新点，为地方政府开展要素市场化改革和招商引流活动，提供基础性和框架性的现代要素市场知识体系。

对传统的土地资源、人力资源和资本资源三大要素，本书侧重论述如何完善市场机制、盘活存量资源和提高使用效率。土地要素的改革方向是如何提高土地的集约化使用程度，提高单位土地创造增加值的能力。劳动力要素的改革方向是在我国劳动力规模总体开始下降的同时，如何推动劳动力市场高质量发展，加速劳动力资源的优化配置，提高劳动效率。企业家是最富有创造活力的特定劳动力资源，要建立企业家市场，形成企业家创新创业的良好氛围，推动企业家高质量成长。资本要素市场最核心的问题是如何实现资本与实体投资的对接，如何将资本配置到国民经济发展中最富有活力、最能为经济增长提供增量贡献的领域中去。

对技术和数据这两大现代要素资源，本书侧重于如何完善制度、健全技术和形成数据要素的价格机制，促进技术和数据要素市场体系的完善。目前，技术和数据这两大类要素市场仍处于培育进程中，但以技术、数据为代表的现代要素是各地政府促进产业科技化、数字化和绿色化的最重要资源，要进一步探索和完善两大类要素的市场化模式。

本书注重传统要素和现代要素的衔接。科技金融、数字金融和绿色金融，就是传统金融跟现代要素结合的产物，土地的集约化使用和劳动效率的提高，也依赖于科技化和数字化的过程。可以说现代要素是激活传统要素、盘活存量要素的最重要催化剂。

本书不限于对各种要素资源改革、发展和创新的论述，更侧重于介绍各地政府在发展要素市场、盘活存量要素、激活现代要素、提高对现代要素导入吸引力等方面的做法经验，并将一些成熟做法和经验作为分析案例，为地方政府发展要素市场提供最鲜活的实践资源。

不可否认，如何推动要素市场化改革、盘活存量要素、培育现代要素市场，目前仍处于经验积累过程中。本书只是就现有的改革实践进行了初步总结，挂一漏万和偏颇之处在所难免。期待随着我国要素市场化改革的不断深入发展，我们在认真学习和总结经验基础上，后续不断充实完善要素市场化改革的理论体系和实践经验。

杨成长

2023 年 11 月于上海

目 录

Contents

劳动力要素篇

技术要素篇

数据要素篇

总篇

新逻辑、新内涵和新重点

要素市场化改革是社会主义市场经济体制改革的重要组成部分，也是促进地方经济高质量发展的重要着力点。党的十八大以来，我国高度重视要素市场化改革，有效激发市场主体活力，但要素市场化牵涉领域广，各地发展基础和资源禀赋不同，加上自主探索空间有限，地方政府推动要素配置机制改革的阻碍较多、进展缓慢。2020 年以来中共中央、国务院先后发布了《关于构建更加完善的要素市场化配置体制机制的意见》和《要素市场化配置综合改革试点总体方案》，一方面强调建设全国统一大市场，完善我国要素市场确权、交易、定价等基础制度建设，另一方面以综合授权改革试点的方式，突出上下联动、系统集成、问题导向、制度建设，给予地方充分自主探索空间，激发地方结合自身特点开展差别化探索的主观能动性。当前地方政府要积极抓住新一轮要素市场化改革机遇，加快各领域要素市场化配置改革举措创新、制度优化、活力释放，推动现代化生产要素加速集聚、有序流通、协同融合，为地方经济社会发展提供动力支撑，同时也为推进全国统一大市场的建设发挥示范、突破和带动作用。

一、新一轮要素市场化改革正当时

与商品市场不同，要素的半商品性或特殊性决定了要素市场化改革是最难啃的骨头，是我国改革深化中必须迈过的一道坎。改革开放以来，我国不断改革计划经济体制下的要素行政化配置思路，放活土地、劳动力、资本、技术要素的市场化活力，然而要素市场化改革涉及一系列由上到下的体制机制变革，需经历促进要素发展、破除要素二元结构、健全要素定价机制、完善要素市场制度规则、实现要素市场化配置等一系列进程，改革难度较大。

经历40余年的发展，我国在推进要素市场化上取得了一系列成绩，农村集体土地的流转和城市土地的招拍挂制度极大提升了土地要素的流动性，劳动力在全国范围内更顺畅地流通，资本要素市场建设取得前所未有的突破，已成为全球重要的金融市场之一。然而从当前地方经济发展出发，我国要素市场建设依然存在三方面突出问题。一是地方要素市场体制机制和市场化程度不均衡。尽管近年来全国各地相继建立了大量技术交易市场、知识产权交易市场和大数据交易市场，但真正的要素交易市场尚未形成，在要素交易单位、要素定价及要素交易机制、交易方式上仍缺乏统一规划和整体设计，大部分交易都通过场外协议进行，市场交易规模和交易活跃度都明显不足。二是地方要素市场存在明显的区域分割问题，要素跨区域流动壁垒突出。我国土地市场存在十分严重的城乡分割、城市建设用地分割和区域分割现象，土地资源难以实现跨区域流动，另外部分地方还存在对企业流动的限制政策，阻碍了企业主体的正常搬迁。三是地方要素市场配置效益较低。当前各地土地市场最突出的问题就是地方政府在招商引资中对于工业用地支持力度较大，导致工业用地供给面积大、容积率低，土地集约利用效率低，存在大量低效利用及闲置土地。

地方政府除了是地方公共品的提供者，也是地方要素市场的管理者，要通过新一轮要素市场化改革，全面提升地方要素资源配置效率。要根据地方资源禀赋、优势特色和发展需要，结合不同要素的属性和市场化程度差异，明确各要素领域市场化的重点任务，加快地方要素市场化改革试点探索，提高地方要素保障能力。要加快推动地方要素市场融入全国统一大市场中，促进各种要素组合在生产、分配、流通、消费各环节有机衔接和循环流转。要稳步推进要素配置机制的市场化改革，健全市场机制，引领要素市场化配置改革不断向纵深推进。

与商品市场主要面对消费者不同，要素市场主要面对企业群体，企业的生产过程在很大程度上表现为通过在要素市场上购买要素，借助现代企业管理和要素组合实现产出，因此要素的丰富性、可得性、易得性、流动性以及要素价格水平是决定企业经营效益的核心因素，也是企业决定在地方投资建厂的重要依据。过去我国地方政府在招商引资中主要拼土地成本和劳动力成本，通过打造低要素成本优势为企业降低生产成本，提高盈利能力。随着经济发展不断深化，一方面土地要素、劳动力要素价格的绝对成本优势在不断弱化，另一方面现代企业发展已不能仅仅依靠控制要素成本，优秀的企业需要更加依赖技术、数字、知识、管理等现代要素组合实现高质量发展。企业要通过数字化转型实现对生产、运营、管理和营销环节的全方位及全链条改造，要通过科技化转型提升关键领域竞争能力，要通过以人才为载体的知识要素创造价值。

当前逆全球化趋势逐步抬头，全球贸易摩擦和地缘政治冲突不断加剧，西方经济体对新兴国家的技术封锁和金融市场干预日渐频繁，在复杂的境内外市场环境下，各地经济运行面临较大压力。为更好应对百年未有之大变局，地方政府需要借助新一轮要素市场化改革，将要素改革的效用转变成推动经济高质量发展的动力。一方面要加快要素结构升级，促进要素组合方式优化转型，加强现代要素与传统要素的结合，以现代要素组合替代传统要素，通过要素市场赋能形成推动企业产业转型升级和高质量发展的动力，提升地方招商引资优势，提振地方经济活力和长期发展潜力。另一方面要通过新一轮要素市场化改革让市场机制在生产要素的配置和价格形成中起决定性作用，尤其要发挥市场对数字、技术、管理、资本等创新要素资源配置的决定性作用，打破要素配置瓶颈，提升协同配置效率，推进地方经济资本化、科技化、绿色化和数字化转型，形成新的经济增长点。

当前我国民营企业投资信心不足，企业发展面临的市场垄断和不公平竞争问题，在本质上都是由于企业主体获得要素的能力和成本存在显著差异。地方政府要通过新一轮要素市场化改革来保障民营和小微企业在获取要素，尤其是获取创新要素方面的平等市场地位，破除要素垄断，降低要素获取成本，提升民营、小微企业市场主体竞争力和创新能力，优化地方营商环境。地方政府要通过要素市场化改革进一步深化地方国有企业改革，引导国有资本合理布局，盘活闲置资源、挖掘要素价值、增强国有企业活力。要通过要素市场化改革破除市场垄断，推动公平竞争，继续深化地方营商环境改革。要通过要素市场化改革推进高水平对外开放，推进地方市场机制改革与国际通行惯例接轨，通过全面制度型开放推进内外一体化改革发展。地方政府要以要素市场化改革为契机，推进城市群一体化，打破行政区划对要素流动的不合理限制，减少地方政府间的“政策洼地”竞争，推进城市群内共建统一的市场规则、互联互通的市场基础设施，加快破除区域保护壁垒，促进各类生产要素在城乡之间、中心城市与周围城市之间顺畅流动。

二、新一轮要素市场化改革的新内涵

新一轮要素市场化改革的内涵明显丰富化。其一方面表现为要素种类的丰富，除土地、劳动力和资本外，技术要素、数据要素已经融入生产、分配、流通、消费等各个环节，成为继土地、劳动力、资本之后的重要生产要素。2020年中共中央、国务院发布的《关于构建更加完善的要素市场化配置体制机制的意见》明确提出土地、劳动力、资本、技术、数据五大要素。另一方面表现为每类要素的内涵及外延都明显扩大。土地要素改革对应的是整个土地市场，不仅仅聚焦在单一的城乡建设用地市场。劳动力要素不仅包括普通劳动力，更关注企业家、专业技术人才、大龄劳动力等群体，以及新经济下灵活就业等新型劳动形式。资本要素不仅包括多层次的资本市场体系，更强调大资本观，突出各类要素的资本化。技术要素不仅强调知识技术本身，更突出基础技术研发以及技术成果的转化应用。数据要素作为全新要素，重点突出其在新一轮全球信息技术革命竞争中的全局性地位。

新一轮要素市场化改革聚焦要素综合优势的竞争。与过往不同，当前全球要素市场竞争规则已经发生较大变化，20世纪70年代，韩国、新加坡等经济体通过绝对要素成本优势实现快速发展，21世纪以来，国内中西部城市通过相对要素成本优势，实现新一轮快速崛起，但随着境内外形势变化，当前全球经济体及区域经济的竞争都已转变成要素综合优势竞争，因此与过往注重单一要素成本或竞争优势不同，新一轮要素市场化改革更加强调要素的综合改革。要通过技术要素市场化改革，在举国创新体制下，推动形成科技创新驱动的新模式，强化国家战略科技力量，解决关键技术的“卡脖子”难题，大力促进技术要素向现实生产力转化，在若干重要领域形成竞争优势和产业优势。要通过数据要素市场化改革，发挥我国的数据容量优势、应用场景优势和制度优势，发掘和释放数据要素价值，激活数据要素潜能，创造新经济、新业态、新模式。要通过资本要素市场化改革，充分发挥资本推进其他要素资本化上的重要作用，通过资本赋能挖掘区域经济新增长点，推动形成科技、产业与资本的良性循环。要稳步推进土地要素改革，通过土地要素市场化改革切实提高土地产出效率，提升城市土地的集约化水平。要通过劳动力要素市场化改革全方位培养、引进、使用人才，更好地发挥以高端劳动力为载体的智能资本作用，推进高端及专业劳动力集聚，加强人才的市场化配置，提高全要素生产率。

新一轮要素市场化改革注重各类要素市场之间的关联性和融合性。与过去单一要素市场化改革的思路不同，新一轮要素市场化改革更注重要素的集成改革，注重要素之间的相互融合发展，这突出表现在四个方面：一是，注重传统要素和现代要素的融合。数据要素、技术要素具有显著的乘数作用，可以放大劳动力等传统要素在价值链流转中的效应。同时数据、技术要素还具备其他传统要素不具备的非排他性、非独占性，可被多方共同使用。新一轮要素市场化改革重视数字、技术要素等现代要素对其他传统要素的引领和赋能，借助现代要素全面提升全要素生产率水平。二是，注重人的要素与物的要素的融合。技术要素、数据要素不同于其他常见的生产要素，其往往具有依附性，不具有“具象”形态，大多需要依附于特定研发组织或科技人才而存在。新一轮要素市场化改革重视人的要素与物的要素结合，强调人的要素在要素配置中的主导作用，强调附着在人的要素上的智能资本和知识的重要性，突出智能劳动及知识劳动对其他要素的支配作用，释放高端人才创新潜力。三是，注重可流动要素与不可流动要素的融合。过去以土地为代表的不可流动要素在资源配置上占据重要地位，在新发展阶段下，以数字、技术、知识为代表的可流动要素的主导作用更为突出，成为引领要素市场化改革的核心和关键所在。新一轮要素市场化改革更重视以人才、资本、技术、数字等可流动要素形成要素集聚效应，激活土地、生态、自然环境等不可流动要素价值潜力，形成综合优势。四是，重视存量要素与增量要素的融合。新一轮要素市场化改革不仅强调盘活存量要素的利用率，也强调激活增量要素的价值，要通过创新要素对传统要素的赋能来提高存量要素的配置效率，提高要素的产出价值，同时也要发挥传统要素的基石作用，为创新要素更好发挥集成创新效应、推动社会全要素生产率提升提供基础。

新一轮要素市场化改革强调要形成市场化的要素估值定价标准。要素定价是要素市场化改革最难啃的骨头，过往我国要素市场化改革在推动形成市场化的定价机制上，进行了积极有益的探索，针对土地、劳动力及资本要素经历了从行政定价、约束性定价到半市场化定价的转变，已初步形成市场化定价机制。新一轮要素市场化改革所包含的技术、数据要素在估值标准和定价机制上与传统要素存在较大差异，传统的估值定价方法难以全面有效衡量要素价值，如何进一步健全资本要素市场机制，通过资本市场体系推进技术、数据要素的资本化或证券化，探索多元合理的新要素定价标准并将此推广成国际标准还面临较大的挑战。

新一轮要素市场化改革突出强调要素市场的整体性，建设全国统一大市场。过去我国各地要素市场存在各类显性或者隐性的行政壁垒，导致市场分割。新一轮要素市场化改革强调打破要素市场之间的区域壁垒和行政性垄断。通过顶层设计，加强要素市场基础制度建设，促进各地区的市场体制和政策逐步统一，规范地方政府间的竞争秩序，重点治理地方政府不公平竞争行为，实现各种生产要素在全国范围自由流动，推动地方要素市场融入全国统一要素市场大局中。新一轮要素市场化改革强调打破城乡市场分割，建设城乡统一的建设用地市场，完善城乡建设用地增减挂钩指标跨省域调剂使用机制，探索不同土地类型的合理转换，推动土地要素在城乡间有效流动。通过深化户籍制度改革，建立全国统一的劳动力市场，逐步消除户籍、土地、公共服务等制度阻碍，实现全国劳动力市场的自由流动。

三、新一轮要素市场化改革的新突破

新一轮要素市场化改革是地方政府构建新发展格局、推动高质量发展的必然之举。如何根据地方资源禀赋优势推动要素市场化改革、如何聚焦要素市场化改革的重点领域、如何在统一大市场上发挥地方制度创新优势，通过深化要素市场化改革形成新发展优势是摆在地方政府面前的难题。与以往不同，新一轮要素市场化改革要在要素市场化定价和要素流通的堵点难点问题上寻求重点突破。

土地要素：打破“二元体系”

土地要素一直是我国要素改革的重点领域，自新中国成立以来我国农村和城市土地经历了多轮改革。在城市土地上，1978 年前城市土地实行无偿使用，1988 年国务院发布《城镇土地使用税暂行条例》，对城镇土地按不同等级征收土地使用税，土地开始有偿出让和流转，国有土地有偿出让为国家财政及城市基础设施建设提供了大量的资金支持。1996 年以来我国逐步形成了“土地收购—储备—开发—出让”的完整机制，土地出让方式也实现从协议出让向招拍挂的转变。在农村土地上，1953 年起我国探索将农户土地交归集体所有，1979 年《关于加快农业发展若干问题的决定》首次提出允许实施“包产到户”，1982 年中央一号文件《全国农村工作会议纪要》明确了家庭联产承包责任制，1993 年家庭联产承包责任制写入《中华人民共和国宪法》。借助家庭联产承包责任制，我国推进农村土地所有权与经营权分离，极大提高了农民生产积极性，提高农业产出效率。党的十八大以来，为有效应对农民外出务工引发的土地抛荒弃耕等问题，党中央坚持从实际问题出发，以农民实际利益为出发点和落脚点，积极探索农村土地所有权、承包权、经营权的“三权分置”，引导土地经营权有序流转。

当前土地要素市场化的核心难点在于如何打破城乡土地市场的二元体制，提高土地资源的自主配置权，实现土地资源跨区域流动，减少土地资源闲置，构建城乡统一的土地市场。新一轮土地要素改革要从四方面寻求重点突破。

一是建立健全城乡统一的建设用地市场，推动集体经营性建设用地入市。我国城乡土地不具有同等的建设用地使用权，农村土地长期被排除在土地市场之外，解决城乡土地制度不统一、权能不一致是缓解我国城乡发展不平衡问题的关键所在。要借助推动农村集体建设用地合法依规进入土地市场，降低用地成本、盘活农村土地资源、完善配套激励机制和收益分配机制，从根本上改变城乡二元结构。

二是扩大土地配置自主权，探索城乡建设用地增减挂钩指标跨省域调剂使用机制。当前我国土地供给与需求的区域结构不匹配，西部、东北地区耕地资源较为丰富，但建设用地需求较少，而建设用地需求较高的主要是东部经济发达地区，但后备耕地资源较少，此前增减挂钩指标交易局限在省域乃至市域，跨区域交易局限在乡村振兴等领域，且采用行政定价机制，在一定程度上造成资源扭曲。要重点探索建立全国性的建设用地、补充耕地指标跨区域交易机制，探索更大程度的土地配置自主权，减少农村低效闲置土地，让经济发达地区不因土地指标受限而延缓发展，也让欠发达地区的土地资源发挥更大价值作用。

三是盘活宅基地，探索宅基地所有权、资格权、使用权分置的实现形式。我国农村宅基地不具备完整的用益物权和担保物权，同时还面临确权难度较大等问题。要积极探索宅基地“三权分置”的实现形式，推动具备条件的地方放活农村宅基地使用权，探索农民住房财产权抵押、担保、转让的有效途径，支持更多地方创新宅基地改革方式，尽快形成可复制的经验。

四是优化城市用地供给结构，加强土地集约利用。我国城市居住用地供给不足，工业用地供应过高且集约利用水平较低。要持续优化城市用地供应结构，加大居民用地供地，切实缓解部分大城市面临的高房价、高地价难题，此外要加强土地精细化管理和节约集约利用，细化完善城镇低效用地认定标准，鼓励市场主体通过建设用地整理等方式促进城镇低效用地再开发。

劳动力要素：解决结构性失衡

我国劳动力要素市场经历了从无到有、劳动力主体不断丰富、劳动力要素定价逐步市场化的转变。从劳动力构成看，城镇居民、农民工及大学生先后成为我国新增劳动力的主体。改革开放伊始，城镇知青返城成为我国第一批待就业主体，1992 年的国企改革推动国企及事业单位下岗员工成为新的就业主体。2000 年以来，东部地区制造业快速发展，大批农民工从中西部地区流入东部，为东部就业市场贡献大量新增劳动力。近十年来，高校持续扩招推动大学生成为重要的劳动力群体。从劳动力定价看，改革开放以来伴随民营、乡镇及外资企业的发展，劳动力逐步实现市场化定价，城乡就业的收入差异也吸引大批农民外出务工，形成我国特有的农民工迁移现象。从劳动力社会保障看，1994 年我国颁布《中华人民共和国劳动法》，为劳动力要素市场化提供法律保障，2008 年颁布《中华人民共和国劳动合同法》，明确用人单位与劳动者双方的权利和义务，2010 年颁布《中华人民共和国社会保险法》，要求企业和劳动者签订稳定的书面劳动合同，劳动者法律保障体系不断完善。

与过去劳动力市场面临的供给不足相比，当前我国劳动力市场的总量相对稳定、劳动力素质明显提升，制约劳动力要素配置效率的关键在于青年就业难、灵活就业保障不全、农民工短缺以及高端企业家人才市场空缺等结构性难题。当前新一轮劳动力要素改革要重点解决五大难题。

一要进一步破除城乡二元户籍制度限制。我国劳动力跨区域流动仍面临户籍、土地、公共服务等一系列制度障碍，部分地区户籍制度门槛依然较高，居住证等市民化改革难以解决核心社会保障问题，住房、子女教育等社会福利区域分割明显，导致农村劳动力“不完全城市化”。要进一步放松大中型城市的落户条件，完善大城市及特大城市的落户基本制度，推动城市群内的户籍准入年限累计互认，推动城乡劳动力自由流动，切实缓解农民工及其他群体在城市就业面临的养老、医疗及教育等公共服务不均等的难题，提高劳动力市场配置效率。

二要加快解决劳动力要素市场供需不均衡问题。近年来，我国就业市场结构性失衡问题突出，一方面城镇失业率有所提升，另一方面制造业企业缺工现象严重。要从劳动力市场供求的社群结构、技能结构、区域结构出发，长短期相结合，逐步缓解“招工难”和“就业难”的结构性矛盾，有效解决制造业用工不足、用工成本上升以及青年群体就业难问题。

三要解决新业态下灵活就业群体的社会保障机制不足的难题。当前我国平台经济灵活就业者的权益保障存在界定难、保障难、监管难及维权难等问题，要尽快清晰界定新型劳动关系，健全平台经济灵活就业者的劳动保护和社会保障制度，完善灵活就业市场监管体系，保障灵活就业群体的基本权益。

四要解决企业家及高端人才市场空缺难题。我国目前缺乏统一的企业家市场，民营企业家、国有企业负责人以及职业经理人群体之间存在显著的割裂，缺乏统一的企业家定价、评价、沟通机制，难以通过市场机制实现企业家要素的优胜劣汰。要尽快打破我国各类企业家群体之间的分割，形成统一的企业家市场，优化企业家资源的市场化配置，打通制约我国各类企业家作用发挥的核心堵点。此外，要激发人才创新创业活力，加强技术转移专业人才队伍建设，探索针对科技成果转化人才、知识产权管理运营人员等专业人才的评价与激励办法。

五要激发“泛劳动力”市场活力。当前我国劳动力数量红利逐步消散，与此同时呈现明显的老龄化趋势，要积极应对人口老龄化的挑战，打破传统劳动力的概念界限、年龄界限、劳动关系界限、劳动方式界限、城乡界限和技能界限，激活潜在要素，推动形成全民共享共发展的新型劳动力要素市场格局。

资本要素：强化枢纽配置作用

在改革发展历程中，我们对资本要素的认识及资本在社会生产中的作用发生了较大的变化。党的十一届三中全会以来，我们破除所有制观念束缚，明确资本作为重要生产要素，是市场资源配置的工具和手段。党的十八届三中全会明确市场在资源配置中的决定性作用，同时更好发挥政府作用，鼓励国有资本、民营资本、外国资本及混合资本等各类资本共同发展。近年来针对部分领域出现的资本垄断及无序扩张问题，我国出台一系列举措引导和规范资本要素发展，推动资金脱虚向实，牢牢守住不发生系统性重大风险的底线。经历 40 多年的改革发展，我国明确了资本同土地、劳动力、技术、数字等生产要素同等重要的地位，鼓励多种形态的资本共同发展。

与过往相比，当前新一轮资本要素改革更侧重发挥资本要素在资源配置中的枢纽作用，以资本要素的发展来带动其他要素的资本化和证券化，建立和完善各类要素市场体系和市场化配置机制。新一轮资本要素改革要在五方面寻求重点突破。

一是推进多种形态的资本共同发展，充分发挥资本在推进共同富裕上的重要作用。当前我国各种形态的资本快速发展，但不同资本在分布领域及公平竞争上面临一些结构性失衡，要推进各类资本的公平竞争，解决好资本集中化趋势与共同富裕强调机会均等之间的矛盾，推进生产资本与生活资本的分离，提升劳动要素在初次分配中的占比，借助再次分配和三次分配机制来推进共同富裕建设。

二是引导和规范资本发展，在最大程度上发挥资本正向作用，抑制负向作用。要在尊重资本运行规律的基础上加强引导规范，打破行业垄断，引导更多资本流向科技创新、绿色转型等新领域。要引导资本规范化运作与国家战略目标相结合，创造良好营商环境，提升资本对传统制造业和服务业的支持。要运用市场化机制，推动资本外部成本内部化，在保障资本获得正常投资收益的同时提升资本的社会属性和社会收益。

三是适应资本逻辑的新变化，做好风险防范和化解。近年来我国资本运行的逻辑逐步演变，在提升资源配置效率的同时也带来一些新型金融风险，资本创新导致金融风险从单点爆发变为多点交叉爆发，境内外市场联动导致跨境风险日益显著，金融、房地产和互联网平台之间出现一定风险联动。应对百年未有之大变局，要做好跨市场、跨境、跨界及多种风险的交叉叠加，要在新一轮开放中确保国家金融安全和经济安全。

四是完善资本制度体系，构建现代新型资本监管体系。当前金融业务的复杂化及泛交易化对资本监管的全面及时性提出更高要求，资本的快速扩张使得资本在不同领域交叉叠加，要重视资本创新发展对资本监管全面性、专业性、及时性提出的新要求，坚持制度先行，健全事前、事中和事后的全链条资本管理体系，适度提升对资本创新的风险容忍度，借助资本监管优化来提升竞争力。

五是利用资本市场加速推进要素市场化配置机制改革。要推进资本要素与其他要素的协调发展，充分发挥资本市场利益共享、风险共担机制来推进创新资本形成，推进资本要素与其他要素的协调发展，助力提升全要素生产率。

技术要素：打通成果转化堵点

我国技术要素改革经历了从观念转变到战略转变再到体制机制转变的过程。新中国成立初期，我国建立起了以行政管理为核心的科技体制，科技管理机构权限高度集中，人事制度僵化。改革开放后，社会各界对于科学技术在经济发展中的作用形成广泛共识，1985 年中共中央发布《关于科学技术体制改革的决定》，提出要促进技术成果的商品化，开拓技术市场。1985 年《中华人民共和国专利法》、1987 年《中华人民共和国技术合同法》、1993 年《中华人民共和国科学技术进步法》的颁布标志着技术要素市场化配置的法律体系初步健全。1995 年中共中央、国务院《关于加速科学技术进步的决定》，提出在全国实施“科教兴国”战略，成为技术要素市场化改革的指导思想，这一时期我国全面推进科研院所的管理体制改革，企业技术创新意识明显增强，技术要素市场化程度提高。党的十八大以来，在创新驱动发展战略下，我国持续深化科技体制改革，党的十八届三中全会明确新时期深化科技体制改革的目标，要摒除深层次的体制机制障碍，提高自主创新能力，以创新驱动经济和社会发展，完善国家创新体系，建设创新型国家。2020 年《关于构建更加完善的要素市场化配置体制机制的意见》提出，要从产权激励、科技创新资源配置方式、中介服务机构、技术要素与资本要素融合以及国际科技创新合作五方面加强技术要素市场建设，为新一轮技术要素市场化改革指明方向。

当前我国建设创新型国家稳步推进，科技强国战略深入实施，以企业为主体、产学研相结合的技术创新体系基本确立，但与此同时，技术要素依然存在产权归属和认定的不清晰、科技研发和技术市场主体间相互分割、技术成果转化不畅等问题，当前新一轮技术要素改革要着力突破四大难点，更好实现科技创新驱动转型发展。

一要解决基础技术“卡脖子”难题。近年来我国对基础研究的重视度越来越高，无论是基础研发投入还是自然科学等方面的基础积累都在稳步提升，但在芯片、通信、生物医药、新能源、装备制造等产业链底层基础技术和开发工具上仍面临一定的“卡脖子”问题。要积极构建政府、市场及多元主体共同参与的资金支持体系为基础科研提供持续的长期资金支持，在基础技术研发上获得突破。

二要加大知识产权保护，解决产权归属和认定不清晰的难题。当前我国大部分科研单位和科研机构是国有事业单位和高校，在科技成果行政管理体制中受制于国有资产管理和科技成果转化行政审批，难以拥有独立自主知识产权，也难以对个人劳动者进行确权。近年来，我国陆续开展科研人员职务科技成果所有权或使用权试点，要通过试点加快健全职务科技成果产权制度，推进相关科技成果所有权、使用权的相对分离，加强知识产权保护，完善激励机制，进一步释放技术创新能力。

三要解决科技成果转化率不高的难题。当前我国高校知识产权及专利的转化率仅为6%左右，与欧美发达国家大学专利转化率50%左右的水平相比，存在较大差距。要加快完善技术要素交易体系，推进科技成果进场交易，形成全国统一的技术交易市场，尤其要重点打通西部技术优势与东部市场优势之间的衔接，形成技术要素交易后的长期技术合作机制，实现共同开发和产业化发展。

四要完善支持科技创新的资源配置体系。当前我国企业分头分散创新特征明显，核心龙头企业的创新引领作用不突出，企业间同质化布局及产业链内无序竞争的现象突出。要构建项目、平台、人才、资金等全要素一体化配置的创新服务体系，通过政府引导与集中攻关、揭榜挂帅制、组建企业创新联合体三大方式推进创新组织管理。要推动技术和资本要素融合发展，加大对科研成果转化和创新创业人才的金融支持力度。

数据要素：夯实基础制度基石

我国数据要素改革的重点已从支持技术创新、产业发展，到全面加强数据要素市场化配置，构建数据要素市场。随着互联网、大数据、云计算、人工智能、区块链等技术快速发展，数据要素逐步成为现代社会重要的要素之一。党的十八大以来，我国顺应数字信息革命的新浪潮，高度重视数据要素市场化改革。2014 年“大数据”概念第一次写入政府工作报告，2015—2016 年的相关发展规划及纲要主要围绕“强化大数据技术产品研发”“发展核心技术”“加快大数据产业主体培育”“推动产业创新发展”等方面。随着我国数字经济快速发展及产业不断壮大，数据作为生产要素的重要性逐步凸显。2017 年中共中央政治局就实施国家大数据战略进行第二次集体学习，明确要推动大数据技术产业创新发展，构建以数据为关键要素的数字经济。2019 年党的十九届四中全会《中共中央关于坚持和完善中国特色社会主义制度　推进国家治理体系和治理能力现代化若干重大问题的决定》中，首次明确将数字作为生产要素参与社会分配。2020 年 4 月中共中央、国务院发布的《关于构建更加完善的要素市场化配置体制机制的意见》将数据要素确认为五大要素之一，要求加快培育数据要素市场。

由于数据要素被单独提出的时间较短，当前在数据确权、定价、交易环节均存在诸多难点，与数据要素市场发展配套的机构和服务还不够完善，数据要素市场化改革要在四方面寻求重点突破。

一是解决数据确权难题。数据确权是推动数据要素市场发展的基础，但当前我国数据确权主要为原则性规定，缺乏清晰的产权规则。2022 年 12 月中共中央、国务院出台《关于构建数据基础制度更好发挥数据要素作用的意见》（以下简称“数据二十条”），在产权方面提出要建立数据资源持有权、数据加工使用权、数据产品经营权“三权分置”的数据产权制度框架，要加快完善产权制度细则，尽快在全国范围内形成统一的数据确权标准。

二是积极完善数据资产评估、登记结算、交易撮合、争议仲裁等市场运营体系。当前我国与数据要素相关的配套服务机构体系还相对匮乏，地方政府要加大力度培育数据市场的专业中介服务体系，带动一批数据评估、撮合、审计、仲裁、担保、保险等数据交易市场服务，激活数据要素市场活力。

三是加快建立健全数据流通交易规则。当前我国数据交易所在运行过程中面临数据定价难，市场交易主体互信难、入场难、监管难等一系列痛点难点问题。当前各级政府要进一步规范大数据交易的运行机制，在技术实现、法律保障、要素质量方面明确规则框架，加快推进数据的开放共享机制，以公共数据的开放共享为基础，推进公共数据归集整合、有序流通和共享。

四是在数据要素市场化改革的同时，加强数据安全保护。近年来，数据泄露事件频发，未来随着数据量持续提升、数据要素产业链发展不断深化，对数据存储和访问的安全性要求越来越高。地方政府要探索运用技术手段构建数据安全风险防控体系，在数据流通的环节保护数据价值不泄露、信息不丢失，继续完善大数据安全保障法规，推动大数据安全产业向集群化发展。

土地要素篇

土地是人类赖以生存和发展的基础性资源，其在总量上是有限的、具有稀缺性，在空间上是固定、不可移动的，在区位上存在明显差异性。土地要素天然的特殊属性，在很大程度上决定了土地要素配置与其他要素配置存在较为明显的差异。长期以来，土地要素市场化改革一直是我国要素改革的重点领域，自新中国成立以来，我国农村和城市土地经历了多轮改革，但由于土地所有权性质及城乡经济发展的差异，当前我国土地要素配置仍呈现出明显的“城乡二元”色彩。

随着我国经济结构、产业结构和人口流动结构的变迁，当前“城乡二元”的土地要素配置结构已越来越难以满足生产需要，也造成了大量的土地资源浪费和闲置等问题。2020年中共中央、国务院发布《关于构建更加完善的要素市场化配置体制机制的意见》，将土地要素作为要素市场化改革的第一项重要任务，要求建立健全城乡统一的建设用地市场、深化产业用地市场化配置改革、鼓励盘活存量建设用地、完善土地管理体制，体现了土地要素在新一轮要素市场化改革中的重要地位，也反映了深化土地要素改革的重要性和紧迫性日益提升。

在本篇中，我们对于土地要素市场化配置的历史、基本原则、现状、方式进行系统性梳理，在此基础上，针对当前城乡统一建设用地市场这一焦点问题，形成了集体建设用地入市和城乡建设用地增减挂钩两个专题，分别对集体建设用地入市的进展、面临的难点及地方改革实践进行梳理，并提炼形成了目前土地要素空间转移的三种模式，指出城乡建设用地增减挂钩在实践中面临的四大分歧和挑战。

地方政府是我国推进新一轮要素配置机制市场化改革的重要主体，土地要素改革是各地方政府推进要素配置市场化改革的头等工作。在全国要素市场化配置综合改革试点框架下，各地方政府正积极探索土地要素市场化改革的新方案，因地制宜盘活土地要素、提升土地要素配置效率，通过地方试点积累形成典型做法和成功经验，以局部试点带动整体改革的形式加快推进新一轮全国土地要素市场化改革深化。

第一章 土地要素配置的原则、难点与突破口

一、土地要素配置的三大原则

土地是人类生存和发展的基本资源，由于土地要素性质的特殊性，土地要素的配置与其他要素存在明显不同，整体来看，土地要素配置遵循三大原则。

一是土地要素的利用要符合规划性原则。土地资源是自然产物，总量有限、空间固定，依据《中华人民共和国土地管理法》，我国国土空间整体利用遵循行政规划，由国家制定长期规划纲要，明确指导方针、规定土地用途及国土空间利用总体指标。各省（区、市）整体遵循下级规划服从上级规划的原则，按照纲要方案、布局优化原则和有关政策要求，编制省级土地利用总体规划方案。参考我国于 2008 年制定、2016 年调整的《全国土地利用总体规划纲要（2006—2020 年）》，以及 2017 年制定的《全国国土规划纲要（2016—2030 年）》，近年来我国土地要素空间规划呈现强调土地集约利用、优化大城市用地资源、优化区域分布指标和加大对国家战略重点领域支持四大特征，强调土地节约集约利用，盘活闲置土地资源，从严格控制大城市规模转向集聚开发与均衡发展相协调，不断降低耕地资源较少的发达地区和高度城市化地区耕地保有量指标，增加耕地资源丰富的东北地区与中西部

地区耕地指标，提高指标与地方实际情况的契合度，持续优化国土资源的空间布局。

表 1　2008 年制定、2016 年调整的《全国土地利用总体规划纲要（2006—2020 年）》对耕地保有量指标进行优化（单位：平方公里）

	2020（旧计划）	2020（新计划）	新增规模		2020（旧计划）	2020（新计划）	新增规模
全国	1220827	1243330	22503	河南	78980	80233	1253
北京	2147	1107	−1040	湖北	46313	48287	1974
天津	4373	3340	−1033	湖南	37700	39707	2007
河北	63027	60533	−2494	广东	29087	24793	−4294
山西	40027	38380	−1647	广西	42080	43640	1560
内蒙古	69773	76660	6887	海南	7180	7147	−33
辽宁	40633	46013	5380	重庆	21707	19060	−2647
吉林	55193	60667	5474	四川	58850	62987	4137
黑龙江	115827	138713	22886	贵州	43807	41907	−1900
上海	2493	1880	−613	云南	59800	58453	−1347
江苏	47513	45687	−1826	西藏	3527	3947	420
浙江	18907	18787	−120	陕西	38913	36093	−2820
安徽	56933	58240	1307	甘肃	46460	49847	3387
福建	12733	12633	−100	青海	5360	5540	180
江西	28133	29273	1140	宁夏	10867	11653	786
山东	74787	75253	466	新疆	40273	42873	2600

资料来源：《全国土地利用总体规划纲要（2006—2020 年）》。

二是严守制度底线、耕地红线不动摇的原则。我国农村土地资源配置存在三条底线——要坚决守住土地公有制性质不改变，要坚持耕地红线不突破，要坚持农民利益不受损。三大制度底线是我国农村土地资源空间规划和要素配置市场化改革的基本前提，三大制度底线是由我国农村土地集体所有制性质、保障粮食安全的基本国情以及社会主义市场经济体制的人民性属性共同决定的。《全国国土规划纲要（2016—2030 年）》要求严格守住 18 亿亩耕地红线，坚持耕地质量与数量并重，严格控制非农业建设占用耕地，划定永久基本农田并加以严格保护。

三是土地要素配置兼顾经济效益与社会效益的平衡原则。在用地结构上，强调提升土地节约集约利用水平，有效控制建设用地总量，遏制建设用地过度外延扩张，统筹建设用地增量与存量，优化城市各区域的功能结构和用地布局，合理分配工业用地、商服住宅用地以及城市公益性基础设施用地，加强批而未征、征而未供土地的盘活利用，优化国土空间开发格局。在空间布局上，优化安排城市和产业空间，协调人口、经济和城市发展多要素，从严格控制京津冀、长三角、珠三角等区域建设用地增量，到以集聚开发为重点，鼓励有条件地区率先发展，最大限度发挥要素集聚效益，在资源环境承载能力较强、集聚开发水平较高或潜力较大的城市化地区，引导人口、产业相对集中布局，提高对周边地区的辐射带动能力，推动城市土地最大限度集约化利用，促进可持续发展。在用地价格上，对于工业用地价格要给予部分支持，降低制造业、工业用地成本，要协调产业发展比例关系，分配好传统工业和新兴产业土地资源，权衡土地财政收入与经济增长之间的关系。对于社会民生、脱贫攻坚、战略性新兴产业、新农村建设及国家扶持的产业发展用地上，给予特定的价格优惠和支持，保障土地要素整体配置的经济性和社会性平衡。

二、土地要素配置的三阶段改革历程

自新中国成立以来我国农村和城市土地经历多轮改革，整体来看，土地要素市场化配置呈现三阶段的改革特征。

新中国成立初期至改革开放前的摸索阶段。在城市土地方面，新中国成立初期，我国城市土地经历过一段时间的私有化交易，1956 年 1 月中共中央书记处印发《关于目前城市私有房产基本情况及进行社会主义改造的意见》，推动城市土地实行全面国有化，规定城市土地资源分配由地方政府划拨，土地使用者无偿使用。农村土地方面，新中国成立后我国通过土地制度改革实现了农村土地归农民所有，1953 年为解决小农经营零散化、脆弱性较高等问题，我国开展农业合作化活动，农村土地集体所有制逐步形成。

改革开放初期至 20 世纪 90 年代末的制度建设阶段。随着改革开放带动的全国经济快速发展，城市和农村地区在用地需求及用地形式上都发生了较大变化，为更好实现经济集约化发展，提高土地要素利用效率，我国城市土地和农村土地要素配置机制都发生较大变革，逐步形成了城市土地国家所有、农村土地集体所有的基础性制度安排。城市土地方面，由于过去无偿使用机制，导致大量土地被占有，土地使用效率低，改革开放后，城市土地制度改革主要围绕有偿使用开展，先后经历土地使用费、土地使用税以及土地使用权拍卖等阶段，由深圳先行试点扩展至全国，逐步建立城市土地有偿使用机制。农村土地方面，改革开放后，为激发农民生产积极性，部分地区开始探索“包产到户”“包干到户”，逐渐确立形成家庭联产承包责任制，建立了农村土地农民集体所有、农户家庭经营的“两权分离”基本制度，1993 年我国将“家庭联产承包责任制”写入《中华人民共和国宪法》，使其成为一项基本经济制度。

20 世纪 90 年代末至今的土地要素改革完善阶段。改革开放带来的制度红利和开放红利极大地推动了我国经济增长和经济实力的提升，随着地方经济活力的全面激活以及全球化趋势下国际贸易竞争的日渐激烈，过去以土地、劳动力要素低成本优势进行招商引资的发展路径面临较大挑战，如何进一步提升土地要素的集约化利用水平，优化土地要素在区域空间上的布局结构成为提升土地要素配置效率的关键所在。城市土地方面，20 世纪 90 年代末，地方政府通过建立土地储备制度，将大量闲置的存量土地通过征购、回收、置换等方式整合起来，全面增强对土地一级市场的调控能力。2001 年国务院开始在全国范围内推行土地使用权“招拍挂”制度，引入市场竞争机制，提升土地资源配置效率，并沿用至今。农村土地方面，随着大量农民工外出务工，农村土地闲置资源的合理有效利用成为农村土地要素改革重点。2015 年起，在严格遵守农村土地集体所有的制度红线、保证 18 亿亩耕地红线的基础上，我国开始试点开展农村土地制度改革，2015 年 1 月中共中央办公厅和国务院办公厅联合印发《关于农村土地征收、集体经营性建设用地入市、宅基地制度改革试点工作的意见》，在 33 个县级行政区域开展试点，标志我国农村土地制度改革进入新阶段。2016 年，中共中央办公厅、国务院办公厅印发《关于完善农村土地所有权承包权经营权分置办法的意见》，将农村土地产权中的土地承包经营权进一步划分为承包权和经营权，实行所有权、承包权、经营权分置并行，在依法保护集体土地所有权和农户承包权前提下，平等保护土地经营权，成为继家庭联产承包责任制后农村改革又一重大制度创新。2017 年，党的十九大提出，保持土地承包关系稳定并长久不变，第二轮土地承包到期后再延长三十年。当前农村土地制度改革不断向纵深发展，一方面持续完善农村土地“三权分置”制度，另一方面统筹推进农村土地征收、集体经营性建设用地入市、宅基地制度改革，农村土地制度改革的框架基本明确。

随着土地要素配置改革持续深入，与土地要素相关的基础制度体系和法律体系不断完善，自 1986 年《中华人民共和国土地管理法》颁布后，分别于 1988 年、1998 年、2004 年、2019 年进行三次修正及一次修订。根据《中华人民共和国土地管理法》规定，我国土地按照用地性质分类，可以分为农用地、建设用地以及未利用地三大类。农用地主要包括耕地、牧草、林地、园地及其他，在耕地中划定基本农田，实行永久保护。建设用地主要分城市市区、城郊农村两部分，土地用途均分为居住类、经营类和基础设施公益类。除农用地和建设用地外，其他土地均为未利用地。第三次全国国土调查主要数据显示，2019 年末我国农用地总规模达 108 亿亩，其中耕地面积为 19 亿亩，占比约为 18%，园地、林地、牧草及其他占比分别为 3%、40%、37%、3%。建设用地总规模为 6.13 亿亩，其中城镇建设用地总规模约为 1.55 亿亩，根据住房和城乡建设部数据测算，城市住宅用地、城市经营建设用地、基础设施与公益用地占比分别约为 31%、29%、40%，村庄用地规模约为 3.3 亿亩，根据中国宏观经济研究院测算，宅基地、农村经营性建设用地、公益性公共设施用地占比分别约为 52%、13%、35%。

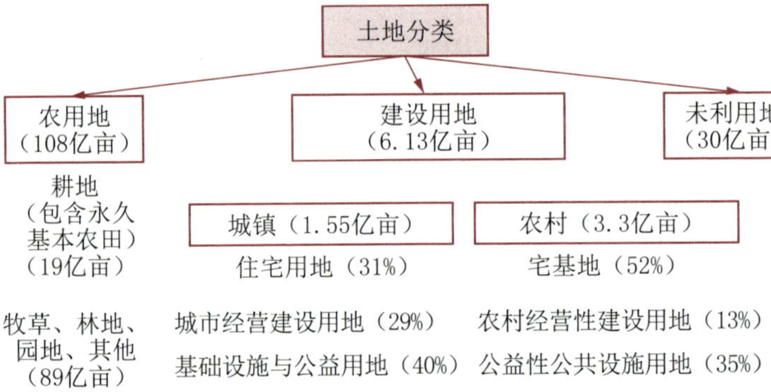

图 1　我国土地性质分为农用地、建设用地及未利用地三类

资料来源：第三次全国国土调查、住房和城乡建设部、中国宏观经济研究院。

注：面积数据来自第三次全国国土调查，占比数据来自住房和城乡建设部及中国宏观经济研究院测算。

2020 年 4 月，中共中央、国务院发布《关于构建更加完善的要素市场化配置体制机制的意见》，对要素市场化改革做出重大部署。在土地要素方面，明确提出四大改革重点。一是要建立健全城乡统一的建设用地市场。加快修改完善《中华人民共和国土地管理法实施条例》，完善相关配套制度，制定出台农村集体经营性建设用地入市指导意见。

全面推开农村土地征收制度改革，扩大国有土地有偿使用范围。建立公平合理的集体经营性建设用地入市增值收益分配制度。建立公共利益征地的相关制度规定。二是要深化产业用地市场化配置改革。健全长期租赁、先租后让、弹性年期供应、作价出资（入股）等工业用地市场供应体系。在符合国土空间规划和用途管制要求前提下，调整完善产业用地政策，创新使用方式，推动不同产业用地类型合理转换，探索增加混合产业用地供给。三是要盘活存量建设用地。充分运用市场机制盘活存量土地和低效用地，研究完善促进盘活存量建设用地的税费制度。以多种方式推进国有企业存量用地盘活利用。深化农村宅基地制度改革试点，深入推进建设用地整理，完善城乡建设用地增减挂钩政策，为乡村振兴和城乡融合发展提供土地要素保障。四是要完善土地管理体制。完善土地利用计划管理，实施年度建设用地总量调控制度，增强土地管理灵活性，推动土地计划指标更加合理化，城乡建设用地指标使用应更多由省级政府负责。在国土空间规划编制、农村房地一体不动产登记基本完成的前提下，建立健全城乡建设用地供应三年滚动计划。探索建立全国性的建设用地、补充耕地指标跨区域交易机制。加强土地供应利用统计监测。实施城乡土地统一调查、统一规划、统一整治、统一登记。推动制定不动产登记法。从改革重点来看，农村集体经营性建设用地入市、产业用地弹性供应、国企存量土地盘活、农村宅基地改革、城乡建设用地增减挂钩政策完善，是接下来土地要素配置改革的核心焦点。

三、城乡“二元体系”下的土地供给方式

我国城市土地国有、农村土地集体所有的基本土地制度决定了城市土地要素与农村土地要素在配置方式及配置机制上存在较大差异，形成了我国特有的城乡土地“二元体系”。

城市土地供给方式：划拨与招拍挂

目前我国城市土地的供应方式分四种，分别为划拨、出让、租赁和其他方式，其中划拨及出让为主要方式，后两种方式的占比较小。

划拨是指县级以上人民政府依法批准，在土地使用者缴纳补偿、安置等费用后将该幅土地交付其使用，或者将土地使用权无偿交付给土地使用者使用的行为，划拨形式的供地一般用于公益事业用地。

出让是国家以土地所有者的身份将土地使用权在一定年限内出让给土地使用者，并由土地使用者向国家支付土地使用权出让金。目前土地出让形式主要包括协议出让和招拍挂两种形式，协议出让受行政干预影响较大，而招拍挂采用更加市场化的方式，包括招标、拍卖、挂牌，其中招标及拍卖一般底价不公开，前者只能进行一次报价，后者可进行多次报价，挂牌一般公开底价，可由多个主体多次报价。《中华人民共和国土地管理法》规定，建设单位使用国有土地，应当以出让等有偿使用方式取得。以出让等有偿使用方式取得国有土地使用权的建设单位，按照国务院规定的标准和办法，缴纳土地使用权出让金等土地有偿使用费和其他费用后，方可使用土地。

表 2　城市土地供应主要方式对比

	划　拨	招拍挂	协议出让
取得方式	无偿交付	一对多市场竞争	一对一
权力义务	不得转让、出租、抵押	法定范围内的处置权	
期限	无使用期限限制	有使用期限限制，多为 40、50、70 年	
用途	国家机关和军事用地、公益事业、城镇基础设施建设	商业、旅游、娱乐、商品住宅用地、工矿仓储	部分特定领域用地

从城市土地供给方式体量来看，划拨是城市土地资源配置最主要的方式。2021 年以划拨方式供应的城市土地达 3800 平方公里，占当年城市土地供应的 55%，主要由于我国基础设施、公益性设施及重大工

程建设用地占比较大。在出让方面，2021 年以出让土地使用权方式供应的土地为 3075 平方公里，占当年城市土地供应的 44.5%，其中招拍挂形式和协议出让占比分别为 40.6% 和 4%。2002 年起我国大力推广城市建设用地的招拍挂制度，颁布实施《招标拍卖挂牌出让国有土地使用权规定》，明确规定包括商业、旅游、娱乐、商品住宅用地的经营性用地必须通过招拍挂方式出让，2007 年进一步明确工业用地也需纳入招拍挂范围，招拍挂逐渐成为土地出让的重要形式。

表 3　城市土地供应方式中划拨形式占比最大（单位：平方公里）

	国有建设用地供应面积：划拨	国有建设用地供应面积：协议出让	国有建设用地供应面积：招拍挂
2021	3797.75	273.01	2801.76
2020	3395.68	298.89	2850.70
2019	3418.31	192.96	2600.16
2018	3853.76	174.00	2428.00
2017	3869.77	175.32	2133.67
2016	3132.13	168.92	1949.59
2015	3145.36	175.56	2073.30
2014	3698.33	208.07	2565.39
2013	3732.75	286.19	3461.85
2012	3771.34	308.03	3016.30

资料来源：万得。

从城市土地供应类型看，主要分为工矿仓储、商服、住宅以及其他公共用地。虽然商服及住宅用地对城市发展、人口布局有重要意义，同时也是地方土地出让收入的重要来源，但工业用地对地方经济发展、产业布局比例分配有显著影响，是地方政府招商引资、发展经济的主要手段，地方政府基于土地节约集约利用最大化原则，逐步推进住宅用地、工业用地的均衡配置。整体来看，近年来城市土地供给中，其他公共用地规模最大，2021 年供应规模达 3793 平方公里，占比达

54.9%，工矿仓储用地供给规模持续提升，2021 年达 1748 平方公里，占比达 25.3%，住宅用地供给自 2016 年起整体提升，占比约为 15%—17%，商服用地占比保持在 5%—6% 的水平。

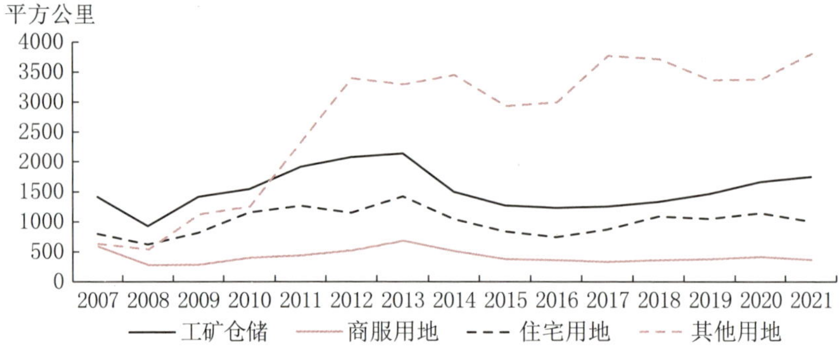

图 2　城市土地供应类型中，其他公共用地规模最大

资料来源：万得。

农村土地供给方式："三块地"

我国农村土地为集体所有，根据用地性质的不同，我国农村土地主要包括"三块地"——耕地、集体经营性建设用地和宅基地，"三块地"在供给形式上也存在较大差异。

农村耕地供给要守住 18 亿亩红线。我国人口众多，耕地质量总体不高，后备耕地资源稀缺，为保障粮食供应，2006 年《国民经济和社会发展第十一个五年规划纲要》提出要明确 18 亿亩耕地红线。永久基本农田是耕地的精华，划定永久基本农田并实行特殊保护是耕地保护工作的重中之重，2008 年党的十七届三中全会通过《中共中央关于推进农村改革发展若干重大问题的决定》，提出划定永久基本农田，建立保护补偿机制。2014 年，原国土资源部、农业部下发《关于进一步做好永久基本农田划定工作的通知》，在已有划定永久基本农田工作的基础上，将城镇周边、交通沿线现有易被占用的优质耕地优先划为永久基本农田，进一步严格划定永久基本农田保护红线。2019 年修正的

《中华人民共和国土地管理法》明确，永久基本农田包括：（1）经国务院农业农村主管部门或者县级以上地方人民政府批准确定的粮、棉、油、糖等重要农产品生产基地内的耕地；（2）有良好的水利与水土保持设施的耕地，正在实施改造计划以及可以改造的中、低产田和已建成的高标准农田；（3）蔬菜生产基地；（4）农业科研、教学试验田；（5）国务院规定应当划为永久基本农田的其他耕地。根据中共中央、国务院印发的《全国国土空间规划纲要（2021—2035年）》，18.65亿亩耕地和15.46亿亩永久基本农田保护目标任务要保持到2035年不变。

推动农村集体经营性建设用地入市。1998年出台的《中华人民共和国土地管理法》规定，农业用地如果要转化为建设用地，必须实行征地，将集体土地征用为国有土地，才能进入市场流通，导致大量农村建设用地无法纳入城乡统一规划，长期大量闲置、粗放式利用。此外，在城市化进程中，部分地方政府征地对农民补偿较低，而地方政府通过招拍挂获得的土地增值收益较高，导致土地收益在城乡之间分配不均衡，由此引发的社会问题增加。2015年针对农村集体经营性建设用地试点改革提出，“存量农村集体建设用地中，土地利用总体规划和城乡规划确定为工矿仓储、商服等经营性用途的土地，在符合规划、用途管制和依法取得的前提下，可以出让、租赁、入股，与国有用地同等入市”，并明确在33个县级行政区划内实行试点。

农村宅基地的供给与盘活。社会主义改造后，我国建立土地公有制，农村宅基地属于集体所有，宅基地形成“集体所有、成员使用，一户一宅、限定面积，无偿分配、长期使用”的供给机制。随着我国城镇化水平提升，农村人口大量流出，宅基地闲置问题日益突出。2015年起，全国33个县（市、区）开展农村宅基地制度改革试点，主要围绕完善宅基地权益保障和取得方式、探索宅基地有偿使用和自愿有偿退出机制、完善宅基地管理制度等方面开展试点。大部分试点地区主要通过宅基地复垦，以节余指标、地票、集地券等方式有偿交易，允许农民自愿退出宅基地。2020 年中央一号文件《关于抓好“三农”领域重点工作确保如期实现全面小康的意见》提出，以探索宅基地所有权、资格权、使用权“三权分置”为重点，进一步深化农村宅基地制度改革试点。2020 年 9 月中央农办、农业农村部明确新一轮农村宅基地制度改革试点在 104 个县（市、区）和 3 个地级市启动，核心是要探索宅基地所有权、资格权、使用权分置实现形式，保护进城落户农民宅基地权益，探索农户宅基地资格权的保障机制，鼓励农村集体经济组织及其成员采取自营、出租、入股、合作等方式盘活利用闲置宅基地和闲置住宅，发展休闲农业、乡村旅游、餐饮民宿、文化体验、电子商务等乡村产业。同时，通过探索宅基地使用权的流转、抵押、自愿有偿退出、有偿使用等，增加农户的财产性收入。

城乡土地供给的两种调剂方式

在满足国土空间规划的基础上，为在最大程度上提升土地供给及配置的使用效率，推动城乡土地市场融合发展，目前我国在城乡土地供给上有两种调剂方式，一是城乡建设用地增减挂钩，二是土地指标交易。

随着我国城镇化不断发展，农民外出务工经商人员增加，村庄“空心化”、农民住房闲置的问题逐步显现，由此催生了“城镇建设用地增加要与农村建设用地减少相挂钩”的思路。城乡建设用地增减挂钩指标，是依据土地利用总体规划，将“空心房”等农村建设用地进行整理复垦成耕地，经验收合格后置换出等量的建设用地指标，用于农村和城镇发展，实现项目区内建设用地总量不增加，耕地面积增加、质量提高，促进土地节约集约利用，优化城乡用地结构布局。2005 年原国土资源部组织启动了城乡建设用地增减挂钩试点工作，目前已扩大到全国。此外，长期以来我国土地资源的区域性不平衡问题较为显著，耕地资源较为丰富的西部、东北地区，建设用地需求较少，而建设用地需求较高的东部经济发达地区，后备耕地资源较少。在保护耕地红线要求下，占用农用地必须坚持“占补平衡”原则，东部发达地区在建设过程中，普遍存在大量补充耕地缺口的情况，而在西部及东北地区，由于经济欠发达，土地价值难以显现。为更好缓解土地要素的区域不均衡问题，城乡建设用地增减挂钩指标试点范围从原先仅局限在县域内逐步拓展至跨区域调剂，2018 年起“三区三州”及其他深度贫困县城乡建设用地增减挂钩节余指标由国家统筹跨省域调剂使用，北京、上海、天津、浙江、广东、福建、山东等省市为主要对口地区。

在原城乡建设用地增减挂钩机制下，城乡之间指标调剂需先预定城市建设用地项目，再实施复垦及指标置换，且挂钩指标需在项目区封闭流转和使用。2008 年 12 月重庆农村土地交易所正式挂牌成立，成为全国首家农村土地交易所。重庆农村土地交易所在城乡建设用地增减挂钩政策的基础上放松要求，一是不再严格要求挂钩，即复垦形成的建设用地指标无需事先挂钩城市建设用地项目，指标产生后形成“土地指标证书”，又称“地票”，可在市场上流通。二是突破区域限制，指标可在全市范围内跨区域交易。土地交易市场实现了指标在时间和空间上的调配，提升土地资源配置效率。复垦后用地指标丰富的地区可以通过交易市场将指标出售给土地指标相对不足的地区，实现了用地指标的空间置换。根据国家发改委数据，截至 2021 年下半年，重庆市交易“地票”35 万余亩、近 700 亿元，其中在脱贫区县交易了 25 万余亩、近 500 亿元，有效助力了脱贫攻坚。“地票”纯收益按 85∶15 的比例分配给农户和农村集体经济组织，惠及 40 余万农户。

四、土地要素配置的难点与困境

城市土地：用地结构性矛盾突出

工业用地：定价偏低及资源闲置

改革开放以来，在最大限度保证工业用地的供地理念下，我国对于工业用地支持力度较大，城市中不少宜居宜人的好地方都用来建设工业园区。2007 年前，我国工业用地供应占国有建设用地供应面积的比重保持在 40% 以上，2007—2021 年占比由 40% 以上降至 25% 左右，但与发达国家 7%—10% 的水平相比，我国城市工业用地占比仍然偏高。

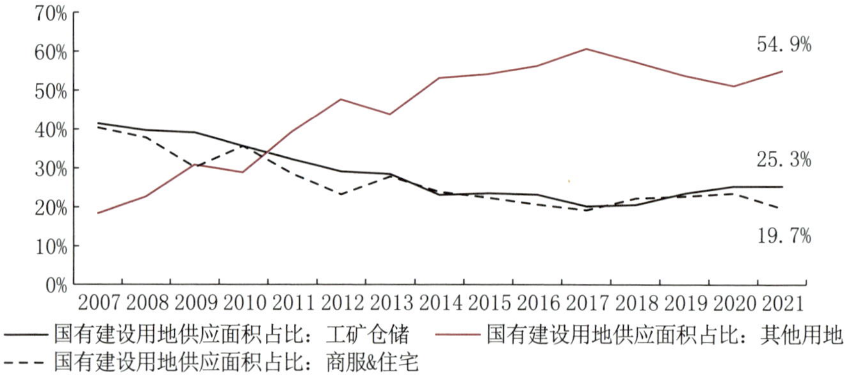

图 3　我国工业用地供应比例虽有降低但仍达 25% 左右

资料来源：万得。

对工业用地供给的明显倾斜使得工业用地价格相对较低。从要素定价看，工业用地价格取决于三个方面：一是土地成本费用，主要包括征地补偿安置和拆迁费用、前期开发成本等，二是土地区位差异造成的稀缺性及需求弹性，三是土地升值预期收益。从 100 个大中城市数据来看，我国工业用地溢价率常年维持在低于 3% 的水平，波动较小，难以反映真实供求水平。2006 年出台的《全国工业用地出让最低价标准》，强调“市、县人民政府出让工业用地，确定土地使用权出让价格时必须执行最低控制标准”，然而在实际操作中，地方政府通过税收返还、财政奖励、承担基础设施等多种途径变相降低工业用地地价，部分地区工业用地实际成交价格甚至出现零地价或负地价现象。

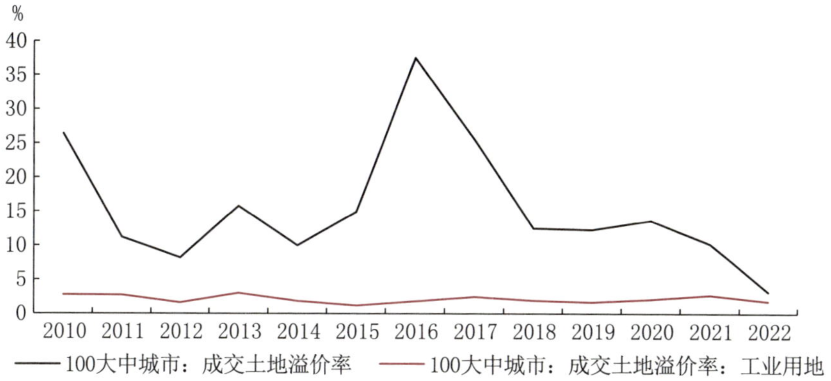

图 4　2010—2022 年工业用地溢价率持续保持低位

资料来源：万得。

由于工业用地供给偏多且价格偏低，工业用地集约利用水平较低，存在大量低效利用及闲置土地。在缺乏相应配套监管措施的情况下，一方面工业用地使用权出让后，企业何时开工、如何使用均存在较大的不确定性，另一方面工业用地规划容积率整体偏低，造成土地资源浪费。2018—2022 年我国西部地区工业用地容积率整体低于 1.2，东北地区工业用地容积率低于 0.9。习近平总书记 2013 年底在中央城镇化工作会议上的讲话指出，“目前，城镇工矿建设用地中，处于低效利用状态的有五千平方公里，占全国城市建成区的百分之十一”。

表 4　我国各地区工业用地容积率数据差异较大

年份	东部	中部	西部	东北
2018	1.46	1.19	1.17	0.80
2019	1.47	1.18	1.20	0.82
2020	1.56	1.19	1.17	0.83
2021	1.59	1.20	1.11	0.84
2022	1.66	1.21	1.14	0.83

资料来源：中指数据库。

影响城市工业用地配置效率的关键还在于目前我国缺乏有效的工业用地市场化盘活机制。一方面，当前土地退出依然由政府主导，但政府涉及的土地退出范围较窄，限于企业倒闭、僵尸企业用地退出、产业“退二进三”、由传统工业用地转为新兴产业用地等，大量土地使用主体缺乏市场化盘活机制。另一方面，地方政府将工业用地持有税费定在较低水平，土地持有成本低，而土地增值预期较强，导致部分企业虽然短期土地使用需求较低，但对转让存量建设用地的积极性也不高。此外，存量建设用地盘活还涉及再开发、拆迁等多方利益主体，且部分地区用地平整，再开发成本甚至高于一级市场招拍挂价格，这进一步增加了存量工业用地的盘活难度。

住宅用地：供需不平衡

与对工业用地供给的倾斜不同，近年来我国城市住宅用地一直处于紧平衡的状态，尤其是人口净流入的大中型城市，住宅用地的供需不匹配问题突出。过去地方政府一般通过压低工业用地价格招商引资，同时控制住宅用地供给来实现土地出让收入最大化。2021 年住宅用地供应仅占总建设用地供应的 14.6%，低于美国 2012 年的 46.9%，以及日本 2016 年 61.3% 的水平。分区域来看，超大城市住宅用地补偿工业用地现象更加显著，根据住房和城乡建设部城市建设统计年鉴数据测算，2006—2017 年，我国 1000 万人口以上的超大城市城区人口增速为 40.7%，工业用地供给增速为 29.9%，住宅用地供给增速仅为 9.5%，住宅用地供给在城市土地供给中的占比与人口流入趋势不匹配。

受供给失衡影响，我国城市住宅用地价格波动较大。在一级市场，住宅用地通过招拍挂方式市场化定价，但一级市场定价受二级交易市场影响显著，波动较大。一方面，受房地产市场供求影响，我国住宅用地溢价率在房地产市场热度较高期间大幅提升，100 大中城市住宅用地溢价率在 2009 年及 2016 年分别高达 46%、50%。另一方面，由于房地产是重要民生领域，过去为稳定房地产市场预期，我国推出一系列稳地价、稳房价举措，部分热点城市采用行政手段"限房价、限地价"，管控住宅用地出让最高溢价率，又导致价格在短期内快速降低。2016年以来，住宅用地溢价率快速下行，分城市能级看，一线城市住宅用地成交溢价率下降幅度最大，由高点的63%降至2022年4.5%的水平。

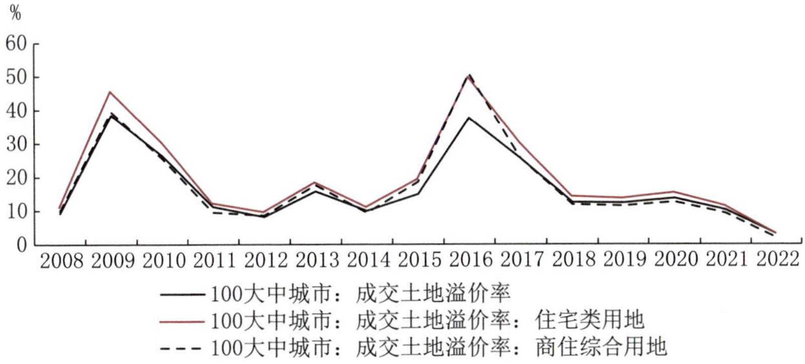

图5　近年来我国住宅类用地成交土地溢价率波动较大

资料来源：万得。

在住宅用地的流转交易上，2010年以来，我国多次要求地方政府控制好住宅用地供应的规模、布局和节奏，提高土地供应计划透明度，稳定市场预期。但从实际执行情况来看，各城市土地市场透明度不一，多数城市信息披露有限，随意度较高，供应规模、布局和节奏不明确。2021年起，自然资源部明确22个重点城市要合理安排招拍挂出让住宅用地的时序，实行"两集中"同步公开出让，即集中发布出让公告、集中组织出让活动，时间间隔和地块数量要相对均衡，将城市可供住宅用地集中展示、出让，提高市场信息透明度。

基础设施公益用地：非营利性主导

《中华人民共和国土地管理法》规定，包括国家机关用地和军事用地，城市基础设施用地和公益事业用地，国家重点扶持的能源、交通、水利等基础设施用地，以及法律、行政法规规定的其他用地，以划拨方式取得。即在国家发改委完成立项之后，由当地土地部门安排用地，除去涉及征地需要由政府支付征地补偿之外，无需其他费用。基础设施及公益用地存在一定特殊性及“非营利性”，无偿划拨使用是我国经济社会建设的重要制度。

未利用地：仍有较大开发空间

根据第三次全国国土调查数据，截至2019年末，我国仍有21%未利用地。从未利用地土地类型来看，主要为裸岩石砾地、沙地、荒草地等。根据美国土地管理局数据，2012年英国、美国、日本、法国未利用土地占比分别为9.7%、8.8%、6.9%、6.1%，我国未利用地还有较大开发空间。2015年原国土资源部下发《关于做好国有未利用地开发审批权下放和后续监管有关事项的通知》，下放审批权限，明确开发未确定土地使用权的国有荒山、荒地、荒滩从事种植业、林业、畜牧业、渔业生产的，按照省、自治区、直辖市规定的权限，由县级以上地方人民政府批准。审批权下放后，受制于开发强度大、开发依据不清晰、审查标准不明确等因素，未利用地的开发仍然步履维艰。

农村土地：土地确权复杂，流转难度大

农用地：流转定价及交易制度保障不完善

当前农村承包地确权基本到位。2014年起，我国开始逐步推进农村承包地确权登记颁证工作，于2019年基本完成全国2838个县（市、区）、3.4万个乡镇、55万多个行政村、15亿亩承包地确权。截至2020年底，全国农村承包地确权登记颁证超过96%，2亿农户领到土地承包经营权证。

在农用地的要素定价上，过去征地补偿主要按照被征收土地的原用途给予补偿，原《中华人民共和国土地管理法》要求，土地补偿费

和安置补助费的总和不得超过土地被征收前三年平均年产值的 30 倍，在部分区位优势较为明显的地区，补偿标准偏低、补偿机制不健全。2019 年《中华人民共和国土地管理法》明确，征收农用地的土地补偿费、安置补助费标准要按照片区综合地价补偿，考虑土地区位、产值、供求关系、人口等因素，每三年调整或重新公布一次，定价机制逐步完善，有助于保障农民利益。

随着我国农村人口的迁移以及农民工群体的壮大，农用地经营权流转的需求与日俱增。为更好整合农用地资源，丰富农民多元收入来源，近年来中共中央、国务院以及农业相关部门陆续出台多项政策和指导性文件，包括完善土地“三权分置”办法、整合各类流转服务平台、开展承包土地经营权抵押贷款担保试点等。但整体来看，农用地经营权流转市场仍处于初始阶段。一是农用地流转的交易场所和平台不够完善，缺乏为农用地流转搭建供给和需求信息交换的平台，信息的不对称影响农用地流转效率。2021 年《农村土地经营权流转管理办法》鼓励各地建立土地经营权流转市场或者农村产权交易市场，按统一标准和技术规范建立国家、省、市、县等互联互通的农村土地承包信息应用平台，但目前农用地经营权定价尚未形成规范的全国性定价标准，农用地流转机制尚未成熟。二是农用地流转市场缺乏有效保障和监管机制。当前对于农用地流转程序、流转手段、流转档案管理等方面还缺乏统一规定，各级农业行政主管部门也没有统一的实施细则。由于农民法律意识较为薄弱，农用地流转大多为口头协议，缺少正规的流转合同，或合同签订内容及程序不规范，存在流转定价偏低损害农民权益的问题，容易引发纠纷。

集体经营性建设用地：入市推进较慢

目前农村集体经营性建设用地使用权确权仍在进展中，部分省份取得阶段性进展。2010 年提出，“加快集体建设用地使用权等确权登记颁证工作”；2013 年要求，“加快农村建设用地使用权地籍调查，尽快完成确权登记颁证工作”；2019 年 4 月中共中央、国务院印发《关于建立健全城乡融合发展体制机制和政策体系的意见》，指出“建立集体经营性建设用地入市制度，加快完成农村集体建设用地使用权确权登记颁证”；2020 年中央一号文件《关于抓好“三农”领域重点工作确保如期实现全面小康的意见》强调，“扎实推进宅基地和集体建设用地使用权确权登记颁证”。从确权难点来看，集体经营性建设用地源于过去乡镇企业建设用地，然而从社队企业到乡镇企业再到当下，集体经营性建设用地从形成到现在年代久远，有些现存的集体经营性建设用地在当时就未能按程序依法取得土地使用权，各类历史遗留问题进一步加大了集体经营性建设用地使用权确权难度。

在要素定价上，2019 年经修正的《中华人民共和国土地管理法》颁布后，自然资源部于 2020 年 4 月发布《农村集体土地价格评估技术指引》，明确集体经营性建设用地可运用收益还原法、市场比较法、剩余法、成本逼近法、公示地价系数修正法五种估价方法评估其使用权价格。在实践过程中，部分地区已颁布较为详细的基准地价评估指引，例如广东省 2020 年发布的《广东省集体建设用地定级与基准地价评估成果编制指引（试行）》，但大多数地区不具备专业的基准地价评估体系，集体经营性建设用地定价缺乏统一规范标准。

从流转交易上，农村集体经营性建设用地入市对政府主导下的征地制度带来强烈的冲击，农民可通过直接“入市”获得较高收益，地方政府征地难度加大，且征地的土地增值收益也被大大压缩，地方政府积极性普遍较低。另外，农村集体经营性建设用地入市收益分配标准尚未统一，各宗土地区位、成本、收益差别较大，如何合理分摊成本及收益，如何平衡政府、集体以及农民个人的利益仍是阻碍集体经营性建设用地入市的重要堵点。

宅基地：定价及流转制度存争议

目前我国宅基地数量大、情况复杂，存在“一户多宅”、缺少权属来源材料、超占面积、权利主体认定等问题。此外，我国部分地方还存在农村地籍调查基础薄弱、登记资料管理不规范和信息化程度低等问题，这进一步增加确权难度。2020 年 7 月，自然资源部印发了《宅基地和集体建设用地使用权确权登记工作问答》，77 条问答中，绝大部分涉及处理农村宅基地遗留问题的措施，体现了宅基地的确权难度，当前各地确权颁证工作仍在进展中。

对于宅基地是否能够市场化定价及交易，目前市场各类主体还存在较大争议。反对方认为，宅基地使用权具有身份属性，是一种成员权，只能在成员集体范围内流转，在宅基地上建造的住宅是产权受限的房屋，禁止有偿出让宅基地使用权是符合国情的，且宅基地使用权具有保障属性和特殊性，是一种生存权，不应该参与市场化流转及定价。支持方认为，宅基地使用权不具有流转属性是其权能上的缺失，无法市场化定价使得权利人难以形成对其财产的有效预期，不利于保障农民的合法权益，使得宅基地沉积为“死资产”，侵害农民对于宅基地的财产权利。在宅基地确权及改革思想尚未达成共识的情况下，农村宅基地改革仍面临多重障碍。

增减挂钩指标：行政计划为主

增减挂钩指标及地票交易的推出为盘活农村土地要素资源提供了新渠道，但从实际运行情况看，增减挂钩指标还面临诸多操作难点。在指标定价上，目前县域层面，指标交易价格往往采取政府指导价而非市场竞价，如成都的指标交易定价基本维持在每亩 30 万元人民币。此外，由于不同地区对建设用地指标的需求不同，定价差异显著，如“人口流出”的湖北农村通过增减挂钩给到腾退宅基地农户的补偿大约只有 2 万元 / 亩，而苏南给农户的补偿大约为 100 万元 / 亩。跨区域层面，2018年我国开始推进跨区域指标调剂，《城乡建设用地增减挂钩节余指标跨省域调剂管理办法》规定，国家统一制定跨省域调剂节余指标价格标准。在指标交易上，从增减挂钩指标交易角度看，《城乡建设用地增减挂钩节余指标跨省域调剂管理办法》允许“跨省换地”，然而仅限于“三区三州”及深度贫困县增减挂钩结余指标，在东西部扶贫协作和对口支援框架内开展交易。《城乡建设用地增减挂钩节余指标跨省域调剂管理办法》在规范化指标跨区域交易方面迈出重要一步，但由于跨省交易仍由中央统一下达调剂任务、统一确定调剂价格标准、统一资金收取和支出，本质仍是计划配置，市场化配置机制明显不足。

五、土地要素市场化改革的四大突破

工业用地强化集约利用

过去在经济高速发展过程中，为最大限度保证工业用地供给，我国对工业用地支持力度较大，地方政府通过零地价或负地价的工业用地招商引资，导致工业用地闲置和低效利用问题突出。当前我国城市发展已从增量扩张转向存量优化的阶段，推动工业用地集约利用，一方面可以腾出闲置土地加强住宅及商业用地供给，极大优化土地要素配置效率，另一方面可以通过合理规划，调整城市产业结构和用地结构，在促进城市用地结构优化的同时提升土地增值收益，扩大地方政府土地出让金来源。

从具体方向来看，一是要适当提高工业用地容积率、建筑密度、土地投资强度，考核工业用地单位产出，提升工业用地集约利用水平。二是建立工业用地退出盘活机制。建立健全闲置土地监督、评价和责令退出机制，制定明确的续期费用、逾期处罚等相关规定，对构成闲置的工业用地，依法对其征收闲置费直至收回土地使用权，并且适当降低土地流转税费，提升土地长期持有的税费成本，通过市场手段引导闲置占地有序退出。三是完善工业用地定价机制。充分发挥市场在配置资源中的决定性作用，严格执行工业用地招拍挂出让制度，推动更多的一般性工业用地以市场价格进行出售或出租。

住宅用地强化供需匹配

与国际水平相比，我国城市住宅用地供给整体不足，供需不匹配在一定程度上是部分城市高房价、高地价的重要原因之一。当前我国房地产供需关系已出现根本性变化，商品房年销售面积已从过去的 18 亿平方米降至 11—12 亿平方米，需求中枢显著下移，要利用好房地产市场转型这一时间窗口，优化住宅用地供需匹配，建立健全与房地产新发展模式相匹配的土地供给框架。

对于人口流入的大城市、一线城市，要着力缓解住宅用地供求不匹配的问题，在符合规划前提下允许工业用地有条件地转为居住用地，在新增城镇建设用地中适度增加居住用地比例。同时要推动建立更加公开的招拍挂信息交易公示平台，制定城市招拍挂信息的统一公示规则，减少信息不对称，完善招拍挂机制，稳定供地预期。

加快推动集体经营性建设用地入市

解决城乡土地制度不统一、权能不一致是缓解我国城乡发展不平衡问题的关键，集体经营性建设用地入市是我国农村土地要素改革的重点和难点。要借助推动农村集体建设用地合法依规进入土地市场，降低用地成本、盘活农村土地资源、完善配套激励机制和收益分配机制，从根本上改变城乡二元结构。

要加快完善《中华人民共和国土地管理法》相关配套细则，重点研究集体建设用地在入市与征地两种模式下的土地增值收益分配问题，构建政府、集体、个人之间的利益平衡机制，按照两种模式下分配比例大体平衡的原则，以经济手段调动地方政府推动集体土地入市的积极性。

完善城乡建设用地增减挂钩指标定价及交易机制

长期以来我国土地资源的区域性不平衡问题较为显著，而城乡建设用地增减挂钩是我国探索土地要素跨区域平衡的重要实践，也是推进土地要素优化配置的重要举措。要进一步完善城乡建设用地增减挂钩指标定价及交易机制，探索更大程度的土地配置自主权，提高农村低效闲置土地资源利用效率。

要从地方实际出发，合理推动对闲置的农村宅基地或者价值较低的集体经营性建设用地采取复耕措施，减少农村低效闲置土地。制定更加市场化的指标定价机制，充分调动市场主体参与的积极性。在跨区域交易方面，进一步探索建立全国性或区域性补充耕地指标、增减挂钩指标交易机制，探索扩大“跨省换地”试点范围，从当前“三州三区”及深度扶贫地区，扩大至更多的经济欠发达地区。

第二章 集体建设用地入市进展、难点与地方实践

我国城乡土地不具有同等的建设用地使用权，解决城乡土地的“二元体系”问题是当前我国土地要素市场化改革的重中之重。2012 年起，我国开始通过两种方式推动农村集体建设用地入市，分别是集体经营性建设用地入市，以及集体建设用地建设租赁住房。经过十年探索，当前我国集体建设用地入市已取得了大量改革经验，但同时在实践中也面临一系列问题，包括集体建设用地法律地位不明确、试点范围较局限以及土地运营模式不清晰等，如何进一步提升地方政府改革的积极性，在更大程度上实现集体经营性建设用地入市仍需在改革进程中进一步突破。

一、集体建设用地利用大有可为

农村集体土地主要包括农用地和集体建设用地，其中集体建设用地是指乡（镇）村集体经济组织和农村个人，进行各项非农业建设所使用的土地。20 世纪 80 年代农村改革时期，产业结构调整，乡镇企业快速发展且大量用地及部分农用地被用来建设厂房发展工业，集体建设用地规模快速扩张。为加强对农村集体建设用地规范，1998 年修订的《中华人民共和国土地管理法》将集体建设用地限定在兴办乡镇企业、村民建设住宅、乡（镇）村公共设施和公益事业建设上，即集

体经营性建设用地、宅基地、公益性及基础设施用地。集体经营性建设用地是由农村集体租赁给企业或者个人用来进行经营性活动的土地，主要包括农村区域范围内的闲置校舍、乡镇企业用地、集体工矿仓储用地，例如农副产品加工厂、农产品交易市场、集体仓储等，以及集体商服综合用地，例如农家乐、乡村宾馆、小作坊、集体商铺等。宅基地是农村村民用于建造住宅及其附属设施的集体建设用地，包括住房、附属用房和庭院等用地。公益性及基础设施用地是指乡村行政办公、文化科学、医疗卫生、教育设施、生产服务和公用事业等用地。

第三次全国国土调查主要数据显示，2019 年末全国建设用地总量约 6.13 亿亩，其中城镇建设用地总规模约 1.55 亿亩，集体建设用地总规模达 3.29 亿亩，占比约 53.7%。根据中国宏观经济研究院报告显示，我国集体经营性建设用地占集体建设用地比重约为 13.3%，且主要分布在东部沿海、城市周边、乡镇中区位较好的地段，照此估算我国集体经营性建设用地体量大约为 4300 万亩。

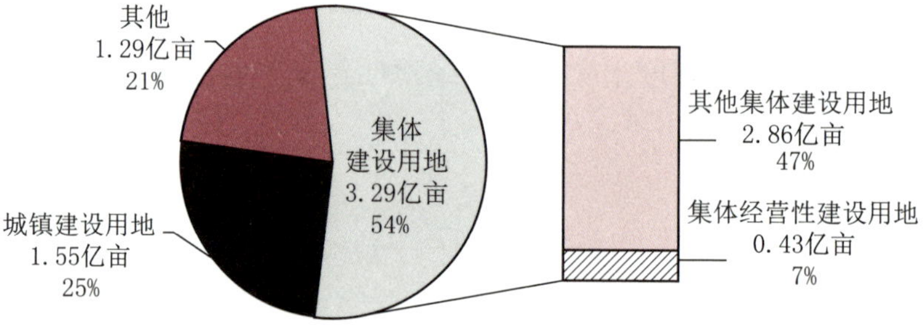

图 6　2019 年我国集体建设用地面积占比约 54%

资料来源：自然资源部、中国宏观经济研究院。

随着我国城镇化水平的不断提高，以及乡镇企业歇业、倒闭，加上农民工进城务工快速增加，农村集体建设用地出现了一系列低效利用现象，包括宅基地闲置、集体经营性建设用地荒废等。我国部分集体建设用地处于城市周边、乡镇中区位较好的地段，可开发利用空间大，然而此前集体建设用地入市存在明显的制度障碍，1998 年《中华人民共和国土地管理法》规定，农业用地如果要转化为建设用地，必须实行征地，将集体土地征用为国有土地，才能进入市场流通，农村集体建设用地难以与国有建设用地同等入市，集体建设用地盘活利用缺乏有效渠道。在此背景下，近年来我国逐步探索集体建设用地入市改革。

二、集体建设用地入市的两大途径

集体经营性建设用地入市

2013 年党的十八届三中全会审议通过《中共中央关于全面深化改革若干重大问题的决定》，提出建立城乡统一的建设用地市场。2014 年底，中共中央办公厅、国务院办公厅印发《关于农村土地征收、集体经营性建设用地入市、宅基地制度改革试点工作的意见》，在全国部署农村“三块地”改革试点工作，其中关于集体经营性建设用地入市改革方面，明确提出“在符合规划和用途管制前提下，允许农村集体经营性建设用地出让、租赁、入股，实行与国有土地同等入市、同权同价”。

从试点期限看，两次延长，共计五年。由于试点突破了《中华人民共和国土地管理法》和《中华人民共和国城市房地产管理法》有关规定，2015 年 2 月全国人大常委会授权国务院在北京市大兴区等 33 个试点县（市、区）进行试点改革。由于“三块地”改革牵涉利益关系广泛且复杂，以及土地制度改革从制度设计、工作部署、实践操作到效果反馈的周期较长，为更好提升农村土地制度改革三项试点工作的整体性、系统性、协同性和综合效益，与《中华人民共和国土地管理法》修法工作做好衔接，2017 年 11 月 4 日，第十二届全国人大常委会第三十次会议决定，授权在试点地区暂时调整实施有关法律规定的期限延长至2018年底。2018年12月，全国人大常委会再次延长授权试点期限至2019年底。

从试点地区看，由15个逐步扩大至33个农村土地改革试点地区。在“三块地”改革试点之初，33个试点地区遵循“一个试点地区只开展一项试点”，安排集体经营性建设用地入市和宅基地制度改革试点各15个，土地征收制度改革试点3个。2016年9月，原中央全面深化改革领导小组决定将土地征收制度改革和集体经营性建设用地入市扩大到全部33个试点县（市、区）。当前31个省（市、自治区）均有集体经营性建设用地试点县（市），其中浙江、四川各有2个县（市）参与试点。

从试点范围看，限定于存量集体经营性建设用地。存量集体经营性建设用地是指土地利用总体规划和城乡规划已经确定为经营性用途的土地，增量集体经营性建设用地是将原农用地或公益性集体建设用地转变为经营性建设用地。按照《关于农村土地征收、集体经营性建设用地入市、宅基地制度改革试点工作的意见》精神要求，各试点区在实践中将集体经营性建设用地入市的范围限定在存量集体经营性建设用地，且按照土地利用总体规划、城乡规划确定的用途使用土地，主要为工业、商业等领域。

从试点成效看，改革试点相关成果写入《中华人民共和国土地管理法》。经过五年集体经营性建设用地入市试点，2019年《中华人民共和国土地管理法》实现修正，删除原有关于从事非农业建设使用土地的，必须使用国有土地或者征为国有的原集体土地的规定，明确“土地利用总体规划、城乡规划确定为工业、商业等经营性用途，并经依法登记的集体经营性建设用地，土地所有权人可以通过出让、出租等方式交由单位或者个人使用”，且“集体经营性建设用地的出租，集体建设用地使用权的出让及其最高年限、转让、互换、出资、赠与、抵押等，参照同类用途的国有建设用地执行”。《中华人民共和国土地管理法》的修正彻底解决了集体经营性建设用地入市的合法性问题，为集体土地和国有土地同等入市、同权同价奠定重要法律基础。

表 5　集体经营性建设用地入市共安排 33 个试点县（市、区）

	地区	省　市	市　县		地区	省　市	市　县
1	东部	北京市	大兴区	18	西部	内蒙古自治区	和林格尔县
2	东部	天津市	蓟县	19	西部	广西壮族自治区	北流市
3	东部	河北省	定州市	20	西部	重庆市	大足区
4	东部	上海市	松江区	21	西部	四川省	成都市郫都区
5	东部	江苏省	常州市武进区	22	西部	四川省	泸县
6	东部	浙江省	义乌市	23	西部	贵州省	湄潭县
7	东部	浙江省	德清县	24	西部	云南省	大理市
8	东部	福建省	晋江市	25	西部	西藏自治区	曲水县
9	东部	山东省	禹城市	26	西部	陕西省	西安市高陵区
10	东部	广东省	佛山市南海区	27	西部	甘肃省	陇西县
11	东部	海南省	文昌市	28	西部	青海省	湟源县
12	中部	山西省	泽州县	29	西部	宁夏回族自治区	平罗县
13	中部	安徽省	金寨县	30	西部	新疆维吾尔自治区	伊宁市
14	中部	江西省	余江县	31	东北	辽宁省	海城市
15	中部	河南省	长垣县	32	东北	吉林省	长春市九台区
16	中部	湖北省	宜城市	33	东北	黑龙江省	安达市
17	中部	湖南省	浏阳市				

资料来源：自然资源部。

集体建设用地建设租赁住房

当前我国主要超大城市、特大城市带有政府福利性质的公租房数量有限，大量流动人口住房、租房需求难以满足，导致很多城中村、城乡接合部成为承接流动人口租房需求的主要载体。城中村房屋出租在带来大量便利的同时，实质上突破了农村集体建设用地不得用于非农建设的规定，同时也存在房屋出租管理混乱、治安、环境卫生及违规违建安全问题等，带来较多的社会隐患。

为更好适应新形势下房地产市场的供需新格局，满足新市民及流动人口的住房需求，增加租赁住房供应，进一步拓展集体建设用地利用途径，增加农村和农民收入，政策逐步试点推动集体建设用地用于建设租赁住房。2012 年原国土资源部通过函复的形式批准北京、上海两地作为试点，开展利用集体建设用地建设租赁性住房。2017 年 8 月原国土资源部、住房和城乡建设部联合印发了《利用集体建设用地建设租赁住房试点方案》，正式确定在北京、上海、沈阳、南京、杭州、合肥、厦门、郑州、武汉、广州、佛山、肇庆、成都共 13 个城市开展利用集体建设用地建设租赁住房试点。2019 年 1 月自然资源部办公厅、住房和城乡建设部办公厅发布《关于福州等 5 个城市利用集体建设用地建设租赁住房试点实施方案意见的函》，同意福州、南昌、青岛、海口、贵阳 5 个城市利用集体建设用地建设租赁住房试点的实施方案。

从试点城市看，大多集中于经济发达城市。18 个试点城市中，东部地区城市占绝大多数，达 11 个，中部 4 个、西部 1 个、东北 1 个。从城市能级来看，基本为超大、特大城市，这些城市租赁住房需求较大，村镇集体经济组织有建设意愿、有资金来源，政府监管和服务能力相对较强。

从试点范围看，以存量集体建设用地为主。《利用集体建设用地建设租赁住房试点方案》明确，项目用地应当符合城乡规划、土地利用总体规划及村土地利用规划，以存量土地为主，不得占用耕地，增加住房有效供给。要以满足新市民合理住房需求为主，强化监管责任，保障依法依规建设、平稳有序运营，做到供需匹配。

从试点内容看，完善利用集体建设用地建设租赁住房规则。一是完善试点项目审批程序，健全集体建设用地规划许可制度，推进统一规划、统筹布局、统一管理，统一相关建设标准。二是完善集体租赁住房建设和运营机制，兼顾政府、农民集体、企业和个人利益，理清权利义务关系，平衡项目收益与征地成本关系。三是探索租赁住房监测监管机制，对租金进行监测、指导、监督，防止租金异常波动，主管部门在建设用地使用权登记、房屋所有权登记、租赁备案、税务、工商等方面加强联动，构建规范有序的租赁市场秩序。四是探索保障承租人获得基本公共服务的权利。

表6　集体建设用地建设租赁住房试点逐步推广

时间	部　门	文　件	主要内容
2012.2	原国土资源部	《关于做好2012年房地产用地管理和调控重点工作的通知》	对于商品住房价格较高、建设用地紧缺的直辖市和少数省会城市，确需利用农村集体建设用地进行租赁住房建设试点的，按照“严格审批、局部试点、封闭运行、风险可控”的要求，由省级人民政府审核同意试点方案并报我部审核批准后开展试点。
2017.7	住建部、发改委、原国土资源部等九部委	《关于在人口净流入的大中城市加快发展住房租赁市场的通知》	按照原国土资源部、住房和城乡建设部的统一工作部署，超大城市、特大城市可开展利用集体建设用地建设租赁住房试点工作。
2017.8	原国土资源部、住房和城乡建设部	《利用集体建设用地建设租赁住房试点方案》	在超大、特大城市和国务院有关部委批准的发展住房租赁市场试点城市中，确定租赁住房需求较大，村镇集体经济组织有建设意愿、有资金来源，政府监管和服务能力较强的城市开展利用集体建设用地建设租赁住房试点。
2019.1	自然资源部办公厅、住房和城乡建设部办公厅	《关于福州等5个城市利用集体建设用地建设租赁住房试点实施方案意见的函》	原则同意福州、南昌、青岛、海口、贵阳5个城市利用集体建设用地建设租赁住房试点实施方案。

资料来源：自然资源部、住房和城乡建设部、国家发展和改革委员会。

三、集体经营性建设用地入市的进展

入市现状

据自然资源部公布的情况，33个改革试验区共查明农村集体经营性建设用地11.9万宗，面积141.5万亩。截至2018年12月，全国集体经营性建设用地入市的地块达到 1 万多宗，占比 8%—9%，入市面积规模达到 9 万多亩，占比 6% 左右，总计得到 257 亿元价款，为国家增收了 28.6 亿元调节金，集体经营性建设用地抵押贷款 228 宗，贷款金额达 38.6 亿元。

从试点地区实际情况看，各地推进节奏各有差异。广西北流集体经营性建设用地入市进度较快，截至 2022 年 1 月，入市数量超过 300 宗，总金额超过 88 亿元，而部分地区推进节奏相对较慢，仅有个位数的集体经营性建设用地入市。从入市土地定价来看，北京每亩土地价格超过 592 万元，而部分地区每亩入市价格低于 10 万元。从集体经营性建设用地入市后的土地用途来看，主要作为工商企业生产性用地和生活性服务业用地。

表 7　部分试点地区集体经营性建设用地入市推进较快

地　区	时　间	入市规模（亩）	入市数量（宗）	总金额（万元）	每亩金额（万元）	用　途
广西北流	2022.1	21500	312	885400	41.18	工业、商业、旅游
浙江德清	2019.12	1866	226	51400	27.55	工业产业及农业创业园
湖南浏阳	2020.12	3343	156	60511	18.1	旅游业及农业发展
山西泽州	2017.12	998.43	32	9463	9.48	商业、工业、旅游
四川郫都	2017.6	353	30	21000	59.49	商业、仓储、工业
辽宁海城	/	819	10	15000	18.32	乡村旅游与休闲度假
北京大兴	/	675	4	400000	592.59	工业、农业、商业
安徽金寨	2019.1	19.55	1	392	20.05	兰花庄园农业项目

入市主体

由于农村土地为集体所有，土地入市主体的组织形式存在多样性。从实践中看，主要分两种：一是入市主体为村委会、乡镇街道办事处，代行农民集体经济组织职能，二是成立土地股份经济合作社或村集体资产管理公司，部分涉及跨乡镇土地入市的，还成立镇集体联营公司。从基层政经分离的角度看，以土地经济合作社等市场化法人作为入市主体，更加符合农村产权制度改革的趋势。

目前多数地方由村委会代行集体经济组织职能，入市主体为村委会。农村集体经济组织产生于20世纪50年代初的农业合作化运动，是为实行社会主义公有制改造、在自然乡村范围内，由农民自愿联合、将其各自所有的生产资料投入集体所有，由集体组织农业生产经营、农民进行集体劳动、按劳分配的农业社会主义经济组织，具有特殊法人地位。在实践中，由于村委会是自治组织，大多代行集体经济组织职能，因此部分地区明确村委会为入市主体。吉林省长春市九台区确定由村委会与土地使用者签订土地出让合同，黑龙江省安达市集体经营性建设用地入市的主体也均为村委会。

部分地区考虑到以村委会或集体经济组织作为入市主体，存在市场化程度不足以及流程规范性问题，更倾向于以土地股份经济合作社、镇集体联营公司作为重要的入市主体。土地股份经济合作社是在农村家庭承包经营基础上，农户自愿以农地经营权入股，并据此参与民主管理和盈余分配的合作经济组织。浙江省湖州市德清县根据浙江“三权到人（户），权跟人（户）走”的农村产权制度改革，对所有经营性资产量化入股，全县106个村成立股份经济合作组织，实行工商注册登记、独立核算、自负盈亏，具有独立法人资格。镇集体联营公司是将各个村集体的经营性建设用地转化为股份，整合形成土地使用权联营公司，并实施入市。北京市大兴区西红门镇以镇为基本单位，统一规划调整，把各个村集体的集体经营性建设用地登记至联营公司名下，委托公司法人进行统一建设、管理和收益分配。

表 8　集体经营性建设用地入市模式主要分两大类

入市模式	主体、对象	试点案例
以集体经济组织（特殊法人）入市	集体经济组织	上海市松江区：集体经营性建设用地入市可由集体经济组织代表农民集体行使所有权。 重庆市大足区：由集体经济组织代表农民集体行使土地所有权。
	村委会、乡镇、街道办事处代行集体经济组织职能	贵州省湄潭县：“村民委员会主导”模式。 吉林省长春市九台区：确定由村委会与土地使用者签订土地出让合同，最大限度体现农民意愿。 黑龙江省安达市：集体经营性建设用地入市的入市主体均为村委会。
成立具有市场法人资格的主体入市	土地股份经济合作社	四川省成都市郫都区：确定成立农村股份经济合作社等形式的新型农村集体经济组织，作为集体经营性建设用地入市的实施主体。 浙江省湖州市德清县：对所有经营性资产量化入股，全县 106 个村成立股份经济合作组织，实行工商注册登记，独立核算。
	集体联营公司	北京市大兴区：以镇为基本单位，统一规划调整，把各个村集体的集体经营性建设用地登记至联营公司名下，委托公司法人进行统一建设、管理和收益分配。

入市途径

目前集体经营性建设用地入市主要有三种途径，即就地入市、整治入市和调整入市。

就地入市是指依法取得，符合规划的工矿仓储、商服等农村集体经营性建设用地，同时具备开发建设所需基础设施等基本条件，可以采用招拍挂、协议出让等方式直接入市交易，不涉及土地产权调整。就地入市的优点在于产权清晰、主体单一、手续及流程相对简单，推进的重点在于协调村民意愿，同时处理好利益分配问题。

整治入市是对历史形成的城中村等集体建设用地，按照政府统一规划，进行综合整治、重新划分宗地、完善配套措施、确定产权，促进土地结构和布局进一步合理化，对于整治后不予征收，且按规划属于经营用途的集体建设用地，由农民集体协商一致后，可以实施入市。

整治入市能够有效提升土地综合产出效益，但需协调多方利益，整治周期较长，各方面临的风险较高。

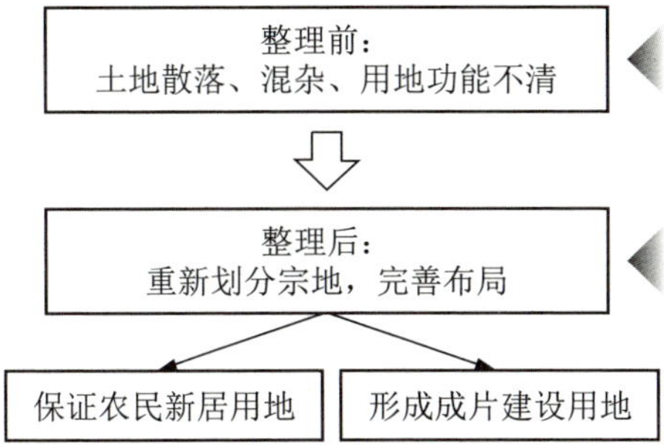

图7　整治入市模式

调整入市是在城乡建设用地增减挂钩政策的框架内，在复垦区对村内零星、分散的集体建设用地进行土地整治和整理，然后通过复垦形成新增建设用地指标，与建新区进行指标置换，推动建新区的集体经营性建设用地入市，实现指标“空间转移”。与常规城乡建设用地增减挂钩不同的是，常规方式下建新区地块需要征为国有，而集体建设用地调整入市保留集体土地权利不变，实现合理配置和集约利用土地。调整入市能够通过“空间转移”进一步提升土地利用效率，但由于涉及各方利益关系较为复杂，实施周期长。

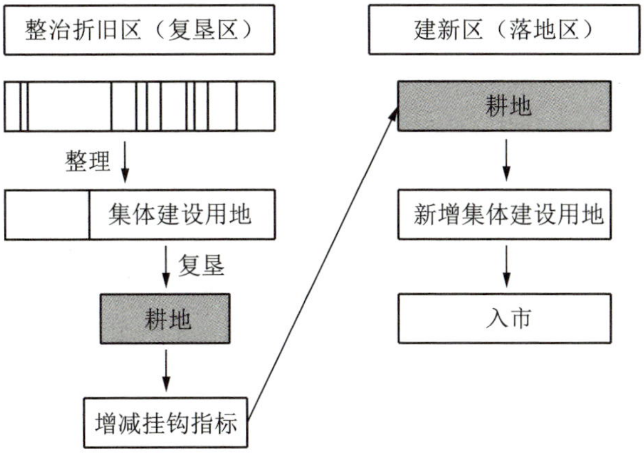

图8　调整入市模式

收益分配

集体经营性建设用地入市实现了多渠道土地供应，为农村集体拥有的土地提供了较大的级差收益。但合理分配级差收益，平衡国家、集体及个人利益，主要存在两大问题：一是政府部门与农民集体之间的收益分配问题，二是农民集体内部的收益分配问题。

2016 年财政部、原国土资源部印发《农村集体经营性建设用地土地增值收益调节金征收使用管理暂行办法》，明确增值收益的 20%—50% 上缴县级政府，纳入地方一般公共预算管理，对于剩余部分，农村集体经济组织以现金形式取得的，按照壮大集体经济的原则留足集体后，在农村集体经济组织成员之间公平分配，对以非现金形式取得的，应加强管理，并及时在农村集体经济组织内部进行公示。从具体实践来看，截至 2018 年 12 月，全国集体经营性建设用地入市的地块达到 1 万多宗，面积规模达到 9 万多亩，总计得到 257 亿元价款，为国家增收了 28.6 亿元调节金，平均调节金水平为 11.1%。

从各地调节金具体水平看，差异较为显著。在计算基数方面，虽然《农村集体经营性建设用地土地增值收益调节金征收使用管理暂行办法》规定以增值收益为基数征收调节金，但根据同济大学经济与管理学院对 7 个试点地区的调研显示，由于入市成本计算过于复杂，过半地区（4 个）均以总收益为基础征收调节金。从调节金水平来看，试点地区一致对商业用地和工业用地做差别设定，商业用地调节金水平普遍高于工业用地。但各地区针对商业用地征收的调节金差异显著，范围在 15%—50% 不等，相比之下工业用地调节金水平较为均衡，约为 15%—22%。从调节金设定因素来看，试点地区调节金设定所考虑的影响因素不尽相同，包括入市方式、土地用途、规划区内外、土地级别和成交价格区间等多维度因素，缺乏统一模式和标准。

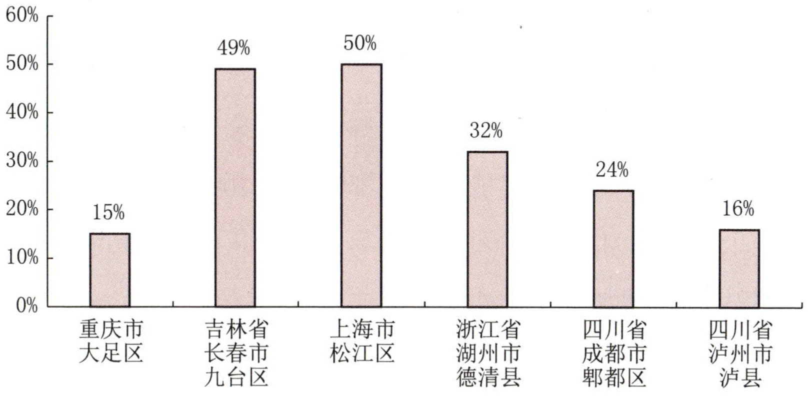

图9　2019年试点地区商办用地调节金差异较大

资料来源：《国家集体农民利益均衡分配：集体经营性建设用地入市调节金设定研究》。

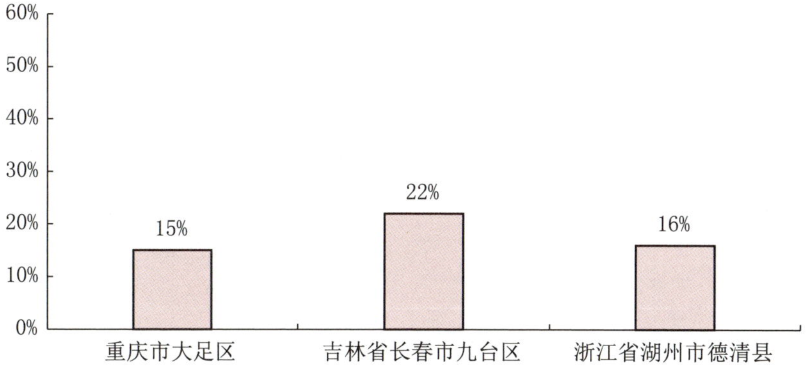

图10　2019年试点地区工业用地调节金相对较低

资料来源：《国家集体农民利益均衡分配：集体经营性建设用地入市调节金设定研究》。

在农民集体内部收益分配上，《农村集体经营性建设用地土地增值收益调节金征收使用管理暂行办法》规定，对于集体经营性建设用地出让净收益，村集体可以依据村民大会、章程或者法律规定，自行作出分配决定。

从具体实践看，除村集体留存外，剩余在集体内部成员间实现分配。在村集体留存方面，各地差异较大，贵州省湄潭县、广东省佛山市南海区留存比例约为30%—40%，但四川省成都市郫都区和江苏省常州市武进区达到80%、100%，留存部分主要用于发展壮大集体经济、提高农民社会保障，包括养老保险、医疗保险等。在组织成员分配方面，部分地区要求绝大部分进行分配，例如广东省佛山市南海区明确分配给组织成员比例达 60%，山西省泽州县要求不低于 70%，但部分地区比例较低，例如四川省成都市郫都区仅有 20% 进行分配。在分配方式方面，主要包括股份分红、现金等方式，此外上海和浙江还探索利用股权增值、追加量化成员股权的方式进行分配。

表 9　试点地区集体经营性建设用地入市收益分配各有侧重

地　　区	村集体留存比例	用　途	组织成员留存比例	用　途
四川省成都市郫都区	80%	30% 公益金、10% 风险金、40% 公积金	20%	以现金方式分配给本村集体经济组织成员
贵州省湄潭县	不少于 30%	/	不少于 50%	/
广东省佛山市南海区	40%	集体自留资金发展生产	60%	股份分红
山西省泽州县	/	/	不少于 70%	/
上海市松江区、浙江省湖州市德清县	/	/	股权增值方式追加量化成员股权	/
江苏省常州市武进区	100%	统一使用，包括购置商铺获取租金、存入银行获取利息	/	/

CASE　案　例

浙江省湖州市德清县的集体经营性建设用地入市

德清县隶属浙江省湖州市管辖，县辖域面积为 935.9 平方公里，位于长三角中心地带，界于湖州与杭州二市之间，东邻上海市和嘉兴市，北接苏南和湖州市城区，南部紧邻杭州，为长江三角洲城市群成员之一。德清县综合经济实力较强，在 2022 年度全国综合实力百强县市、2022 年度全国绿色发展百强县市、2022 年度全国科技创新百强县市中分别位列第 35 位、27 位、32 位，主导产业包括先进装备制造、生物医药、绿色建材等，2021 年三次产业增加值占比分别为 4.3%、57.8% 和 37.9%，其中制造业占比 50.5%。

2014 年 12 月，中央全面深化改革领导小组会议审议通过了《关于农村土地征收、集体经营性建设用地入市、宅基地制度改革试点工作的意见》。2015 年起，浙江省湖州市德清县列入 33 个集体经营性建设用地入市改革试点地区之一。德清县作为一个工业大县，推动集体经营性建设用地入市将有利于为全县工业用地提供重要土地资源支持。

为充分落实试点工作要求，德清县围绕“谁来入市、哪些地入市、怎么入市、钱怎么分”四个方面构建了“一办法、两意见、五规定、十范本”的相对完整的政策体系，通过入市管理办法、出让规定、地价管理、异地调整管理、调节金征收规定、收益分配管理、抵押贷款指导意见及农村土地民主管理机制意见，对入市的各环节进行管理，为农地入市工作提供指导，同时对农村集体管理机制提出意见，保证德清县农地入市工作有序开展。截至 2019 年 10 月底，德清县累计完成集体经营性建设用地入市 199 宗，面积为 1494.77 亩，成交价款为 3.14 亿元。从入市用途来看，德清县约九成的集体经营性建设用地被用作工业用地，对于当地工业用地资源补充起到积极作用。

表 10　德清县“一办法、两意见、五规定、十范本”入市框架

政策设计	文件名称
一办法	《德清县农村集体经营性建设用地入市管理办法（试行）的通知》
两意见	《关于建立农村土地民主管理机制的实施意见》 《德清县鼓励金融机构开展农村集体经营性建设用地使用权抵押贷款的指导意见》
五规定	《德清县农村集体经营性建设用地使用权出让规定（试行）》 《德清县农村集体经营性建设用地土地增值收益调节金征收和使用规定（试行）》 《德清县农村集体经营性建设用地异地调整规定（试行）》 《德清县农村集体经营性建设用地入市收益分配管理规定（试行）》 《德清县农村集体经营性建设用地出让递减管理规定（试行）》
十范本	入市申请书、入市审核表、入市决议、入市审核呈报表、入市核准书、委托书、德清县集体经营性建设用地使用权出让（租赁）公告、德清县集体经营性建设用地使用权出让（租赁）须知、成交确认书、德清县集体经营性建设用地使用权出让（租赁）合同

资料来源：德清县政府。

谁来入市？

农村土地制度改革关系农民切身利益，在入市主体设置上需要坚持农民主体地位。德清县在全面完成集体土地所有权确权登记颁证的基础上，根据镇（街道）、村、组三类集体经济组织的不同形态，结合不同区域明确三级入市主体。具体来说，镇集体土地由镇资产经营公司等全资下属公司或其代理人实施入市，村农民集体由村股份经济合作社实施入市，村民小组可委托村股份经济合作社等代理人实施入市，建立了“自主入市、委托入市、合作入市”三种实现形式。

哪些地入市？

德清县明确农村集体经营性建设用地入市范围为：依法取得并在土地利用总体规划、城乡建设规划中确定为工矿仓储、商服、旅游等用途的存量农村集体建设用地。

怎么入市？

德清县结合调查摸底掌握的地块情况和“多规合一”要求，综合使用就地入市、调整入市等方式实现土地资源整合提升。

在就地入市方面，经过确权调查、规划、立制等入市前基础工作，德清县于2015年重点摸清了存量集体建设用地底数和规划符合情况，调查得出德清全县产权明晰、无权属争议、符合各项规划的集体经营性建设用地共有1103宗共6930亩，其中41%可实现就地直接入市。

在调整入市方面，德清县根据土地利用规划和土地整治规划，对于分布零散或处于不同集体经济组织的集体经营性建设用地，允许进行土地所有权的调换。例如德清县洛社镇东衡村通过多种方式推动集体经营性建设用地入市，建设“小微企业众创园”。东衡村具有长期的开矿历史，2009年矿山关闭后，当期企业积极转型发展钢琴制造业，但由于单体企业规模不大，难以申请国有建设用地，企业用地受限，只能租用村里养蚕用的平房等，生产条件较差，村民称"都不敢领客户来考察，怕他们看到简陋的条件，怀疑钢琴质量"。德清县加入集体经营性建设用地入市试点后，东衡村在政策框架下积极谋划集体经营性建设用地入市，建设"中国钢琴小镇"众创园。其中，部分用地为集体经营性建设用地就地入市，部分用地涉及相邻村庄，东衡村在政策引导下与邻近的洛社村开展村村合作，具体方法是以土地换股份，将洛社村位于东衡村内的58亩飞地通过异地调整入市，允许进行建设开发；与此同时，东衡村与洛社村达成协议，结成土地股份合作社，共享土地入市所产生的收益。通过土地资源整合提升，东衡村建立起了标准化的现代园区，实现了钢琴企业的集聚发展。

钱怎么分?

德清县在落实土地增值收益分配要求时，以"让农民群众有更多的改革获得感"为目标，结合入市地块的规划用途、区位、入市主体等因素详细确定土地增值收益分配规则，建立"差别化"模式。在国家和集体间的收益分配方面，差别化设定县城规划区内、县城规划区外和乡镇规划区内、乡镇规划区外的工业用地，以及商业用地的土地增值收益调节金。在农村内部的收益分配方面，德清县根据镇、村、组三类集体经济组织，分别采取实物形态、股权形态和现金形态三种分配模式。其中，属于乡镇集体的建设用地，土地收益纳入乡镇财政统一管理或列入集体公积公益金进行管理，用于辖区农村基础设施建设、民生项目等支出，以实物形态落实共享收益；属于村集体的建设用地，在扣除增值收益调节金后的土地收益不直接分配，归村集体经济组织所有，统一列为集体公积公益金，追加量化农户股权，村民年底享受投资所得收益中不少于30%的现金分红；属于村民小组的建设用地，土地收益在扣除国家相应税费、10%作为村集体提留后，其余以现金形态在农户之间分配。截至2018年末，浙江省湖州市德清县已入市集体经营性建设用地183宗、1347亩，农村集体经济组织和农民获得净收益2.7亿元，惠及农民18万余人，覆盖面达65%。

浙江省湖州市德清县工业体系发达，在纳入试点地区后，积极推动集体经营性建设用地入市，为村镇工业发展提供了积极的土地资源条件。为确保试点工作规范有序运行，浙江省湖州市德清县加强建章立制，从入市管理办法、使用权出让、收益分配管理、土地增值收益调节金征收和使用、抵押贷款等方面建立了“一办法、两意见、五规定、十范本”的入市政策体系，同时通过“一村一梳理，一地一梳理”，全面摸清集体经营性建设用地存量底数，结合土地利用、产业发展、城乡建设等规划，排定符合入市条件的地块。在入市过程中，一方面农民得到了较大实惠，另一方面也解决了小作坊型企业的用地问题，有效促进了当地工业的发展。2018年德清县集体经营性建设用地入市的市场化改革的具体做法和经验被纳入《国务院关于农村土地征收、集体经营性建设用地入市、宅基地制度改革试点情况的总结报告》，充分肯定了德清县的改革成效。

四、集体建设用地建设租赁住房的地方实践

入市现状

从2011年到2019年，我国共批复18个城市开展利用集体建设用地建设租赁住房试点，从18个试点城市项目进度来看，主要分三个阶段。一是已有项目投入运营，主要包括北京、上海两个试点推进较早的城市，以及合肥、佛山、广州、厦门四个城市。二是项目处于建设中，主要为杭州、郑州、武汉、福州、青岛、海口。三是项目仍处于规划阶段，主要有南京、沈阳、肇庆、成都、南昌、贵阳。

开发模式及收益分配方式

目前集体建设用地用于建设租赁住房的主要有四种开发模式，分别为：（1）自主开发模式，即村集体全权负责项目开发及运营；（2）经

营权合作模式，即村集体完成项目建设后，将经营权出租给合资公司，由合资公司负责运营并承担盈亏；（3）股权合作模式，指村集体以集体土地使用权入股，每年获得保底分红，开发商获得剩下的股份和经营收入；（4）入市出让模式，村集体将集体土地使用权出让给开发商，村集体一次性获得土地出让金。

表 11　试点地区集体建设用地建设租赁住房规划及进度存在差异

城市	时间	进展	主要情况
北京	2020 年末	投入运营	截至“十三五”期末，北京市已累计开工建设集体土地租赁住房项目 44 个，提供房源 5.7 万余套，已有多个项目投入运营。
上海	2021.3	投入运营	上海市利用集体建设用地建设租赁住房试点累计 14 幅地块，建成可提供租赁住房约 7700 套，其中有 7 个项目已经投入运营。
合肥	2021.9	投入运营	2020 年 10 月底，合肥共盘活集体建设用地总面积 225.64 亩，建设租赁住房总建筑面积 32.1 万平方米，租赁房屋 3996 套。
佛山	2018.7	投入运营	佛山市南海区共利用集体土地已建成公租房项目 20 个，建筑面积 43.6 万平方米，建设公租房 9700 多套。
厦门	2019 年底	投入运营	截至 2019 年，厦门市已建或在建项目 21 宗，有 10 宗发展用地、土地面积 31.08 公顷、建筑面积 80.62 万平方米。
广州	2022.10	竣工交付	选取番禺钟村街谢村、花都狮岭镇旗新村、白云钟落潭镇长腰岭村、花都花山镇小布村的村留用地地块试点租赁住房。2022 年底，长腰岭租赁住房项目迎来竣工交付，该项目可提供 518 套精装住房。
南京	2019.12	未动工	3 个试点地块：栖霞区南象山、浦口区林山村、六合区冶浦村，暂未动工建设。
杭州	2019 年底	建设中	共安排萧山区、余杭区、富阳区、临安区、大江东产业集聚区 5 个地方纳入第一批试点，2019 年初萧山区项漾村集体用地建设租房项目的建设工程接近尾声。
郑州	2020	建设中	3 个试点区域：郑东新区、龙子湖北部区域、白沙园区区域，其中郑东新区金光集体土地租赁房项目约 1000 套租赁房已动工。
武汉	2020	建设中	选取了东湖高新、黄陂、蔡甸、江夏、新洲 5 个试点区，2019 年 7 月，黄陂区、江夏区已经启动项目建设。
福州	2021 年初	建设中	安排 5 个试点地块，镇战峰村长租公寓建设项目已于 2021 年初开工建设。
青岛	2022.6	建设中	3 个试点地区：城阳区、黄岛区、胶州市。2022 年 6 月位于青岛市城阳区城阳街道的大北曲西社区租赁住房项目正式封顶。
海口	2020.9	建设中	1 个试点地块：琼山区上丹村。2020 年 9 月，奠基启动海口琼山区上丹村租赁住房试点项目。

村集体自主开发模式是指村集体全权负责项目立项、开发和运营。在该模式下，村集体可以获得所有的经营利润，但需要自筹项目资金，对村集体资金实力、运营能力的要求较高，主要适合有资金实力、运营能力比较强的村集体。2010 年北京唐家岭新城建设的公共租赁住房，是由唐家岭村民委员会通过改制成立唐家岭股份经济合作社，村民以土地份额入股，以股份形式参与集体土地管理，年中按照股份分红，在此基础上成立众唐兴业房地产开发有限公司，直接进行租赁住房建设，建设完毕后由海淀区住房保障事务中心整体趸租和管理。

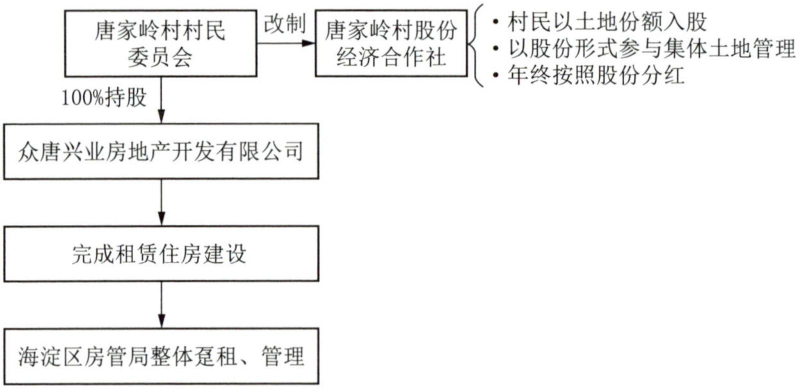

图 11　唐家岭村自主开发模式

经营权合作模式指建设资金由村集体承担，村集体自筹资金建设租赁住房后，与开发商合资成立公司，将租赁住房的经营权出租给合资公司，由合资公司负责运营并承担盈亏。这种模式下，村集体和开发商共同协商确定收益分配方式，通常情况下村集体会获得大部分收益，合作周期一般为 20 年。对于村集体来说，可以在规避运营亏损风险的同时，保留项目运营期间的决策权，但该模式对村集体的资金实力要求也比较高，而且村集体还需要向开发商让渡小部分运营收益。从开发商的角度来看，对开发商资金实力的要求不高，开发商承担的投资信贷风险比较小，不过开发商的利润率较低。厦门市湖里区枋湖社区项目，主要采用村民入股、集资建设模式，枋湖社区将社区农民手中的发展用地面积转化为股份，以土地份额入股，最终确认股东6800多人，占比达99%，按每人一股、一股12万元计算，村集体自筹资金规模达到8.6亿元。对于部分资金困难的居民，村集体与金融机构合作，以项目股权申请优惠利率贷款，最终获得5亿元贷款。此外，厦门住建局也向枋湖社区发放专项补贴，金额达7600多万元。由村集体委托湖里区国有资产投资集团有限公司代建。项目建成后，采用公开竞价方式对外招租经营，最终两幢公寓20年承租权由龙湖集团竞得，作为龙湖冠寓的长租公寓租赁房源。

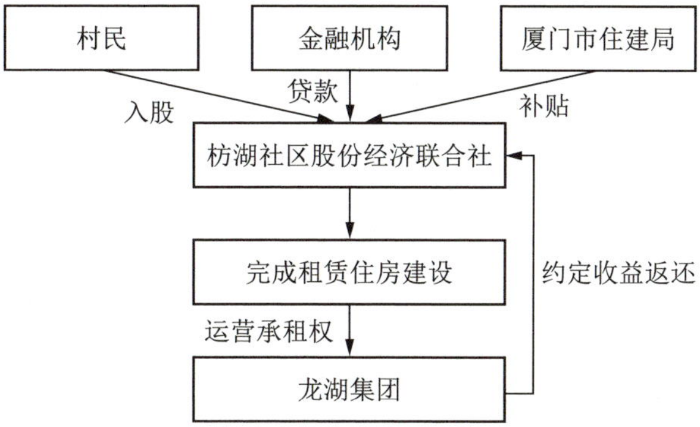

图12 厦门市湖里区枋湖社区经营权合作开发模式

股权合作模式指建设资金由开发商承担，村集体承担以集体土地使用权入股，每年获得保底分红，开发商获得剩下的股份和经营收入。由于开发商回收投资需要的时间较长，双方合作期限一般为50年。在该模式下，村集体不用出建设资金，因此对村集体资金实力和运营能力都要求较低，并且保留运营期间的决策权力，但需要向开发商让渡较多的运营收益。从开发商的角度来看，可以获得的利润相对较高，并且可以获得股份资产增值收益，但对开发商的资金实力要求较高，需要承担较大的风险。武汉市江夏区藏龙岛小李村项目，由当地国土规划部门牵头，选取小李村小方湾藏龙学校对面30亩地作为试点租赁住房建设用地，并将30亩土地使用权评估作价入股，推动小李村与武汉藏龙集团合作成立合资公司——武汉藏龙房屋租赁有限公司进行开发建设。公司注册资本1000万元，其中小李村村委会占股51%，藏龙集团占股49%，村委会和该村农民按土地入股每年分成，通过房屋租赁获得长期稳定收益。

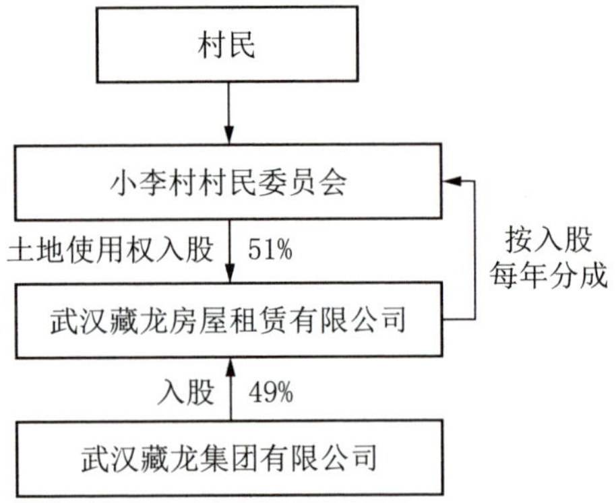

图13　武汉市江夏区藏龙岛小李村股权合作模式

入市出让模式指村集体完成土地平整后，将集体土地使用权出让给开发商，村集体一次性获得土地出让金，开发商负责后续所有建设运营环节，并获得所有经营收入。在集体土地使用权入市出让开发模式下，村集体可一次性获得大量资金收入，同时能规避投资风险、运营亏损风险，但不能分享运营期间的收益，运营期间村集体对项目也没有决策权。开发商项目运营期间可以独立决策，运营的自由度比较高，同时获得利润较高。上海市松江区泗泾镇项目，是上海市首次通过土地交易市场成功交易的集体土地入市建设租赁住房项目。2018年10月，泗泾镇项目经松江市政府批准出让后，泗泾镇成立上海市松江区泗泾经济联合社，以经济联合社为主体出让“净地”，最终在松江区土地交易中心以1.25亿元起始价由华润置地控股有限公司全资子公司有巢科技投资（深圳）有限公司竞得成交，华润有巢在该地块建设了针对青年人才的租赁社区并进行市场化运营。

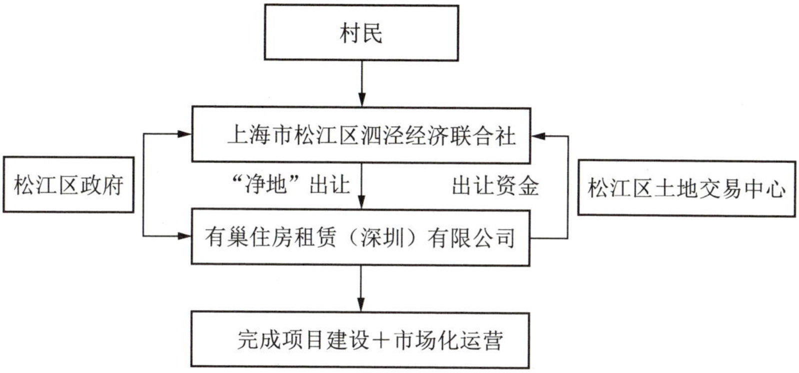

图 14　上海市松江区泗泾镇入市出让模式

整体来看，四类集体建设用地建设租赁住房开发模式对于村集体以及开发商的要求各有不同。自主开发模式的优势在于村集体的自主性最高，全部收益可以归集体，适合有资金实力、运营能力较强的村集体。经营权合作模式的优势在于村集体可以规避运营风险，但仍需承担建设费用，适合资金实力较强但运营能力偏弱的村集体。股权合作模式的优势在于村集体无需提供建设资金，不承担投资风险、运营亏损风险，但需要向开发商让渡较多收益，适合村集体资金实力较弱但开发商实力较强的合作情况。入市出让模式的优势在于村集体可一次性获得大量资金收入，同时能规避运营风险，开发商在项目运营期间可以独立决策，运营自由度较高。从自主开发模式到入市出让模式，村集体参与度逐步下降，开发商参与度逐步上升，位于中间的经营权合作模式以及股权合作模式重点需双方形成有效的合作协议，厘清责任，实现收益与成本的平衡。从实践来看，当前大多数集体建设用地建设租赁住房的合作方还是城投、地方国企，或者有地方政府专项补贴参与，一定程度反映当前市场化的房企参与集体建设用地建设租赁住房的机制还不尽完善。

表 12　集体建设用地建设租赁住房四种模式各有特色

模式	前期	合作方式	收益分配	适用类型
自主开发	自筹资金	/	全部归集体	适合有资金实力、运营能力比较强的、能承担高风险、想要获得高收益的村集体。
经营权合作	自筹资金	以项目经营权出租	协商确定收益分配方式，村集体获得大部分收益	村集体可以在规避运营亏损风险的同时，保留项目运营期间的决策权；开发商承担风险较小，对开发商资金实力的要求不高，开发商的利润率较低。
股权合作	完成土地平整	以土地使用权入股	每年获得保底分红，开发商获得剩下的股份和经营收入	村集体不用出建设资金，不承担投资风险和运营亏损风险，但要向开发商让渡较多的运营收益；对开发商的资金实力要求较高，需要承担较大的投资风险。
入市出让	完成土地平整	土地使用权全部出让	一次性获得土地出让金	村集体可一次性获得大量资金收入，同时能规避运营风险；开发商能够获得的利润较高，获得的资产收益也最多，项目运营期间可以独立决策，不受村集体干涉，运营的自由度比较高。

CASE 案　例

北京利用集体建设用地建设租赁住房

长期以来，北京市城乡接合部存在大规模的非正规租赁现象，虽然客观上解决了部分人群的居住问题，如低收入人群、城市运行和服务保障业务人员等，但往往存在无序建设、市场混乱、安全卫生条件差等问题。据清华大学统计，北京市五环内集体建设用地 122 平方公里，六环内 484 平方公里，平均容积率 0.3—0.6，集体建设用地占总用地的 50% 以上。从分布来看，主要在四环至六环之间，朝阳、通州、顺义、大兴、昌平、房山等区，这些用地资源形成集体土地建设租赁住房的重要基础。

原国土资源部于 2012 年 1 月批复北京、上海成为集体建设用地建设公租房首批先行试点城市。2014 年《北京市利用农村集体土地建设租赁住房试点实施意见》出台，鼓励农村集体经济组织在符合相关规定前提下，将集体租赁住房作为北京市公共租赁住房房源，按照北京市相关要求进行租赁和运营管理。明确了以下三方面的内容：一是规范了集租房项目审批程序；二是明确了各政府部门职责分工，即国土—用地管理、审核，发改—项目立项审批、投资计划办理，规划—区域规划事宜，住建—建设监督管理，农业—指导收益分配；三是确定集租房用途和运营管理模式，要求农村集体经济组织自主开发建设，建成用途作为公租房由住房保障机构及相关主体进行租赁和运营管理。

随着全国集租房建设铺开，北京持续放开政策限制，鼓励多种形式开发集租房。2017 年原国土资源部出台《利用集体建设用地建设租赁住房试点方案》后，北京持续完善政策框架，陆续出台《关于进一步加强利用集体土地建设租赁住房工作的有关意见》《关于我市利用集体土地建设租赁住房相关政策的补充意见》。具体来看，一是拓展项目建设运营主体，明确集体经济组织可以土地使用权入股，和国有企业合作开发建设集租房，项目主体可以是集体经济组织，也可以是双方合作新设立的企业；二是明确了项目合作年限，规定作价入股、联营及经营权出租的合作期限最高可达 50 年；三是放开了集体经济组织的持股比例，对于采取土地使用权入股、联营的方式与国有企业联合开发建设合作模式的，农村集体经济组织的持股比例由双方协商决定，不再要求不低于 51%；四是扩大了选择项目合作方范围，农村集体经济组织可以项目经营权出租的方式与社会资本合作；五是推动与房屋租赁市场接轨，鼓励趸租作为公租房房源，面向公租房备案家庭或人才配租，或由保障家庭自行承租。

2020 年北京市出台《关于进一步加强全市集体土地租赁住房规划建设管理的意见》，针对企业建设及项目运营中面临的融资困难等问题，提出要探索推进保险资金、住房公积金等长期资金参与集体土地租赁住房建设；项目稳定运营一定期限后，鼓励支持项目建设单位探索通过资产证券化、不动产投资信托基金等方式融资；还要加大税费减免等力度，多措并举提升市场化企业参与项目的积极性。

试点以来，北京市有力推进集体建设用地建设租赁住房，并取得了显著成效，2017—2020 年全市集体土地租赁住房项目共计 94 个、总用地规模约 628 公顷，截至 2020 年 4 月，北京市已开工建设项目 22 个、总用地规模约 106 公顷，能提供租赁住房约 3.5 万套。

表 13 集体建设用地建设租赁住房项目确立个数

年 份	集体土地租赁住房项目确立个数
2010—2016	5
2017—2018	68
2019—2020	21
总计	94

资料来源：中新网、北京大学、北京市城市规划设计研究院。

集体建设用地建设租赁住房具有复杂性，需要协调村集体、农民、开发商以及政府等多重关系和利益，因此北京市的试点并非一蹴而就，而是经历了初步探索—全面推进—深入完善阶段。2010 年 7 月海鹊落村一期公租房项目是北京市集租房的初步摸索，但由于配套政策缺位，在建设过程中遇到了审批困难、居住公用设施不符合标准等问题，直接导致项目停滞。北京市对审批程序加以规范，对各政府部门职责加以明确，并确定了项目用途和运营模式，力求解决项目推进过程中的法律阻碍和政策难题。在全面推进阶段，北京市从运营主体、合作年限、持股比例、合作方式、项目用途等方面放开了政策限制，鼓励多种方式开发集租房项目。相较某些试点地区因存在土地可用数量少、地块缺乏租房需求等问题，导致项目无法启动的情况，北京市在选址时充分考虑市场需求和统筹规划对项目建设运营的重要性，提出地块需符合土地城乡两规划、配有公共设施和结合“三城一区”的具体要求，并结合腾退疏解、减量开展城乡建设用地增减挂钩。同时，北京市进一步优化审批程序，对产权、建设、资产等方面的相关监管提出了更严格的要求。在深入完善阶段，北京市着力解决集租房项目建设、长期运营过程中的融资难题，提出引进保险资金、住房公积金等长期资金拓宽融资渠道，通过资产证券化、不动产投资信托基金盘活存量项目，加大税费减免等，进一步激发市场主体参与的积极性，也使得农民和农村集体通过出租房屋获得长期稳定收益，分享城乡统筹发展成果。

五、集体建设用地入市的四大实践难点

经过十年探索，当前我国各地在推动集体建设用地入市方面已进行了大量尝试，但从整体来看，集体建设用地入市呈现规模小、零星化、节奏慢的特征，在优化农村土地要素配置方面释放的活力相对有限，其中关键在于当前集体建设用地入市还存在一系列实践难点，包括法律地位不明确、试点范围局限、土地运营模式不清晰、地方政府积极性不高等，有待在未来的改革进程中进一步突破。

集体土地法律地位不明确

新一轮土地改革虽然明确要求集体土地与国有土地“同等入市、同权同价”，但在实践中“同权”问题仍然没有解决。“同权”是在同一区位条件下，集体经营性建设用地与国有土地具有同样的法律地位，二者的权利主体范围相同、权利内容相同。国有建设用地具有较为完整的权能，除占有、使用外，还具有转让、出租、抵押等权能。但农村集体建设用地的使用权是一种静态的用益物权，其权能主要体现为使用和收益，处分权能受到严格限制，不得转让、出让或者出租用于非农建设，不能抵押、担保。国有土地和农村集体经营性建设用地使用权在权能上的差异，就必然导致二者入市后的差异。在集体经营性建设用地上修建的房子没有房地产权证，集体土地也难以实现抵押，导致其无法抵押融资，对实际运营造成较大影响。

当前在各地的集体建设用地使用权入市试点，其交易保障基础是地方政策或地方性法规，缺乏国家法律的支持。一旦这些地方性法规与国家法律之间存在实质性冲突，交易后的权利变动是否具有合法性，具有较高的不确定性。

集体建设用地入市试点范围较局限

当前无论是集体经营性建设用地入市，还是集体建设用地建设租赁住房推进速度均较为缓慢，其中一大核心原因在于试点范围受限。

在集体经营性建设用地入市方面，当前仅允许试点地区按照土地规划确定为工矿、仓储的用地入市，然而在区域竞争格局下，地方政府往往通过“以产兴城”的方式加强招商引资，对工业用地支持力度较大，压低工业用地价格，部分地区甚至出现零地价或负地价。集体经营性建设用地入市难以与其形成有效竞争，原土地权利人潜在的收益也非常有限。

在集体建设用地建设租赁住房方面，当前建设租赁住房的农村集体土地，要么位于城中村等核心地段，要么位于城乡接合部。对于前者来说，由于地理位置优势，土地较为紧缺，大量集体土地已经投入使用，一旦要推动存量已使用的土地建设租赁住房，则涉及大量拆迁、安置问题，成本极高，因此当前大量城中村改造还是通过建设商品房的方式实现各主体的利益平衡。此外，当前城中村承接了大量外来流动人口租赁需求，村民已经通过对外租赁获得较为可观的租金收入，流动人口的生活成本、租金成本也较低，如果拆迁后重新建设租赁住房，对于农民来说涉及搬家甚至集中上楼，对于流动人口来说可能也会造成租金成本上升，各方利益难以平衡。对于后者来说，位于城乡接合部的存量闲置集体建设用地普遍缺乏区位优势，远离中心区、产业园区等，难以匹配租赁需求，同时周边学校、医院、交通配套普遍滞后，难以形成较为有效的供需匹配。

集体建设用地开发缺乏权责清晰的运营模式

集体建设用地入市采用村集体自行开发模式，权利责任相对来说较为清晰，但自行开发对于村集体资金实力、运营实力均有较高的要求，而当前我国大量村集体均难以具备资金及运营能力，因此有相当部分的集体建设用地入市采用合作开发或者入市出让的方式。但从实践中看，如果由市场主体进行开发，则市场主体一方面需要面对集体土地相关法律问题，在实际运营过程中面临一定法律风险，另一方面市场主体与村集体的合作难度较大，需与村集体组织进行反复协商协调，处理大量村民关系问题和权益问题，开发商还需要承担大部分建设成本，同时又缺乏控股权和话语权，市场主体参与的积极性较低。

地方政府改革试点的积极性不高

农村经营性建设用地入市之后，建设用地供给主体将从国家变为国家和集体并存，农民可通过直接“入市”获得较高收益，对地方政府获得的土地出让收益将产生一定的冲击，目前地方政府推进相应改革试点的积极性普遍较低。此外，苏南和珠三角等大城市郊区的小城镇和农村分布有规模庞大的集体经营性建设用地，部分经济发达的工业镇农村经营性建设用地的比例可能高达50%，一旦农村建设用地大批量入市，也将对土地市场稳定带来较大影响。

当前地方政府主要通过征收土地增值收益调节金的方式参与集体土地增值收益分配，但当前调节金的征收存在多方面问题。一是调节金法律性质不明确。调节金既不是政府地租，也不属于费和税收，法律性质不明，地方政府征收调节金的法理基础不充分，导致制度设计存在非正式性。二是各地调节金比例差异较大，自由裁量范围较大。一方面是计征基数不确定，部分地区按照增值收益征收，部分地区按照总收入征收，另一方面是征收比例模糊化，各地基于不同的维度设计调节金，既包括入市方式（首次流转、再次流转）、土地用途（商办、工业），也包括规划区内外、土地级别和成交价格区间。在实践中需要由集体经济组织同区政府协商拟定，一定程度上可能导致利益冲突，降低项目推进效率。

在利益难以协调的情况下，地方政府积极性较低，推动速度较慢。部分调研情况显示，当前大多数试点城市并没有详细的实施步骤与日程时间表，此外一些地方政府从自身利益最大化的角度考虑，对农村集体经营性建设用地入市的范围做出了限制。因此如何确定征地与农村经营性建设用地直接入市的范围，从而实现二者之间的有机衔接，是亟待解决的问题。

当前集体建设用地入市是大势所趋，也是盘活存量农村土地资源的关键所在。虽然当前我国农村集体土地入市的顶层制度建设、法律制度调整以及政策激励机制仍处于探索进程中，但对于地方政府来说，要结合自身土地要素利用实际情况，积极参与到试点进程中，同时也要利用好试点制度红利，为集体土地入市和激发农村土地要素活力贡献地方经验。

一要立足地方实际情况有序推进。要充分摸清地方集体土地的存量底数、使用情况、需求情况以及盘活难点等，考虑供需对接的问题，结合土地利用、产业发展、城乡建设等规划，由易到难逐一安排入市进程，稳中求进。

二要全面完善制度建设。要积极借鉴优秀的地方实践经验，完善针对集体土地入市的制度框架，例如浙江省湖州市德清县在试点阶段建立了“一办法、两意见、五规定、十范本”的入市政策体系，从入市管理办法、使用权出让、收益分配管理、土地增值收益调节金征收和使用、抵押贷款等方面健全制度保障，促进集体土地入市有章可循。

三要在试点过程中加强协调和统筹，做好政策配套协同。例如北京在推动集体建设用地建设租赁住房的进程中，一方面优化审批程序，另一方面加大制度供给，引进保险资金、住房公积金等长期资金拓宽融资渠道，通过资产证券化、不动产投资信托基金盘活存量项目，加大税费减免，激发市场主体参与的积极性。

第三章 城乡建设用地增减挂钩的改革探索与实践

土地要素具有空间上固定、不可移动的特征，但我国幅员辽阔，不同地区对于土地要素的需求差异较大，如何推动土地要素在空间上优化配置，使得土地要素资源的开发与我国区域经济发展之间的适配性进一步提升，是当前激活土地要素价值的关键所在。20 世纪 90 年代起，我国就逐步通过占补平衡、城乡建设用地增减挂钩等政策试点推动土地要素在空间上流动，经过 20 余年的摸索我国取得了一系列改革实践，但受制于土地要素的空间差异性以及土地要素改革中利益关系复杂性，当前我国土地要素的空间配置还处在持续探索和完善过程中。

一、土地要素打破城乡空间约束的重要制度创新

城市建设用地需求与日俱增

我国人口众多、自然地理格局差异巨大，人均水资源、人均耕地资源面积都低于世界平均水平。依据《中华人民共和国土地管理法》，我国国土空间整体利用遵循行政规划，由国家制定长期规划纲要，明确指导方针及国土空间利用总体指标。除国家外，省级、市级、县级、乡镇四个层级遵循下级规划服从上级规划的原则，按照规划纲要编制本级规划，要确保建设用地总量不得超过上一级规划确定的控制指标，耕地保有量不得低于上一级规划确定的控制指标等。

我国通过制定土地利用年度计划确定当年土地利用方案，新增建设用地指标实行指令性管理，不得突破。土地利用年度计划是指国家对计划年度内新增建设用地量、土地整治补充耕地量和耕地保有量的具体安排，其中新增建设用地指标是土地利用年度计划的最主要内容，由自然资源部会同国家发改委以全国土地利用总体规划安排为基础，根据经济社会发展状况和各地用地实际等情况，测算全国未来三年新增建设用地计划指标控制总规模，根据总规模，结合省、自治区、直辖市和国务院有关部门提出的计划指标建议，提交全国人民代表大会审议确定后，下达各地分解执行。新增建设用地指标实行指令性管理，不得突破。

城市发展需要土地，其中工业用地是地方政府“以产兴城”和招商引资的基础，住宅用地是地方政府获取土地出让金收入的重要来源，因此新增建设用地指标对于地方政府及地方经济的发展至关重要。为了引导节约集约用地，我国总体采取偏紧的新增建设用地指标供给策略，整体上城市建设用地指标较为稀缺，尤其是特大型及大型城市，随着城镇化水平的不断提升以及人口的持续净流入，对建设用地的规模需求以及建设用地的集约水平都提出了更高需求，有通过减少农村建设用地来获取新增城市建设用地的动力，调整优化城乡建设用地的比例成为地方盘活存量土地要素资源的重要突破口。

农村建设用地闲置问题日益突出

随着城市化、工业化发展，一方面农民工进城务工快速增加，农村人口不断向城市转移，导致宅基地大量闲置，村庄出现“空心化”，另一方面过去在集体经营性建设用地上建设的乡镇企业等逐步歇业、倒闭，导致大量集体经营性建设用地闲置或低效利用，土地集约利用水平较低。蔡继明等根据自然资源部“土地调查成果共享应用服务平台”数据测算，2009—2016 年，我国农村人口减少了 14.46%，但村庄建设用地却增长了 3.94%。根据《中国农村发展报告（2017）》显示，当前全国农村居民点闲置用地面积约有 3000 万亩，每年因农村人口转移造成的新增农村闲置住房达 5.94 亿平方米。农村人口的大量外迁以及我国城镇化进程的快速推进使得农村建设用地的闲置及低效运用问题日渐凸显。

城乡建设用地增减挂钩的制度创新

随着城市人口持续增加，城镇建设用地需求加大，城市周边的农地虽然有较大的利用效益，但受限于建设用地指标，难以纳入城市用地范围。为解决上述问题，中央及各级政府在改革摸索中逐步形成了城乡建设用地增减挂钩的政策思路，在不改变建设用地总指标的前提下，以此来缓解城镇建设用地紧张的状况，同时也为偏远地区农民分享工业化和城市化发展成果创造机会。

2008 年，原国土资源部发布《城乡建设用地增减挂钩试点管理办法》。根据此办法，城乡建设用地增减挂钩是指依据土地利用总体规划，将若干拟整理复垦为耕地的农村建设用地地块（即拆旧地块）和拟用于城镇建设的地块（即建新地块）等面积共同组成建新拆旧项目区，通过建新拆旧和土地整理复垦等措施，在保证项目区内各类土地面积平衡的基础上，最终实现增加耕地有效面积、提高耕地质量、节约集约利用建设用地、城乡用地布局更合理的目标。

城乡建设用地增减挂钩操作涉及两个地区和一个指标，分别是复垦区、建新区和周转指标。复垦区主要是将农村建设用地（包括闲置宅基地、闲置集体经营性建设用地等）整理复垦为耕地或其他农用地，产生新增建设用地指标。建新区指利用新增建设用地指标，进行土地征收后，用于城镇建设。由于拆旧复垦是一项非常庞大的工程，短时间内难以完成，而建新区的建设如果等到拆旧复垦完成后再形成新增建设用地指标，则出现较大时间成本，因此通过下达增减挂钩周转指标，实现建设用地指标“预借”，待拆旧复垦完成后归还。

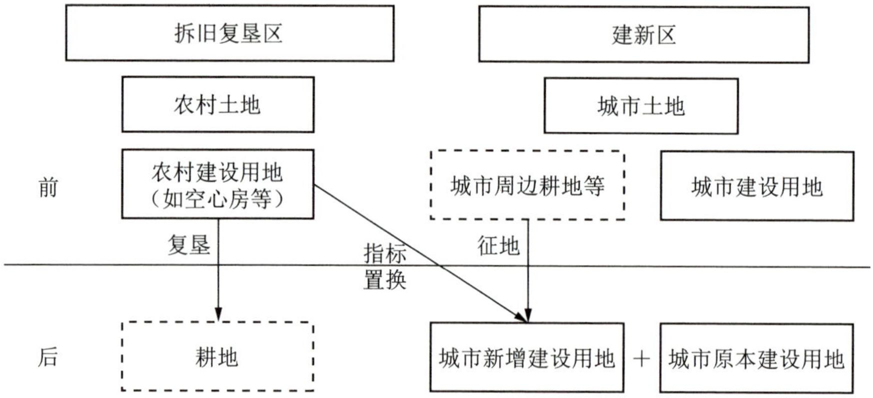

图 15　城乡建设用地增减挂钩示意图

城乡建设用地增减挂钩指标在三方面形成重要的制度创新和突破。

一是形成独立于新增建设用地指标体系外的指标来源，有利于充分调动地方政府积极性，推进土地要素空间配置优化。增减挂钩指标开辟了一个独立于新增建设用地指标严控体系以外的指标来源，通过改变指标下达类型，不占用各地新增建设用地指标，一定程度释放了用地规模。在当前我国部分城市土地资源供需矛盾的背景下，增减挂钩指标能够在不触动耕地红线的基础上，实现土地资源在空间层面的流动，激活土地价值，形成地方政府、村集体、村民和企业共赢。

二是优化人口和土地资源的空间配置，减少土地闲置，提升土地整体集约化利用水平。目前我国城镇存量住宅建设用地 4400 万亩，农村闲置宅基地近 3000 万亩，增减挂钩有助于将农村大量闲置的住宅用地转成城市住宅建设用地，缓解城市住宅建设用地供求紧张状况。根据蔡继明等学者统计，2020 年我国城乡常住人口比例分别为 63.89% 和 36.11%，城镇常住人口是农村常住人口的 1.77 倍，村庄建设用地则是城镇国有建设用地的 2.04 倍，农村宅基地闲置率高达 17.6%，农房空置率普遍在 20% 以上。城乡建设用地增减挂钩是在保证各类土地面积平衡的基础上，一方面确保耕地数量不减少、质量不下降，另一方面将乡村闲置的建设用地在空间上转移到更加集约化利用、土地效益更高的城市土地，优化城乡建设用地布局，改善城乡生活生产条件和生态环境，优化人口与土地资源的空间配置。

三是城乡建设用地增减挂钩的本质是土地发展权交易和置换，通过土地级差形成增值收益。我国农村土地归集体所有，农民具有土地的占有、使用和有限的处分权，而土地发展权是发展土地的权利，是一种可与土地所有权分离而单独处分的财产权。城乡建设用地增减挂钩本质就是土地发展权的交易，由农村将集体建设用地的发展权交易给城市，由于农村土地与城市土地利用产生的效益差别较大，因此变更土地用途进行非农开发或提高土地集约利用程度，能够形成显著的级差收益，并通过土地发展权交易价值体现出来，使得农民、地方政府都能够分享土地增值收益，给经济落后地区带来收益。

二、城乡建设用地增减挂钩政策的演进历程

阶段一：改革思路雏形

1986 年 3 月，中共中央、国务院《关于加强土地管理、制止乱占耕地的通知》指出，十分珍惜和合理利用每寸土地，切实保护耕地，是我国必须长期坚持的一项基本国策。1998 年 8 月 29 日，第九届全国人大常委会第四次会议通过了新修订的《中华人民共和国土地管理法》，明确提出“实行占用耕地补偿制度”，即建设占用多少耕地，就要补充多少数量和质量相当的耕地。

2006 年以前，我国“占补平衡”主要采取算大账的方式，即以区域为单位达到占用耕地和补充耕地的平衡，不是按照项目进行占补平

衡逐一考核，导致部分地区的占补平衡只达到了面上的平衡。2006 年《耕地占补平衡考核办法》提出，要实行占用耕地的建设用地项目与补充耕地的土地开发整理项目挂钩制度，并单独考核，并且提出要“通过实施土地开发整理项目补充耕地”，在“占补平衡”探索的基础上，我国逐步形成了城乡建设用地增减挂钩的改革思路。

阶段二：开启改革试点

2004 年 10 月国务院出台《关于深化改革严格土地管理的决定》，明确提出“鼓励农村建设用地整理，城镇建设用地增加要与农村建设用地减少相挂钩”，城乡建设用地增减挂钩概念正式提出。2005 年 10 月，原国土资源部出台《关于规范城镇建设用地增加与农村建设用地减少相挂钩试点工作的意见》，组织启动城乡建设用地增减挂钩试点工作，要求挂钩试点工作必须贯彻落实严格保护耕地特别是基本农田、促进建设用地节约集约利用的总要求，建新地块的总面积不得大于拆旧地块的总面积，建新地块中用于安置拆旧地块农村居民的土地面积应低于原占用面积，拆旧地块复垦耕地的数量、质量应不低于建新占用的耕地，并与基本农田建设和保护相结合。2006 年 5 月，原国土资源部批复天津、江苏、山东、湖北、四川为城镇建设用地增加与农村建设用地减少相挂钩第一批试点省市。2008 年 6 月，原国土资源部出台《城乡建设用地增减挂钩试点管理办法》，明确城乡建设用地增减挂钩的基本内涵、具体做法和基本要求。到 2011 年，原国土资源部已先后下达城乡建设用地增减挂钩周转指标 73.9 万亩，涉及 27 个省市。

根据湖北省社科院报告显示，在试点不断扩大的同时，我国城乡建设用地增减挂钩政策进一步发展和深化。从挂钩项目审批权限上，由自然资源部审批立项到下放到省级自然资源厅立项审批、竣工验收；

在建设用地指标的使用上，由不能跨乡镇到可以跨乡镇，到特殊时期的灾后重建可以跨区县，不断提升各地加强增减挂钩试点的积极性。

阶段三：试点的曲折之路

地方政府作为城乡建设用地增减挂钩政策执行的主导者和受益者，在缺乏完善的制度体系和监管约束的情况下，部分试点地区甚至非试点地区出现一定异化和跑偏，这主要表现为以下五方面的问题。

一是地方政府片面追求增加城镇用地指标。在实践过程中，部分地区以单一解决城镇建设用地供需矛盾为目的，将“城乡建设用地增减挂钩”异化为低成本扩张城市用地的突破口，抢占城市用地规模扩张的“末班车”，导致农村大拆大建，影响农村社会的长远可持续发展。二是未经批准擅自开展试点工作。部分地区在没有被列为试点省市的情况下，违规开展建设用地置换、复垦土地等“搭车行为”，扰乱试点秩序。三是擅自突破试点指标规模。《城乡建设用地增减挂钩试点管理办法》明确要求“挂钩试点通过下达城乡建设用地增减挂钩周转指标进行”，但在实际操作中个别省份超过下达的周转指标开展“增减挂钩”，或多次使用同一批次周转指标，导致变相扩大城镇建设用地规模。根据原中央农村工作领导小组办公室主任陈锡文采访，在“城乡建设用地增减挂钩”到处飘红的2009—2012年间，保守估计年度实际使用的新增建设用地总规模，要比国家下达的指标高出约四分之一到三分之一。四是不合理规划项目建设区。部分地区片面追求土地级差收益，违反规定超出县域范围进行增减挂钩；部分地区不顾农村发展需要，将周转指标集中安排在城镇使用；有的地方未将拆旧、建新地块封闭实施，将节余的指标用在中心城市。五是损害农民权益。部分地方违背农民意愿，拆除自然村落，逼农民“上楼”，同时为使“挂钩”指标最大化，倾向于少建甚至不建安置区，通过增加容积率、缩小农民安置住房面积，来减少安置用地面积，极大损害了农民利益。

2011年起我国全面加强城乡建设用地增减挂钩规范管理。从2009年起，增减挂钩周转指标纳入年度用地计划统筹管理，2016年修订后的《土地利用年度计划管理办法》明确，城乡建设用地增减挂钩指标由国土资源部会同国家发改委依据全国人民代表大会审议通过的全国土地利用年度计划总量指标，根据各地经济社会发展状况、规划安排、农村建设用地状况、资源潜力和相关工作进展情况，提出分解方案并下达地方执行。与此同时，我国出台一系列加强城乡建设用地增减挂钩操作规范和监管的政策文件，包括国务院2010年出台的《关于严格规范城乡建设用地增减挂钩试点切实做好农村土地整治工作的通知》，在农田整治方面进一步明确了农田整治的目标、重点，新增耕地质量评定验收依据和耕地，原国土资源部2011年出台《关于严格规范城乡建设用地增减挂钩试点工作的通知》等，要求统筹安排城乡建设用地增减挂钩试点，严格把握试点条件，切实维护农民土地合法权益，规范增减挂钩试点管理。

阶段四：跨区域指标调剂

此前我国城乡建设用地增减挂钩试点长期局限于县域，在实践中较为显著的问题是区域间指标难以实现相互调剂。例如部分东部经济发达城市建设用地的缺口比较大，但当地可供复垦置换出的指标比较少，而经济欠发达的地区能够置换出较多的建设用地指标，但当地难以全部消化，导致指标闲置但却难以实现跨区域调剂。

2016年起，我国分两步逐步推动增减挂钩指标区域间调剂，重点支持贫困地区扶贫搬迁。一是在特困地区、扶贫重点地区，推动试点从县域拓展至省域。2015年11月，《中共中央　国务院关于打赢脱贫攻坚战的决定》要求“利用城乡建设用地增减挂钩政策支持易地扶贫搬迁”，2016 年原国土资源部出台《关于用好用活增减挂钩政策积极支持扶贫开发及易地扶贫搬迁工作的通知》，明确“集中连片特困地区、国家扶贫开发工作重点县和开展易地扶贫搬迁的贫困老区开展增减挂钩的，可将增减挂钩节余指标在省域范围内流转使用”。根据《中国自然资源报》数据，政策覆盖 20 个省份，共 832 个贫困县。2017 年 4 月，我国又将省级贫困县纳入政策范围，覆盖省份扩大到 28 个，共 1250 个贫困县。二是在“三区三州”推动跨省域指标调剂。2018 年国务院发布《城乡建设用地增减挂钩节余指标跨省域调剂管理办法》，允许“跨省换地”，即“三区三州”及其他深度贫困县城乡建设用地增减挂钩节余指标可以由国家统筹跨省域调剂使用，确定北京、上海、天津、浙江、广东、福建、山东八个省市作为对口地区，由国家下达调剂任务，确定调剂价格标准，统一资金收取和支出。据《中国自然资源报》数据，2018 年 19 个深度贫困地区所在省份调出节余指标 19.43 万亩，获得调剂资金 607.28 亿元，增减指标跨区域调剂极大盘活了贫困地区存量土地价值，提升了当地农民财产性收入来源。

三、土地要素空间转移的三种模式

常规模式：拆旧与建新区一一对应

在城乡建设用地增减挂钩机制常规模式下，增减挂钩指标的运用要选定项目区，包括拆旧区和建新区，再实施复垦及指标置换，挂钩指标需在项目区封闭流转和使用。

2009 年起，为应对地方政府变相突破周转指标，导致实际建设用地过度扩张问题，我国城乡建设用地增减挂钩周转指标纳入年度用地计划统筹管理。自然资源部每年通过土地利用年度计划制定总的城乡建设用地增减挂钩周转指标规模，根据各地经济社会发展状况、规划安排、农村建设用地状况、资源潜力和相关工作进展情况，提出分解方案并下达地方执行。省自然资源厅获得指标后，向试点县市、试点乡镇、村层层分解，各试点地区必须按计划实施，不得超过试点范围。

在流转流程上，主要分三步实现项目区内的拆旧以及建新。第一步，按照自然资源部下达的挂钩周转指标，试点省市对各地区的建新拆旧项目进行整体审批。第二步，拆旧区，即原有的农民居住区或其他闲置农村建设用地，通过拆除复垦，得到一定面积的新增耕地，同时选定某地块进行农民安置。第三步，按照城乡建设用地增减挂钩政策的设计，节余出一定的建新指标，计算方式为增减挂钩周转指标 = 拆旧区总面积 - 农民集中居住小区占地面积 = 项目区中建新地块可占地面积，这些指标可以在城区选定的建新地块使用。

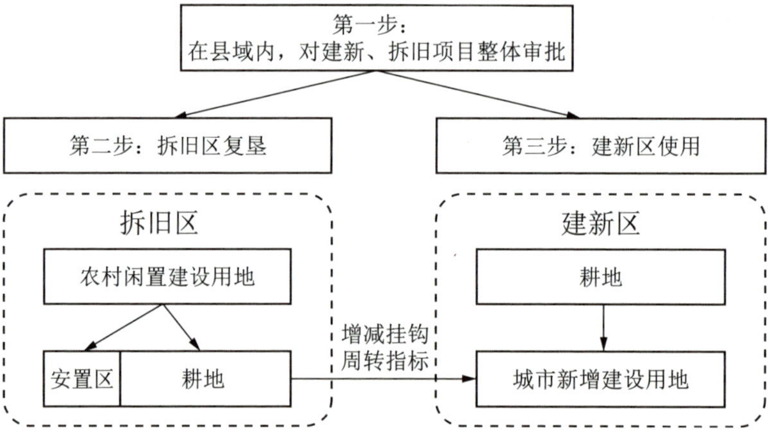

图 16　常规模式示意图

常规模式下，增减挂钩指标的收益分配主要分两个环节。一是增减挂钩形成的指标，通过新增建设用地的招拍挂出让获得土地出让金，形成收益来源。二是土地出让金在农民、政府、村集体之间的分配。

农民是土地增值收益分配的主体。农村宅基地归农民集体所有，农民拥有使用权，宅基地经过复垦为耕地后，村集体和农民实际失去了土地发展权，农民失去了农村住房的社会保障，要通过土地增值收益分配来弥补农民的权益损失。在实际操作中，由于缺乏理论研究、制度设计，多数地方对于农民的补偿分配以政府颁布的文件为标准实施，大部分地方政府主要通过货币补偿和实物补偿的方式对农民进行补偿，补偿的标准以及方式不统一，部分地区可能存在损害农民权益的情况。

政府作为项目主导方，也参与增值收益分配。地方政府是城乡建设用地增减挂钩政策的制定者和实施中的主导者，投入大量人力、物力、财力，同时还履行监督实施、进行项目验收、完成指标交易等政府职能，具有参与收益分配的基础。在实践中，政府掌握增值收益分配的主动权，政府收益来自增减挂钩指标在土地一级市场出让带来的土地出让金收入，政府支出主要有四个方面：一是拆迁安置补偿费，也即对农民的补偿和收益分配；二是整理复垦费，即拆旧地区拆迁与复垦成本；三是建新区征地补偿费，在获得增减挂钩指标后，对于建新区占用的耕地进行补偿；四是建新区建设费用，主要为场地平整以及基础设施建设费用。地方政府在扣除四方面支出后，获得的增值收益归政府所有。

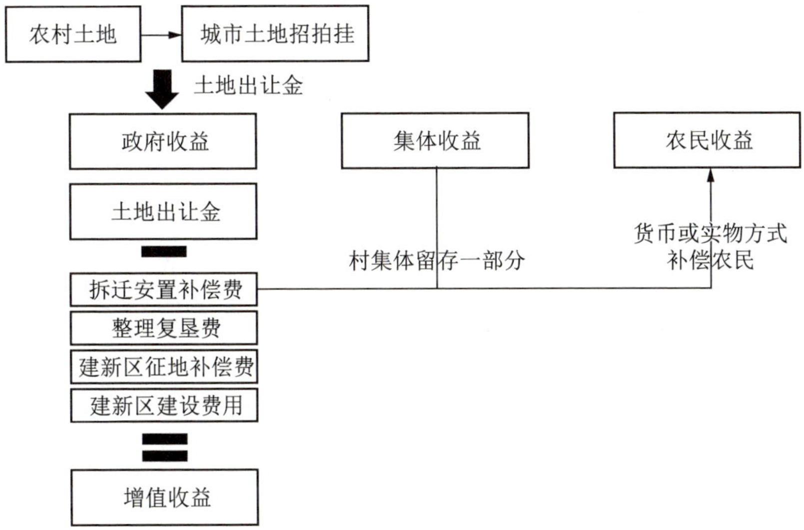

图 17　常规模式下，三大主体参与增值收益分配

村集体留存一定比例收益，剩余分配给村民。村集体是农村土地所有权主体，代表农民利益。在资源限制、信息不对称的背景下，政府推动增减挂钩项目实施、进行土地确权、调查摸底均需与村集体进行协商，此外村集体还承担复垦耕地分配者和公共物品供给者的职责，也参与土地收益分配。在实践中，货币补偿或者增值收益普遍由村集体留存一定比例作为发展资金，其余在农民间实现分配。

CASE 案 例

天津通过“宅基地换房”项目探索新型城镇化模式

据统计，截至2005年底，天津市涉农乡镇街144个、村庄3833个、总人口488万人，镇均人口7674人，人均建设用地247平方米，村均人口1107人，人均建设用地256平方米，在村庄建设用地中，村民宅基地占54%。此外，天津小城镇和村庄各种设施水平低，公共服务设施和基础设施不完善，污水垃圾随处排放与堆放现象普遍，影响投资环境和可持续发展。

2006年原国土资源部批复天津、江苏、山东、湖北、四川为国土资源部城镇建设用地增加与农村建设用地减少相挂钩第一批试点省市，天津市开始探索以“宅基地换房”思路推动城镇化发展。所谓“宅基地换房”，就是农民自愿以其宅基地按照规定的置换标准，换取小城镇内的一套住宅，迁入小城镇居住，原村庄建设用地进行复耕，节约下来的土地整合后再招拍挂出售。天津充分利用当地城郊农民非农就业高的特点，鼓励农民以宅基地换房的方式迁入城镇，解决农村地区城镇化面临的土地资源约束。

天津市东丽区华明镇作为“宅基地换房”试点的代表，成为2010年上海世博会展览项目。华明镇区位优势明显，农民城镇化水平较高。华明镇位于天津市东丽区中部，距离天津市中心约10公里，区位优势明显。此外，区域内有空港物流区，距离天津国际机场仅5公里，交通较为便捷。华明镇区域总面积156平方公里，下辖12个村，总人口约1.3万户、4.1万人。

2005年12月，华明镇开始推动“宅基地换房”项目。首先，华明镇明确“复垦区”范围，经统计，华明镇12个村可以纳入宅基地复垦的土地面积达804.7公顷。其次，对于新镇“建新区”进行规划，共规划农民安置区、新市民安置区、商业商务区3个功能区，需要占用耕地561.8公顷，其中农民安置区占地231.7公顷，剩余330.1公顷规划为经营开发用地，通过招拍挂方式出让。最后，在收益分配方面，华明镇通过将节约的土地用于工业区建设，形成增值收益，一部分用于给农民建住房，保障农民按标准置换住房不花钱，一部分用于解决农民的社会保障问题，还有一部分用于改善和解决小城镇公共服务配套，如教育、医疗等。

表14　华明镇“宅基地换房”土地平衡表（单位：公顷）

	挂钩前	挂钩后	
华明镇	宅基地	剩余宅基地	耕地
	804.7	242.9	561.8
新建城镇	耕地	农民安置区	经营开发用地
	561.8	231.7	330.1

2007年起，天津在总结华明镇“宅基地换房”经验之上，开始探索推广以“宅基地换房”方式推动城镇化建设，得到了国家发改委的肯定。此后，天津持续完善规范和支持宅基地换房政策及示范小城镇的建设的政策体系。2009年，天津市政府出台《天津市以宅基地换房建设示范小城镇管理办法》，同时相关部门陆续下发了《关于示范小城镇试点建立规范的决策指挥系统的指导意见》《关于示范小城镇试点建立规范的投融资建设平台的指导意见》等8个规范性文件。一系列法律法规的完善对“宅基地换房”示范小城镇的建设提供了全面的法律和制度保障。

天津市充分利用了当地农村人口非农就业率高、不以土地为生、城镇化意愿较强的地方特色，在城乡建设用地增减挂钩的政策框架下，探索用“宅基地换房”方式积极推动城镇化发展。在发展过程中，天津先用“以点带面”的方式，以东丽区华明镇为试点，统筹政府、农民、企业等各方利益，同时充分将土地增值收益返还，形成示范效应，提升其他地区“宅基地换房”的积极性。其次，不断完善政策框架，从规划管理、土地管理、融资管理等角度细化管理要求，为宅基地换房和小城镇建设提供制度性约束和相关保障。天津通过“宅基地换房”，一是提高土地集约利用效率，宅基地集中以后统一建房居住，实现土地资源节约。据统计，与原先的面积相比，宅基地换房节约了二分之一至三分之二的土地。二是提升农村耕地规模经营水平，宅基地换房项目让原先一家一户的分散经营变为规模经营，农民用承包地入股，享受股权分红。三是实现了在不增加农民负担、不减少耕地的基础上，推动城镇化进程。根据天津社科院统计数据显示，天津市在7年中陆续推出4批47个（乡镇）试点单位，涉及646个村，规划建设农民安置用房和配套公建5400万平方米，计划总投资2800亿元，截至2012年11月末，4批示范小城镇已累计开工3854万平方米，竣工2131万平方米，完成投资1266亿元，累计建设示范小城镇43个，基本建成20个，有45万农民享受到城镇化发展的成果。

跨区域流转模式：结余指标空间流转

在实践中，拆旧区产生的增减挂钩周转指标规模一般难以与建新区建设规模完全匹配，或者县域内的建新区由于经济发展水平受限，难以吸纳全部的周转指标，因此长期以来，在县域内的增减挂钩项目产生了大量结余指标，但受区域限制规定，难以实现跨区域流转。2016年以来，我国不断推进制度创新，先后允许贫困地区产生的结余指标在省域内以及跨省流动，形成跨区域流转模式。2018—2020年，通过增减挂钩结余指标国家统筹跨省域调剂使用，深度贫困地区获得跨省域调剂资金超过1800亿元，成为搬迁农民新居建设、农村基础设施建设和扶贫产业发展的资金来源。

在流转指标的获取上，对于省域内增减挂钩结余指标流转，由省级自然资源部门统一管理，引导合理流转。2016年原国土资源部发布的《关于用好用活增减挂钩政策积极支持扶贫开发及易地扶贫搬迁工作的通知》明确，由市、县级国土资源主管部门对增减挂钩项目区实施管理，核定节余指标，并报省级国土资源主管部门确认备案，省级国土资源主管部门通过建立台账，对全省增减挂钩节余指标进行统一管理，按照公开、公平、有偿原则，引导节余指标合理流转。

在流转流程上，省域内流转模式是在常规模式流程上的进一步创新。一是仅针对特困地区、扶贫重点地区的拆旧项目，二是各地将拆旧复垦地块和本县域内的建新安置地块组成项目区，在满足建新区用地需求的基础上，统计结余指标规模，将“结余指标”报省级国土资源主管部门确认备案，由省级主管部门统一管理、引导流转，使用结余指标建新的县市单独编制建新实施方案，详细说明结余指标来源。

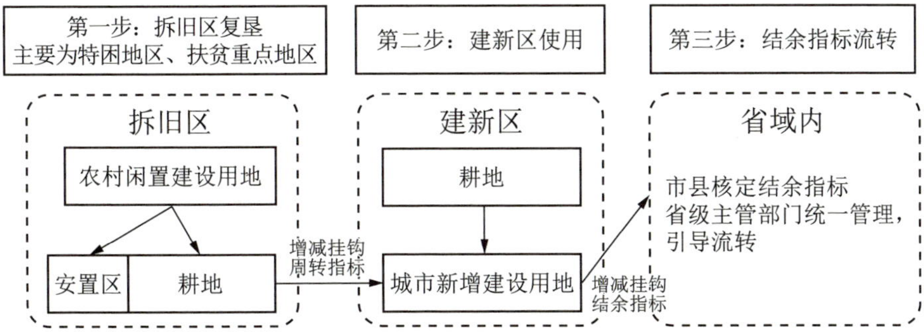

图 18　省内流转模式示意图

对于跨省增减挂钩结余指标流转，由原国土资源部确定指标任务。2018 年国务院办公厅印发的《城乡建设用地增减挂钩节余指标跨省域调剂管理办法的通知》明确，国土资源部根据有关省（区、市）土地利用和贫困人口等情况，经综合测算后报国务院确定跨省域调剂节余指标任务，主要帮扶省份要全额落实调入节余指标任务，鼓励多买多用，同时鼓励其他有条件的省份根据自身实际提供帮扶。国土资源部将跨省域调剂节余指标任务下达有关省（区、市），有关省（区、市）

再结合本地区情况，将跨省域调入、调出节余指标任务明确到市、县。

在流转流程上，跨省流转模式与省域内流转均为增减挂钩结余指标，与省域内流转不同之处在于，跨省流转不在当地安排建新区。按照增减挂钩政策规定，深度贫困地区所在地省级国土资源主管部门组织编制和审批拆旧复垦以及安置方案，将安置后的增减挂钩结余指标上交中央，由国土资源管理部门备案。在帮扶省份，由省级国土资源主管部门组织编制和审批建新方案，据备案情况核销跨省域调剂结余指标任务。

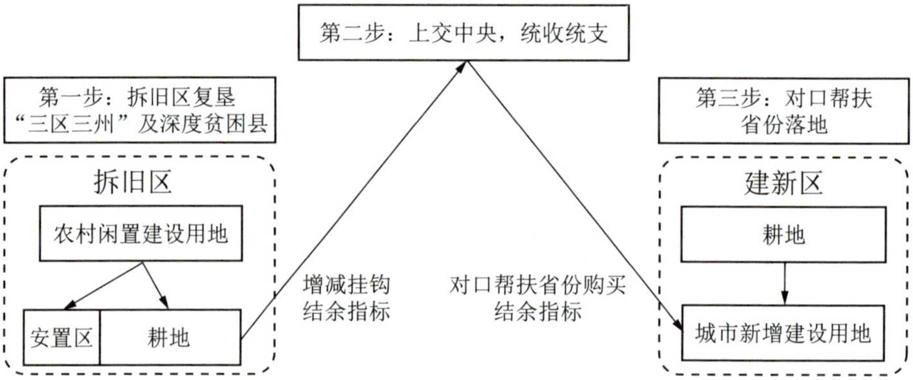

图 19　跨省流转模式示意图

在流转指标定价上，省域层面指标交易价格往往采取省自然资源厅指导价而非市场竞价。根据湖北省社科院报告，湖北省 2019 年度第二批增减挂钩指标交易涉及 36 个贫困县、176 个标的，并最终有 65 个标的由武汉各城区和鄂州市竞得，虽然指标的来源分布在不同的区域，未来落地也分布在不同区域，但成交单价就只有 4 个，分别是 300111 元 / 亩、300119 元 / 亩、301997 元 / 亩、300112 元 / 亩，基本就是设定的交易底价 30 万元 / 亩。在跨省域层面，《城乡建设用地增减挂钩节余指标跨省域调剂管理办法》规定，国家统一制定跨省域调剂节余指标价格标准，由于跨省交易由国家统收统支，因此分别规定了调出价格以及调入价格。在调出价格方面，根据复垦土地的类型和质量确定，复垦为一般耕地或其他农用地的每亩30万元，复垦为高标准农田的每亩40万元。在调入价格方面，北京、上海每亩70万元，天津、江苏、浙江、广东每亩50万元，福建、山东等其他省份每亩30万元。而收支之间的差价则由国土资源部门统筹安排，用于更大范围的扶贫投入。

在收益分配方面，在省域层面，结余指标开辟了除土地出让收入之外的新增收入来源，即当地除了土地出让收入外，还能够获得结余指标出让的收入。原国土资源部《关于用好用活增减挂钩政策积极支持扶贫开发及易地扶贫搬迁工作的通知》明确，增减挂钩收益，要按照工业反哺农业、城市支持农村的要求，及时全部返还贫困地区，确保通过增减挂钩实施扶贫开发及易地扶贫搬迁的农民受益。然而从实际情况看，由于地方政府享有较大的自由裁量权，村集体及村民最终能获得土地增值收益波动性较大，地区差异性也较大。

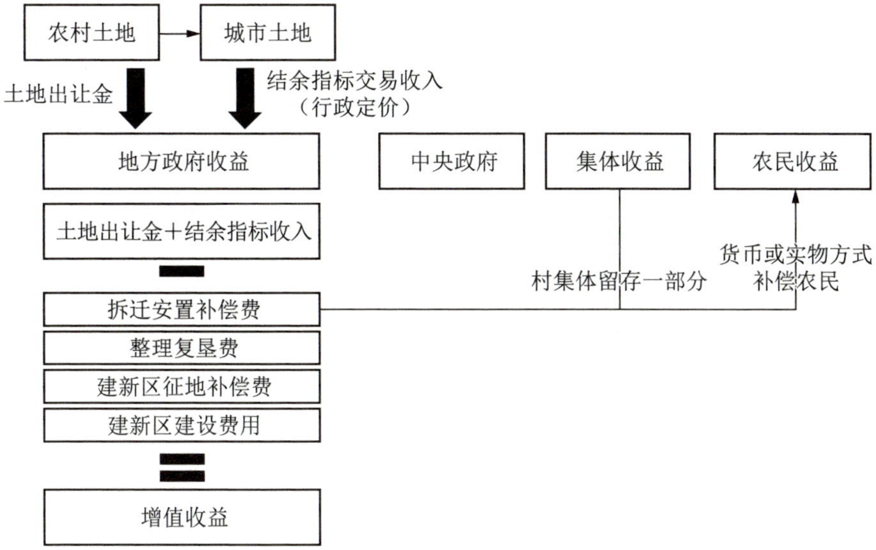

图20　省内流转增值收益分配情况

在跨省域层面，由于当地政府不在本地布局建新区，无土地出让收入，因此收入来源主要是结余指标出让收入。对于跨省指标流转来说，国土资源部门采用“统购统销”的方式进行统一规划，也即贫困地区提供的跨省节余指标应交由国土资源部，节余指标需求地区也需向国土资源部提交备案，由国土资源部统一规划、调整匹配，一定程度引发了中央政府与地方政府之间的利益分配问题。贫困地区如果直接与发达地区进行指标交易，获得的收益可能远超国家规定的调出价格。2017 年在结余指标跨省流转办法出台前，原国土资源部曾出台政策，允许四川部分贫困地区的增减挂钩节余指标在东西部扶贫协作和对口支援省市范围内流转。在政策框架内，四川省马边彝族自治县与浙江省绍兴市越城区正式签订城乡建设用地增减挂钩节余指标流转协议，流转节余指标共计 7000 亩，协议总金额 50.4 亿元，亩均 72 万元，成为全国首笔城乡建设用地增减挂钩节余指标跨省域调剂，而当年马边县的生产总值仅为 37.59 亿元，跨省指标流转为贫困县充实大量发展资金。马边县与越城区成为“全国第一单”后，为加强土地指标流转统筹规划，减少土地指标流转双方直接操作，2018 年我国出台《城乡建设用地增减挂钩节余指标跨省域调剂管理办法》，将马边县的指标调出价格定为 30 万元，国家层面统筹规划跨省结余指标流转，在一定程度上会导致部分贫困或偏远地区指标出让收入的下降。

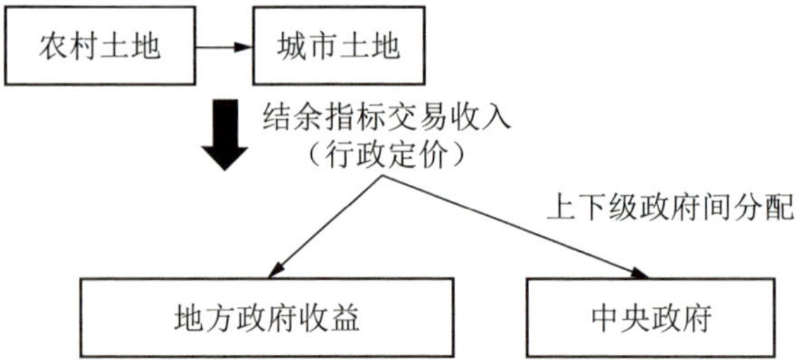

图 21　跨省流转增值收益分配情况

CASE 案例

四川省通过增减挂钩结余指标充实发展资金

四川省“人口多、底子薄、不平衡、欠发达”，是全国脱贫攻坚任务最艰巨的6个省份之一，有贫困县88个、贫困人口625万人，占全国贫困人口总数的7%。四川省贫困地区占据了大部分省内耕地后备资源，农村地区用地低效粗放，可通过集约化利用释放空间的潜力较大，而以成都新区为代表的经济高速发展地区又面临着建设用地紧缺的问题。因此，增减挂钩节余指标在省域范围内的流转一方面能够实现土地指标效益最大化，为贫困地区改善住房问题和生活条件提供资金，另一方面可以缓解经济发达地区的用地供需矛盾。

2014年10月，原国土资源部首次提出加大对四川省扶贫开发和生态搬迁的支持力度，支持秦巴山区、乌蒙山区等28个县（区），在保障本县域范围内农民安置和生产发展用地的前提下，可将部分节余指标在省域范围内挂钩使用。2017年2月，四川省将省域内流转的范围拓展为秦巴山区、乌蒙山区和其他国家扶贫开发重点县共计45个县（区），并提出建立统一交易平台。

四川省全面完善制度框架，充分利用土地政策支持贫困地区发展。2017年5月，四川省发布《进一步深化城乡建设用地增减挂钩试点改革助

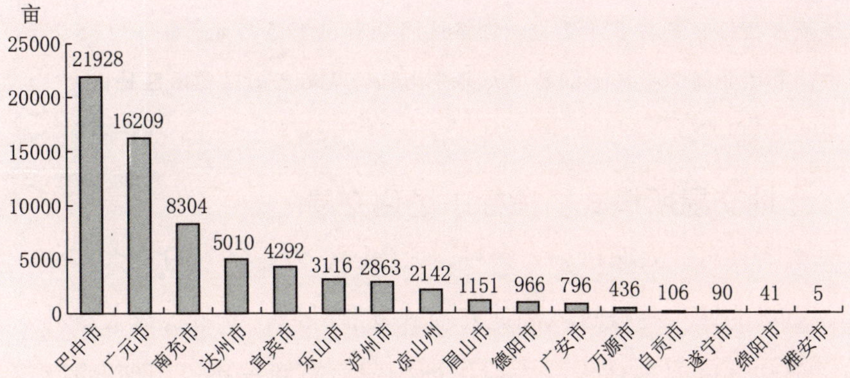

图22 2022年末四川省各州市已交割结余指标规模

资料来源：四川省城乡建设用地增减挂钩节余指标流转平台。

推脱贫攻坚意见的通知》。在土地利用年度计划下达方式改革方面，要求经济相对发达地区必须有偿承接贫困地区增减挂钩节余指标，且明确购入指标不过期、可作为后备。在编制增减挂钩专项规划方面，统筹规划农村生产、生活、生态用地。在增减挂钩计划指标向贫困地区倾斜方面，适当缩减非贫困地区增减挂钩计划指标规模，拓展贫困地区节余指标流转空间；在实施范围方面，优先考虑贫困户多的乡镇村，争取项目区内的易地扶贫搬迁户全部纳入拆旧区。在缓解贫困地区资金投入压力方面，明确在符合条件的情况下，全省88个贫困县的增减挂钩项目立项后可提前使用30%的节余指标。此外，探索利用互联网赋能、提高管理效率，搭建省级统一指标流转（含补充耕地指标）网上信息平台，面向全省贫困地区，统筹出让和受让需求发布、结果公示和备案确认等工作。2019年7月，四川省发布《关于深化城乡建设用地增减挂钩改革助推深度贫困地区脱贫攻坚的通知》和《关于进一步改进和优化城乡建设用地增减挂钩管理工作的通知》，从“放管服”、简政放权深化改革、优化管理工作等方面入手，加大支持贫困地区脱贫攻坚的力度。

四川省在国家政策的支持下，全面完善制度体系建设，探索通过互联网信息平台，进一步提升增减挂钩指标交易工作的效率。截至2022年底，四川省各州市通过“四川省城乡建设用地增减挂钩节余指标流转平台”实现节余指标交割共67457亩，价格区间分布在27.5万元/亩—32.85万元/亩，累计金额201亿元，其中大部分指标均从秦巴山区贫困区转出。

土地交易所模式：指标市场化交易

重庆具有“大城市、大农村、大山区、大库区”的特点，2005年起，重庆的城市建设进入高速井喷式发展时期，大量农村人口涌入城市，但与此同时造成大量农村土地闲置，而城市建设用地非常短缺。有数据显示，从1997年重庆设立直辖市到2009年，重庆市农村户籍人口减少5%，而农村户籍人口人均建设用地由148平方米上升到156

平方米，增长 5.4%。2008 年 8 月，原国土资源部与重庆市政府签订《推进统筹城乡综合配套改革工作备忘录》，支持重庆市探索土地利用新机制和耕地保护新模式。随后重庆农村土地交易所正式挂牌成立。重庆通过政策创新，探索设计出了一条既能解决城乡建设用地双增长问题，又能实现农民土地财产权收益增加的改革之路。

在流转指标的获取上，重庆农村土地交易所在城乡建设用地增减挂钩政策的基础上放松要求，不再严格要求挂钩，由村集体以及农民组织统一的前提下主动复垦，复垦形成的建设用地指标也无需事先挂钩城市建设用地项目，指标产生后形成“土地指标证书”，又称“地票”，可在市场上流通。

在流转流程上，地票交易主要分四步走。第一步实施土地复垦，在农民自愿、农村集体经济组织同意的前提下，对土地利用总体规划确定的城市扩展边界以外的农村建设用地实施复垦。第二步进行复垦验收，由国土资源主管部门会同农业、水利部门，对复垦产生的耕地等农用地进行验收，从质量和数量两个方面把关，在留足农村发展用地空间的基础上，确认新增建设用地指标，作为地票来源。第三步为地票交易，在重庆农村土地交易所公开交易，具有独立民事行为能力的自然人、法人或其他组织均可参与竞买，采取挂牌和拍卖两种方式交易，当供给充裕无竞争时实行挂牌交易，供不应求时则开展拍卖，交易完成后发给地票证书。第四步是地票使用落地，购得地票的主体选定符合土地利用总体规划、城乡规划的待开发土地，凭地票办理农用地转用审批手续后，国土资源主管部门按规定组织供地，地票持有人参与地块的招拍挂等法定程序，获得土地使用权。

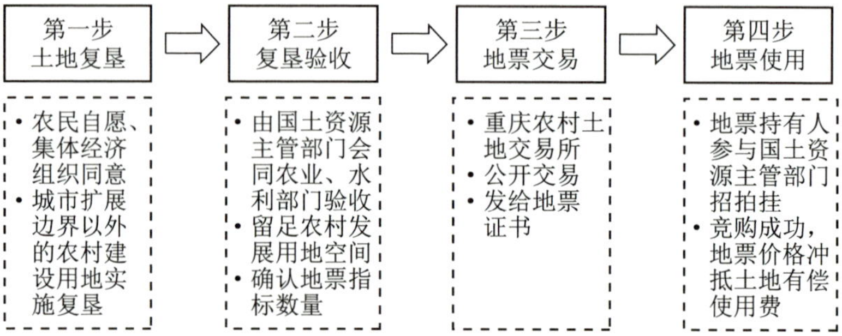

图 23　地票交易模式示意图

定价方面，在综合考虑开垦费、新增建设用地土地有偿使用费等因素的基础上，重庆制定全市统一的挂钩指标交易基准价格，供交易双方参考。在实际交易中，从 2008 年地票交易开始，地票价格经历较大幅度波动，从 8 万元 / 亩最高提升至 24 万元 / 亩，2014 年以来地票价格逐步回落，当前基本稳定在 19 万元 / 亩。

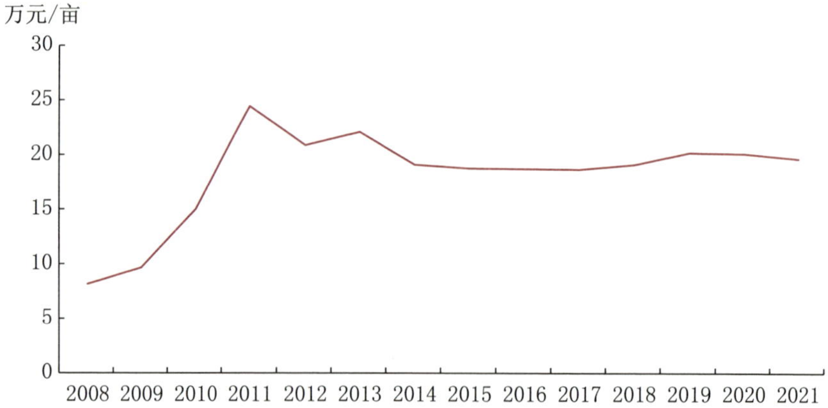

图 24　重庆农村土地交易所地票成交价格趋于平稳

资料来源：重庆农村土地交易所。

收益分配方面，地票交易收益除缴纳少量税费外，绝大部分归农民家庭所有。在土地交易所模式下，增减挂钩交易具有两个收益来源：一是地票本身的交易收入，二是地票落地后，土地在一级市场出让的招拍挂收入。由于两个收益来源实现了清晰的划分，农民与政府之间的收益分配机制也更加清晰。对于政府来说主要就是土地出让金收入，而腾地农户收益主要为地票指标的交易收入。根据《重庆市地票管理办法》第 29 条的规定，对于复垦农村宅基地及其附属设施用地的，地票价款扣除复垦成本后所得地票净收益按照 85∶15 的比例分配给宅基地使用权人和农村集体经济组织，同时复垦为耕地后仍归原宅基地使用权人承包经营；对于复垦农村集体经济组织公共设施、公益事业等建设用地的，地票净收益全部归农村集体经济组织。为保证地票交易款项兑付，重庆市国土房管局出台《关于进一步规范农村宅基地及其附属设施用地复垦管理实施地票价款直拨的通知》，要求地票价款经重庆农村土地交易所核算后，委托银行直接将农户和集体应得价款足额、及时、直接拨付，不经过其他中间环节，以防止截留挪用。

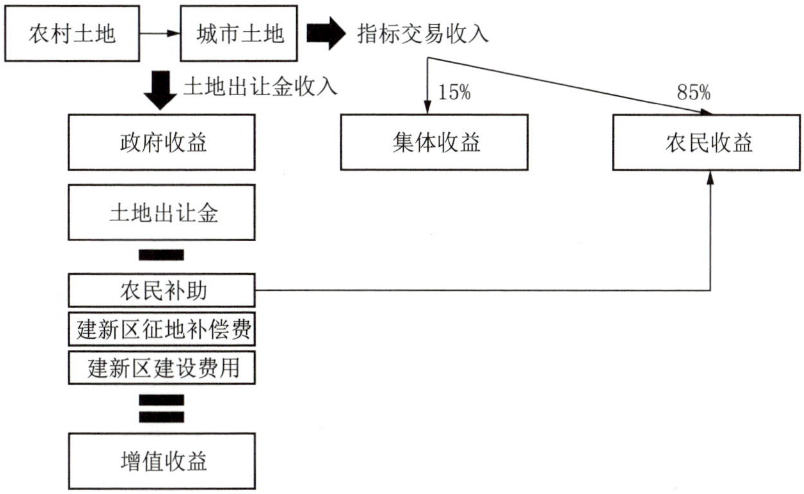

图 25　地票模式增值收益分配情况

地票制度通过清晰的收入分配安排，可以有效平衡地方政府获得的增值收益和农民获得的增值收益，使偏远地区农民闲置的宅基地在复垦为耕地后，通过地票市场交易实现地票指标价值，分享城市化和工业化带来的土地增值收益，缩小城乡居民收入差距。根据国家发改委数据，截至2021年下半年，重庆市交易地票35万余亩、近700亿元，其中在脱贫区县交易了25万余亩、近500亿元，有效助力了脱贫攻坚；地票纯收益按85∶15比例，分配给农户和农村集体经济组织，惠及40余万农户。

CASE 案例

“地票第一村”的改革实践与创新

重庆市江津区李市镇孔目村被外界称为“地票第一村”。2008年重庆市在江津区李市镇复垦了3000多农户的宅基地，产生城镇建设用地指标为3600亩，其中孔目村32户农民宅基地复垦了58.6亩，在2008年12月6日产生的中国历史上第一张地票08001号就是出自孔目村，由民营企业重庆玉豪龙实业（集团）有限公司以2560万元竞得。

孔目村的村民们几乎没人知道地票，但只要问及2008年有村民旧房屋被复垦，很多人都知道，因为当时有村民一下子拿到了10万元的费用，让全村的人记忆犹新。没有地票之前，边远农村的宅基地无法给农民带来收入；有了地票后，一亩土地收益在20万元左右，农民除了支付3万多元的复垦成本，农村土地交易所将净收益完全返还回去，农民得到净收益的85%，村集体得到净收益的15%。

此外，孔目村村民通过宅基地复垦还可以获得三笔购房优惠或补助。具体来说，第一笔是可以持宅基地复垦证在村里新建的居民点（巴渝民居）按照成本价的80%买一套住房，巴渝民居的成本价是650元/平方米，面积180多平方米，相当于政府补助24000元左右；第二笔是购房补助，一次性补贴30000元；第三笔是响应“巴渝民居”建设，市、区两级部门补助6000元；第四笔是原宅基地复垦成耕地后，除去原房屋占地面积之外的复垦地，每亩可获得1000元补助。补助后，一套房子购房款能够减少一半。通过地票制度交易，孔目村村民住进了村里统一规划建设的新居，新居配套齐全，通了水电气，建筑设计符合农村生产生活方式，原来山坡上错乱无序的房子已经拆除，取而代之的是成片的耕地。

四、城乡建设用地增减挂钩的四大难点

2020年中共中央、国务院发布的《关于构建更加完善的要素市场化配置体制机制的意见》指出，要深入推进建设用地整理，完善城乡建设用地增减挂钩政策，为乡村振兴和城乡融合发展提供土地要素保障。2022年国务院办公厅下发的《要素市场化配置综合改革试点总体方案》政策提出，允许符合条件的地区探索城乡建设用地增减挂钩节余指标跨省域调剂使用机制。当前持续深化城乡建设用地增减挂钩还存在四大难点。

行政指令计划和市场化资源配置难以平衡

在增减挂钩试点初期，由于地方政府在“以地谋发展”的指标激励下出现了一系列乱象，我国逐步加强对增减挂钩指标的行政管理，通过纳入土地年度利用计划，通过行政指标进行分配。行政指令计划有效提升了增减挂钩操作的规范性，但也产生了两方面的问题。一是行政指标与市场供需容易脱节。我国幅员辽阔，各地区自然资源禀赋、经济发展水平不同，城市化、工业化水平不一，严格的计划管理难以完全考虑到区域差异，导致经济发达地区常因指标不足抑制发展，偏远地区则有土地资源闲置，指标分配与市场供需状况相脱节。二是行政指标运用的范围固化。我国增减挂钩试点存在的试点地区和非试点地区的差异，易导致“悬崖效应”，即贫困户因福利叠加，远远好于原本境况相似的临界贫困人群。例如当前四川省内增减挂钩指标不受指标规模限制的基本实施单位为县，非贫困县中的贫困村无法享受该待遇。部分学者调研显示，德昌县是四川省凉山彝族自治州典型的非贫困县，年财政收入不足8000万元，下辖32个贫困村，然而由于贫困村不属于贫困县，无法享受相应的制度红利。

扩大试点范围与指标过度扩容间需要平衡

一方面，目前我国大多数增减挂钩仍局限于县域内，仅部分贫困地区指标能够在省域内和国家统收统支框架下跨省流转。但我国各地区经济发展水平、国家供给建设用地指标存在差异，不同地区具有完全不同的建设用地指标稀缺性，因此局限于县域的增减挂钩指标交易，导致部分城市难以消化、指标闲置，损害农民利益。另一方面，当前我国有 2 亿多亩宅基地，闲置约 3000 万亩，而我国城镇存量住宅建设用地 4400 万亩，一旦允许闲置农村宅基地全部通过市场化增减挂钩进入全国城市建设用地指标交易，短期内容易造成土地供给的大幅增加，进而导致增减挂钩指标价格持续降低，损害农民权益。

短期土地指标交易收益与长期发展权间的平衡

土地发展权是土地所有权的派生权利，是在土地利用的基础上进行再发展的权利。增减挂钩指标通过土地发展权转移，让农村地区分享土地级差收益的同时，一定程度也使得农村地区失去了工业化发展空间。部分地区为了获得短期发展资金，大规模进行指标交易，但随着发展深化，自身发展用地无法保障。当前我国已实现脱贫的地区不再返贫缺乏的不仅是资金，而是长期脱贫所需要的产业，因此越来越多的基层政府意识到土地作为一种“发展权”的重要性，不再倾向于出售自己所整理出的建设用地周转指标。

增减挂钩指标收益分配的平衡性问题

此前部分地方在增减挂钩政策执行过程中，对于复垦区农民权益保护不足的现象时有发生。其一方面表现为给予农民的货币补偿安置标准过低，部分人口流出的中西部农村，腾退宅基地农户的补偿大约只有 2 万元 / 亩。另一方面表现为违背农民意愿，强迫农民上楼，上楼后进行农业生产不方便，诸如农具无处放、粮食无处晒、牲畜无处养，以及菜园无法种等。因此，近年来中央出台文件重点强调增减挂钩应规范运作，要求地方不得擅自扩大试点、不得强迫农民上楼、不得跨县级设置项目区、增值收益全部返回农村等。

此外，当前各主体分享土地增值收益缺乏理论依据和实践标准。在增减挂钩项目中，地方政府、村集体、村民均具有分配增值收益的合理性，但由于地方政府在项目推进中处于主导地位，不同区域指标流转交易也存在较大的差异性，一刀切的政策规范不符合地方改革实践和要求，而缺乏统一的制度规范又使得在土地增值收益分配环节乱象频出，如何在充分调动各方主体改革积极性的前提下，有效平衡好地方政府、村集体及农民之间的收益分配是当前城乡建设用地增减挂钩改革面临的突出难点之一。

地方政府是城乡建设用地增减挂钩改革的制度设计者、重要参与者与市场监督者。为在最大程度上实现存量土地要素资源的盘活以及土地要素资源空间配置的优化，地方政府在推进城乡建设用地增减挂钩过程中，要把握好三个原则。

一要尊重农村土地发展权。农村地区发展也需要建设用地指标，尤其贫困地区的持续脱贫需要大量产业用地。要合理推动农村增减挂钩指标的交易，在规划布局的基础上，将确实难以进行产业发展的用地以及确定闲置的集体建设用地进行复垦，防止过度消耗农村土地发展权。

二要切实保护好农民权益。当前对于土地增值收益的分配还缺乏理论依据和实践标准，因此地方政府在推动城乡建设用地增减挂钩的过程中，要高度注重保护好农民权益，减少纠纷，提升各方主体积极性。天津在“宅基地换房”过程中，先用“以点带面”的方式，以东丽区华明镇为试点，统筹政府、农民、企业等各方利益，同时充分将土地增值收益返还，形成示范效应，提升其他地区“宅基地换房”的积极性。

三要因地制宜，在摸索中不断推进制度创新。在县域指标交易框架内，当前地方政府增减挂钩政策执行效果较好的地方均为经济发达地区，由于城市建设和发展空间较为有限，因此具有较高的意愿提高农村土地集约利用效率，缓解城市建设用地紧张局面。地方政府要立足当地实际情况，综合考虑当地非农就业率、土地利用率、土地紧缺度、农民城镇化意愿，合理推动城乡建设用地增减挂钩指标流动，防止指标浪费和指标闲置，切实提升土地在空间上的优化利用。此外，要不断完善政策框架，从规划管理、土地管理、融资管理等角度细化管理要求，为增减挂钩指标流动提供制度性约束和相关保障。

劳动力要素篇

劳动力是各生产要素中最具活力和创造力的要素，劳动力要素是其他要素发挥价值的重要载体，土地和资本要素需要通过劳动力要素的运转来实现价值，技术、数据等新型要素也需要以劳动力为载体来创造新价值。与过往不同，在科技创新驱动发展的新模式下，劳动力要素作为属人要素的重要形式，能有效驱动其他非属人要素的发展，技术、数据和资本等要素附着在劳动力上形成现代新型智能资本，成为驱动要素配置的重要力量。当前研究劳动力要素配置机制的市场化改革不仅要关注劳动力的年龄结构、学历结构、区域分布等特征，探讨构建全国统一的、自由流动的劳动力市场，更要关注高端智能劳动、智能资本运行的新模式和新特征，更好发挥智能资本在推进科技创新和技术变革上的重要作用。

我国劳动力要素市场经历了从无到有、劳动力主体不断丰富、劳动力要素定价逐步市场化的转变过程。2020 年中共中央、国务院出台的《关于构建更加完善的要素市场化配置体制机制的意见》提出，要引导劳动力要素合理畅通有序流动，深化户籍制度改革，畅通劳动力和人才社会性流动渠道，完善技术技能评价制度，加大人才引进力度。当前我国劳动力市场的总量相对稳定、劳动力素质明显提升，制约劳动力要素配置效率的关键在于就业结构性问题、灵活就业保障不全、农民工短缺以及高端企业家人才市场空缺等难题。

为更好地反映劳动力要素市场的新变化，本篇在对劳动力存量和流量结构、流动效率进行整体概述的基础上，分别从“泛劳动力”、就业结构性问题、数字经济下灵活就业新形态以及企业家管理要素四个角度，分四大专题对当前劳动力要素市场的热点、难点问题进行深入分析，以期更好地理顺当前劳动力要素市场的配置机制，着力解决制约劳动力要素配置效率的核心问题。

地方政府是推动劳动力要素市场化配置的重要主体，近年来通过畅通落户渠道、激活中介服务活力等方式，地方劳动力市场活力显著提升，但整体来看劳动力的跨区域流动，以及影响劳动力要素流动背后的社会保障机制还不太健全。未来地方政府要持续加大对劳动力要素市场化配置的改革力度，从“泛劳动力”视角看待我国劳动力市场长期变化，引导劳动力在空间上的合理流动，积极解决灵活就业保障问题，健全企业家市场，更好地持续发挥劳动力要素对于其他要素的引领带动作用。

第四章 劳动力要素的结构、特征和配置效率

我国劳动力资源总量丰富，改革开放四十多年来，在经济快速发展的同时，劳动力出现大规模流动，包括从农村向城市流动，从第一产业向第二产业、第三产业流动，从制造业向服务业流动，从西部向东部流动。当前我国人口发展形势发生深刻变化，人口问题的复杂性与严峻性日益提升，2022 年我国全年出生人口 956 万人，创历史新低，人口自然增长率为 −0.6‰，为 1961 年来的首次负增长。人口规模和人口流动结构的一系列重大变化将对我国经济社会发展产生全面深远影响，厘清我国劳动力要素的存量及流量结构、配置特征，对优化我国劳动力资源配置效率具有重要意义。

一、劳动力要素的存量结构特征

劳动力总量达峰，人口红利退潮

根据劳动力就业意愿、就业情况的不同，劳动力统计主要有三种口径。一是劳动年龄人口，按照国际通用口径计算，主要是指位于 15—64 岁年龄段的人口，这一群体是潜在可被雇佣的劳动人口；二是经济活动人口，是指在 16 周岁及以上，有劳动能力，参加或要求参加社会经济活动的人口，经济活动人口包含就业人员和失业人员；三是就业人员，是指 16 周岁及以上，从事一定社会劳动并取得劳动报酬或

经营收入的人员。由于就业人员反映了一定时期内劳动力资源的实际利用情况，因此根据就业人员来研究劳动力要素市场更具现实意义。

2014 年我国就业人员出现“人达峰”，总规模达 7.63 亿人，此后呈现明显收缩态势，2022 年就业人员规模为 7.34 亿人，较 2014 年减少近 3000 万人。与劳动力供给规模持续缩减相对应，2010 年以来城市劳动力市场的求人倍率（有效需求人数与有效求职人数之比）始终维持在 1 以上，2018 年以来屡创新高，劳动力市场供不应求的现象日益凸显。

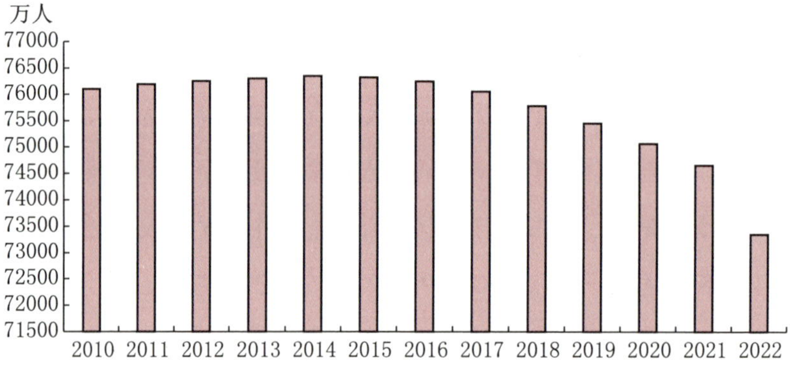

图 26　我国就业人员规模持续缩小

资料来源：万得。

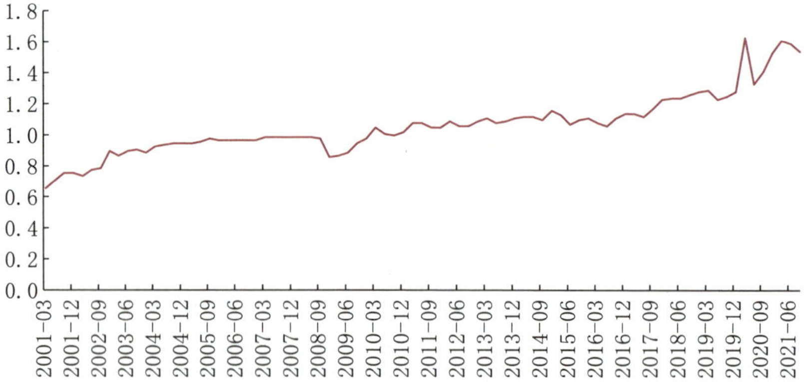

图 27　全国就业市场求人倍率持续高企

资料来源：万得。

劳动力要素的结构性特征

从城乡劳动力要素的分布看，以就业人口为衡量口径，2021 年城镇就业人员达 4.7 亿人，占比为 63%，乡村就业人员为 2.8 亿人，持续呈下降态势。

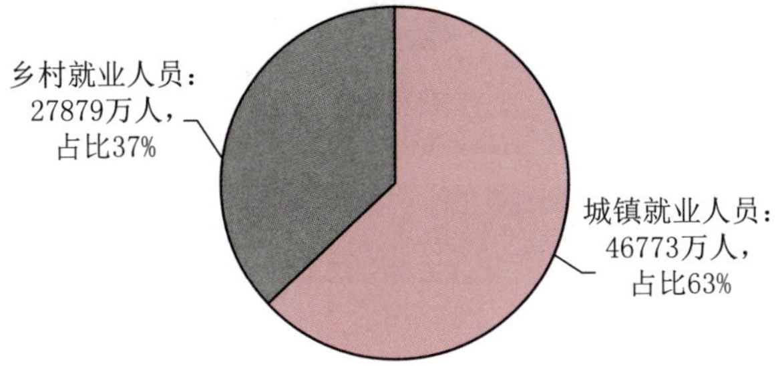

图 28　2021 年城镇就业人员占比达 63%

资料来源：万得。

从劳动力要素的产业分布看，随着经济转型和产业结构升级，服务业占主导的现代就业模式逐步形成。2021 年第一、二、三产业就业人员占比分别为 22.9%、29.1% 以及 48.0%，第三产业已经成为吸纳劳动力的最主要渠道，但第三产业就业人口占比低于第三产业生产总值占比，一定程度说明我国第三产业劳动力吸纳能力仍有上升空间。

在具体的行业分布上，从城镇非私营单位来看，制造业、建筑业、公共管理以及教育业的就业人员占比较高，2021 年占比分别为 22.5%、11.6%、11.7% 和 11.6%。从城镇私营单位来看，就业人员占比较高的行业是批发和零售业、制造业、住宿和餐饮业、租赁和商务服务业，2019 年批发和零售业就业人员占比超过 40%，是私营单位吸纳劳动力的主力。整体来看，制造业、建筑业、批发和零售业、住宿和餐饮业是吸纳劳动力的主要行业。

从劳动力要素的区域分布看，劳动力在各区域的分布与区域经济

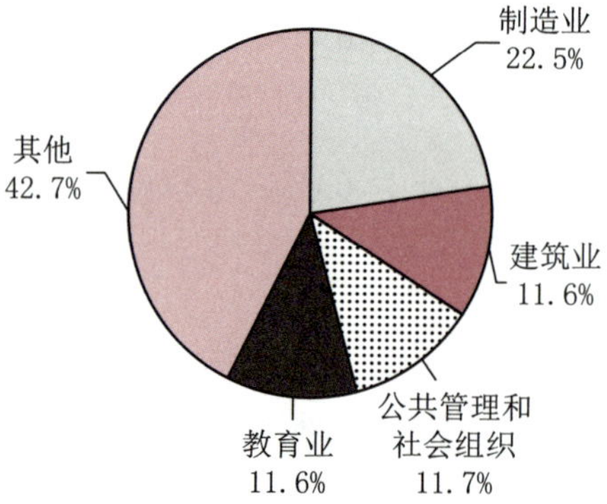

图 29　2021 年城镇非私营单位就业主要集中于制造业

资料来源：万得。

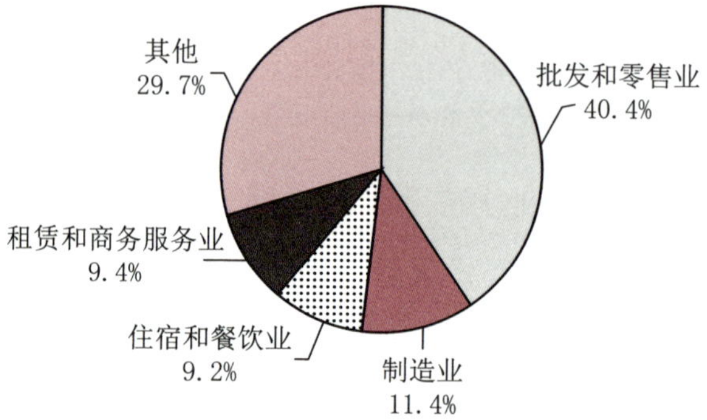

图 30　2019 年城镇私营单位就业主要集中于批发和零售业、制造业

资料来源：万得。

实力直接相关。东部地区经济发展基础优越，对劳动力的吸引力较大，尤其是第三产业吸纳了大量的就业人员，2021 年东部就业人员占比达 41.3%。中部就业人员占比为 24.9%，低于西部的 27.3%，东北地区受制于近年来经济增长乏力，对劳动力的吸引力明显下降，就业人员占比仅为 6.5%。

在省域分布上，2021 年除直辖市和海南以外，东部省市就业人员规模均集中在 2000 万人以上。中部省市除江西、山西就业人员数量偏低外，其余省份就业人员规模均在 3000 万人以上。西部方面，除四川为就业人口大省外，其余省市就业人员规模均在 3000 万人以下，更多集中在 2000 万人以下。东北三省中，辽宁就业人口规模较大，达 2000 万人以上，黑龙江及吉林就业人口规模超 1000 万人。

表 15　2021 年 31 省市就业人员规模分布情况

就业人员规模	东部	中部	西部	东北
3000 万人及以上	广东、山东、浙江、江苏	河南、河北、湖南、湖北、安徽	四川	/
2000—3000 万人	福建	江西	云南、广西、陕西	辽宁
1000—2000 万人	上海、北京	山西	贵州、重庆、新疆、甘肃、内蒙古	黑龙江、吉林
0—1000 万人	天津、海南	/	宁夏、青海、西藏	

资料来源：万得。

二、劳动力要素的流动结构特征

劳动力要素流动日渐频繁

与存量劳动力结构相比，劳动力要素的流动直接影响要素配置效率。目前我国对流动人口主要有两个统计口径。一是人户分离人口，指居住地与户口登记地所在的乡镇街道不一致，且离开户口登记地半年以上的人口。从总量来看，2021 年人户分离的人口数达到 5 亿人，占总人口比重达 35.7%。二是流动人口，指人户分离人口中不包括市辖区内人户分离的人口。2021 年我国流动人口数达 3.85 亿人，占总人口比重达 27.2%。整体来看，我国呈现出较大规模的劳动力要素流动特征。

从人口流动的主要群体来看，2021 年外出农民工人数达 1.72 亿人，占流动人口比重达 45%，接近一半。近年来，受城镇化建设步伐加速以及外出务工不确定性等因素影响，农民工人数在 2020 年呈现明

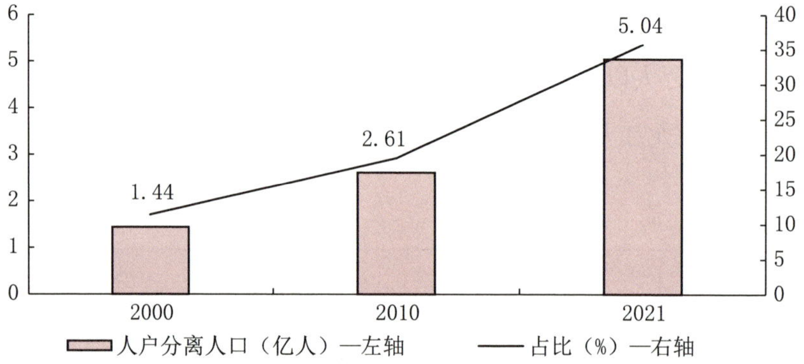

图 31　人户分离人口数量快速增加

资料来源：万得。

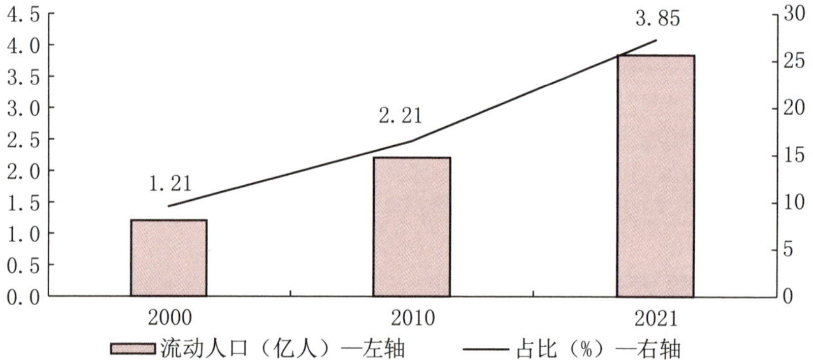

图 32　2021 年全国流动人口数量占比已达 27%

资料来源：万得。

显下滑趋势，部分大型城市出现了“缺工潮”。此外，大学生也是流动人口中的重要组成部分，2021 年我国高校在校生超 3800 万人，占流动人口比重达 9.9%。近年来受就业难等因素影响，大学生就业难度进一步增大，更多本科毕业生选择读研延后就业时间，待就业学生群体规模持续壮大，高校毕业人数持续增加，2023 年我国高校毕业生达 1158 万人，高校毕业生对我国人口流动的影响在未来几年将进一步提升。

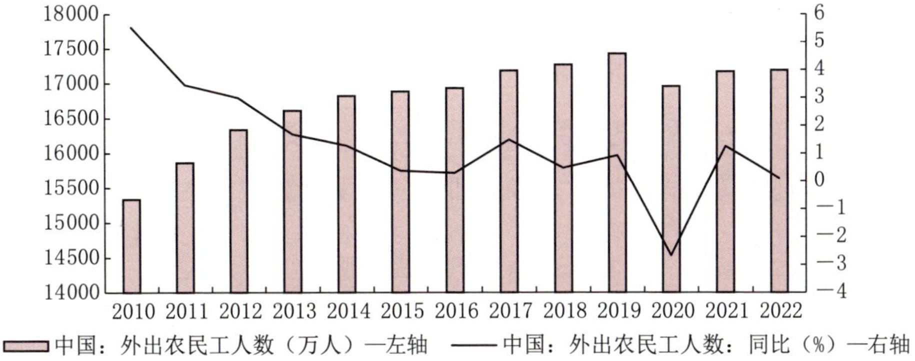

图 33　外出农民工人数略有下降

资料来源：万得。

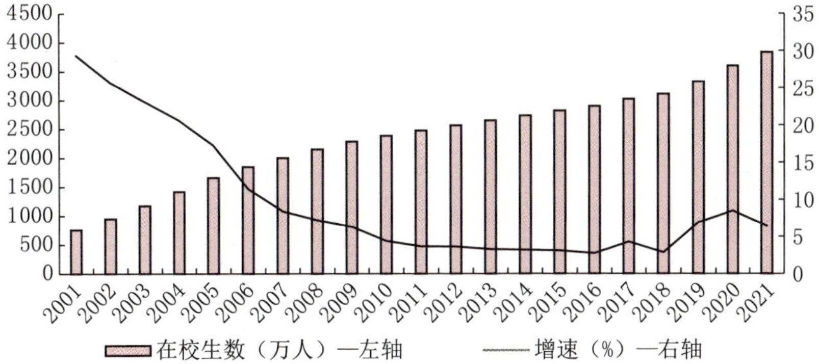

图 34　高校在校生人数增速加快

资料来源：万得。

劳动力流动的结构性特征

劳动力要素加速从乡村流向城市

从城乡劳动力要素流动看，近年来我国呈现出明显的劳动力从乡村向城镇转移的态势。乡村就业人口在 1997 年达峰后，呈现持续下滑趋势，过去十年每年流出约 1000 万人，2022 年乡村就业人口减少至 2.8 亿人。城镇就业人员规模从 1962 年以来呈持续上升态势，2021 年达 4.7 亿人。从城镇新增就业人员看，目前主要存在三种流入形式：一是乡村就业人员向城镇移动；二是大学生毕业后进入劳动力市场；三是城镇就业人员失业再就业。近年来流入城镇就业市场的人数远大于城镇新增就业人数，这从侧面说明部分劳动力要素在流动过程中被挤出，逐步退出劳动力市场，面临失业或进入灵活就业状态。

表 16　城镇新增就业主要有三大来源（单位：万人）

	城镇新增就业	乡村新增就业	大学生毕业数	城镇失业再就业	城镇就业缺口
2011	1221	−1225	660	553	−1217
2012	1266	−1226	680	552	−1192
2013	1310	−1193	699	566	−1148
2014	1322	−1128	727	551	−1084
2015	1312	−1242	749	567	−1246
2016	1314	−1210	770	554	−1220
2017	1351	−1344	795	558	−1346
2018	1361	−1360	820	551	−1370
2019	1352	−1292	834	546	−1320
2020	1186	−1405	874	511	−1604
2021	1269	−914	909	545	−1099

资料来源：万得、国家统计局。

劳动力要素整体流向以服务业为代表的第三产业

从劳动力要素在产业间的流动趋势看，我国劳动力要素整体呈现由第一、第二产业向第三产业流动的趋势。具体来看，第一产业就业人员持续向第二、第三产业流动，就业人员占比由 2010 年的 36.7% 下降至 2021 年的 22.9%，这主要源于近年来我国农业生产机械化和现代化水平的提升，就业人员从第一产业向第二、第三产业转移也是全球经济体劳动力要素流动的基本特征。与此相比，我国第二产业就业人员占比在平稳中略有波动，由 2010 年的 28.7% 上升至 2012 年的

30.4%，再下降至 2018 年的 28.2%，近两年占比再度回升，这主要与近年来我国制造业的转型升级以及建筑业产业的投资增速变化相关。第三产业就业人员占比整体呈现较快上升趋势，由 2010 年的 34.6% 上升至 2021 年的 48%，成为吸纳新增就业和承接第一、第二产业劳动力流入的重要力量。从劳动力要素流动的绝对值看，近年来我国第三产业的就业人员增量难以对冲第一、第二产业的劳动力流出，剔除疫情等特殊因素的影响，2019 年我国第三产业新增就业人员 650 万人，第一、第二产业流出劳动力 985 万人，两者之间存在 335 万人缺口，劳动力要素在产业间流动的同时也会出现一定的结构性失业。

表 17　第一产业劳动力持续流出（单位：万人）

	第一产业	第二产业	第三产业
2011	−1458	696	853
2012	−937	687	308
2013	−1697	−84	1828
2014	−1466	−85	1599
2015	−954	−413	1338
2016	−510	−349	784
2017	−613	−533	959
2018	−780	−406	910
2019	−863	−122	650
2020	−937	309	245
2021	−643	169	62

资料来源：万得。

从劳动力流动群体来看，农民工开始从流入第二产业逐步向流入第三产业转变，2013 年农民工在第二、第三产业的就业占比分别为 56.8% 和 42.6%，2021 年对应的就业占比调整为 48.6% 和 50.9%。随着互联网经济发展，外卖骑手、育儿家政、网约车司机等就业机会明显增加，从事第三产业农民工比重超过第二产业，但近两年受制造业“缺工潮”及涨薪因素影响，第二产业出现一定的农民工回流迹象。大学生方面，其主要流向第三产业，2021 年大学毕业生在第二、第三产业就业占比分别为 31.9% 和 67%，近年来随着互联网领域就业机会的减少，大学生就业也呈现出一定的向第二产业转移的特征，2020 年以来大学生就业中第二产业的占比有所回升。

在行业分布上，城镇非私营单位方面，2012—2021 年公共管理业，卫生、社会保障和社会福利业，租赁和商务服务业，教育业，金融业，以及信息传输、计算机服务和软件业等行业的劳动力呈现持续流入态势，流入人数分别达 518 万人、416 万人、394 万人、354 万人、313 万人、306 万人，制造业、采矿业和农林牧渔等传统行业劳动力则持续流出，流出人数达到 260 万人、267 万人、273 万人。城镇私营单位方面，各行业基本保持劳动力净流入状态，其中批发和零售业是吸纳新增劳动力的重点行业，占新增就业人数的 36%，住宿餐饮业、租赁和商务服务业新增就业人数保持较高水平，以城镇私营单位为代表的民营经济成为吸纳社会新增就业的重要主体。

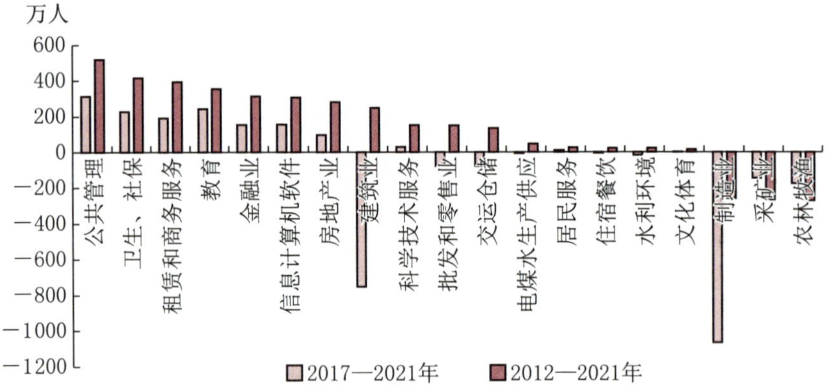

图 35　城镇非私营单位中，公共管理、教育、金融等行业劳动力流入较多

资料来源：万得。

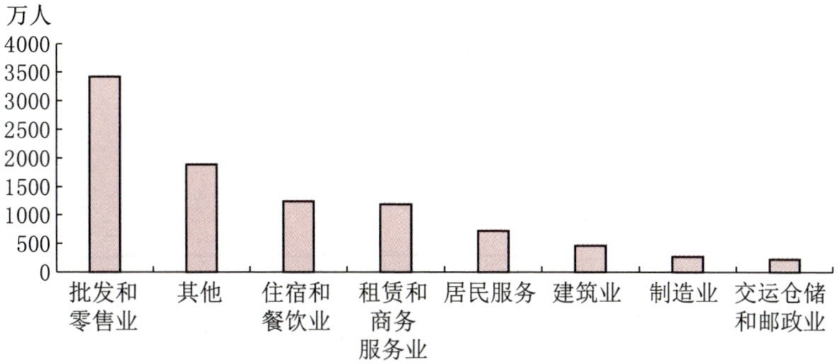

图 36　2015—2019 年城镇私营单位批发和零售业就业人员流入较多

资料来源：万得。

从劳动力流动群体来看，农民工在制造业的就业占比由 2010 年的 36.7% 下降至 2021 年的 27.1%，一方面由于平台经济的快速发展，大量农民工从制造业流向服务业，另一方面机器换人也对农民工劳动力产生一定挤出效应，建筑业农民工占比基本稳定，近两年略有提升。大学生就业主要集中在信息、金融、房地产、批发零售、住宿和餐饮等行业，2021 年占比为 36.8%，近年来受教培行业整顿影响，包含教育、文化等行业的文化素质服务部门就业占比有所降低，由 2020 年的 21.2% 下降至 2021 年的 18.6%。此外，受制造业数字化、科技化转型影响，近年来从事制造业的大学生占比也出现一定提升，从 2019 年的 11.2% 升至 2021 年的 12.6%。

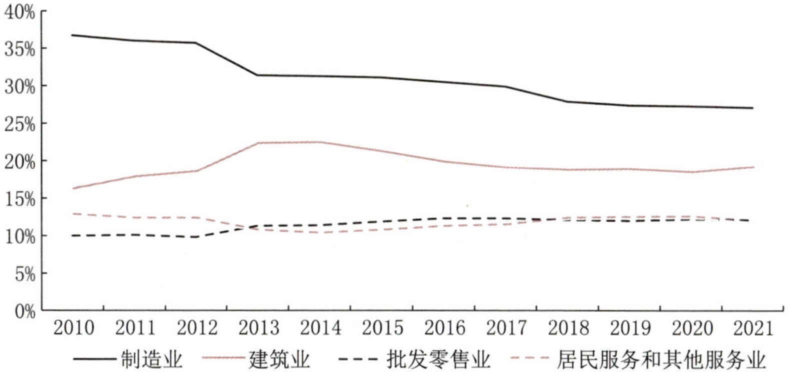

图 37　农民工从事制造业占比下降

资料来源：万得。

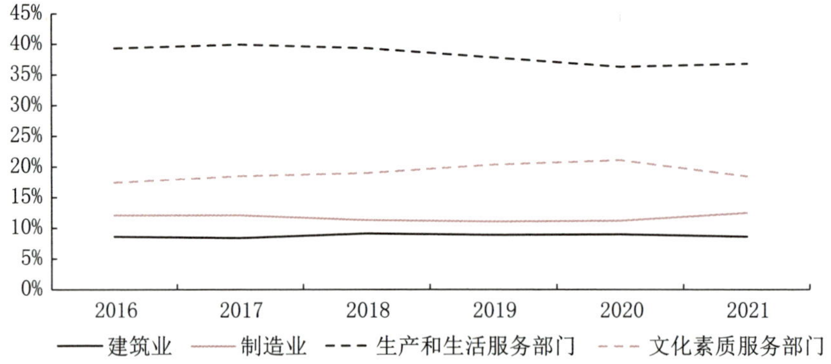

图 38　大学就业集中于生产和生活服务部门

资料来源：《中国本科生就业报告》。

劳动力要素呈现一定的中西部回流特征

从区域分布看，以东部为代表的经济发达地区是吸纳增量就业的重要区域，但从劳动力要素的流动趋势看，近年来东部地区的吸纳能力有所下降，以成渝经济圈、中原城市群为代表的西部城市群的发展吸纳了大量新增就业，劳动力要素呈现出一定的向中西部回流的特征。

东部地区就业人员于 2017 年达峰后开始下降。长期以来，东部地区作为我国最重要的经济增长极，是吸纳劳动力的重点区域，就业人员数量持续增长，2017 年达 3.2 亿人。2018 年起，东部地区就业人员数量开始逐步下滑，从产业角度来看，第一、第二产业就业人员持续减少，第三产业就业人员保持正增长态势，然而第三产业对于就业人员吸纳能力有限，造成就业人员呈净减少态势。

中部地区就业人员于 2014 年达峰。我国中部地区人口基数大，也是东部重要的“内陆腹地”，2014 年就业人员总量达 2.1 亿人。2015 年起，中部地区就业人员数量开始持续下滑，从产业结构来看，同样呈现第一、第二产业净减少，第三产业净增长态势，但净增长规模边际降低，导致中部地区就业人员持续净减少。

西部地区就业人员出现一定回流。随着西部大开发等战略的实施，西部地区对于劳动力的吸引力有所提升，就业人员数量从 2012 年起整体上升，2019 年达 2.06 亿人。从产业角度来看，西部地区第二产业还处于劳动力吸纳时期，第二产业就业人员数量保持净增长，第三产业对就业人员的吸纳能力较强。

东北地区就业人员持续外流。由于部分年份数据缺失，仅对东北地区 2014—2017 年及 2021 年数据进行分析。整体来看，东北地区就业人员持续外流，就业人员数量从 2014 年的 6069 万人降至 2021 年的 4838 万人。从产业结构来看，三大产业就业人员增量基本为负值，但第三产业就业人员流出规模逐步缩窄。

表 18　不同区域三大产业新增就业数量变动情况（单位：万人）

	东部第一产业	东部第二产业	东部第三产业	中部第一产业	中部第二产业	中部第三产业	西部第一产业	西部第二产业	西部第三产业	东北第一产业	东北第二产业	东北第三产业
2011	−207	−22	403	−193	133	143	−288	148	241	/	/	/
2012	−199	202	334	−279	141	232	−378	−195	108	/	/	/
2013	−249	150	428	−271	185	182	−314	119	347	/	/	/
2014	−207	53	600	−330	−75	412	−303	83	382	−21	−105	−120
2015	−518	55	1046	−380	−6	311	−284	47	402	−12	−96	−17
2016	120	−100	297	−339	−7	268	−256	38	367	−22	−42	−5
2017	−195	−95	514	−372	−36	257	−375	49	412	−31	−54	17
2018	−678	−129	783	−251	−48	144	−343	6	411	/	/	/
2019	−445	−331	267	−205	−65	93	−323	16	478	/	/	/
2020	−829	−245	525	/	/	/	−732	192	442	/	/	/
2021	−197	123	−68	−192	48	30	−195	32	39	−71	−12	−44

资料来源：万得。

从劳动力流动群体来看，农民工方面，东部地区吸纳了一半以上的农民工，尤其是京津冀、江浙沪以及珠三角地区是农民工的主要聚集地。但从增量上来看，东部地区处于农民工流出状态，吸纳农民工占比由2015年的59.4%下降至2021年的52.8%。随着西部省份交通条件和营商环境不断提升，以及支持中西部发展的政策不断落地，中部和西部农民工占比分别由2015年的21.5%、18.8%上升至2021年的22.5%和21.5%，农民工呈现出向中西部回流趋势。大学生方面，2021年泛长三角、泛珠三角、泛渤海区域本科生就业占比分别达25.2%、20.1%以及18.6%，吸纳了全国64%的毕业生。但从趋势上来看，近五年三大区域吸纳的毕业生就业占比有所减少，较2016年占比降低2.6个百分点。与此同时，西南、中原、陕甘宁青区域吸引力提升，大学生流入数量显著增加，2021年占比达30.2%，较2016年提升3.3个百分点，劳动力要素流动在区域间呈现更均衡的配置趋势。

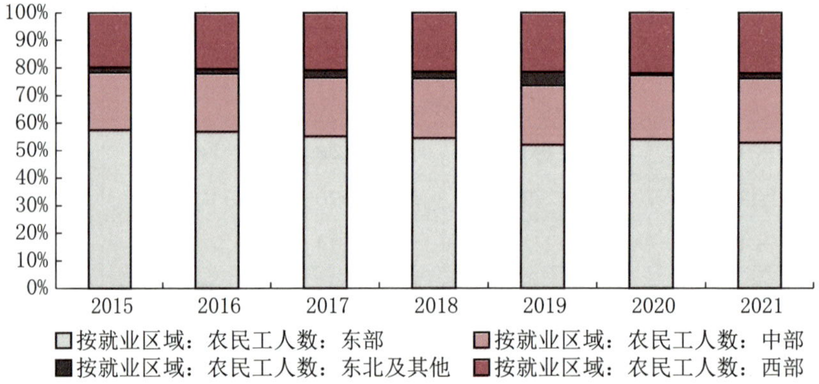

图39　农民工在东部地区就业占比下降

资料来源：万得。

三、劳动力要素配置效率分析

为更有效衡量劳动力要素配置效率，我们从三个维度构建劳动力配置效益指标。一是劳动生产率，定义为单位劳动力人口带来的经济产出，计算方式为（产出/劳动力），主要代表劳动者在给定的技术条件下的劳动生产效率，指标提升说明劳动生产效率提升，也代表所需劳动力下降。

二是劳动生产率增速，定义为劳动生产率的同比变化，计算方式为（劳动生产率 $_t$/ 劳动生产率 $_{t-1}$−1），劳动生产率增速的变化主要来自技术进步，以及劳动力技术熟练水平变化。

三是劳动力要素流入对产出的带动效应，定义为劳动力增长带来的产出增长弹性，计算方式为（产出增速 / 劳动力增速），主要衡量给定部门就业人口的增加是否对产出有积极作用，计算结果越大说明人口流入对于行业产出有更加积极的影响。

劳动力要素在第二、第三产业配置效率更高

从劳动生产率绝对值来看，随着技术进步和工业化发展，第一、第二、第三产业的劳动生产率均呈持续上升态势，2021 年分别达 4.9、20.8、17，第二产业劳动生产率整体高于第三产业，第三产业高于第一产业。近年来，随着农村机械化水平的大幅提升，我国第一产业劳动生产率从 2010 年的 1.4 快速提升，为剩余劳动力转向第二及第三产业、实现人才红利、提升劳动力要素配置效率起到了重要作用。然而当前第一产业劳动生产率仍然偏低，2021 年第二产业、第三产业劳动生产率是第一产业的 4.3 倍和 3.5 倍。与此同时，当前我国第一产业劳动力

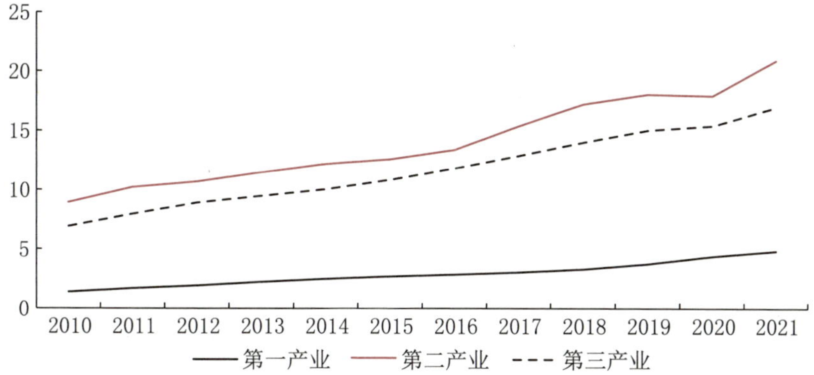

图 40　第二产业劳动生产率高于第三产业和第一产业

资料来源：万得。

占比达 22.9%，第一产业产出占比 7.3%，农村依然存在大量的剩余劳动力，有待进一步提升劳动生产率，促进劳动力结构的进一步优化。

从劳动生产率增速来看，2017—2020 年，我国第二产业劳动生产率增速持续降低，从 2017 年的 15% 降至 2020 年的 −0.7%。改革开放后，我国第二产业快速发展的核心原因就是工业化水平持续提升带动大量劳动力流入，并推动劳动密集型产业快速发展，一方面助推我国城镇化进程，另一方面促进了劳动力要素的优化配置。但前几年我国第二产业劳动力流出明显加快，年轻人在工作选择时更倾向于选择劳动程度更低、社会地位更高的服务业，“宁做快递员，不做工厂汉”等现象日益普遍，在技术条件整体稳定的背景下，技术工人供给不足、技能水平及熟练度不佳，导致第二产业劳动生产率增速下滑。近两年在政策持续支持下，我国第二产业劳动力出现一定回流迹象，有助于缓解我国过早“去工业化”的情况，要持续推动劳动力合理向第二产业回流，保持劳动生产率持续提升。

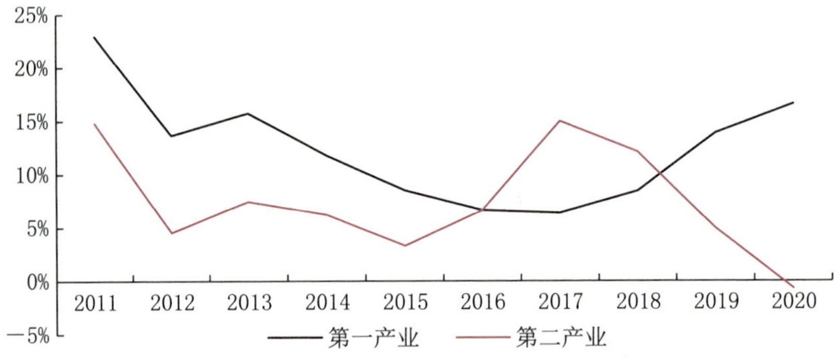

图 41　第一产业劳动生产率增速提升

资料来源：万得。

从劳动力流入对产出的带动弹性来看，由于过去十年我国第一产业和第二产业的劳动力都呈现净流出状态，我们重点分析第三产业劳动力持续流入对产出的带动情况。第三产业劳动力流入对于产出的带动系数在过去十年和过去五年分别为 5.7 和 6.55，近五年的带动效应高于十年水平，意味着当前劳动力流入对于我国第三产业劳动生产率仍起到积极作用，要持续重视第三产业劳动生产率变化，保持劳动力流动节奏与产业结构变迁节奏的合理搭配。

表 19　劳动力流入对第三产业产出带动效率提升

		第一产业	第二产业	第三产业
2017—2021 年	GDP 增长率	38%	53%	56%
	劳动力增长率	−18%	−3%	9%
	劳动力流入带动效率	−2.08	−20.13	**6.55**
2012—2021 年	GDP 增长率	86%	99%	182%
	劳动力增长率	−36%	−4%	32%
	劳动力流入带动效率	−2.41	−26.87	**5.7**

资料来源：万得。

服务业吸纳新增就业多但劳动生产率偏低

从劳动生产率绝对值来看，制造业劳动生产率显著高于其他行业，2019 年达 38.7，其余依次是交通运输仓储和邮政业（29.3）、建筑业（20），服务业劳动生产率均处于较低水平，具体来看，租赁和商务服务业为 10.5，居民服务和其他服务业为 9.3，批发和零售业为 8.4，住宿和餐饮业为 6.7。行业劳动生产率的差异与行业发展特征有着密切关系，随着行业发展不断深化，制造业对于技术进步和设备更新的依赖度更高，劳动生产率相对更高，而服务业更加依赖难以被机器或设备替代的劳动力，劳动生产率相应偏低。

从劳动生产率增速来说，近年来服务业具体行业间劳动生产率增速存在较大差异。服务业主要分为和居民日常生活息息相关的传统服务业，如批发和零售业、住宿和餐饮业等，以及和信息、技术相结合的现代服务业，如金融业、信息技术业等。由于服务业各行业技术及数字含量差

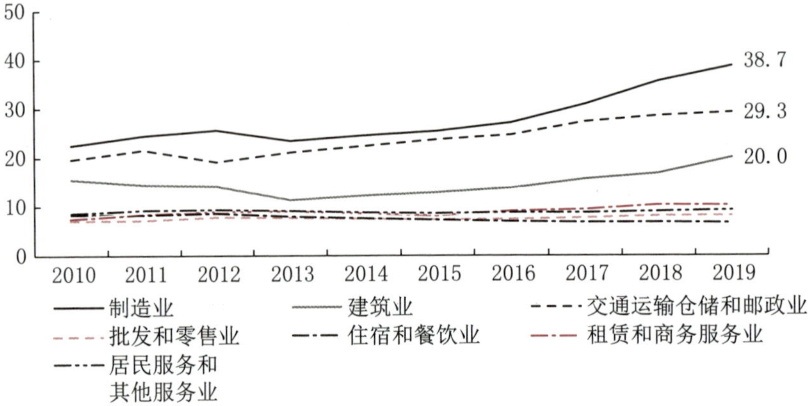

图 42　制造业劳动生产率远高于其他行业

资料来源：万得。

异，技术以及科技的发展对于不同行业的促进作用不同，可持续性存在差异。比如对金融、信息技术等高端服务业，科技化、数字化能够极大提升服务效率、降低服务成本，对交通运输仓储和邮政业等拥有大量机械化流程的行业，也能有较大提升效率，因此近年来交通运输仓储和邮政业生产率增速基本处于 5%—10% 区间。但技术发展对餐饮、低端零售行业的提升效率有限，2013—2019 年间，住宿和餐饮业劳动生产率增速仅为 −7% 到 0.7% 左右。技术进步及数字化对行业劳动生产率的差异化影响日益明显。

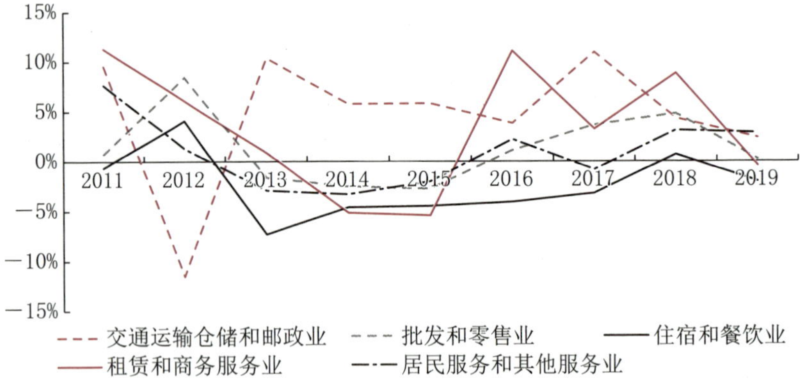

图 43　服务业劳动生产率增速分化

资料来源：万得。

从劳动力流入对产出的带动弹性来看，近十年来，随着技术水平发展，大量低端劳动力从第二产业向第三产业转移，由于缺乏必备的职业教育及技术，只能被迫涌入传统服务业，批发和零售业、住宿和餐饮业吸引了最多的劳动力流入，两大行业过去五年的劳动力流入速度高达 42% 和 82%，然而劳动力流入对产出的带动效率较低，仅为 1.24 和 0.72。交通运输仓储和邮政业的劳动力流入增速虽较低，仅为 14%，但对产出的带动效率却较高，达 3.53。当前一方面要看到传统服务业劳动力流入依然对于产业有着正向的带动作用，传统服务业作为吸纳劳动力的重点行业，要持续加快行业自身转型升级，提升就业者素质，从而增强劳动力流入对产出的积极影响。另一方面要针对现代服务业加大投资力度和设备更新力度，进一步提高劳动力流入对产出的带动作用。

表 20　劳动力流入对商业及传统服务业的带动效率整体较低

		制造业	建筑业	交通运输仓储和邮政业	批发和零售业	住宿和餐饮业	租赁和商务服务业	居民服务和其他服务业
2015—2019 年	GDP 增长率	35%	56%	49%	51%	59%	114%	75%
	劳动力增长率	−14%	−5%	14%	42%	82%	81%	66%
	劳动力流入带动效率	−2.44	−10.91	**3.53**	**1.24**	**0.72**	**1.4**	**1.13**
2011—2019 年	GDP 增长率	103%	159%	126%	166%	132%	337%	165%
	劳动力增长率	18%	100%	52%	138%	190%	226%	146%
	劳动力流入带动效率	5.78	1.59	**2.43**	**1.21**	**0.69**	**1.49**	**1.13**

资料来源：万得。

新增劳动力对西部地区的带动效应十分显著

从劳动生产率绝对值来看，各区域劳动生产率整体呈现逐年上升趋势。其中，东部地区劳动生产率绝对值显著高于其他地区，2021 年达 19.2，约为中部地区的 1.4 倍、西部地区和东北地区的 1.6 倍。东部作为我国经济最重要的地区，占 GDP 比重超过 50%，聚集大量技术、数字等现代要素，技术水平处于全国领先地位，劳动生产率也处于全国前列。当前东部地区的第三产业产出占比已接近 60%，就业人员占比超过 50%，第三产业的劳动生产率主导东部地区的整体劳动生产率走势，需高度重视东部地区第三产业的内部结构优化，加大力度发展现代服务业，提升第三产业劳动生产率，缓解产业转型对东部地区劳动生产率的负面影响。

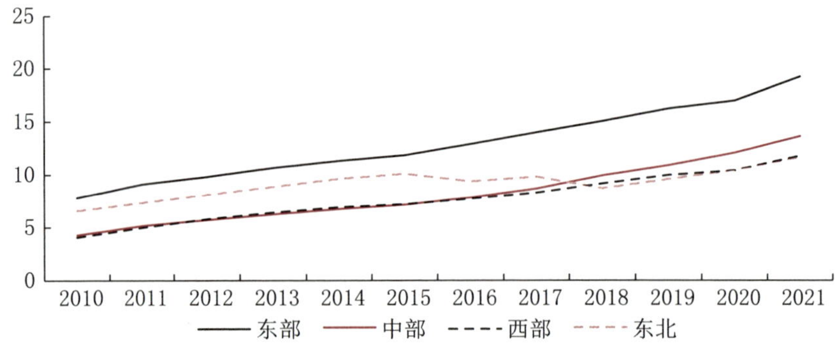

图 44　东部地区劳动生产率远高于其他地区

资料来源：万得。

从劳动生产率增速来看，2011 年以来，东部、西部、中部地区劳动生产率均处于 5%—15% 的正增长区间，而东北地区增长率则整体呈波动态势，2016 年、2018 年分别出现 −7%、−11% 的负增长。一般情况下，随着劳动力的流出，劳动生产率会有所上行，然而近年来东北地区就业人员持续净流出，但劳动生产率仍然呈下降态势，对经济发展存在显著的负面影响。原因在于，一方面，当前东北地区还存在一定的传统体制障碍，国有经济占比较高，产业转型“船大难掉头”，落后产能及僵尸企业难以出清，造成劳动力配置效益难以提升。另一方面，随着大量劳动力流出，附着在劳动力之上的技术、数据等要素日益匮乏，给劳动生产率的提升带来较大的负面效应。

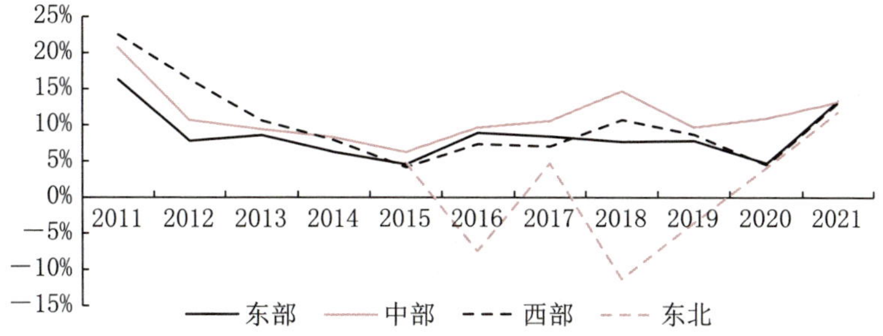

图 45 东北地区劳动生产率增速出现负增长

资料来源：万得。

从劳动力流入对区域产出的带动弹性来看，2011—2021 年，东北和中部地区均呈现劳动力净流出情况，而东部地区和西部地区的劳动力流入对产出保持着较高的贡献，劳动力流入对西部地区产出的贡献系数达 105.1，远高于东部地区的 37.6。当前西部地区劳动力不断回流，第二、第三产业均对劳动力有较强的吸纳能力，对于西部地区经济发展有着非常积极的意义。因此当前一方面要进一步提升西部第一产业劳动生产率，释放更多劳动力参与市场化配置。另一方面，要看到西部地区仍存在一定技术、资本、数字化转型方面的阻碍，影响劳动生产率提升，要重视西部地区获取新型要素的均等性，持续提升西部地区劳动力流入对于总产出的带动作用。

表 21 劳动力流入对不同区域的促进效果不同

		东部	中部	西部	东北
2017—2021 年	GDP 增长率	43%	56%	53%	6%
	劳动力增长率	−1%	−11%	1%	−15%
	劳动力流入带动效率	−31	−5	**99.4**	−0.4
2011—2021 年	GDP 增长率	150%	191%	195%	49%
	劳动力增长率	4%	−11%	2%	−17%
	劳动力流入带动效率	**37.6**	−18	**105.1**	−2.9

资料来源：万得。

四、提升劳动力要素配置效率的举措

加快促进农村剩余劳动力转移

当前我国农业人口与农业生产总值占比仍存在显著的不匹配关系，为进一步释放剩余劳动力，提升劳动力配置效益，要提高农业劳动生产率，加快剩余劳动力转移。在《国民经济和社会发展第十四个五年规划和2035年远景目标纲要》框架下，一方面，要依靠农业技术进步提升农业生产力，加快发展智慧农业，推进农业生产经营和管理服务数字化改造，加强大中型、智能化、复合型农业机械研发应用，通过在农业大省建立农业技术示范区，加强研发新型农用机械，完善农业科技创新体系，创新农技推广服务方式，建设智慧农业，进一步提升农业劳动生产率。另一方面，通过组织制度创新提升农业生产力，发展多种形式适度规模经营，加大家庭农场、农民专业合作社的建设和扶持力度，提升农业组织化程度，建立农业产业化联合体，健全农业专业化社会化服务体系，促进小农户与现代农业有机衔接。

破除劳动力转移的制度障碍，促进农村劳动力向城镇转移。一方面，要持续破除城乡二元制度，逐步消除落户城镇的隐形障碍，保障新市民权益。2022年中央经济工作会议、2023年政府工作报告均明确指出“解决好新市民、青年人住房问题”，近年来为完善租购并举住房制度，多地积极探索租购在落户、子女教育等方面的租购同权，其中外来人口规模大、租房人口占比高的上海、北京、广州、深圳等核心城市走在了全国前列。与此同时，实现公共服务和社会保障均等化是我国推进劳动力转移的重要基础，目前我国医疗保险覆盖超过13亿人，基本养老保险覆盖超过9亿人，社会保障逐步实现全覆盖，但保障率仍较低，存在城乡居民待遇保障、门诊待遇保障不充分、地区间待遇保障不平衡等现象，要全面梳理与户籍挂钩的各种公共服务，加强基本公共服务均等化建设。另一方面，充分利用农村土地“三权分置”改革，加强农村土地经营权流转，鼓励各地建立土地经营权流转市场或者农村产权交易市场，按统一标准和技术规范建立国家、省、市、县等互联互通的农村土地承包信息应用平台，提升农用地流转效率，充分保护与土地经营权配套的各项权利，健全农用地流转市场的保障和监管机制。要鼓励全家已在城镇稳定生活的承包户有偿退出承包权，合理制定激励和补偿措施，促进农村劳动力持续向城镇转移。

警惕第二产业劳动力过快流出

我国产业结构与发达国家相比存在一定差异，主要体现为第一产业占比较高，达 7%，第二产业占比相对较高，超过 39%，而第三产业占比较低，约为 54%，其中制造业是我国经济发展的支柱产业，消费品工业更是我国传统优势产业。过去几年随着我国平台经济和服务业加快发展，劳动力要素过早地“去工业化”和“去制造业化”都对我国制造业高质量发展带来一定冲击。要多方合力，扭转第二产业劳动力快速流出的现状，持续改善第二产业劳动力年龄结构、知识结构、技术结构，防止劳动力结构变迁快于产业变迁，更好支撑制造业数字化、科技化、绿色化等高质量发展需求。

在政府层面，要在全社会加强倡导“工匠精神”，创设专门针对制造业工人的各类表彰活动，加大对于大国工匠、能工巧匠等制造业工人系列形象宣传，形成尊重工匠、关注工匠的社会氛围，提升制造业工人的职业荣耀感和社会地位。在制造业企业层面，要主动改变过去工作环境简陋、噪声污染大、设施条件落后等状况，优化劳动者工作条件，改善工作环境，优化工作时长和工作强度，营造良好的工作氛围。对于重点战略性新兴产业、装备制造等领域，要持续加大高端人才引入，积极主动开拓招聘渠道，构建线上线下多渠道平台，改善制造业的薪酬分配机制，通过将高技术人才、技术工人纳入股权激励范围等方式，提升技术要素分配占比，解决核心岗位人才紧缺问题，形成“吸引高端人才—企业核心竞争力提升—人才集聚”的正向循环，加快产业转型升级。此外，要尊重年轻人对于工作机制灵活化、管理人性化的诉求，改变过去机械式、流水线式的管理模式，通过灵活的组织形式，提升员工在企业中的话语权、参与度和认同感，同时要维护和保障劳动者合法权益，保障劳动安全，促进就业公平、制度公平。

扩大服务业劳动力吸纳容量

随着我国工业化、城镇化水平的不断提高，服务业就业人员规模快速扩张，就业人员占比稳步攀升，已经成为吸纳就业的主导力量。2013—2021 年，服务业就业人员累计增加 8375 万人，年均增长 3.0%，平均每年增加就业人员 931 万人，2021 年服务业就业人员 35868 万人，占全国就业人员总数的 48.0%，比 2012 年提高 11.9 个百分点。当前我国产业转型不断深入，制造业劳动生产率持续提升，服务业要积极扮演好劳动力蓄水池作用，扩大劳动力吸纳容量，为稳定就业、缓解就业结构性矛盾、增强就业市场信心发挥积极作用。

要通过多渠道发力促进传统服务业转型，扩大劳动力转移的容量。一方面，要持续培育内需市场，把握住现代消费的新特征，创造更加丰富的消费场景，加快培育国潮消费、免税消费等新消费热点，积极引导绿色消费、健康消费、养老消费，增加消费热点，创造消费需求。同时要提升消费供给能力，形成需求引领供给、供给创造需求的良性循环，促进内需市场吸纳更多劳动力。另一方面，要加快公共服务业发展，改变当前教育、医疗、养老、育幼等公共服务供给不足和政府支出效率不高的问题，理顺竞争机制，打开优质服务发展空间，在公共服务业领域创造更多高质量就业机会。

针对现代服务业，随着新产业、新业态、新模式的发展，要提高教育和科研投入，强化就业服务，提升人力开发及在职就业培训，提高服务业劳动力数字技术水平和人力资本，从而提升劳动生产率。要持续加强高校学科和专业改造，做好现代服务业人才发展规划，增加信息服务业、科技服务业、商务服务业等领域的专业课程，并完善相关教学设备配置，提升就业人群与产业需求的适配性。要持续发挥数字经济及互联网在吸纳服务就业上的重要作用，在现有政策框架下推动数字经济和平台经济进入规范化的成熟发展阶段，同时全面建立起平台经济灵活就业者的权益保障制度，保障劳动者合法权益。

优化劳动力要素区域流动结构

当前我国劳动力要素区域流动已呈现一系列新特征，劳动力从过去的“孔雀东南飞”逐步转变为向中西部回流，从过去的高聚集性流动变为更加均衡的流动。各地区要顺应劳动力要素的流动规律，引导劳动力要素在区域间合理配置，在重视劳动力流入数量的同时，更要重视劳动力流入的质量，在“抢人大战”的同时下好“留人大棋”，促进劳动力要素与其他生产要素良性互动。

中西部地区要不断提升对劳动力要素的吸引力，促进劳动力要素在区域间更平衡的分布。当前在人才引进方面，东部地区出台的政策更为密集，对人才的吸引力更强。相比之下，西部地区现有的人才吸引政策力度较小，政策执行保障机制不够完善，存在政策协调机制、政策执行考核评价、人才服务保障制度不健全的情况。要鼓励西部地区从人才“引进—留住—扎根”全周期完善政策，将落户政策、购房政策、子女入学政策、医疗保障政策统筹考虑，提高人才政策吸引力。要加强对高学历、海外高端人才引进力度，灵活使用“双聘院士”、特聘教授、兼职教授、海外导师等多种形式，加大引进和合作力度。要探索对高层次、紧缺人才实行年薪制、协议工资制和项目工资制，推动西部地区完善外籍人才分类评价标准，进一步提升人才引进力度，助力西部吸引、激励和留住人才。

要积极发挥政府主导作用，构建区域间、区域内劳动力协调发展的机制。要以城市群为单位，以缩小区域间差异和区域内差异为导向，优化劳动力资源配置，避免一城独大的虹吸效应。要在城市群层面建立会商制度、市长联席会议制度等，完善劳动力要素协同发展体制机制，促进大中小城市之间沟通协调、资源共享、合理配置，通过“星期六工程师”等人才柔性流动机制，提高中心城市向周边城市的辐射作用，加强各城市间链链相扣的优势互补，形成合理的劳动力要素分配结构。

全面合理看待劳动力要素配置效率

随着社会经济的发展与进步以及产业结构的调整，当前我国劳动力逐步向服务业集聚，对服务业劳动生产率造成一系列影响，要合理看待这一现象。一方面，要认识到由于服务业的行业技术特征，服务业大量工作难以用机器替代，技术密集度低、劳动密集度高，服务业劳动生产率增长速度明显慢于制造业。另一方面，要认识到在我国庞大的就业人口基数下，服务业是我国吸纳劳动力的主要领域，对于稳就业、稳预期、稳信心有着至关重要的作用，虽然劳动力流入一定程度上降低了服务业劳动生产率增速，但依然对服务业产出有着重要的正向贡献，因此要稳步推动制造业剩余劳动力向服务业转移。

要合理看待劳动力流入对于行业产出的带动效应。从短期来看，随着劳动力的大量流入，行业单位产出下降，拉低劳动生产率。然而劳动力是各生产要素中最具活力和创造力的要素，是数字要素、技术要素等智能要素的核心载体，因此长期来看，劳动力要素流入伴随着数字、技术、知识等要素的综合流入，有助于优化要素资源配置，对产出形成“U”形带动效应。劳动力要素的丰富度在很大程度上反映出行业、地区发展的活力，因此持续推动劳动力流入是产业、区域长期高质量健康发展的重要保障。

提升劳动力生产率的根本在于技术赋能、培育智能资本。劳动力是第一生产要素，随着以技术、数字为代表的创新要素市场的快速发展，提升劳动生产率的根本在于不断强化附着在劳动力上的技术资本、智能资本和知识资本。因此未来提升劳动生产率的关键，一方面要持续以创新驱动发展战略为核心，加强技术引领，以更高的技术赋能实现产业劳动生产率的关键性变革。另一方面要不断提升劳动力要素的知识技能水平，通过高等教育、职业教育、在职培训等多种形式丰富劳动力综合能力以及专业水平，最大程度发挥人力资本和劳动力要素活力。

第五章 “泛劳动力”市场的新业态和新变革

长期以来，我国劳动力要素市场配置及制度建设主要聚焦在“狭义劳动力”范畴。为应对当前人口发展新趋势和新挑战，解决中国经济长期发展问题，切实推进全体人民共同富裕建设，我国劳动力市场改革要积极拓宽视野，更多从“泛劳动力”视角进行统筹布局。“泛劳动力”市场一方面是我国社会主义“共享、共富、共创”的客观要求，另一方面也是提升劳动力身心健康、提升社会幸福感的重要方式。在加快推动“泛劳动力”概念普及和运用基础上，地方政府要积极挖掘“泛劳动力”要素潜力，推动人力资源改革指导思想进行根本性转变和突破。

一、劳动力要素市场正面临三大变革

共享社会在客观上鼓励和要求全民共同参与

党的十八大以来，我国高度重视推进实现全体人民共同富裕建设。共同富裕要求解决发展不平衡不充分的问题，扩大中等收入群体比重，增加低收入群体收入，其中发展共享社会是实现共同富裕的重要方式。一方面，共享社会能够让更多有能力、有意愿的劳动者通过灵活的方式参与到劳动中，扩展劳动的边界，增加中低收入群体收入。另一方面，共享社会的发展能够盘活存量资源，鼓励劳动者通过利用自身可调配的闲置资源，提升资源利用效率，拓展收入来源，推进共同富裕。

当前我国共享经济快速发展，2022 年市场交易规模达 3.8 万亿元，同比增长 3.9%，其中生活服务、生产能力领域交易规模占比较高。共享社会的长期持续发展，从客观上需要鼓励更多人群加入劳动力市场中，扩展共享边界，增强共享效用。

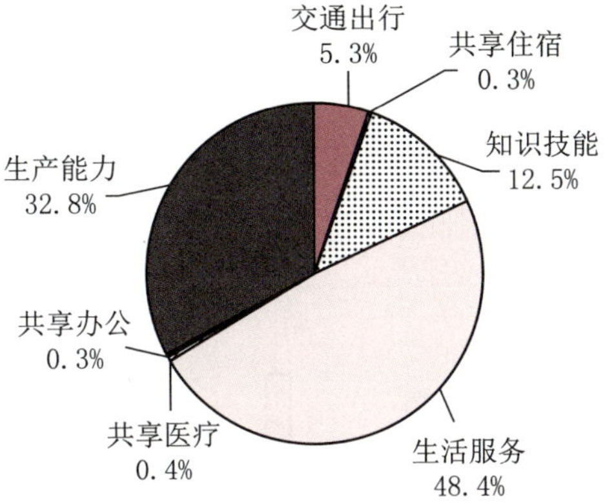

图 46　2022 年生活服务相关领域共享规模占比较高

资料来源：国家信息中心。

“人达峰”下劳动力要素市场亟需持续扩容

近年来我国人口数量“达峰”，人口结构潜力仍有待挖掘。从数量上来看，当前我国劳动力市场面临“人达峰”，2021 年我国劳动年龄人口为 9.7 亿人，经济活动人口为 7.8 亿人，就业人员为 7.5 亿人，三者从 2013 年起陆续达峰。人口红利是指国家劳动年龄人口占总人口比例上升所伴随的经济增长效应，第七次全国人口普查数据显示我国 15—64 岁劳动年龄人口占比已降至 68.6%，较第六次全国人口普查下降 5.9 个百分点，与印度等发展中国家相比，我国具有的传统意义上的人口红利正在消退。从劳动力结构来看，随着经济社会的发展、医学技术的进步以及医疗卫生保健体系的逐步完善，我国人口的人均预期寿命不断增加，2020 年我国的平均预期寿命已达 77 岁，且中低龄老年人占老年人比例较大，据第七次全国人口普查数据显示，在我国 60 岁及以上人口中，60—69 岁的低龄老年人口占 55.83%。国家统计局调查显示，80 岁以下的中低龄老年人中，有 41.6% 的老年人感觉目前身体状况很好，还可以照顾家人；46.1% 的老年人身体状况较好，一般不需要别人照顾。中低龄老年人大多拥有丰富的知识、经验和特长，也拥有较好的身体素质和工作能力，依然能在社会各个层面发挥作用，劳动力潜力有待进一步发挥。

随着工作年限的增加，大龄劳动力积累了大量的经验知识，技术水平、工作能力较强。因此大龄劳动力加入“泛劳动力”市场，能够

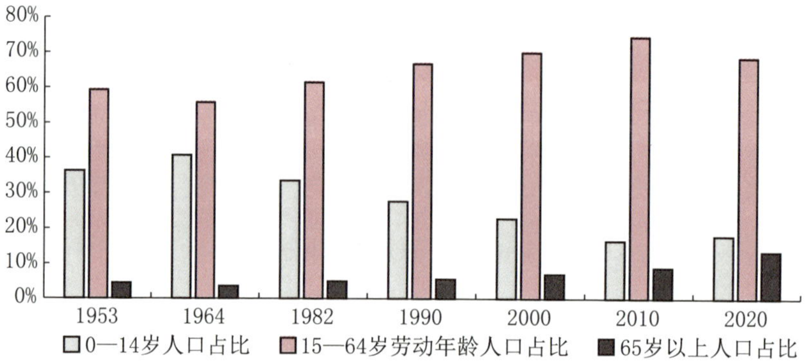

图 47　劳动年龄人口占比下降

资料来源：国家统计局。

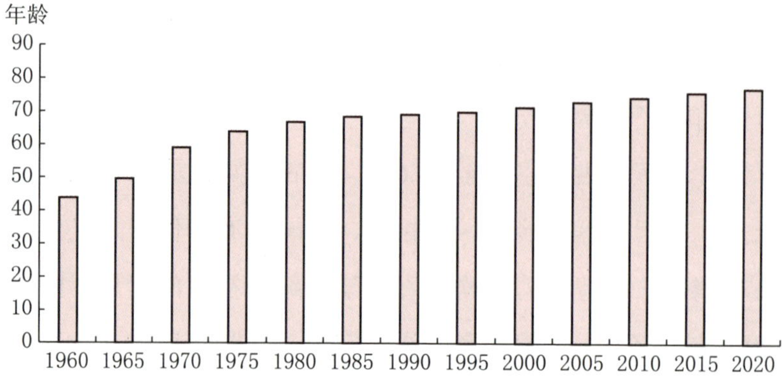

图 48　我国平均预期年龄已达 77 岁

资料来源：世界银行。

为社会补充大量高水平、高层次、高技术的人才。此外，我国有较多高年龄段劳动力处于领导或管理岗位，既可以在高年龄段时为企业发展作出更多贡献，也可为年轻人提供更多的建设性指导和帮助，进一步提升青年群体劳动力产出水平。

数字经济发展极大丰富了“泛劳动力”就业形式

数字经济快速发展对我国就业市场、就业方式带来了一系列改变，为“泛劳动力”市场的发展提供了强大的客观基础。其一，数字技术解决劳动者的空间限制。由于数字技术工具不分地区，劳动者可以不受地域限制参与到工作中，无论劳动者是在城市还是农村、在东部还是西部，在数字技术即时传输的技术协助下，均能够实时参与工作。其二，数字技术解决劳动者的时间限制，劳动从过程监控逐步转向结果导向，给予劳动者更灵活的工作时间和更可调配的工作安排。其三，数字技术配套网络快速健全。近年来我国线上支付、线上平台以及物流网络发展迅猛，劳动者可以实现全流程的线上劳动，对于线下场景的依赖度逐步下降，对支持“泛劳动力”市场发展起到积极的协同作用。

二、“泛劳动力”打破传统劳动力六大界限

劳动力概念界限

根据劳动力就业意愿、就业情况的不同，我国劳动力统计主要有三种口径，一是劳动年龄人口，指超过16周岁法定劳动年龄的人口，这一群体是潜在可被雇佣的劳动人口；二是劳动力，也称经济活动人口，是指在16周岁及以上，有劳动能力，参加或要求参加社会经济活动的人口，包含就业人员和失业人员；三是就业人员，年满16周岁，为取得报酬或经营利润，在调查周内从事了1小时（含1小

时）以上劳动的人员，也包括因休假、临时停工暂时离岗人员。在传统劳动力范畴统计下，只有在寻找工作的劳动力，才纳入第二层次的劳动力统计范畴，而在第一层次和第二层次概念间，还存在大量虽有劳动能力、而未在寻找工作的人员，这一部分人员不属于劳动力统计范围。

“泛劳动力”从两个层面延伸劳动力概念。一是从增量上看，“泛劳动力”囊括了当前不具备劳动意愿，但未来通过一定工具、技术赋能，以及激励机制完善，愿意加入劳动力市场的潜在劳动力群体，包括已退休人员、已失业短期没有工作意愿人员、不找工作的家庭妇女、因为各类原因暂时不能工作人员、丧失体力劳动能力人员等。但“泛劳动力”市场不等于劳动年龄人口，尊重部分劳动人口不愿意参与劳动的选择。二是从存量上，“泛劳动力”还包括通过数字、技术等各类要素为劳动力赋能，尽可能地挖掘现有劳动力知识经验，让劳动力获得更多劳动的机会，促进劳动力要素的潜力进一步释放。

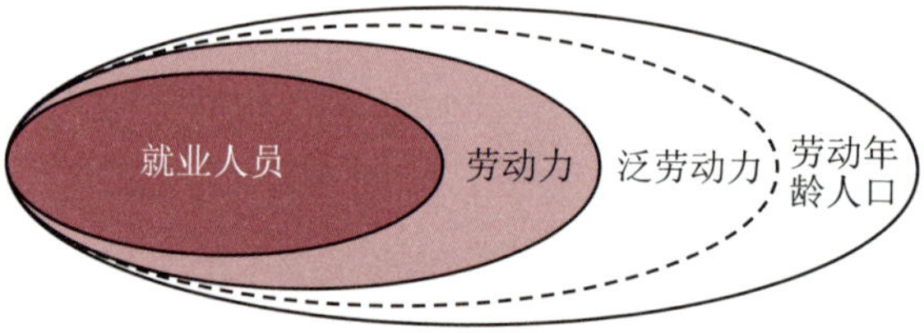

图 49 “泛劳动力”延伸劳动力概念界限

劳动年龄界限

当前我国存在清晰的退休年龄规定，男职工退休年龄为 60 周岁，女职工退休年龄为 50 周岁，女干部退休年龄为 55 周岁。然而随着我国经济社会的发展、医学技术的进步以及医疗卫生保健体系的逐步完善，退休年龄已不再是在职与非在职的严格标准。第六次全国人口普查数据显示，65 岁以上老年人整体劳动参与率达 21%，老年人参加经济活动的比重并不低。因此，当前退休年龄更多指“领取养老金意义上”的退休，实际上在医学、科研、民营企业等领域，已经有大量工作能力较强、工作经验丰富的低龄老年人通过返聘、延迟退休等形式再度参与到工作中。未来随着“泛劳动力”市场概念的持续普及，退休和在职的边界将会进一步被打破，无论是在职、退休返聘或者是有意愿通过各种其他方式参与劳动的劳动者，均无需受到年龄限制，能够通过更加灵活的方式、灵活的时间发挥自身的劳动力价值。

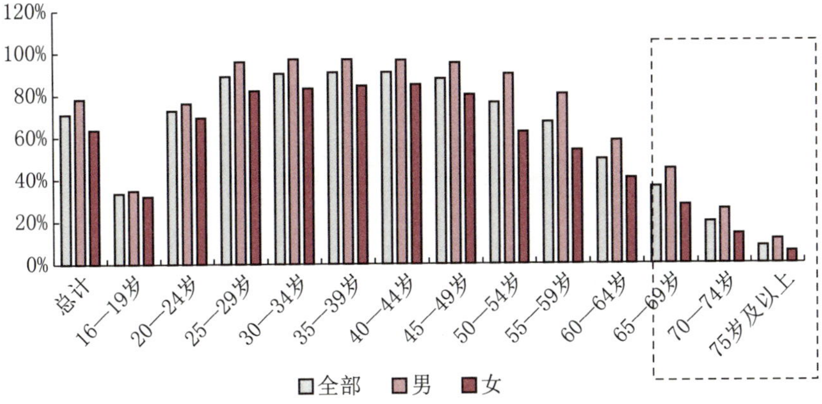

图 50　65 岁以上老年人参与劳动力市场比例不低

资料来源：第六次全国人口普查。

劳动关系界限

当前我国劳动者与企业的劳动关系主要分为三类：一是受《中华人民共和国劳动法》保护的劳动关系，即企业与员工签订劳动合同，基于《中华人民共和国劳动法》《中华人民共和国劳动合同法》《中华人民共和国社会保险法》《住房公积金管理条例》等法律法规，企业负担职工的五险一金，提供最低工资、工作时间、职业安全与卫生等劳动保障。二是基于民事法律形成的劳务关系，即提供劳务的一方与接受劳务的一方就服务与酬金结成的关系，包括居间协议、合作协议等。三是基于平台经济灵活用工的新型劳动关系，由于缺少劳动关系中“接受劳动管理”基本特征，平台经济灵活用工不完全符合劳动关系；但是平台与从业者又具有一定的雇佣关系，不同于一般的劳务关系，因此形成介于劳动和劳务关系之间的新型劳动关系。

“泛劳动力”市场侧重扩展劳动界限，增加劳动灵活性。在“泛劳动力”市场下，劳动者与用人单位的关系将更具自主性、分散性、低组织性和高流动性，企业用工和“泛劳动力”就业将越来越不局限于传统的一对一劳动关系，一名劳动者可以与两个或两个以上单位建立双重或多重用工关系，因此劳务关系以及新型劳动关系的使用范围将不断扩大。

劳动方式界限

数字经济快速发展和数字技术的运用衍生出云端办公、云端课程等一系列云产业，劳动者就业不再局限于线下实体办公，就业方式、就业渠道更加多元化，也更加有利于灵活就业、兼职就业、创业式就业等“泛劳动力”就业形态的发展。具体来说，一方面打破工作场所界限，线上办公的运用范围不断扩大，尤其在医疗、金融、IT、教育等领域的专家顾问、咨询、客服等工作岗位，线下办公必要性进一步降低。另一方面打破工作时间界限，劳动者能根据自身时间安排，选择效率最高的时间工作，且劳动者对周围的工作环境更有控制权，能够用个性化的方式管理工作时间和休闲时间的边界，既满足劳动者独立发展的需要，又使劳动者有了更多的时间和精力去协调工作与生活之间的关系。

劳动城乡界限

此前我国劳动力流动呈现显著的单向特征，例如从农村流向城市、从西部流向东部、从低能级城市流向高能级城市。随着“泛劳动力”模式的持续发展，一是劳动力流动方向将更加多元化。随着数字技术运用的扩展，劳动力无需身处城市中也可以实现与城市的密切往来，就业的地域特征将进一步弱化，流动方式呈现新的趋势，例如从东部回流西部、从城市回流乡村、从城市中心区流向周边城市。中国信通院和微信联合发布的《数字化就业新职业新岗位研究报告》显示，近年来随着网络主播、电商平台等迅速发展，微信小程序及视频号运营者在二线城市、三线及以下城市的分布比例显著高于一线城市，尤其是视频号运营者在三线及以下城市的分布比例达 42.1%。二是持续提升农村劳动力在城市的就业空间。当前我国农村依然存在大量的剩余劳动力，城市共享经济的快速发展客观上也需要吸纳更多农民工，农民工在城市就业需求或将进一步提升。

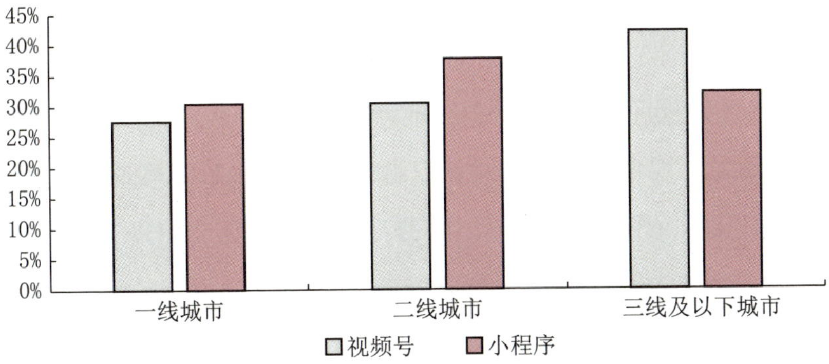

图 51　2020 年三线及以下城市视频号运营者显著高于一、二线城市

资料来源：中国信通院、微信。

劳动技能界限

“泛劳动力”市场的发展将促进工作和学习进一步融合，提升终身学习要求。在传统劳动力市场中，劳动力学习过程与就业过程一般有着明显的时间界限，在学校学习知识技能后进入劳动力市场参与就业。

而“泛劳动力”市场的发展意味着越来越多的劳动者不仅局限于一份工作、单个技能，劳动者需要持续学习市场新变化、新技术、新工具，具备终身学习能力，才能适应职业对劳动力不断变化的要求。

“泛劳动力”模式将会推动职业技能培训全民化、常规化。数字化进程已经影响到社会生活的各个方面，大部分劳动者在工作中都会涉及数字技术的运用。因此未来在“泛劳动力”模式下，职业技能培训将不仅限于短期的专项培训，更加注重以数字化技能培训为核心，提升培训的全面性、常规性，提高课程设计的灵活性。此外，未来职业技能培训也将辐射更多弱势群体，帮助老年人、残障人士、新市民、低收入者、低学历人群提升自身技能水平。

三、发展“泛劳动力”市场：道阻且长

发展“泛劳动力”市场是我国在新的人口形势和经济发展形势下的重要改革方向。然而纵观当前劳动力市场，一方面还存在与“泛劳动力”市场发展不匹配或不适应的政策制度体系，众多制度仍限于“狭义劳动力”视角，例如针对延迟退休等相关改革依然是传统劳动力视角下的思路。另一方面发展“泛劳动力”市场还会对现有就业方式、就业人群、就业技能带来深远影响。

大龄专家型劳动力要素配置机制不明确

当前我国存在大量高技能、高知退休人员，以 1990 年前毕业的研究生人数为参考，我国 60 岁以上的具有研究生学历的大龄高级知识分子数量超过 20 万人。2022 年全球学者库网站公布的“全球顶尖前 10 万科学家排名”显示，我国共有 11642 人入围，仅次于美国的 38449 人，顶尖专家人数在全球位居第二。专家型人才专业知识、经验和技能是稀缺资源，如果仅参照现有退休年龄限制要求，让其过早地退出

劳动力要素市场，是对人力资源的极大浪费。

当前我国缺乏开发老年人力资源的正向激励机制。一是专家型劳动力的就业保障不足。老年人再就业和用人单位之间构成的是劳务关系，而非劳动关系，在获得劳动报酬方面缺乏政策支持和保护，且一旦发生工伤，相应赔偿金额、责任界定存在一定模糊地带，劳动者权益易受到侵害。二是缺乏专家型劳动力的就业市场。当前专家型劳动力就业依然主要通过中间介绍、原单位返聘等方式，缺乏成熟的就业供需配置机制，导致我国高技能专家人才劳动力潜力发挥明显不足。

劳动者权益及社会保障存在难点

“泛劳动力”模式的发展依托于数字经济的快速发展，而数字经济下就业的重要特征就是灵活性、自主性、低组织性和高流动性，传统意义上的劳动关系越来越弱，劳务关系以及新型劳动关系的使用范围将不断扩大。然而一方面在我国现有法律制度体系下，只有劳动关系受《中华人民共和国劳动法》保护，劳务关系以及基于平台经济灵活用工形成的新型劳动关系的法律保障机制并不完善。近年来针对新型劳动关系立法研究的必要性和紧迫性提升，但当前关于灵活就业人员界定、从业人员与企业的关系及权责、劳动社保法律适用范围等问题，无论是学界与实务界、还是政府与市场主体等各方之间，尚未达成共识，对推进“泛劳动力”市场的发展形成一定阻碍。另一方面，“泛劳动力”模式还可能导致一个劳动者在某一时期内可以在两个或者两个以上平台就业，形成双重或多重用工关系，一定程度上导致责任归属的不确定性，加大法律关系认定难度。

当前我国包括劳动基准、社会保险、离职补偿等在内的福利保障都是基于劳动关系之上的，因此在劳动者权益保障方面，“泛劳动力”

由于缺乏劳动关系，相应的就业歧视、劳动保障、工资支付保障、安全生产保障面临一定问题。例如社会保障方面，在当前《中华人民共和国劳动法》框架下，企业仅为与其建立劳动关系的员工缴纳五险一金，不符合劳动关系的平台从业者只能以个人身份缴纳社保。对于灵活就业人员，一方面社保不全面，仅包括养老和医疗保险，不包含工伤保险和失业保险等。另一方面，由于经济条件有限、参保意识薄弱，灵活就业劳动者参保率较低，中国信通院和微信联合发布的报告显示，当前在微信平台上灵活就业人员中，18—24 岁年龄段有超过一半以上的人员没有缴纳社保。同时对于企业来说，在缺乏明确法律指引的背景下，企业由于担心用工风险以及法律争议，也将会对“泛劳动力”的招聘规模、用工属性存在一定疑虑，制约企业大规模采用灵活就业方式，影响“泛劳动力”市场的发展广度。

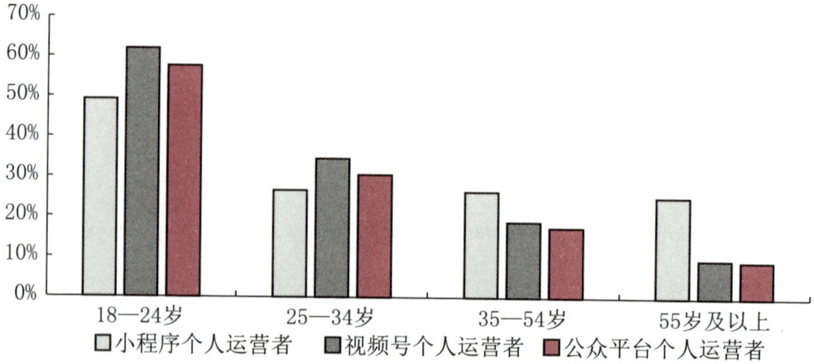

图 52　2020 年微信平台 18—24 岁年龄段人员未参加社保占比较高

资料来源：中国信通院、微信。

全球高端人才竞争白热化

通过数字技术联通，各类优势人才劳动力要素将会在全球范围内流动，与各地区创新优势和产业优势形成合力，形成全球高端人才一体化市场。然而高端人才市场一体化的同时，不同区域间的人才竞争将会进一步加剧。未来我国各重点行业人才要在国际范围参与竞争，对于高端人才的技术水平、现有薪酬体系均将产生一定影响，如何更有效利用国际高端人才、留住本地高端人才将成为重要课题，完善高端人才市场的规则、制度、保障和监管，以及逐步建立高端人才市场的定价权都将是未来重点方向。

劳动力要素区域流向更趋复杂化

“泛劳动力”要素的发展改变了劳动力在区域间的流向和流动结构。从城乡角度看，城乡双向流动趋势将更加明显，对我国城乡劳动力市场制度建设提出新要求。1980 年以来，我国大量农业劳动力向城市转移，尤其在 2000—2010 年间，除全球金融危机时期，每年新增农业劳动力转移人数基本超过 1000 万人，为农村剩余劳动力转移以及劳动生产率提升作出巨大贡献。然而 2010 年后，每年新增的农业转移人口整体下降，与此同时，越来越多的农民工开始返乡创业。根据《人民日报》报道，2016—2020 年，我国农民工返乡创业人数从 450 万人增加至 1010 万人，这一群体凭借在城市中学习的数字、管理、生产技

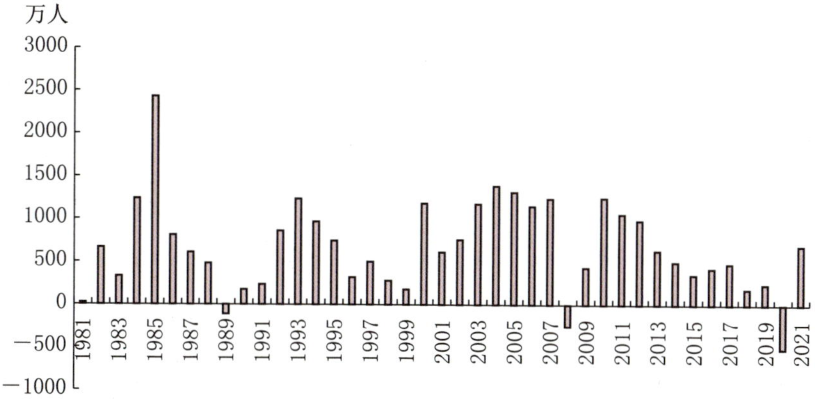

图 53　我国农民工向城市转移逐步减少

资料来源：国家统计局。

术，在家乡开展创业和创新，利用乡村闲置资源，通过新产业、新业态、新模式和产业融合项目，推动乡村产业升级。此前我国针对城乡人口流动趋势，侧重于建设城乡一体化的劳动力市场，着重提升外来务工人员城镇化水平。然而在新的多元化的人口流动趋势下，未来除了需要持续推动新型城镇化，完善新市民在医疗、住房、子女教育方面的制度保障，也要为农民工返乡创业提供更有利的政策环境，完善农民工创业服务机制和技能培训制度。同时对于热爱农村的城市居民，也需要打通从城市回到乡村的渠道，真正实现城乡双向流动。

从区域来看，从过去的“孔雀东南飞”到现在的中西部人口回流，劳动力要素在区域间的流动更加均衡。长期以来，我国东部地区就业人员增量持续保持正增长，但 2018 年后，东部地区就业人员开始出现负增长，西部地区就业人员规模提升。未来如何充分利用人口流动特征，完善西部基础设施建设，加强西部劳动力要素与新型要素的结合，让人才“引得来、留得住”，减少东西部发展不平衡问题，也是人力资源政策制定的重要挑战。

从行政等级来看，劳动力从城市中心区域流向县域，从直辖市、副省级城市流向地级及以下城市，极大地推进我国新型城镇化建设。在农民工方面，近年来在户籍所在乡镇地域以内从业的农民工数量快速提升，由 2015 年的 1.09 亿人上升至 2021 年的 1.21 亿人，占比已达 40% 以上。同时以公布农民工结构数据的安徽省为例，2020 年回流省内的 89.9 万农民工中，本乡镇就业、乡外县内就业和县外省内就业的比重分别为 52%、36% 和 12%，农民工从省外回归到县域的趋势较明显。针对当前劳动力向低行政地级地区流动的特征，未来如何整合地方优势资源，发展以县域为核心的新型城镇化，推动城市群劳动力一体化，减少城市之间的马太效应，也是人口流动带来的新挑战。

职业技能培训体系面临重要挑战

数字技术的进步和应用从生产、分配、交换、消费等各个领域提升行业生产效率，企业用工特点逐步从低技能劳动密集型向具备一定技能的技术密集型转变，而当前我国部分劳动力长期从事固定工作岗位，形成一定专业技能，但对于新技术、新岗位的适应能力较弱，难以匹配自动化、智能化等岗位需求。当前我国职业技能培训体系仍不够完善，培训的规模质量与建设技能型社会需求仍有差距，低技能人员通过职业培训所提升的技能与用人单位需求存在一定错位，新职业新产业培训在实际培训中的运用较为有限，加上制造业、现代服务业、战略性新兴产业的公共实训基地数量不足，参训人员在实操方面的时间经验欠缺。此外，高质量的职业技能培训资源还存在东多西少、南多北少的问题，欠发达地区的优质教育资源稀缺。

四、地方政府抓住“泛劳动力”市场先机

为应对“泛劳动力”发展趋势，地方政府要不断改革完善与新就业方式匹配的政策体系和制度体系，适应“泛劳动力”市场的发展趋势，促进地方劳动力要素潜力的充分发挥。

完善大龄劳动力激励机制建设

2012 年以来，我国持续推动延迟退休政策酝酿和讨论，2021 年 3 月 12 日出台的《国民经济和社会发展第十四个五年规划和 2035 年远景目标纲要》明确提出，按照“小步调整、弹性实施、分类推进、统筹兼顾”等原则，逐步延迟法定退休年龄。然而当前延长退休年龄只是开发大龄、专家型劳动力的第一步，未来还要持续完善对专家型劳动力资源的利用。首先，要从加大正向激励出发，分层施策，针对不同类型的大龄劳动力制定差异化的激励措施，对于以提升收入为核心

导向的大龄劳动者，要完善薪酬激励机制和支付保障，对于专家型劳动者，要完善在薪酬福利之上的社会认可、成就认可等激励制度，更多激发专家型人才主动参与劳动力市场。其次，要在全社会普及老龄人力资源价值观念体系，消除对老年人就业歧视。此外，要建立专门针对大龄专家型人才的人力资源和就业信息市场，为大龄劳动力提供政策咨询、职业介绍等服务，要整合退休专家、教授、学者组建成为专家智库，加强专家型人才的科研成果与相关产业对接，更好助力经济和社会发展。

改革完善新型劳动关系制度体制

要进一步建立健全针对灵活就业群体的劳动法律法规体系，准确界定灵活用工性质和适用的法律规范，尽快填补法律空白。要进一步规范多重代理和多重用工问题，理清多重用工下企业与员工的权责义务关系，形成共享、共担、权责认定相结合的分担机制。在积累经验的基础上，推动《中华人民共和国劳动法》《中华人民共和国劳动合同法》《中华人民共和国社会保险法》等基本法律的修改和完善，适应新型灵活就业市场的发展需要。

要在对灵活就业方式进行科学分类的基础上，明确各类劳动关系所对应的基本劳动者权益，包括享受最低工资保护、取得劳动报酬、休息休假、职业伤害、获得劳动安全卫生保护等，补齐灵活就业者权益保障的法规短板。同时要继续完善社会保障制度体系，推动社会保险与劳动关系分离，针对灵活就业者收入不稳定等特点实行更加灵活的保险缴纳方式，要允许补缴断档期保费，进一步放开户籍限制，为灵活就业人员提供更加便利的社保办理流程，不断完善社保服务模式。要鼓励灵活就业群体较为集中的地区先行先试，积累试点经验后向全国推广。

完善高端人才市场制度建设

要持续健全培育、吸引和集聚高端人才的体制机制，完善人才评价制度、人才奖励机制，加强建设良好的学术生态。要为高端人才市场营造良好的营商环境，加快解决制约人才培育、吸引、集聚和发挥作用的体制机制障碍，发展与经济、科技、教育高质量发展相匹配的高端人才市场制度体系。此外，要进一步促进国际优质科研、技术、人才资源流动的便捷化和自由化，引领高端劳动力参与前沿知识和技术的创新，利用我国教育的比较优势不断加强人才培育，引入国际优秀人才，实现国际高端智能资本的“中国集聚”“地方集聚”。

要推动在京津冀、长三角和粤港澳大湾区，以北京、上海、深圳为核心城市建立全球性的高端人才定价和交流中心。目前我国在高端人才，尤其是全球性人才定价上尚缺乏标准，信息技术、生物医药及金融等高端人才市场定价参照欧美标准，甚至高出了欧美标准，脱离了中国实际，降低了中国在高端金融和信息技术领域的全球竞争力。要加速整合高端人力资源服务机构，推进高端人力资源定价和交流市场发展，建设全球人才高地。

推进社会保障等配套制度建设

地方政府要根据城市在城市群中的定位，以及本地区劳动力要素流动的趋势特征，因地制宜优化相关的劳动力市场制度。针对城乡双向流动趋势，要进一步健全城乡一体化的社会保障体系，在持续完善新市民公共服务的基础上，加大对于农民工返乡的政策支持，要持续完善道路、电力、通信网络等公共基础设施，改善乡村发展环境，要为农民工返乡创业提供良好的创业服务，提供政策宣导、创业咨询、创业担保、资金支持等一系列服务，吸引更多农民工返乡创业。对于劳动力向县城流入的新趋势，要因势利导加快县域经济发展，推动县城因地制宜发展产业。要完善县域地区环境基础设施、公共服务设施、交通运输等配套设施建设，改善营商环境，明显提升县城居民生活品质，逐步形成一批宜居宜业、具有特色的现代化县城，持续提升县城劳动力的吸引力。针对劳动力向西部流入趋势，要加强中西部地区数字基础设施建设，完善人才激励制度，健全人才分类评价标准，加强人才住房、子女教育等一系列配套措施，进一步提升人才引进力度。

加强新型职业技能培训体系建设

要持续提升职业技能培训供给能力、系统性和时效性，要将云计算、大数据、电商、直播等新职业新产业培训持续融入各类职业培训，完善职业技能培训课程的标准化建设，推动更多高质量的职业技能培训资源逐步向欠发达地区转移。要持续推动终身学习观念深化，搭建地区公共资源学习和培训平台，例如老年大学、社区学校等，让失业人员、老年人、残疾人等各类劳动者均有机会参与到终身学习中，推动职业技能培训的常规化、规范化和全民化。

地方政府要根据当地产业发展需求，明确职业教育专业办学定位，优化职业教育专业布局，发展符合地方产业特色的职业技能培训，重点培训一系列高水平特色专业，并在职业院校中遴选示范性职工培训基地、特色职业培训学院进行定点培训，提升职业教育培训质量。要加强与省内及周边职业院校合作，共建共享师资队伍、教学资源、产业学院、实训基地等，打造紧跟产业发展的教学资源，建设开放型区域产教融合实践中心，促进教育链、人才链与产业链、创新链紧密结合。

第六章 解决“就业难”和“招工难”并存的结构性矛盾

劳动力要素市场的流动和配置效率直接影响我国经济产出及社会稳定发展。近年来，关于“就业难”和“招工难”的新闻报道屡见不鲜，过去两年16—24岁青年失业率快速攀升，而长三角及珠三角的制造业工厂却面临突出的“招工”难题，劳动力市场就业的结构性失衡问题日渐凸显。引致当前我国就业结构性矛盾的根源在于我国劳动力市场面临突出的供需结构失衡问题，这既与我国劳动力的年龄结构、区域分布相关，也与我国产业结构转型及劳动力素质的匹配性相关。聚焦就业市场结构性问题，一方面能使我们对劳动力要素市场的配置结构和特征有更加全面的了解，另一方面也试图从问题出发，寻求缓解就业结构失衡、提升劳动力要素市场配置效率的有效举措。

一、就业市场的冰火两重天

青年群体就业问题日益严峻

从整体来看，近年我国城镇失业率保持平稳，城镇调查失业率整体维持在5%—6%水平。然而从结构来看，近年来我国青年群体结构性失业问题突出，16—24岁青年群体的失业率持续提升，从2018年初

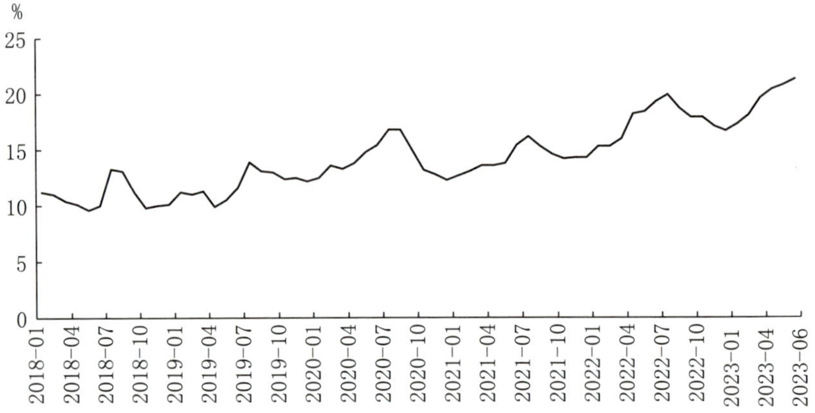

图 54　16—24 岁青年人群失业率达历史新高

资料来源：万得。

的 11.2% 提升至 2023 年 6 月的 21.3%，青年群体失业率的急剧攀升成为社会关注的热门话题，尤其大学生的就业问题成为焦点。2023 年高校毕业生规模超过 1158 万人，规模和增量均创历史新高，大学生就业形势日益严峻。

制造业企业缺工现象严重

2010 年以来，城市劳动力市场的求人倍率（有效需求人数与有效求职人数之比）始终维持在 1 以上，2020 年以来全国求人倍率基本维持在 1.5 以上高位，较此前均值水平提升 20%。从行业来看，制造业“用工荒”显著，人力资源和社会保障部发布的 2022 年第一季度全国“最缺工”的职业中，制造业占 36%，专业技术人员占 24%，企业普遍反映一线的普工难招，高技能人才、技术工人更难招，对企业生产经营、产能扩张以及新增固定资产投资均带来一定负面影响。

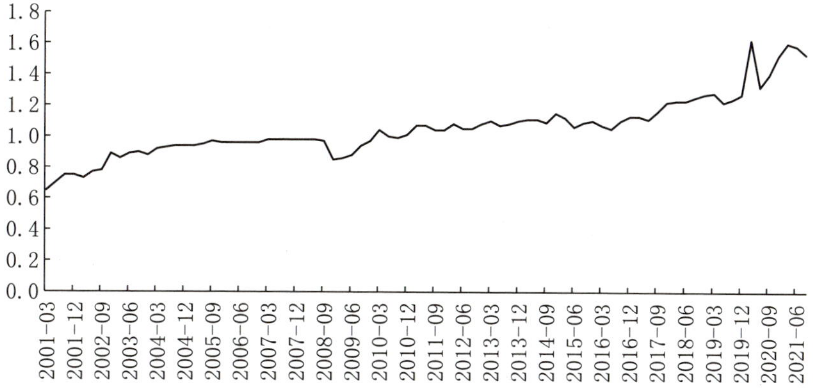

图 55 全国劳动力市场求人倍率持续高企

资料来源：万得。

二、劳动力市场供求结构性失衡的原因

当前我国劳动力市场面临较大的趋势性转折，除劳动力总量“达峰”外，劳动力供需的结构性失衡是当前制约劳动力要素配置效率的核心因素，具体来看，包括劳动力供求的社群结构失衡、技能结构失衡、地区分布结构失衡以及企业硬件与现代年轻人的诉求失衡四大方面。

劳动力供求的社群结构不匹配

当前大学生逐步成为我国新增劳动力的主要群体。2011—2021 年，我国每年新增外出农民工人数从 528 万人降至 213 万人，高校毕业生人数从 660 万人升至 909 万人。大学生就业偏好新兴产业和现代服务业，《中国本科生就业报告》显示，2021 年包含信息、金融、房地产、批发和零售、住宿和餐饮等行业的生产和生活部门的大学毕业生就业占比达 36.8%，包含教育、文化等行业的文化素质服务部门就业占比也达 18.6%。但当前传统制造业和传统服务业仍有大量的用工需求，新增劳动力供给与存量岗位需求之间不匹配，导致新兴产业就业“内卷化”、传统产业“用工荒”。

表 22　城镇新增劳动力以大学生为主（单位：万人）

	城镇新增就业	大学生毕业数	新增外出农民工
2011	1221	660	528
2012	1266	680	473
2013	1310	699	274
2014	1322	727	211
2015	1312	749	63
2016	1314	770	50
2017	1351	795	251
2018	1361	820	81
2019	1352	834	159
2020	1186	874	−466
2021	1269	909	213

资料来源：万得、国家统计局。

劳动力供求的技能结构不匹配

随着我国传统企业数字化转型，用工特点也逐步从低技能劳动密集型向具备一定技能的技术密集型转变。但在劳动力技能供给上，一方面以“70 后”为代表的农民工知识技术水平不足，老龄化程度加深，难以适应自动化、智能化等岗位需求，以“80 后”“90 后”为代表的“新生代”农民工受教育程度、职业技能等级相对更高，但加入传统制造业的比例较低；另一方面，新增劳动力中技能型人才供给相对不足，目前我国高等院校金融、信息技术等专业人才过剩，而智能制造、新材料、新能源等专业人才严重不足。2017 年教育部、人力资源和社会保障部、工业和信息化部联合发布的《制造业人才发展规划指南》显示，预计 2025 年，包括新一代信息技术产业、高档数控机床和机器人、航空航天装备、海洋工程装备及高技术船舶、先进轨道交通装备、节能与新能源汽车、电力装备、农机装备、新材料、生物医药及高性能医疗器械在内的制造业十大重点领域人才需求总量将接近 6200 万人，人才需求缺口约 3000 万人，缺口率达 48%。

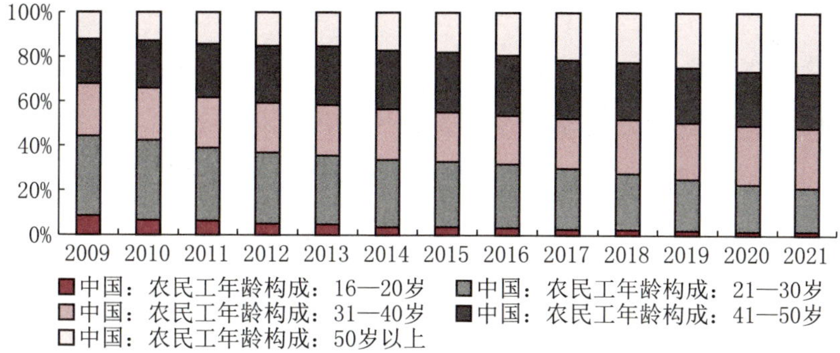

图 56　农民工老龄化问题加剧

资料来源：万得。

劳动力供求的地区分布结构不匹配

我国工业企业分散化布局，高技术水平人才下沉意愿不足。与美国工业聚集的格局不同，我国有大量乡镇企业、中小民营企业布局于城市周边的县域地区，以中部六省为例，县域地区的制造业企业数量占比约为 30%。此前县域小企业主要以招聘农民工、当地居民为主，

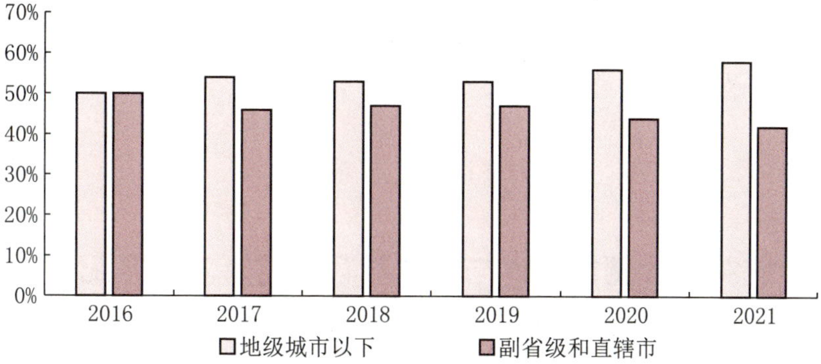

图 57　接近半数大学生在副省级城市和直辖市就业

资料来源：《中国本科生就业报告》。

随着企业数字化转型，传统劳动力难以满足用工需求，但县域地区基础设施、产业配套及公共服务均较弱，对人才吸引力不足。2016—2021年我国大学毕业生在副省级及以上城市就业的占比稳定在40%—50%，地级城市是其次选择，愿意下沉到县域就业的毕业生少之又少，县域地区技术人才匮乏。

我国工业企业主要布局在东部，中西部农民工跨区域迁移意愿降低。我国55%的企业、65%的制造业企业均位于东部，而61%的农民工来自中西部地区。随着农民工老龄化加剧，择业观念从过去的多挣钱到更注重兼顾收入与家庭，加上近年来东部省市住房、教育、养老等成本上升，中西部省市经济发展加快崛起，农民工跨区域流动意愿明显下降。2022年流向东部地区的农民工人数已较2012年高点减少1533万人。

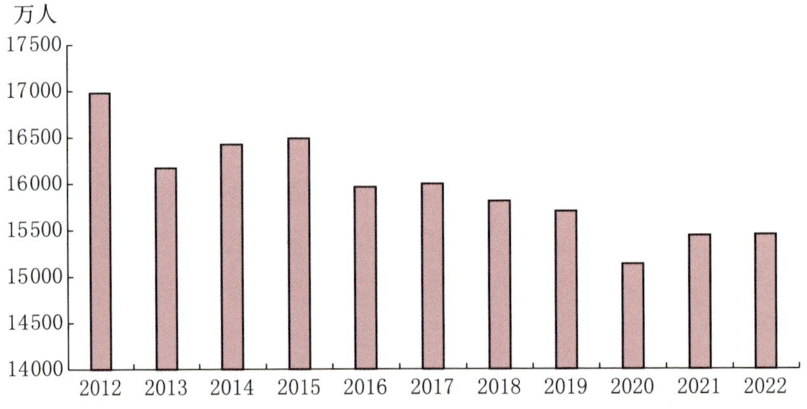

图58　2022年在东部地区就业农民工较高点明显减少

资料来源：万得。

传统制造业硬件条件与现代年轻人的诉求不匹配

我国传统制造业存在劳动强度大、劳动时间长、管理机械化、薪酬待遇低等问题，《中国统计年鉴2021》公布的18个行业工资排位中，制造业位列第13。与老一辈相比，当下年轻人更加看重工作环境、福利待遇、管理模式、社会地位，因此“快递”“外卖”等灵活就业工作，比“机械、重复、价值含量低”的工厂工作更有吸引力。2008—2021 年，农民工从事制造业的比例已从 37.2% 降至 27.1%，降幅超过 10 个百分点。

三、四大举措应对结构性就业难题

当前我国就业失衡问题是人口总量与结构演变、产业转型升级共同作用下的产物，涉及面广、复杂性高，具有长期性及艰巨性。要多措并举、协同推进，发挥好中央和地方政府、政府与社会、企业与市场主体多方的合力，在全国层面侧重教育体系的统筹改革，加快构建统一的劳动力市场，在地方政府层面要健全与地方产业特色相匹配的培训体系、人力资源服务体系，健全劳动力就业服务，促进地方劳动力资源优化配置。

全面加强职业培训解决技能结构不匹配难题

在全国层面，一方面，要持续加强高校学科和专业改造，增加智能制造、新材料、新能源等新技术和数字化专业，并完善相关教学设备配置，更加匹配企业需求。另一方面，要加速构建现代职业教育体系，全面推广“职教高考”，打通“中职”到“高职”的学历和技能提升通道，创新“中高贯通”“中本贯通”等教育模式，改善职业教育生源质量，提升本科高等职业教育比例，培养更多掌握高精尖技术的蓝领人才。同时要积极学习德国经验，引导社会改变对于职业教育的认知，以“大国工匠”为核心增强技术工人的职业荣耀感和社会地位。

地方政府要鼓励企业大力开展职工技能提升培训，推动企业制定职工培训计划，推进产教融合、校企合作，实现学校培养与企业用人的有效衔接。要针对重点群体开展职业技能提升培训和创业培训，尤其面对新生代农民工、城乡未继续升学初高中毕业生、下岗失业人员、退役军人、就业困难人员（含残疾人），开展劳动预备培训、就业技能培训、职业技能提升培训等专项培训，全面提升职业技能和就业创业能力。

CASE 案 例

山东省积极实施职业技能提升行动

2019年《山东省职业技能提升行动实施方案（2019—2021年）的通知》及《山东省职业技能提升行动（2019—2021年）专账资金管理办法》出台，在补贴对象、培训主体以及资金支持等方面加大了对职业技能培训的支持力度和政策深度。

一是发挥企业的人才培养主体作用。全面推行“招工即招生、入企即入校、企校双师联合培养”的新型学徒制，并给予企业4000—6000元标准的补贴；针对企业高级技师人才缺口问题，实施“金蓝领”培训项目；有效链接产业发展需求和就业需求，聚焦农民工等就业重点人群进行就业精准指导。

二是丰富职业培训模式和内容。健全多种培训形式，加快推进“互联网+职业技能培训”；建立职工培训—自主评价—兑现待遇的机制，实现企业职工培训与自主评价相互促进；组织开展“技能兴鲁”等职业技能大赛，激励促进全社会职业培训热情；鼓励实施“威海鲁菜师傅”“鲁班工艺”等特色品牌培训项目。

三是扩大资金支持和补贴力度。山东省从失业保险基金结余中筹集62亿元，建立职业技能提升行动专账资金，实行专账管理，专款专用；推行多样化补贴模式适应不同培训需求，在原来“直补机构”基础上，增加“直补个人”“直补企业”培训补贴模式。

打破劳动力市场分割缓解区域流动障碍

要发挥各级地方政府积极性，加快构建统一的劳动力市场。省级政府要加强区域统筹，引导城市群内率先打破劳动力区域分割，畅通劳动力流动渠道。市县级政府要顺应劳动力流动新趋势，积极加强地方营商环境、基础设施、公共设施建设，提升当地产业与劳动力结构匹配性。

一是加快在城市群内构建统一的劳动力市场。要放松城市群内常住人口在 300 万—500 万人的大城市的落户条件，推动城市群内户籍准入年限累计互认，引导城市群内高端劳动力向周边城市、卫星城市辐射，鼓励周边区域农民工在核心城市灵活就业，形成城市群内劳动力自由流动的新态势，提升劳动力配置效率。

CASE 案例

广东省探索放宽户籍制度，畅通劳动力流动渠道

过去十年，广东省制造业、服务业吸纳了大量跨省流动人员安家就业，人口增量超两千万，常住人口达 1.26 亿人、占 8.93% 的全国人口；但公共服务资源不均衡问题犹存，劳动力区域流动受到落户政策等因素的限制。2021 年 11 月，《广东省劳动力要素市场化配置改革行动方案》发布，提出探索居住证互认制度，在除广州、深圳市外的珠三角城市率先探索户籍准入年限同城化累计互认。

一是完善落户机制。完善财政转移支付与常住人口挂钩机制，与政府提供公共服务的成本相衔接；加大对农业转移人口进城落户较多地区的转移支付支持力度，加快推进农业转移人口市民化。

二是推进公共服务均等化。实现基本公共服务提供与居住年限等条件挂钩；完善以居住证为主要依据的随迁子女入学政策；完善广东省城乡非就业居民、居住证持有人参加省内城乡居民医保的机制，推动基本医疗保险省级统筹；建设完善乡镇村居民公共就业服务体系，统筹推进农村劳动力转移就业和就地就近就业。

二是以发展县域经济为切入点，提升县域城市人才吸引力。当前我国外出务工农民工向县域回流逐步增多，县域地区出现一定人口红

利。要因势利导加快县域经济发展，推动县城因地制宜，将地方优势产业向县域集聚。要完善县域地区环境基础设施、公共服务设施、交通运输等配套设施建设，改善营商环境，明显提升县城居民生活品质，逐步形成一批宜居宜业、具有特色的现代化县城，提升县城对大学生、高技术人才的吸引力，让更多大学生愿意到县城工作、主动到县城工作，提升劳动力供求的地域匹配性。

三是为农民工跨区域就业提供便利。农民工流入的重点地区要完善对农民工的就业专项服务机制，持续健全农民工外出生活基本保障，建设专门针对农民工的统一就业信息平台，吸引各类用工企业入驻，加强地区间劳务协作和信息对接，提供实时有效的就业岗位信息，协助农民工在春节等假期结束后尽快复工返岗就业。要完善地方政府针对农民工的基本公共服务，长期为农民工提供免费的职业指导和介绍，提供失业周转救助，在特殊情形下提供基本生活补贴，不断健全农民工外出务工的基本生活保障。

CASE 案例

江苏省做好农民工服务，促进农民工融入城市

江苏省是农民工流入大省，规模超2400万人。但农民工就业稳定性不强、市民化进程较慢，仍存在着劳动保障权益被侵害的现象。近年来江苏省不断完善服务农民工的体制机制。

一是完善就业服务。紧抓重点领域用工需求，发挥交通、城乡项目建设对农民工就业的有力拉动作用，利用电商服务等新业态经济吸纳农民工就业，通过公益性岗位安置难以通过市场实现就业的困难群体。搭建农民工综合信息系统，采集、填报、更新农民工实名制信息，并通过匹配用工需求和富余农民工劳动力，提升劳动力资源的配置效率。

二是开展职业技能培训。《江苏省农民工稳就业职业技能培训计划》于2020年9月发布，鼓励岗位技能提升培训和以工代训，针对不同就业

情况采用引导培训、新技能培训或定向岗位培训等模式，落实补贴政策、严格资金监管等。加强劳务协作对接，拓展东西部协作范围，推动苏南产业园区和苏北劳务输出基地点对点合作。

三是加强劳动保障权益。包括解决农民工欠薪问题，严厉打击农民工欠薪违法行为，强化工资支付监控预警。推动与企业建立稳定劳动关系农民工全部纳入基本养老保险和基本医疗保险，推动农民工与城镇职工平等参加工伤、失业、生育保险并享受同等待遇。

四是加强公共服务均等化。实施省辖市范围内本地居民户口通迁制度，保障农民工随迁子女平等享受义务教育。将农民工纳入城镇住房保障体系，2017 年江苏省发布《关于进一步加强农民工住房工作的意见》，保障农民工的居住条件。另外，江苏省建立农民工综合服务平台，为农民工提供就业信息、职业培训、社会保险经办、法律援助、医疗和子女教育等"一站式"服务。

加快提升职业认同感解决制造业招工难题

地方政府要多措并举提升组织化水平，积极应对制造业招工难题。一是要不断探索创新技术工人培养和成长途径，实施职业技能等级评价，组织区域性职业技能大赛，对于成绩优秀者要在全社会加强表彰宣传，形成尊重工匠、关注工匠的社会氛围，积极倡导工匠精神。二要推动企业建立健全技术工人待遇引领机制，大力实施技术工人工资激励政策，深化企业工资分配制度改革，鼓励企业提高技术工人工资水平，提升员工在企业中的话语权和认同感。三要建立完善技术工人服务保障体系，强化对高技能人才精准服务，同时地方政府要牵头协调，鼓励大型制造业与周围县市之间建立固定的用工合作关系，提升招工与就业的稳定性与匹配性。

CASE 案例

台州市加强职业激励和用工保障，打造“工匠之城”

台州是制造之都，制造业发达、产业类别完整，共有制造企业 7.5 万家，技术工人 124 万人，占全市人口总数的 18.7%，其中 80% 以上年收入不足 10 万元。台州市推动技能型社会建设，实现工人薪酬结构优化、社会经济地位提升，为工业高质量发展提供坚实的人才保障。

一是规划体系，重视技能培养。发布《技能型社会建设规划（2020—2025）》和《台州市技工教育提质增量行动实施意见》，推动“职技融通”改革和技工教育体系建设，促进社会对技工教育的重视和工人群体的尊重。

二是以技提薪，增强职业激励。开展“金蓝领”职业技能提升行动，聚焦重点就业群体、新业态就业和乡村振兴战略等方面。出台《“台州技工”星级评价激励办法（试行）》，面向全市制造业一线技工，给予最高 5000 元一次性奖励、景区免门票、流动人口积分等激励政策。发布《台州市技术工人薪酬分配指引》，以技能价值激励为导向、考虑工人职业发展配套，为企业制定合理薪酬体系提供了理论指导和实操范本。

三是保障用工，优化公共服务。2021 年 3 月，台州市发布《进一步加强制造业企业用工保障工作意见的实施细则》，明确了包括新员工交通补贴、就业补贴在内的 6 项补贴的申请对象和标准。同时加强住房和社会公共服务保障，筹建保障性租赁住房、“蓝领公寓”，保障子女就读公办中小学。

培育专业人力资源市场弥补市场体系短板

人力资源服务机构作为劳动力市场的最重要参与主体，能够提供特色化、多样化、精细化的海量服务，最大程度、最高效率地促进劳动者就业，同时也能为用人单位提供专业、灵活、高效的服务，具备较大的信息优势、专业优势。应对结构性就业问题，要充分发挥人力资源服务中介的作用，进一步提升劳动力资源的供需匹配水平。

地方政府要指导人力资源中介机构加强重点人群和重点行业的精准服务力度，加快推出地方急需紧缺人才目录和重点就业群体目录，指导人力资源中介机构针对重点行业提供劳务派遣、人力资源招聘外包等急需必需服务，针对重点就业人群提供就业创业指导、技能培训、信息精准投送等多样化服务。同时，还要加大对人力资源中介机构的引才荐才奖励力度，通过职业介绍服务补贴、社会保险补贴、就业创业服务补贴等方式，进一步强化激励机制。人力资源中介机构要积极创新方式方法，通过区域联盟、联合招聘等形式，扩大就业信息对接渠道，提高就业信息面的深度和广度，同时要不断加强自身专业能力建设，发展“专精特新”人力资源服务机构，推动行业向专业化和价值链高端延伸，提高劳动力市场供需匹配效率。

CASE 案例

青岛市充分发挥人力资源服务业促就业、引人才作用

青岛市人力资源服务业起步早、发展快，截至2021年末，青岛市人力资源服务（含劳务派遣）机构达2668家，每年为53.5万家次用人企业提供服务，为231万人次劳动者提供就业择业服务。在当前产业新业态和就业新情况下，青岛市通过高质量发展人力资源服务业，更好地为市场主体和就业主体服务。

一是推动人力资源服务行业高质量发展。2021年12月，青岛市发布《关于加快人力资源服务业高质量发展的若干措施》，实施产值倍增、转型升级、市场拓展、创新发展、人才队伍建设五大工程。

二是充分发挥人力资源促就业作用。2021年9月，《青岛市人力资源服务行业促就业行动实施方案》发布，要求通过线上服务平台优化等手段多渠道联合开展招聘服务，为工业互联网等重点行业和经贸合作示范区等重点区域提供精准化服务，推动校企合作和技能培训促进学生等重点群体

就业，搭建服务平台实现用工企业和灵活就业劳动者供需对接等。

三是“人力资源+”赋能重要战略工程。通过签订村企合作协议为农村提供人力招聘、技能培训等服务，助力乡村振兴；通过创新服务模式、建立海外人才仓、提供出境培训等配套服务，紧跟我国“一带一路”建设和企业海外布局需求；通过劳务协作就业、定点培养输送、对口劳务工作站建立等劳务层面合作，促进东西部协作发展。

四是鼓励中介机构引进人才并按标准给予奖励。2022年11月发布的《青岛市鼓励中介机构和个人引进高层次人才及团队奖励实施细则》，对介绍引进高层次人才及团队的人力资源中介机构和个人，每引进一名，给予10万—50万元奖励。

第七章 数字经济下就业市场的新业态和新挑战

近年来我国数字经济快速发展，在带动新的经济增长点基础之上，也对我国就业模式、就业结构、就业市场带来显著影响。当前既要拥抱数字经济变化，也要在新形势下完善制度建设，保障数字经济下就业市场的平稳发展。

一、数字经济就业的三大形式

数字经济可以分为两大领域，即数字产业化和产业数字化，因此数字经济下的就业首先可以分为两大类，即数字产业化下围绕提供数字技术、产品、服务、基础设施和解决方案的从业人员，以及产业数字化下参与产业数字化转型的相关从业人员。除此之外，在数字经济

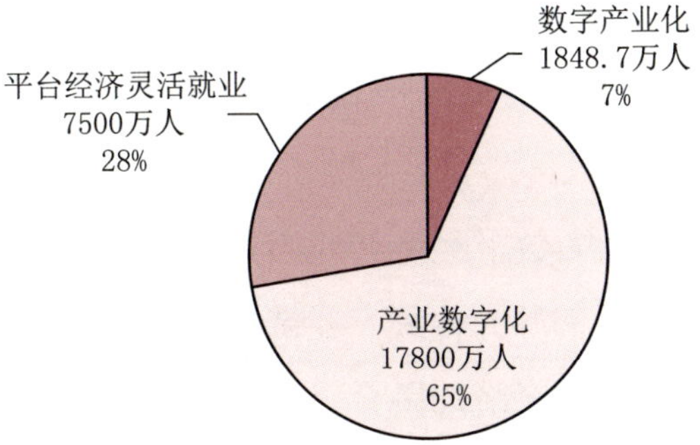

图 59　2018 年产业数字化是数字经济下吸纳就业的最重要渠道

资料来源：中国信通院、国家信息中心、万得。

的平台模式下，孕育了大量的灵活就业人员，随着市场的发展，部分领域的服务提供者出现了专职化趋势，同样构成数字经济下的重要就业群体。从三者合计来看，2018 年我国数字经济就业总人数约为 2.7 亿人，占就业人数比重达 34.8%。

数字经济核心产业就业规模十年间接近翻倍。数字产业化，也即数字经济核心产业，在国家统计局的定义中主要指计算机通信和其他电子设备制造业、电信广播电视和卫星传输服务、互联网和相关服务、软件和信息技术服务业四大产业。根据《中国劳动统计年鉴》《中国人口和就业统计年鉴》，近年来我国数字经济核心产业从业人员快速增加，从 2008 年的 943 万人提升至 2018 年的 1849 万人，十年间从业人员翻倍。从产业分布结构来看，主要以电子设备制造业以及软件和信息技术服务业为主，两者合计占比达 83%。

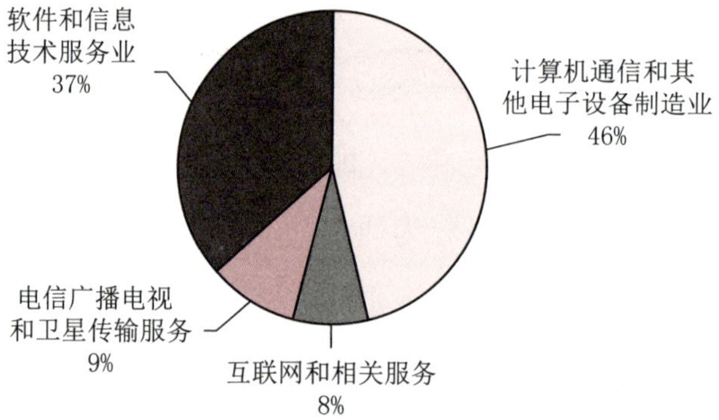

图 60　数字经济核心产业中，电子设备制造业以及软件和信息技术服务业从业人员占比较高（2018 年）

资料来源：万得。

产业数字化是我国数字经济就业的最核心领域。产业数字化，指应用数字技术和数据资源为传统产业带来的产出增加和效率提升的部分，是数字技术与实体经济的融合，因此产业数字化下的就业，主要指数字经济与传统行业融合过程中从事数字化转型相关的人员。近年来，随着各产业数字化转型快速推进，各类新岗位新职业快速涌现，

2019年以来，人力资源和社会保障部已经发布了5批共74个新职业，其中大多与产业数字化下新创造的职业密切相关。从总量来看，中国信通院根据行业产出、就业人数、行业劳动生产率近似核算产业数字化带动的就业人数，数据显示2018年我国产业数字化就业岗位达1.78亿个，从三次产业的数字化转型相关岗位来看，其中第一产业为1928万个，占第一产业总就业人数的9.6%，第二产业5221万个，占比23.7%，第三产业1.3亿个，占比37.2%。产业数字化转型吸纳就业岗位多、增长快，已成为我国稳就业的重要渠道。

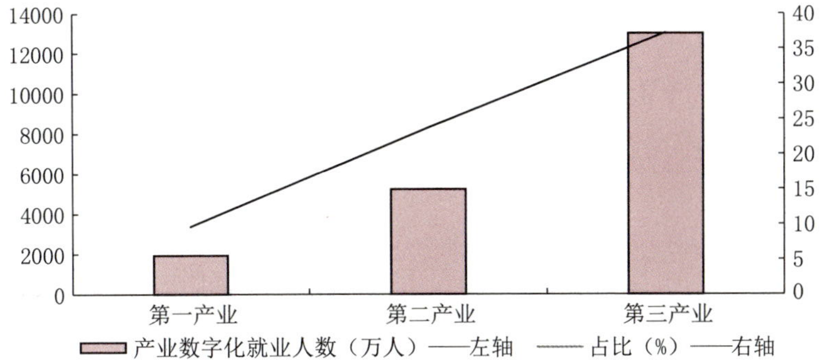

图61 第三产业数字化转型岗位最多（2018年）

资料来源：中国信通院。

表23 人社部发布的新岗位中，产业数字化相关岗位较多

	数字产业化	产业数字化
人社部发布新职业	人工智能工程技术人员 物联网工程技术人员 大数据工程技术人员 云计算工程技术人员 人工智能训练师 区块链工程技术人员 ……	建筑信息模型技术员 数字化管理师 工业机器人系统操作员 工业机器人系统运维员 物联网安装调试员 工业互联网工程技术人员 互联网营销师 信息安全测试员 服务机器人应用技术员 电子数据取证分析师 农业数字化技术员 商务数据分析师 数字化解决方案设计师 ……

资料来源：人力资源和社会保障部。

平台经济下的就业人数快速提升，构成数字经济就业的重要组成部分。数字经济下的平台经济为社会群体提供了就业渠道，促进灵活就业、兼职就业、创业式就业等新就业形态的发展。在这一庞大服务提供者群体中，绝大多数都是兼职人员。但随着市场的发展，部分领域的服务提供者出现了专职化趋势，一批基于共享平台的专职司机、房东、骑手、主播等开始大量涌现。《中国共享经济发展报告》根据互联网平台企业的公开数据、上报数据、调查数据，以及咨询公司、智库机构等渠道的社会调查数据测算显示，2019 年中国共享经济提供服务者人数约有 7800 万人，2015 年这一数字为 5000 万人，四年内增长了 56%。2022 年 1 月，国家统计局公布的数据显示，当前我国整体灵活就业人员已经达到了 2 亿人。

二、数字经济带来的就业市场新转变

数据要素具有无限可复制性、非竞争性、可共享性、即时传输、效率提升等特点，数字经济是以数据要素为核心生产要素的新经济形态，能够引导实现资源的快速优化配置。随着数字经济的快速发展，数字经济效率提升的特征对传统就业结构、传统就业模式、劳动力就业质量、劳动力就业稳定性产生一系列影响，引发了就业市场的一系列深刻变革。

传统就业结构面临重构

随着数字技术的应用、自动化和人工智能的快速发展，大量企业开始采用机器自动化设备，企业生产效率显著提升，2021 年我国工业机器人产量达 36.6 万台，同比增长 45%。然而数字技术在改变原有生产设备、技术、流程的同时，“机器换人”对我国庞大的制造业劳动力市场产生较大冲击。长期以来，我国城镇非私营企业中，制造业从业人员占比约为 30%，为细分行业中就业人员最多的行业，在城镇私营企业中，制造业工业人员占比约为 20%。近年来随着数字技术对人工的替代效应持续扩大，2019 年我国制造业就业人员已降至 6817 万人，较 2014 年高峰时期下降 1143 万人。

随着新一代信息技术与产业深度融合，部分产业应对数字经济变化积极调整，从线下转线上，但部分难以调整的产业，或者产业中的部分岗位、职能则易出现失业问题。在批发零售领域，随着线上零售巨头的快速发展，线下消费市场受到明显影响，2021 年我国亿元以上商品交易市场数量已降至 3753 个，较 2012 年高点减少 1441 个，线下零售场景所需的服务人员数量大幅降低。在金融服务业领域，随着金融数字技术水平的提升，越来越多的业务可以实现线上办理，银行前台职员等岗位需求数量逐步降低。

传统就业模式正在改变

在数字经济发展的大背景下，凭借平台、数字技术等手段，灵活就业群体持续壮大，灵活就业从过去零散化、边缘化的就业方式，逐步演化为当前我国就业市场的重要模式之一。

灵活就业模式至少从四个层面显著改变传统就业模式。一是劳动关系弱化。平台的工作模式打破了原有高度严密的组织化工作模式，从业者无需与企业签订劳动合同就可以进行工作，就业方式更加分散化、自主化、灵活化、柔性化、多元化。二是组织方式从线性转变为扁平化。在传统劳动模式下，劳动者在组织中有标准化的分组和岗位设置，流水线式的分工安排较为明确，但数字经济的平台模式下，就业模式不必再局限于传统组织，平台劳动者基于平台实现与需求方的信息沟通、任务分工和线上结算，平台劳动者关系更加扁平。三是工作内容随机化。在传统工作中，工作内容整体是固定的，工作分工是基于公司战略、工作目标和人力资源进行分配及安排，有统一的推进节奏，然而在平台模式下，平台通过数据运算进行供需匹配，需求方具体要求、需求地点都有所差别，工作内容、工作对象及工作地点具有较强的随机性。四是管理模式数字化。传统模式下，公司通过组织架构及任务层层分解，实现工作目标及绩效的统筹和协调，管理模式更加偏重目标导向，对于过程的控制较为有限。但在平台模式下，平台通过流程算法、大数据挖掘进行标准的过程控制，工作指令更加数字化，通过监测劳动者的工作时间等相关指标，加强对劳动者的过程管控。

由于与传统就业模式存在根本性差别，灵活就业模式在快速发展的同时产生一系列问题。

一是灵活就业人员劳动关系弱化。从优势来看，灵活就业的劳动关系弱化，有助于企业降低用工成本，同时劳动者工作进出门槛均较低，自主选择空间较大。但从劣势来看，由于劳动关系弱化，平台企业主要通过劳动过程的强管控加强治理，一定程度也导致劳动者工作强度大、风险系数较高，影响劳动者就业质量。2020年以来，关于外卖骑手工作强度的部分报道掀起舆论高潮，矛头直指相关平台公司的系统和算法，在系统算法下，外卖骑手受到派送时间不合理、规划路线含逆行、超时高额罚款等多重问题的困扰。

二是我国灵活就业相关的配套保障制度仍未全面建立。虽然社保体系允许灵活就业者以个人身份自主缴纳社保，但多数地方规定从业者必须为本地户籍，造成灵活就业人员社保续接不畅。另外，社保缴费标准以在职员工薪资标准设计，整体高于灵活就业人员薪资水平，导致灵活就业人员自行缴纳的负担较重。

劳动力就业质量两极化

数字经济的发展导致就业市场的岗位需求向高端和低端两极集中。

数字技术可以替代重复性强、流程化水平高的任务，如流水线作业、行政办公任务等中端岗位，但无法完全替代非流程化的工作，例如个性化程度较高的低端服务业，以及对技术要求较高的高端技术研发行业。因此在数字经济发展趋势下，数字经济就业人群需求主要演变为两类，一类是研发数字技术、设计平台、参与产业数字化转型的高端技术人才，另一类是执行数字指令的低端劳动力，在难以快速掌握高端技能的情况下，中端劳动力只能涌入低端岗位，中端就业市场持续萎缩。2020 年中国信通院发布的《中国数字经济就业发展研究报告：新形态、新模式、新趋势》显示，全职招聘岗位中需要的低学历者和高学历者较多，而中等学历者招聘人数最少，说明数字经济就业岗位出现两极分化现象。

随着高技术人才流入高端数字产业，而被替代的其他劳动者大量涌入低端岗位，两者之间就业质量差距日益明显。一方面，高端岗位的劳动者的专业能力强，能提高企业的劳动生产率，对应收入水平持续提高，工作福利、社会保障水平持续提升，就业质量上升；另一方面，传统服务业等低端岗位涌入了大量的劳动者，造成低端就业人口过剩，拉低劳动生产率，较低的劳动生产率导致劳动力收入下降，就业质量下降。中国信通院报告显示，数字经济全职岗位的收入在 2500—40000 元之间，但低收入人员的比例远高于高收入人员，8000 元及以下收入人员占比高达 82.6%，就业质量呈现显著的两极分化现象，收入不平等进一步加大。

劳动力就业稳定性下降

当前我国大型互联网公司人口红利期、流量红利期基本结束，复杂的外部环境以及经济下行压力对企业日常经营产生的影响逐步显现，以互联网平台为代表的相关领域出现一定下行趋势，2022 年 12 月互联网企业业务收入同比增速降至 −1.1%，较 2021 年 2 月 29% 的增速显著下滑。

整体来看，我国平台经济发展还未进入成熟阶段，主要表现在三个方面。其一，当前我国早期成立的互联网企业还不到而立之年，相当一部分平台企业近 10 年才出现较为长足的发展，企业对于业务扩展、组织架构运营均存在不成熟的地方，在平台经济快速发展的阶段，存在过度并购、结构失衡的问题。其二，平台经济的流量聚集性、市场主体聚集性、天然垄断性与传统企业存在很大差别，随着国内反垄断和控制资本无序扩张的政策体系日渐完善，过去大规模人力投入、扩张业务的模式不再适用，互联网平台企业扩张模式出现一定根本性变化。其三，在国内外复杂形势下，我国平台经济受全球经济形势及政策因素影响较大，平台经济吸纳的就业主体数量和形式都面临较大的不确定性。

在平台经济发展的波动特征下，我国数字经济就业大开大合，稳定性较低。2016—2022 年，互联网和电子商务领域的 CIER（就业市场景气指数）从最高点的 12.6 降至 1.53，也即每名应聘者从过去有 10 个以上的工作机会，到当前仅对应 1.5 个工作机会，与整体就业市场景气指数产生鲜明对比。尤其近两年来，数字经济就业收缩趋势日益明显，

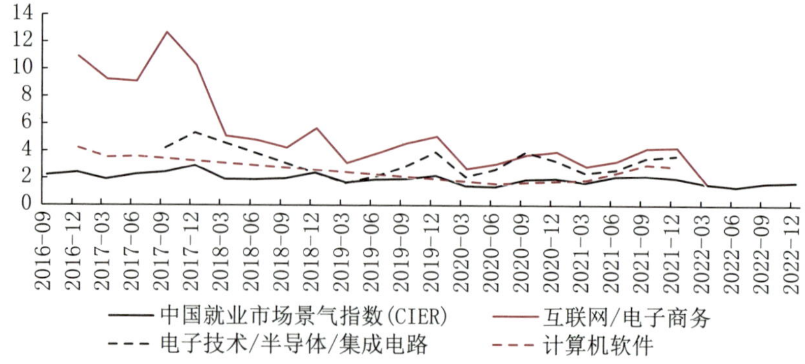

图 62　互联网就业大开大合

资料来源：万得。

市场上部分专门面向互联网的招聘平台数据显示，2021 年 12 月以来平台上处于离职状态的用户数量不断增加，至 2022 年 3 月，超 276 万用户处在待业状态，重点分布在消费生活、游戏、人工智能等行业。

三、应对数字经济就业新形势的举措

当前数字经济已成为我国经济转型升级和高质量发展的重点方向，在数字经济发展趋势下，就业市场的总量及结构必然将出现一系列深刻变化。要充分认识数字经济下就业市场的新形态和新挑战，在尊重客观规律的基础上，从政府、企业到劳动力多方发力、多措并举，共同优化就业结构、提高劳动力产出、增强就业稳定性。

加快完善失业人群社会保障

针对数字经济造成的替代性失业问题，重点是要完善政府保障机制。一是要加强政府失业风险预警，建立重点企业、重点行业、重点岗位就业监测平台，及时掌握监测人员变动情况、收入趋势及供需匹配趋势，作为政策决策的重要依据。二是要进一步发挥失业保险基金保生活、防失业、促就业功能作用，扩大失业保险保障覆盖范围，研究建立适合灵活就业、新就业形态人员参加失业保险的办法，提升短期失业人群的转移支付水平，通过失业保险职业培训补贴、技能提升补贴等方式推动失业人员学习新技能、实现再就业。三是要完善困难群体参保帮扶政策，进一步强化社会保障互助共济功能，给予因失业而陷入贫困的家庭生活救助。四是要持续完善职业技能培训体系，进一步提升我国职业技能培训供给能力、系统性和时效性，鼓励地方政府围绕数字技能、网络信息、网络安全等领域向失业人员等人群提供免费就业培训，灵活采取线上线下相结合的培训方式，培训结束后颁发相应培训证书，提升再就业竞争力。

完善灵活就业配套保障制度

在未来新业态不断出现、灵活就业群体不断扩大的趋势下，各级政府要加快完善与灵活就业相匹配的制度保障。中央政府侧重对规则制度法规的完善，要围绕员工和平台之间的新型劳务关系，加快完善与之配套的社会保障制度、劳动安全保障制度、失业保险制度、最低工资制度、劳动合同制度、劳动立法执法等配套制度，适应灵活就业多样性高、流动性强的特征。

地方政府要在地方实践上走在前面，尤其是对于广东、浙江等灵活就业的大省，要鼓励重点省市在完善社保制度上进行更多的先行先试，重点加快推动建立多层次、多支柱社会保险体系，针对灵活就业人员收入不稳定特征，研究制定更加合理的缴费水平和断保处理办法，针对多重用工关系现象，探索社会保险的各自缴费、分别计算、合并纳入等缴费方式，继续对灵活就业人员给予社保补贴，推动放开在就业地参加社会保险的户籍限制。除此之外，社会保障体系自身要持续推动数字化转型，进一步普及依托互联网平台的“网上社保”，为灵活就业人员提供更加便利的社保办理流程，不断完善社保服务管理模式。

重点关注低端人群就业质量

要从社会发展的角度不断改善平台经济下灵活就业人员就业质量，加强供需双方的需求衔接，完善协调机制，防止数字经济下的新型劳动力歧视及不公平就业问题，促进平台经济就业质量提升、就业稳定性改善。

一是要在鼓励平台企业吸纳灵活就业的基础上，强化平台企业主体责任，加强对吸纳大量劳动力的平台企业的劳动质量检测，从就业报酬、工作强度、就业稳定性、发展前景、工作安全、社会地位、就业公平、社会保障等维度动态监测平台企业劳动者就业情况，及时掌握企业人员就业质量，对部分指标表现较差的平台企业加强监管。

二是要加强工会作用，最大限度把新就业形态劳动者组织到工会中来，将工会作为灵活就业群体的重要组织机构。要聚焦职工群众权益、和谐劳动关系，强化各级工会保障职责，排查和解决劳动领域重大风险隐患，解决新就业形态劳动者的急难愁盼，提升职工技能和获得感，进一步提升劳动者相关权益保障。

提升平台经济就业稳定性和均衡性

近年来我国平台经济快速发展，在经济社会发展全局中的地位和作用日益凸显。随着国内反垄断和引导资本有序发展的政策体系不断完善，要鼓励地方政府及产业、行业协会在数字经济“十四五”规划以及要素综合改革试点方案的基础上，加快制定各区域、各领域支持数字经济发展的配套举措，要从构筑国家竞争新优势的战略高度出发，坚持发展和规范并重，坚持“两个毫不动摇”，遵循市场规律，着眼长远、兼顾当前，补齐短板、强化弱项，适应平台经济发展规律，建立健全规则制度，优化平台经济发展环境，同时要持续做好政策的宣导和解读，推动数字经济和平台经济进入规范化发展阶段。

CASE 案例

广东省推进灵活就业社会保障体系建设

广东省数字经济新模式、新业态快速发展，催生了多形态的灵活就业模式，吸引了大规模的新业态劳动人口。广东省人力资源和社会保障厅数据显示，2021 年广东省灵活就业人员约 2000 万人，其中新就业形态人员约 960 万人；从就业人员分布来看，新业态下灵活就业人员主要集中在电商平台、移动出行和外卖送餐等依托平台经济和共享经济的服务行业。近年来，包括广东省在内的全国主要省市与工伤、参保困难等相关劳动纠纷事件频发，以外卖骑手为代表的新业态劳动者群体，其权益在制度保障和维权途径等方面的缺位问题逐渐暴露显化，不利于我国实现进一步促进多形式灵活就业。

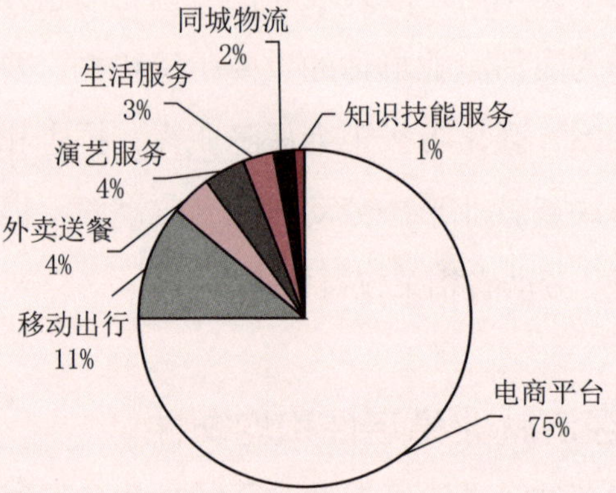

图 63　2021 年广东省新业态下灵活就业人员分布

资料来源:《粤港澳大湾区数字经济发展与就业报告（2020 年）》。

广东省建立新业态下灵活就业管理框架。2020 年 7 月,《广东省灵活就业人员服务管理办法（试行）》发布，从以下方面保障灵活就业劳动力的权益：一是明确对象范围，将依托新业态平台但未建立劳动关系的从业人员纳入管理范围。二是提供就业服务管理，实现承诺制便捷就业失业登记和就业信息采集，提供就业服务和失业帮扶服务。三是建立多层次的社会保障体系，放宽养老保险参保条件，明确用人单位应当为其非全日制从业人员参加工伤保险，并在广州、深圳、佛山三市开展新就业形态人员职业伤害保障试点。四是促进就业人员技能提升，给予个人进行技能提升培训和平台企业开发评价体系以一定的补贴，畅通专业技术人才职称申报评审渠道。五是强化权益保护和兜底保障，明确用人单位应与非全日制从业人员签订书面劳动合同或订立口头协议，引导当事人通过人民调解组织、工会和行业协会等途径调解解决纠纷；加大对登记失业的灵活就业人员的帮扶力度，对生活困难的灵活就业人员给予一次性临时生活补助。

广东省围绕管理框架构建多层次社会保障体系。第一，在工伤保险层面：2020 年 12 月，广东省发布《关于单位从业的超过法定退休年龄劳动者等特定人员参加工伤保险的办法（试行）》，一是明确新业态从业人员单项参加工伤保险、缴纳工伤保险费；二是强调与国家层面政策完善的承接，规定在国家出台相关政策后按照国家政策执行。第二，在养老保险层面：2021 年 5 月，《广东省灵活就业人员参加企业职工基本养老保险办法》发布，一是全面取消灵活就业人员参保户籍门槛，明确省内外和港澳台灵活就业人员的参保地和参保方式；二是明晰灵活就业人员参保缴费的现行政策，整理归集了账户建立、缴费比例、缴费基数、补缴续缴、待遇申领等各项内容。第三，在失业保险层面：2021 年 12 月，《广东省灵活就业人员参加失业保险办法（试行）》发布，一是明确灵活就业人员参加失业保险遵循自愿的原则，并鼓励新业态平台对其平台从业人员缴纳失业保险费予以补助；二是规定参保地、参保方式和缴费基数，灵活就业人员凭有效身份证件，在本人就业所在市主管税务机关办理，缴费基数下限为所在市最低工资标准、上限为所在市月平均工资 3 倍；三是规定灵活就业失业保险的申领条件，对于失业保险待遇的期限和缴费时间、转移等内容，按《广东省失业保险条例》执行。第四，在医疗保险层面：2022 年 1 月，广东省发布《关于进一步做好我省灵活就业人员参加职工基本医疗保险有关工作的通知》，一是将灵活就业人员纳入医保范围，明确法定劳动年龄内的灵活就业人员可在省内就业地参加职工医保；二是规定缴费基数和费率按各市政策执行，并按照省医疗保障待遇清单有关规定逐步调整。

广东省相关政策均将灵活就业人员纳入各类保险参保范围，从参保方式上减少了对灵活就业者的参保户籍限制、扩大了参保人员范围，从制度安排上补充了政策空白、完善了灵活就业社会保障体系，同时也与现有相关政策做好了相关的衔接安排。

第八章 加快建设企业家要素市场

企业家是“管理要素”的核心载体，是能够“实现生产要素重新组合”的创新者。企业家是高端劳动力要素的重要组成部分，与西方资本市场经济体制不同，我国社会主义体系更强调人的重要性，强调人的全面自由发展，强调人的要素在要素市场配置中的绝对主导作用。在中国特色社会主义市场经济下，我国主要存在国有企业负责人、民营企业家、职业经理人三类企业家群体，目前三类企业家群体之间的沟通较少，尤其是国企负责人和民营企业家群体之间割裂现象突出，交流和沟通渠道不畅。加快构建统一的企业家市场，有利于充分发挥劳动力要素在资源配置中的作用，尤其在当前我国市场主体信心相对不足的情况下，提振企业信心的关键在于优先提振企业家的信心。

一、企业家是推动创新发展的重要力量

企业家是重要要素资源

2020 年 4 月中共中央、国务院出台的《关于构建更加完善的要素市场化配置体制机制的意见》把土地、劳动力、资本、技术和数据作为五大核心要素。实际上，2019 年党的十九届四中全会通过的《中共中央关于坚持和完善中国特色社会主义制度　推进国家治理体系和治理能力现代化若干重大问题的决定》中，曾将管理要素与劳动、资本、

土地、知识、技术、数据并列为七大要素。在国际上，西方发达国家一般都将“管理”看作独立的生产要素，通过管理要素的集聚形成企业家市场，而企业家市场的发展完善形成生产性服务业中的重要行业，如美国服务业中的“企业经营和管理行业”。

经济学家熊彼特的创新理论认为企业的本质是创新，包括产品创新、技术创新、市场创新、资源配置创新和组织创新，五大创新的核心在于企业家的创新。熊彼特将企业家定义为“经济发展的带头人”，是能够“实现生产要素的重新组合”的创新者，企业家通过引入新产品、引入新技术、开辟新市场、实现企业的新组织形式，从而促进技术创新和经济发展。当前我国经济发展已进入新常态，正处在增长动能的转换期，转型发展需要更多依靠科技驱动、数字转型和绿色发展，对技术、数字、管理、资本等要素的依赖度明显提升，亟需企业家为中国经济注入新的活力。

当前推进经济增长尽快恢复到合理区间是经济发展的核心任务。2023 年以来，我国经济活动有序复苏，但部分民营中小企业对新业务还相对谨慎，不投资、少投资的观望心理较浓厚。为进一步提振民营经济活力，发挥民营企业生力军作用，要高度重视发挥企业家要素资源，从制度法律、政策舆论上鼓励企业家大胆创新，支持民营经济和民营企业发展壮大。

企业家对于经济的贡献主要体现为两个方面。一是企业家提高资源配置效率。经济增长方式的转型升级，就是通过效率更高的资源配置方式替代效率较低的资源配置方式，实现要素结构优化，而企业家不仅具备劳动力要素，也具有调配资本、技术、数字、管理等一系列要素的能力，企业家能够通过要素合理优化配置，提升要素利用效率、产出效率、交易效率，改善组织管理方式，减少实际生产活动中存在的低效、无效投入，优化资源配置水平，提升全要素生产率，推动经济高质量发展。二是企业家推动技术创新。当前信息技术、生物技术、新能源技术、新材料技术等交叉融合正在引发新一轮科技革命和产业变革，急需加快产业结构升级。一方面，企业家可以通过创新精神和创新意识引导新需求、新产品、新变革，对于技术创新起到重要的引领作用。另一方面，企业家可以通过搭配最具要素禀赋优势的技术组合，攻克关键核心技术，实现技术在本企业、本地区发展的特色化创新，促进内生技术进步的实现，从而在信息时代获得发展先机。

三类主要的企业家群体

改革开放以来，在社会主义市场经济体制下，我国逐步从公有制经济主导的企业制度向与社会主义市场经济体制相匹配的、多种所有制并存的微观结构的转变，相继形成了三类企业家群体。

一是民营企业家，是指以民营企业为载体，拥有创新进取、拼搏奋斗精神，具有组织协调和配置各种资源的经营决策能力、用于承担风险和不确定性的群体。民营企业家一般自己出资进行生产经营，是企业的创设人，承担着较大的经营风险，具有突出的家族传承特征。民营企业家的创新以及敢闯敢拼的意识，是推动经济增长和社会进步的重要力量。

二是国有企业负责人，是指在国有企业内部负责相关的职责，一般兼任行政头衔，并承担相应责任的高级管理人员。从范畴来说，涵盖国有独资企业的董事长、副董事长、董事、总经理、副总经理、总会计师，以及国有资本控股公司国有股权代表出任的董事长、总经理以及其他核心管理职务。国有企业负责人是我国社会主义市场经济体制下的特殊管理群体，对于做大国有资产、完善国有企业经营、履行社会责任、发挥社会主义制度优越性起到了重要的统筹作用。

三是职业经理人，是指将经营管理工作作为长期职业，具备一定职业素质和职业能力，并掌握企业经营权的群体。从横向职务来看包括财务、技术、运营等领域的职业经理人，从纵向来看，也包括部门经理层级以及公司高管层级的职业经理人。我国职业经理人是当前三类企业家群体中市场化程度最高的群体，随着改革开放、国有企业改革和现代企业制度不断完善，职业经理人管理能力与水平不断专业化、规范化、国际化。

职业经理人与民营企业家、国有企业负责人具有一定的相互包含关系。一方面，职业经理人受国有企业聘用，可以成为国有企业负责人。20 世纪 90 年代国有企业改制为很多优秀的职业经理人提供了施展才能的机会，对推动国有企业发展起到积极作用。与此同时，当前我国不断改革推动国有企业以市场化原则配置人力资本，2014 年起试点国有企业职业经理人制度，越来越多的职业经理人成为国有企业负责人。另一方面，职业经理人受民营企业聘用，也可以成为民营企业家。随着现代企业制度不断完善，越来越多的民营企业不断完善公司治理、股权激励，引入职业经理人进行业务管理，实现业务的快速扩张。当前我国互联网企业中，有大量知名企业家并非创始人团队，而是与企业共同成长发展，或将优秀的管理经验引入企业，成长为优秀的民营企业家。胡润研究院发布的中国职业经理人榜显示，中国最成功的 50 名职业经理人中，来自“阿里系”的就有 16 人。

二、企业家群体间缘何渐行渐远

整体来看，当前我国还尚未形成统一的企业家要素市场，民营企业及国有企业的企业家的产生机制存在一定割裂，加上民营企业家、国有企业负责人以及职业经理人的定价方式和组织方式各有不同，不同类型的企业家群体之间渐行渐远，建立统一的企业家市场面临较大挑战。

企业家群体产生机制各有不同

我国民营企业家具有显著的代际特征。老一辈民营企业家诞生于改革开放后，随着我国社会主义市场经济制度不断健全完善，大批官员、学者、有志青年加入创业大军队伍，通过资本投入，不断扩大企业生产经营规模，完善商业模式，实现企业做大做强，成为优秀的民营企业家。我国大多数民营企业具有显著的家族资本特征，随着老一辈民营企业家逐步接近退休，大部分新生代民营企业家通过在基层学习、在先进的企业学习，逐步具备了创新视野和管理能力，成长为新一代民营企业家。

国有企业负责人采用组织任命和市场化结合的方式，以组织任命居多。20 世纪 80 年代起，国有企业逐步放活自主经营权，推动以市场原则配置人力资本，逐步形成了组织任命和市场化方式相结合的选派方式。在组织任命方面，国企负责人多为委任制，即上级主管部门按照管理权限直接任命，主要通过提名、考察、任命三个步骤。央企负责人由中组部、国资委或部委任命，地方国企负责人由地方党委或国资委任命。为推动行政、事业和国企干部队伍交流，地方党委或国资委也会选派部分行政系统干部到国企任职，转任的领导分为三类，第一类是所在行政岗位与转任的国企属于同一系统，属于系统内调任；第二类是从行政岗位“跨领域”任职；第三类是国企出身到行政系统后再转任国企领导。在市场化选聘方面，从 2014 年开始，国务院国资委在五家央企落实董事会选聘和管理经营层成员的职权，按照党组织推荐、董事会选择、市场化选聘、契约化管理的基本思路进行选聘。随后各地也纷纷出台改革计划，扩大试点范围，推动更多的国企、央企“一把手”从市场中产生，强化董事会功能，完善公司法人治理结构。

职业经理人具有较高的专业能力和管理能力，通过市场化选聘实现人力资本价值。职业经理人具有较强的领导水平、组织才能、问题解决和协调能力，是最具人力资本的劳动力群体。部分职业经理人通过与企业共同成长，在企业内部实现普通员工到骨干员工再到管理者和领导者的蜕变。部分职业经理人通过学习成熟企业的管理经验，不断增强自身管理能力，再通过市场化选聘担任企业的管理职务，帮助企业不断实现业务增值。

企业家群体定价方式各有不同

民营企业家由企业盈利和市场定价。由于民营企业家实现了资本与管理的统一，民营企业家工资并非核心定价方向，巨大的股权分红激励才是对民营企业家的核心定价，所以民营企业家的定价与企业的盈利水平、股权价值密切相关。随着我国资本市场不断发展壮大，越来越多的民营企业通过上市实现市场对民营企业家的定价，近年来资本市场对于高新技术企业的高估值，也一定程度加强相应领域民营企业家创业热情，推动了行业创新发展。

国有企业负责人定价经过多轮改革。在改革初期，我国国有企业的市场化程度不断提升，国有企业薪酬不断市场化，1985 年国务院印发《关于国营企业工资改革问题的通知》，决定实行企业工资总额与经济效益挂钩制度，国有企业经理薪酬同企业业绩的敏感性不断增强。2009 年以来，国有企业负责人薪酬限制政策陆续出台，2009 年颁布《关于进一步规范中央企业负责人薪酬管理的指导意见》，2015 年正式实施《中央管理企业负责人薪酬制度改革方案》，2019 年出台《中央企业负责人经营业绩考核办法》，将央企负责人薪酬从过去的基本年薪 + 绩效年薪，调整为基本年薪 + 绩效年薪 + 任期激励收入。其中，基本年薪是根据上年度中央企业在岗职工年平均工资的一定倍数确定，绩效年薪与央企负责人年度考核评价结果相联系（分 A、B、C、D 四个等级），任期激励收入与央企负责人任期考核评价结构相联系，不超过企业负责人任期内年薪总水平的30%。各央企、地方国企需参照改革方案精神实施，国有企业负责人薪酬出现了一定的"天花板"。

职业经理人定价方式最为市场化。职业经理人通过市场化招聘来实现自身人力资本价值。在实践中，当前我国企业职业经理人定价缺乏统一评估机制和评估标准，一般依据原薪资水平、过往经营履历和绩效、职业经理人经历与公司需求匹配度、同类公司的市场薪酬范围、职位的紧急程度或者稀缺性来确定，整体最为市场化。由于职业经理人定价最为市场化，也一定程度导致定价水平波动较大，近年来互联网、房地产行业在市场环境发生变化时，部分职业经理人薪酬出现大幅缩水。

企业家群体组织方式各有不同

民营企业家的组织主要存在三种。一是官方组织。例如全国工商联是我国最大的民间商会，同时在20世纪八九十年代，政府各行政主管部门也推动了各类行业协会的建立。二是依靠市场组织。在广东、浙江等地，大部分商会都是企业家自发成立和组织的，商会通过日常的市场服务、会员之间的业务合作建立较为紧密的关系。三是依靠人际、乡缘网络组织。同籍企业家通过加入商会寻求解决企业困难的方法，成员之间互帮互助。市场调研显示，以珠海为例，2012—2016年新增的60家商会中，有34家是异地商会，其中，仅湖南籍的企业家就实现了每个湖南地级市都在珠海设有异地商会。民营企业家通过各类商会实现了组织内较为顺畅的交流机制。

国有企业负责人主要通过行政关系及政府资源实现沟通交流。由于国有企业负责人兼任行政头衔，国有企业负责人间的沟通交流具有较强的行政色彩，例如各地举办的省属企业负责人会议、市属企业负责人交流会、地方国企与中央企业沟通交流等。

职业经理人缺乏系统性组织。当前我们国家还没有较为官方的职业经理人组织，成体系的中国职业经理人协会主要承担职业经理人才资质社会化评价与认定、促进职业经理人才资质提升和提供求职服务等工作。此外，还存在一些地方性的职业经理人协会，例如浙江职业经理人协会、广州职业经理人协会，但更多的职业经理人是通过校友会、行业论坛等零散的方式实现沟通。

三、企业家群体发展痛点各有不同

当前我国企业家要素发展不仅尚未形成统一的市场，而且三类群体各自在发展中都面临突出的痛点和难题，民营企业家群体面临显著的要素获取不均等问题，国有企业负责人行政委任和市场化激励机制存在不足，职业经理人任职还缺乏制度保障和责权利边界的界定问题。

民营企业家面临权益保障和企业传承两大难点

当前民营企业家群体的发展主要面临两大难题，一是权益保障，二是企业传承。在财产权保障方面，由于我国法律法规体系仍有待持续完善、企业治理结构不规范、民营企业家自身法律意识不足等，长期以来，企业家财产权保护是企业家关注的核心问题。全国工商联发布的《2022中国民营企业500强调研分析报告》显示，近年来认为“对企业和企业主合法财产权保护不够”的民营企业数量从2017年的50家上升至2020年的66家。在知识产权等创新权益保障方面，由于在知识和技术创新领域还没有形成市场化的创新服务体系，创新成果得不到充分保障，知识产权诉讼举证难、专利维权成本高、知识产权的地方保护色彩严重，企业家知识产权的保护仍存在不足。针对民营企业500强调研分析报告显示，在2021年影响民营企业500强发展因素中，认为“对知识产权的保护不足”的企业达113家，较2019年上升15家，知识产权保护仍有待深化。2023年7月出台的中共中央、国务院《关于促进民营经济发展壮大的意见》提出一系列举措，要求保护民营企业产权和企业家权益，包括“进一步规范涉产权强制性措施，避免超权限、超范围、超数额、超时限查封扣押冻结财产”“严格落实知识产权侵权惩罚性赔偿、行为保全等制度”，但从实践来说，目前仍未消除民营企业家的顾虑。

此外，民营企业家还面临传承问题。2018年由全国工商联评选的“改革开放40年百名杰出民营企业家”名单显示，我国“创一代”的平均年龄已超过60岁，陆续进入和下一任管理者的接棒时期。但市场调研显示，40%以上的“创一代”子女不想参与家族企业工作，想自己创业或者继续体验生活，只有20%的受访者接受家族安排。此外市场调研显示，家族后代成员接管企业也普遍面临一些难题，包括人脉不足、难以平衡与家族内部成员关系、企业管理经验不足等。民营企业家代际传承问题已成为困扰企业可持续发展的重点问题。

表24　2017—2021年民营企业500强发展影响因素分析（单位：家）

	2017年	2018年	2019年	2020年	2021年
垄断行业开放度不高	82	87	83	81	69
市场秩序不够规范	178	169	166	165	171
对知识产权的保护不够	**113**	**121**	**98**	**105**	**113**
在司法审判中的平等地位不够	63	72	88	90	82
对企业和企业主合法财产权保护不够	**50**	**61**	**63**	**63**	**66**
依法行政不够规范	58	53	59	50	46
对民营经济的负面舆论较多	123	138	137	139	161

资料来源：《2021中国民营企业500强调研分析报告》。

国有企业负责人面临适配性和市场激励难题

国有企业负责人群体发展主要面临三大挑战。一是部分行政委任的国有企业负责人专业性相对不足。当前大量国有企业负责人还是主要通过上级主管部门的行政组织任命，行政委任的负责人知识结构更多侧重于政策和法规知识，市场洞察力可能相对不足。同时在行政系统司局级干部到地方国企任职的机制中，部分还存在“跨领域”任职，导致国有企业负责人与公司业务的匹配度较低。

二是国有企业负责人薪酬激励不足。一方面是市场化高管和行政高管薪酬差异较大。2014 年起，部分国有企业开始试点通过市场化方式选拔职业经理人，采取市场化薪酬激励，而行政委派的董事长、党委书记等国有企业负责人则仍然遵照行政制度发放薪酬，造成市场化高管和行政高管薪酬差异较大。此外，部分国有企业在子公司试点市场化薪酬，也导致子公司管理人员收入大于总公司，形成薪酬倒挂。另一方面是国有企业负责人薪酬激励显著不足。当前市场化的企业普遍采用股权激励作为管理层的激励措施，而国有企业负责人薪酬仅包含基本薪酬、绩效年薪以及任期激励三部分。近年来，随着国企改革三年行动方案的深入实施，越来越多的国有企业开始实施股权激励，但截至 2021 年仅有 412 家企业公告实施，占比仅 32%。薪酬激励不足导致国有企业负责人在任期内以“求稳”为主，不愿意承担改革风险，同时也一定程度导致部分国有企业负责人出现贪污舞弊等违法行为。

三是行政委任的国有企业负责人稳定性相对较弱。由于国有企业负责人和政府领导之间的角色互换度较高，部分国有企业负责人对于市场竞争、企业长期发展的关注度有限。此外，2019 年《中央企业负责人经营考核办法》要求“年度经营业绩考核以公历年为考核期，任期经营业绩考核以三年为考核期”，考核周期较短，而科技创新类研发投入往往具有投入大、周期长、风险高等特点，对企业当期财务报表影响很大，对企业当期利润贡献十分有限，研发回报也只会反映到继任者身上，导致国企负责人偏向选择可以直接、迅速见效的经营方式。考核周期错配严重削弱了国企负责人的科技创新动力，影响了企业长期研发投入。

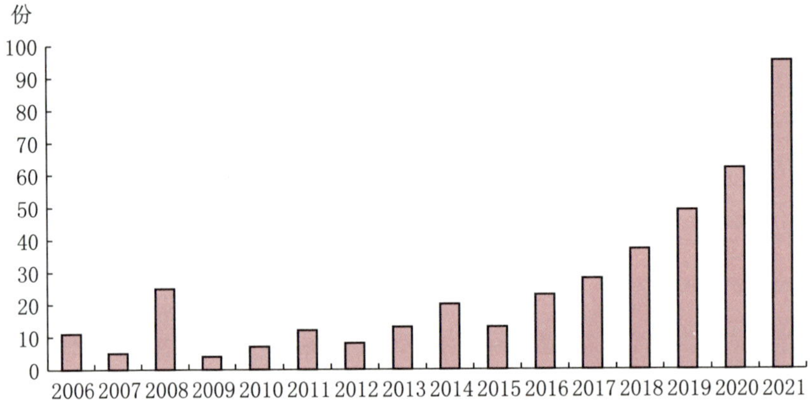

图 64　国有上市公司实施股权激励公告数量不断增加

资料来源：雪球。

职业经理人面临突出的委托代理问题

对于国有企业来说，当前虽然不断扩大管理人员的市场化选聘范围，但是关于职业经理人选聘的改革措施主要出现于中央、国务院的政策性文件以及地方国资监管机构的政策文件中，没有针对职业经理人加入国有企业、开展业务并接受监管的相关规范。基本法律规则的缺失，使得国企职业经理人在实践中经常面临三方面“合法性难题”。一是职责权限的定位不清晰，职业经理人能在多大权限下进行企业经营管理不明确。二是如何妥善处理职业经理人与党的领导、国有企业出资人、国有企业董事会和监事会之间的关系。三是职业经理人的法律责任追究尚缺乏明确的规定，法律责任承担的标准和形式不明确，实践中存在"经营亏损就追责""投资失败就追责"的不当倾向。对于民营企业来说，大多数民营企业都是企业家白手起家一手打造，对于企业的经营管理、商业模式以及人力资源已经形成一套相对固定的体系，外部聘用的职业经理人的经营理念不同，易与民营企业家产生让权幅度、业务拓展等一系列争执问题，难以磨合适配。

此外，人力资源服务机构对于职业经理人群体的服务显著不足。据人力资源和社会保障部统计，截至 2021 年底，全国共有各类人力资源服务机构 5.9 万家，从业人员 103.1 万人。然而一方面，我国人力资源服务机构的规模普遍较小，实力弱，服务同质化严重，且缺乏专门针对职业经理人的人力资源服务机构。另一方面服务能力较差，对职业经理人职业发展的长期跟踪和关系建立不足，当企业有招聘需求时，难以找到职业经理人资源，甚至出现招聘者与求职者之间信息不对称、服务信用等问题，招聘效率较低。

四、激发企业家要素潜力，推动创新发展

当前国际人才竞争更加复杂和严峻，我国经济发展也已进入增长动能的转换期，亟需企业家发挥主观能动性，优化各类生产要素配置效率。要尽快打破我国各类企业家群体之间的分割，形成统一的企业家市场，优化企业家资源的市场化配置，打通制约我国各类企业家作用发挥的核心堵点，促进国企和民企之间的产业融合、创新融合和生态融合。

加快推动形成统一的企业家市场

不管是国企负责人、民营企业家，还是职业经理人，只要是企业家阶层，总是有共同和共通的要素。要通过体制机制改革，减少民营

企业家、国有企业负责人和职业经理人之间的隔阂和割裂，促进形成更加统一的企业家评估和定价标准，通过市场机制实现企业家要素的优胜劣汰，促进管理要素资源合理配置。

其一，要以建设区域性企业家市场为切入点，推动全国性企业家市场建设。要鼓励长三角、珠三角等比较成熟的城市群，率先建立统一的企业家市场。要打通相关部门的数据信息系统，结合公开信息、企业调研等多种形式，收录企业家职业经验、任期业绩、职业能力、战略管理能力等多维度信息，建立统一的企业家的履职数字信息系统和诚信系统。

其二，要推动各级工商联、国资委和企业家协会等组织加强协商和合作，尽快建立全国统一的企业家培养、流动、定价、培训和评估标准。要建立企业家道德规范和行业标准，强化自律规则。要探索企业家的长期激励机制和风险约束机制。要提高职业经理人市场定价的透明度，引导管理资源的优化配置。

健全企业家群体间的交流沟通渠道

我国国企与民企之间的地位问题、龙头企业与中小微企业之间的关系问题，以及区域之间的竞争问题，都与当前我国各类企业家之间缺乏交流沟通有着很大的关系。近年来，国企负责人和民营企业家群体之间割裂现象日益突出，交流和沟通渠道不畅，互帮互学、相互促进的氛围有所下降，相互抱怨、相互防范、相互抑制、恶性竞争的现象有所增加。舆论报道和舆情导向的片面性，进一步扩大了不同群体企业家之间的情感鸿沟。民营企业家深感发展生存空间受到国有企业的挤压，国有企业负责人也很少从优秀民营企业家身上汲取经营管理经验。

要发挥统战部门、全国工商联、国资委、民主党派和商会的作用，搭建机制清晰、沟通顺畅的平台，形成区域型、产业型、市场型、战略型的企业家沟通渠道，打破行政、体制和区域分割，引导企业家相互沟通和交流，加强企业间的优势互补、合作共赢。要鼓励不同体制内企业家资源的流动配置，引导富有创新精神的民营企业家充实国有企业经营者队伍。鼓励国有企业和民营企业开展联合党建共建活动，形成联合党建出思想、联合党建强协作、联合党建促发展的合作氛围。要推动国有和民营企业形成产业链联通、资金融通、信用互通、要素畅通的深度合作关系，促进共同发展。

推动建设职业经理人市场

从全国层面来看，要加快完善职业经理人在国企工作的制度规范。首先，要从法律角度明确职业经理人在国有企业任职的法律地位和经理权，赋予国有企业董事会市场化选聘职业经理人和用人管理的决策自主权，防止职业经理人在经营过程中出现“合法性”问题。其次，要清晰界定国有企业职业经理人管理权限，在事权、用人权和财权方面形成权责对等的机制，落实职业经理人决策执行权。最后，形成职业经理人的激励和监督机制，完善契约化管理、绩效管理，对于绩效不达标的职业经理人要有序安排退出，同时要健全职业经理人财务审计、责任追究等内控管理流程，防范“监管空白”。

地方政府要健全职业经理人认证、培训及监督机制，提升职业经理人资质社会认可度。要在浙江、广东等市场主体聚集的地区加快健全职业经理人资质认证制度，通过在地市级层面建立职业经理人认证工作站，扩大认证力度及范围。要不断完善职业经理人培训体系和制度，不断把新理论、新方法和新经验结合到培训过程中，加强与省内高校合作，提高职业经理人培训工作的专业性和系统性，进一步提升职业经理人的经营管理能力和素质水平。

增进企业家群体间的认同感

国有企业和民营企业是我国社会主义市场经济体制下的两支生力军，两者之间不是“零和博弈”，更不应“恶性竞争”。在面临困难的时候，企业间更应该是“拉一把”，而不是“踢一脚”。地方政府要积极倡导“国企民企融合文化”，引导好社会舆论，加大正面宣传和典型合作案例报道。要健全民营企业家维权制度，加大对国有企业侵害民营企业利益的处罚力度。要利用各级行政学院开展国有企业负责人和民营企业家共同参与的培训活动，在全社会形成国企民营互帮互助、互动发展的良好氛围。要发挥我国制度优势，把国有企业的发展优势和民营企业的发展优势充分结合，强化两者的相互依存性，提升两大企业家群体之间的认同感，探索形成新时代具有中国特色的国有民营新型合作发展模式。

要持续推动国企和民企之间的产权融合、产业融合和创新融合，形成产业链式新型合作方式。要在持续推动国企混合所有制改革的基础之上，在科技创新、数字经济、绿色转型等经济发展的核心战略领域推出更多国企和民企产业合作项目，形成国企和民企合作的示范效应。要及时解决国企民企合作发展中遇到的困难和问题，及时推广国企和民企优秀合作案例，完善合作机制及利益分配方式。要加快推动民营企业参与国家重点科研攻关项目，推动国企和民企共同建设创新合作平台。要打破行政分割、体制分割，以核心产业链为轴心，通过延链、建链、强链、补链，形成共创、共建和共享的产业链式新型国企民营合作方式。

CASE 案例

浙江省积极推动民营企业家市场健康发展

民营企业是浙江省经济发展的主力军，2022 年浙江省民营经济创造增加值 52069 亿元，占全省生产总值的 67%，税收创造占全省税收收入的 71.7%。作为民营企业发展的“掌舵手”，企业家是企业最重要的“战略资源”，但也面临着缺乏管理能力、专业资源、成长路径和政商沟通渠道等问题。浙江省新生代企业家联谊会和义乌、舟山的相关调研显示，当前企业发展过程中，经营管理团队能力不足被认为是重要掣肘。为进一步发挥企业家作用，浙江省通过多项政策健全企业家市场，促进企业家市场健康发展。

浙江省充分发挥党建引领作用，加强与民营企业沟通交流。2020 年 12 月，浙江省发布《关于加强新时代民营经济统战工作的意见》，围绕民营经济统战工作、贴合浙江民营经济发展实际提出具体要求。一是以思想政治建设为纽带加强与民营企业家之间的联系。组织“浙商永远跟党走”系列活动，引导、增进对党的认同感；组织新时代浙江民营企业家宣讲团，通过“企业家讲、讲给企业家听”加强教育；开展“双走访”活动，加强与新业态、新经济民营企业家之间的联系。二是以工商联商会为组织依托，实现统战工作向商会组织的有效覆盖，具备条件的商会成立党组织，新成立的同步建立党组织，暂时不具备条件的通过选派党建工作指导员等形式，实现工商联组织工作在民营经济领域的有效覆盖，完善工商联党组织领导和管理所属商会党建工作的有效机制。

浙江省搭建民营企业家参政议政平台，积极加强政商沟通。2018 年 1 月，浙江省出台《关于进一步营造企业家健康成长环境弘扬优秀企业家精神更好发挥企业家作用的实施意见》，提出实施优秀企业家培养举措，建立保护企业家合法权益机制。2020 年 5 月，《浙江省企业家参与涉企政策制定暂行办法》实施发布：一是从源头把握企业需求，由省工商联设立并动态调整涉企政策，制定企业家代表库；二是扩大企业家影响力，企业可参与省内行业、市场等政策的编制和制定；三是保障民营企业家的涉企政策参与权，明确企业家代表中民营企业比例不低于 70%、中小企业比例不低于50%。同时畅通政企沟通渠道，省发改委会同省工商联举办“强信心·保增长”政企恳谈会超100余场，充分听取企业家诉求和建议。

浙江省通过组织规范、能力建设、凝聚培育等举措，充分发挥商会作用。2019年6月，浙江省发布《关于促进工商联所属商会改革和发展的指导意见》。一是规范组织管理体系。完善所属商会党组织管理体制，探索建立统战工作联络员制度。二是加强服务能力建设。加大商会人才培养，在经营问题、风险防范、产业引导等方面为会员企业提供服务。三是注重组织培育建设。增强异地商会的管理建设能力和凝聚力，创新商会组织形态以适应特色小镇、产业集聚区、科技园区等不同产业发展模式，吸纳管理先进、符合国家产业导向的商业协会。四是发挥社会治理作用。纠纷调解方面，依托商会平台、联合司法部门，浙江省发挥商会在调解行业内纠纷矛盾中的优势和多元化手段，商会调解数量居全国首位，并形成了具有代表性的乡情化解、专业调解、同业协商、诉讼对接、调裁结合、多元融合六大模式。市场秩序和行业自律层面，商会参与浙江省社会信用体系建设，助推清廉民营企业建设，引导会员企业守法诚信经营。政府职能承接转移方面，商会对接政府购买服务。

浙江省注重企业家素质提升和培养，提升民营经济活力。2004年9月浙江省全面启动“企业家素质提升工程”，增强企业家在战略管理、经营决策、市场运作等各方面的能力。2020年浙江省委统战部、省工商联联合打造了“品质浙商提升工程”和“浙商青蓝接力工程”，前者通过清廉民企建设和浙商榜样宣传，树立浙商优良形象；后者通过加强新一代企业家联谊组织建设和挖掘培养新经济业态下企业家，促进民营企业家代际间的新老传承，培育产业经济发展新业态下的新一代企业家资源。

资本要素篇

资本要素是我国重要的生产要素，在社会主义市场经济条件下规范和引导资本发展，既是一个重大经济问题，也是一个重大政治问题，既是一个重大实践问题，也是一个重大理论问题，关系坚持社会主义基本经济制度，关系改革开放基本国策，关系经济高质量发展和共同富裕，关系国家安全和社会问题。

在党的百年奋斗历程中，我们对资本要素的认识及资本在社会生产中的作用发生了较大的变化，当前我国已经明确了资本同土地、劳动力、技术、数字等生产要素具有同等重要的地位，鼓励多种形态的资本共同发展。2020年中共中央、国务院出台的《关于构建更加完善的要素市场化配置体制机制的意见》提出，要推进资本要素市场化配置，完善股票市场基础制度、加快发展债券市场、增加有效金融服务供给、主动有序扩大金融业对外开放。与过往相比，创新驱动发展战略对资本要素的服务形式和配置效率提出了更高要求，当前新一轮资本要素改革更侧重发挥资本要素在资源配置中的引领作用，以资本要素的发展来带动其他要素的资本化和证券化，建立和完善各类要素市场体系和市场化配置机制。

在本篇中，我们首先对资本要素的特征、配置方式及改革难点进行全面梳理，在此基础上，针对近年来社会广泛关注的资本无序扩张问题、资本制度与资本监管问题、资本创新与风险防范问题、资本要素与其他要素的关系问题，分别形成四个专题，深入剖析当前我国资本要素在发展进程中出现的变化、挑战及未来发展方向。

当前地方政府要深刻认识资本要素在现代经济体系建设中的重要作用，加快树立大资本观。不能片面地将发展资本市场等同于用好资本要素，也不能片面地将培育上市公司作为发展资本市场的核心内容。要从要素价值出发，推动更多社会资产资本化，要充分发挥资本要素在推动当地技术、数据要素发展中的引领作用，吸引更多中长期资本加大对区域创新及现代化产业体系的支持，通过创造公平市场竞争环境和营商环境来推进各类多元资本共同发展，通过资本要素的流动来带动其他要素的聚集，形成区域协同发展新态势。

第九章 资本要素的特征、配置方式及改革难点

资本要素是社会经济活动运行的重要润滑剂，与其他要素不同，资本要素的重要性主要体现在两方面：一是从发展经济学理论来看，在资本要素实现最佳配置时，其他各类生产要素也达到最佳配置，资本要素的配置能有效带动其他要素配置效率的提升；二是资本作为综合性最强的要素，是企业拥有的各类要素价值的综合体现，其他要素的价值要通过资本化的过程来体现。以资本要素为基础，我国已初步形成了资本要素的交易市场以及以资本要素服务为核心的资本服务中介机构体系。提升资本要素的配置效率在很大程度上表现为要进一步发挥资本市场的枢纽作用，借助资本市场配置来实现各类要素价值最大化，提升全社会要素配置效率。

一、当前资本要素发展呈现三大特征

我国资本规模显著增加

党的十一届三中全会以来，我们破除所有制问题上的传统观念束缚，将资本作为重要生产要素，明确资本是市场配置资源的工具，全面推进改革开放。党的十八届三中全会再次明确市场在资源配置中的决定性作用，资本与其他生产要素一起在推进我国经济发展中发挥了

十分重要的作用。从对经济增长的贡献来看，按支出法衡量的 GDP 中我国资本形成总额从 1978 年 1383 亿元增长至 2020 年 44.2 万亿元，40 余年增长了近 320 倍，资本形成率对经济增长的贡献持续维持在 40% 以上。

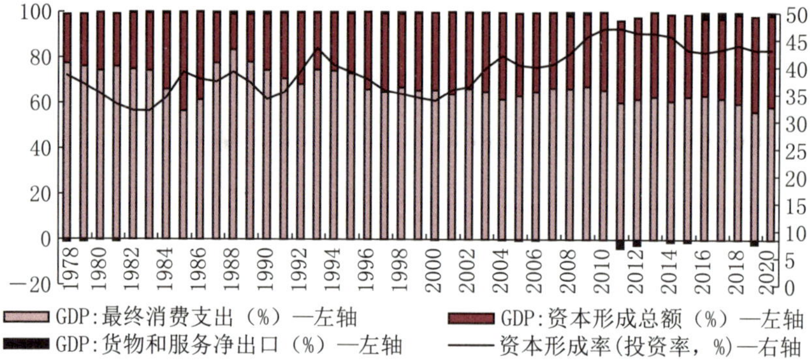

图 65　资本在我国经济发展中发挥了重要作用

资料来源：万得。

伴随资本在资源配置中枢纽功能的发挥，我国企业资产规模快速增长，根据第四次经济普查的数据（以下简称四普数据），2018 年我国规模以上工业企业、建筑业及第三产业企业的总资产为 843 万亿元，约为当年 GDP 的 9.36 倍。与 2004 年底第一次经济普查时，我国第二、三产业企业总资产 88.13 万亿元相比，企业总资产增长了近 9.6 倍。与境外市场相比，近年来我国企业数量及企业资产规模一直处于全球领先水平。

资本市场作为资本要素的交易市场体系，近年来市场规模也快速扩容。股票市场方面，我国沪深交易所在短短 30 年间从无到有、从小到大，上市公司数量超过 4000 家，成为全球上市公司数量靠前的场内股票市场。2019—2022 年间 A 股 IPO 融资规模分别达到 2532 亿元、4779 亿元、5427 亿元、5869 亿元，融资规模全球领先。2022 年末 A 股总市值达到 79 万亿元，近十年增长 242%，近 3 年增长 33%。债券市场方面，2019—2022 年间债券市场发行的各类债券数量分别达到 4.38 万只、5.02 万只、5.38 万只和 4.75 万只，融资规模分别达到 45.2 万亿元、56.9 万亿元、61.7 万亿元和 61.5 万亿元。2022 年末我国各类债券余额达到 141 万亿元，近十年增长 436%，近 3 年增长 45%。随着资本市场规模快速扩容，我国证券化率快速提升，股票总市值占 GDP 之比在 2022 年达到 65%。

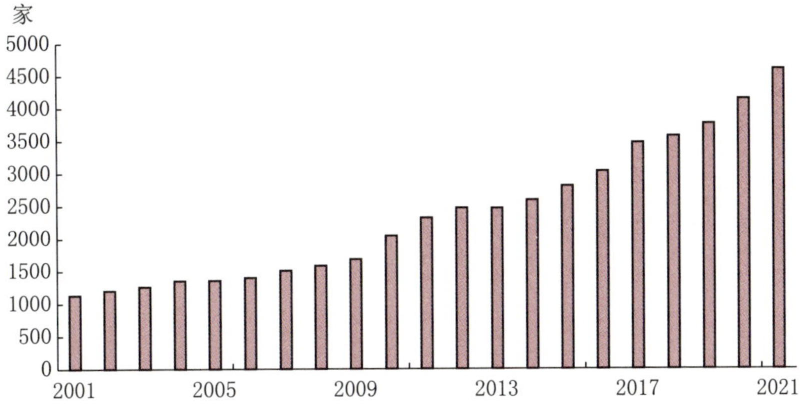

图 66　A 股上市公司数量快速增加

资料来源：万得。

多种形态资本共同发展

一是资本运行主体更加丰富多元。近年来我国多元资本主体快速发展，从数量来看，我国企业法人单位数从 2010 年 651 万个快速增长至 2020 年 2505 万个。从结构来看，以四普数据为准，2018 年底我国共有法人单位 1857 万个，其中私人控股企业数为 1738 万个，占比超过 93%，吸纳的就业率接近 73%，国有控股及外资控股企业的企业数量和吸纳就业率也呈现明显提升态势。从增量来看，近年来我国新开业企业主体数量持续创新高，2017 年以来每年新开业法人单位超过 300 万个。

表 25　2018 年底我国共有法人单位 1857 万个

	法人单位数（个）	从业人数（人）	法人单位数占比（%）	从业人数占比（%）
总计	18568617	298276245	100.0	100.0
国有控股	241673	37634516	1.3	12.6
集体控股	165243	6685935	0.9	2.2
私人控股	17379291	217321740	93.6	72.9
港澳台商控股	112042	11855170	0.6	4.0
外商控股	80253	10708106	0.4	3.6
其他	590115	14070778	3.2	4.7

资料来源：《第四次经济普查数据年鉴》。

二是国有资本在重大国计民生领域发挥主导作用。根据《国务院关于 2018 年度国有资产管理情况的综合报告》，2018 年我国国有企业总资产为 474.7 万亿元（不含国有行政事业单位和国有资源），根据四普数据披露的 2018 年全国第二和第三产业企业总资产为 843 万亿元，其中国有企业资产占比约为 56%。考虑到金融业资产规模聚集方式与实体企业存在较大差异，剔除金融业后，2018 年我国国有企业总资产为 210.4 万亿元，占当年第二、三产业企业总资产的比重约为 36%。从行业领域来看，我们根据四普数据披露的按企业登记类型统计的各类资产，国有资本在工业、建筑业、金融业及公共服务业中都占据重要地位，据粗略估算，国有控股企业资产在上述产业资产占比分别为 21.1%、35.2%、82% 和 30.1%，国有资本在国计民生重要领域发挥着重要作用。

三是民营资本规模快速增长，在服务业中占据重要地位。改革开放以来我国民营资本快速发展，成为经济增长的重要动力。据粗略估算，2018 年民营企业总资产接近 290 万亿元，占我国企业总资产的比重超过 35%，考虑到混合所有企业中也有较高的民营资本，估计民营资本的实际占比要高于上述比例。从行业分布来看，民营企业在批发

表 26　国有企业总资产在国计民生领域占据重要地位（2018 年）

	规模以上工业	建筑业	传统服务业	专业服务业	公共服务业
合计（亿元）	1153251	342356	2072850	4630712	230294
国有企业资产	243785	120382	477371	3022690	69343
集体企业资产	1392	42330	7753	16340	917
混合企业资产	212892	14884	400572	314571	55738
民营企业资产	476017	5234	1015354	1133734	100151
外资企业资产	219165	1840	171800	143376	4145
占比（%）					
国有企业资产	21.1	35.2	23.0	65.3	30.1
集体企业资产	0.1	1.0	0.4	0.4	0.4
混合企业资产	18.5	18.4	19.3	6.8	24.2
民营企业资产	41.3	44.4	49.0	24.5	43.5
外资企业资产	19.0	1.1	8.3	3.1	1.8

资料来源：《第四次经济普查数据年鉴》。

注 1：传统服务业、专业服务业和公共服务业的分类口径与上相同；

注 2：根据四普数据披露的登记注册公司类型，分为国有企业、集体企业、股份合作、联营企业、股份有限公司、有限责任公司、私营企业、港澳台企业及外商企业，为更好进行拆分，我们基于以下假设对数据进行再分类：

假设 1：联营企业资产中三分之一为国有资本、三分之一为集体资本、三分之一为民营资本；

假设 2：有限责任公司和股份有限公司资产中三分之一为国有资本、三分之一为混合所有、三分之一为民营资本；

假设 3：混合企业总资产为有限责任公司和股份有限公司中的混合所有与股份合作企业总资产的加总；

假设 4：民营企业总资产为内资企业总资产与国有企业、集体企业、混合企业总资产的差额；

假设 5：外资企业资产为港澳台企业资产与外商企业资产的总和。

零售、住宿餐饮、房地产等传统服务业，信息软件、商务租赁、科学研究等专业服务业，居民服务、教育、文体娱乐等公共服务业都占据重要地位，为居民衣食住行提供了多元服务。以四普数据为依据，民营企业总资产相对占比较高的前六大行业依次是教育、居民服务修理、餐饮、零售、批发和文体娱乐等，相对占比均超过 50%。

表 27　民营企业总资产在服务业中占比较高（2018 年）

	批发业	零售业	住宿业	餐饮业	房地产开发
合　计	100.0%	100.0%	100.0%	100.0%	100.0%
国有企业资产	16.9%	13.9%	20.1%	10.0%	21.8%
集体企业资产	0.3%	0.6%	0.6%	0.4%	0.1%
混合企业资产	14.4%	12.8%	14.7%	8.9%	20.8%
民营企业资产	57.4%	63.9%	49.7%	68.4%	49.2%
外资企业资产	10.9%	8.9%	14.9%	12.4%	8.1%
	信息软件技术服务	租赁和商务服务	科学研究和技术服务	教育企业	文体娱乐
合　计	100.0%	100.0%	100.0%	100.0%	100.0%
国有企业资产	18.4%	28.4%	24.1%	11.8%	25.7%
集体企业资产	0.0%	1.4%	0.3%	1.6%	0.2%
混合企业资产	16.8%	23.2%	20.6%	7.8%	16.3%
民营企业资产	39.2%	42.9%	48.6%	76.3%	52.9%
外资企业资产	25.6%	4.0%	6.4%	2.6%	4.9%

资料来源：《第四次经济普查数据年鉴》。
注：各类企业资产的计算口径与上相同。

四是境外资本加速流入，我国吸引外商投资规模持续创新高。改革开放以来我国持续推进对外开放，近年来以自贸区为先导，我国正在推进新一轮开发开放。根据四普数据，2018 年外资企业（含港澳台）的总资产接近 55 万亿元，占我国企业总资产的比重超过 6%。从外资企业资产的行业分布来看，规模以上工业企业、房地产开发、金融、批发业和租赁商务服务是外资资本投入前五的行业，外资企业总资产规模均超过 5 万亿元；从相对占比来看，外资企业在信息软件技术服务、规模以上工业企业、批发业的占比相对较高，均超过 10%，尤其在电子信息技术服务、汽车制造、高端酒店及餐饮上，外资资本的活跃度逐年提升。

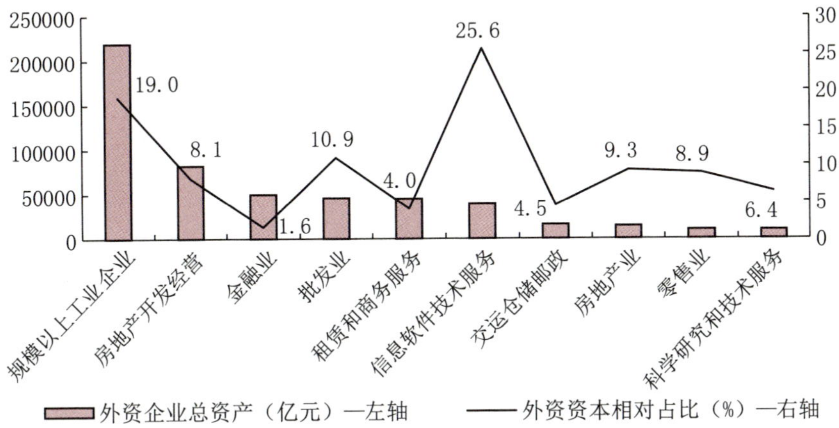

图 67　外资企业资产规模分布前十的行业及在对应领域外资企业资产的相对占比（2018 年）

资料来源:《第四次经济普查数据年鉴》。

五是混合资本加速发展，发挥多元资本治理优势。从早期的引进外资到中外合资，以及近年来我国加速推进国有企业的混合所有制改革，我国多种类型的混合资本快速发展，混合资本在租赁商务、科技技术研究、房地产开发及制造业领域的重要性不断提升，借助混合资本形式我国不断吸收借鉴现代企业治理制度，引入境外先进的科学技术和管理经验，同时发挥我国国有资本在基础设施建设上的重要作用，形成了多元资本、多业态企业共同发展的新态势。

资本要素主导作用增强

近年来在要素配置中资本要素的主导性和重要性显著提升。一方面资本要素在推进其他要素发展方面起到重要作用。例如过去我国劳动力存在严重的城乡分割、区域分割的问题，近年来通过加大对西部地区资本要素的导入，有效引领了大量劳动力向西部地区回流，缓解劳动力区域失衡问题。再比如通过注册制改革，资本市场进一步发挥收益共享、风险共担的机制，引导更多资源流向科技创新领域，支持技术创新及科技产业的发展，形成资本、科技与产业的良性循环，对促进技术要素的优化配置和发展起到重要作用。另一方面，当前要素定价是要素市场改革的重点所在，此前土地、劳动力等要素的半市场化定价严重影响了要素的配置效率，而资本要素通过要素资本化或证券化，能够有效推动其他要素的市场化定价，在最大程度上推进要素价值的市场化变现，对于其他要素市场化改革具有重要作用。

社会对资本要素的关注度和重视度也明显提升。近年来，随着资本要素的主导性和重要性持续提升，我国部分领域出现资本过度进入和无序扩张的问题，一定程度上影响市场公平竞争，扭曲教育等社会公共服务业领域的社会公平，引发社会广泛关注。2022 年 4 月中央政治局就依法规范和引导我国资本健康发展进行第三十八次集体学习，习近平总书记指出，“资本是社会主义市场经济的重要生产要素，在社会主义市场经济条件下规范和引导资本发展，既是一个重大经济问题、也是一个重大政治问题，既是一个重大实践问题、也是一个重大理论问题，关系坚持社会主义基本经济制度，关系改革开放基本国策，关系高质量发展和共同富裕，关系国家安全和社会稳定”。因此当前如何发挥资本要素积极作用，规范和引导资本健康发展已经成为社会主义市场经济体制下的关注点和重点。

二、资本要素的表现形态和配置效率

资本要素分为实物资本和金融资本

从资本要素的形态来说，资本要素包括实物资本和金融资本两种形式。实物资本是直接进入生产领域的资本，依赖产业基础，具备优化其他要素资源配置、贯通产业链上下游、提高劳动生产率的作用，实物资本在促进我国产业发展、引领产业转型升级方面起到重要的积极作用。根据四普数据，2018 年我国规模以上工业企业、建筑业及第三产业企业的总资产为 843 万亿元，其中规模以上工业企业、建筑业、传统服务业、专业服务业、公共服务业占比分别达 14%、4%、24%、55%、3%。

金融资本是间接进入生产领域的资本，包括货币资本、借贷资本、股票、债券等资本形式。截至 2022 年末，我国金融机构各项贷款余额达 214 万亿元、股票市值达 79 万亿元、债券市值达 141 万亿元。从贷款资本配置来看，2020 年我国传统服务业、专业服务业、制造业贷款资本占比较高，分别达 35%、22%、16%。从股票资本配置来看，2022 年末制造业市值占比达 54%，专业服务业、传统服务业其次，占比分别为 23%、10%。从债券配置来看，2022 年末专业服务业债券余额占比达 73%，建筑业及传统服务业占比分别为 10%、9%。

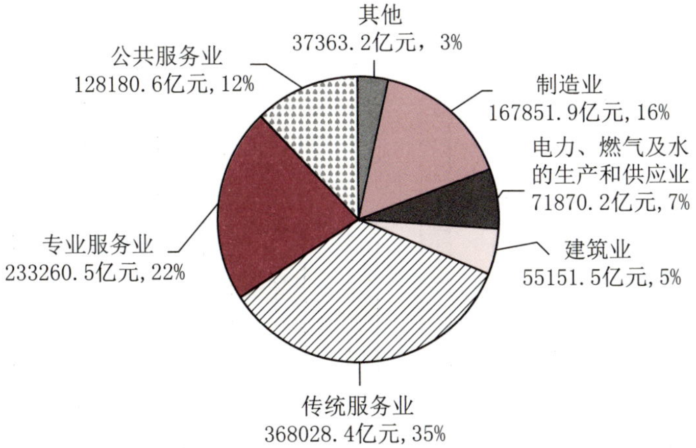

图 68　2020 年我国传统服务业、专业服务业、制造业贷款资本占比较高

资料来源：万得。

从金融资本要素的配置方式来说，当前我国以间接融资为主，直接融资为辅，近年来随着科创板注册制的发展，直接融资在新增融资中占比提升。过去我国经济动能以投资为主，依靠基建、重工业以及

房地产的经济增长模式对于经济增长起到了积极的作用，而以商业银行为代表的间接融资体系，重抵押物、风险偏好低，能够有效支持房地产、基建投资等大规模融资需求。在此背景下，我国金融资本要素形成了以银行等金融机构为主的间接融资配置结构。2022 年底包括银行信贷、表外融资在内的间接融资占我国存量融资的比重接近 70%，其中人民币贷款占比 62%、外币贷款占比 0.5%，表外融资占比 5%。

随着经济结构的转型升级，创新驱动、科技驱动、消费驱动特征更加明显，我国资本配置改革顺应经济发展需求，加快直接融资市场发展。近年来，注册制改革极大地推动了直接融资规模扩张。注册制改革以来股票、企业债、公司债合计融资规模近三年均超过 5 万亿元，由 2019 年的 4.4 万亿元提升至 2022 年的 5.1 万亿元，新增直接融资占比在近年人民币贷款规模大幅提升的背景下基本保持平稳，近年来稳定在 20% 左右。

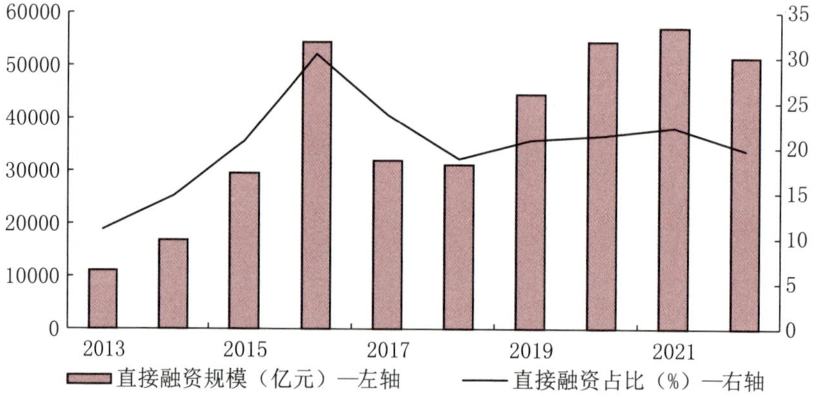

图 69　近年来我国新增直接融资占比稳定在 20% 左右

资料来源：万得。

从资本要素来源看，境外资本在我国资本配置中的重要性持续提升。根据四普数据，2018 年外资企业（含港澳台）的总资产接近 55 万亿元，占我国企业总资产的比重超过 6%。2001—2022 年，我国外商直接投资规模从 469 亿美元快速提升至 1891 亿美元。从外资资本配置的领域来看，2021 年制造业、租赁和商务服务业、房地产业、科学研究技术服务和地质勘察业、信息传输计算机服务和软件业投资规模最大，合计占比达到 77%。

资本要素配置效率显著提升

近年来，在一系列改革举措下，资本要素的配置效率明显提升，对技术要素、数字要素、绿色要素等其他要素的带动效应和服务能力也显著增强。

资本要素服务科技创新的能力明显提升。注册制提升了市场包容性，助推了大批科创企业上市，截至 2022 年末，科创板中新一代信息技术产业企业数量达到 196 家，首发融资 3520 亿元，生物产业企业数量达到 105 家，首发融资 1554 亿元，资本市场服务中小企业、新兴行业企业的力度显著增强。2022 年科创板上市公司全年研发投入金额合计达到 1284.68 亿元，研发投入占营业收入的比例平均为 16%，2022 年科创板公司全年合计新增发明专利 13758 余项，平均每家公司拥有发明专利数达到 152 项。

资本要素促进绿色要素发展的能力也明显提升。近年来，我国绿色金融工具愈发丰富，绿色产品的发行力度不断加大，截至 2022 年末我国绿色债券存量规模 1.54 万亿元，位居全球第二位，以环境污染责任险、绿色交通保险、清洁能源保险、绿色资源保险、绿色技术保险等为代表的绿色险种逐步发展。此外，全国碳市场建设进入深化完善阶段，以电力行业为对象的全国统一碳市场于 2021 年 7 月正式上线，后续有望逐步扩大行业覆盖范围，如钢铁、石化、化工、航空等重点行业。

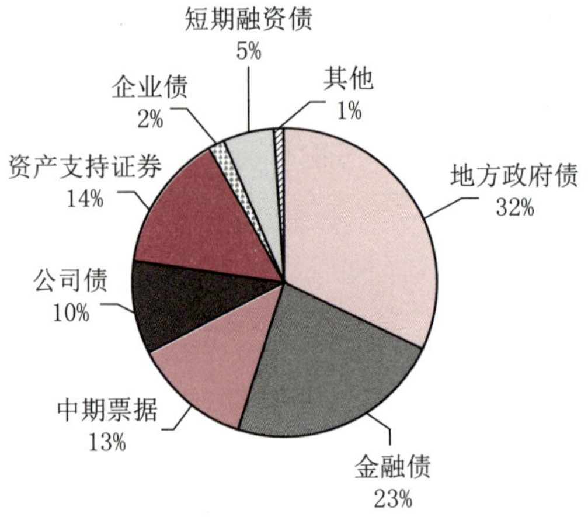

图 70　2022 年不同类型绿色债的发行占比结构图

资料来源：万得。

资本要素极大促进数字要素发展。资本要素是推动数字经济发展、促进数字要素市场化的重要抓手，也是实现数字要素价值的重要载体和中介。注册制改革以来，资本市场价值发现和资源配置功能不断健全，我国加快培育形成了一大批全球领先数字龙头企业。资本市场培育的数字龙头企业遍布数字经济各个重点领域，例如云计算领域的浪潮信息、用友网络，人工智能领域的科大讯飞，大数据领域的光环新网，物联网领域的北京君正等。以龙头企业为引领，我国在电子元器件、人工智能、新型零售及社会服务等方面形成了全球领先的产业服务体系，并孵化带动一大批数字中小企业快速发展。龙头企业的快速成长极大促进了数字经济核心产业发展，提升数字经济发展效能，在持续推动各产业数字化转型上发挥了重要作用。中证数字经济主题指数的 50 只成分股中有 13 家科创板企业、12 家创业板企业，2022 年末市值分别达到 9409 亿元和 7853 亿元。另外，资本市场为上市企业持续加大数字化转型投入提供重要平台。根据《中国上市公司数字经济白皮书 2022》，当前 726 家样本上市公司中约 76% 已经开始推进数字化转型，其中制造业企业最多，达到 358 家。通过大数据、云计算、工业互联网、物联网、人工智能等数字技术赋能，上市企业极大地提升了财务、办公、营销、销售、生产制造、供应链采购等环节的“数字生产力”，实现管理优化和生产效率提升，有效促进现有业务发展，加强差异化竞争力。

三、资本要素发展要重点解决好三大问题

当前资本要素发展的关键在于规范和引导资本健康发展，更多发挥资本的正向作用。这其中包括三方面重要问题：一是要推进多元和多种形态的资本共同发展、有序竞争；二是要处理资本和利益分配的关系，提升劳动力要素的分配占比，让资本要素收益由更多社会公众来共享；三是要发挥资本在推动区域协调发展上的作用，缩小城乡差距，更好推进共同富裕建设。

引导多元资本共存发展、有序竞争

要加快解决资本垄断问题，推进不同所有制资本公平竞争，推进多元资本共生共长。公平竞争制度是提升市场经济运行效率的关键制度。近年来，公平竞争问题已经成为影响我国经济运行效率最明显因素，行业垄断、不正当竞争削减了民营企业进入部分行业或领域的积极性，平台经济在部分领域的新型垄断极大挤压了中小企业的生存空间。据粗略测算，我国每年将近有20%—30%的GDP福利损失是由于不公平竞争造成的。“十四五”期间我国要推进各类不同所有制企业在科技资源、金融资源、社会资源和网络资源获取上的公平市场地位，贯彻“竞争中性”原则，全面落实公平竞争审查制度，破除地方保护主义、破除所有制歧视，创造各类资本公平竞争的良性生态，推进所有类型的资本共生共长。

要以国企三年改革和混合所有制改革为契机提升国有企业和国有

资本的竞争力。一要在基础设施、初级产品及产业引领上发挥国有资本的特有作用，强化国有资本在国计民生以及与国家安全相关领域的主导地位，优化国有资本结构，加大国有资本在金融基础设施及信息安全等方面的投入，确保经济金融安全。二要提升国有资本的竞争力，推进国有资本的有进有退，在公共服务等领域强化国有资本的公共属性和社会属性，在市场竞争领域借助混合所有制改革提升国有资本的活力。三要切实解决国有企业及国有资本的激励问题，中共中央、国务院《关于新时代加快完善社会主义市场经济体制的意见》提出“支持符合条件的混合所有制企业建立骨干员工持股、上市公司股权激励、科技型企业股权和分红激励等中长期激励机制”。“十四五”时期国有企业要按照“市场化选聘、契约化管理、差异化薪酬、市场化退出”的方式选拔职业经理人，在一定程度上放开对国有企业高级管理人员的薪酬限制要求，解决好微观主体的激励问题。

要健全产权保护，进一步激发民营资本的活力。其一，完善产权制度是激发民营企业市场活力的重要制度基础。全面依法平等保护民营经济产权可以健全支持民营经济发展的法治环境，公开公平公正参与竞争，缓解民营企业面临的资源获取不足难题。其二，良好的营商环境是激发民营资本投资活力的关键所在，要着力打通当前民营企业发展中面临的堵点，以持续优化营商环境为核心打消民营资本的发展顾虑，提振民营资本的投资信心。其三，民营资本自身也要加快完善现代公司治理制度，改变过去以家族企业为主的经营方式，推进企业治理的规范化和现代化，要借助科技赋能、管理赋能、创新赋能，全面提升企业盈利能力，要积极融入产业链发展中，为大型龙头企业提供相应的产业配套，在产业链的特定环节上做大做强。

要借助制度型开放继续加大吸引外资资本，完善外商投资负面清单制度。一是要加快落实《中华人民共和国外商投资法》，持续优化外商投资环境，畅通国际贸易物流。二是要逐步推进服务业的对外开放，健全外资准入前国民待遇加负面清单管理制度，健全对外商投资的审查、不可靠实体清单等制度，持续加大吸引外资。三要推进制度型开放，为境外资本在国内做大做强创造良好的外部条件，要逐步从商品开放、服务开放走向制度型开放，在市场、规则、规制、管理、标准等方面与国际通行规则进一步接轨，推动贸易、投资和金融一体化开放，努力提高中国在全球重要产业链中的重要地位。

要优化资本市场基础制度体系，推动资本的社会化，为各类资本发展创造更大的空间。要以注册制改革为切入点加速推进资本市场的系统性改革，发挥资本市场在资源配置中的枢纽作用，更好推动技术、数字等创新要素的发展和创新资本的形成。要加快建设多层次资本市场体系，加快推动更多资本实现高度社会化、企业股权实现高度分散化。

正确处理资本和利益分配问题

当前我国初次要素分配呈现三大特征。一是目前我国劳动力要素分配占比不高且不同行业之间的差距较大。受历史因素和统计口径影响，目前我国劳动力要素收入、居民可支配收入占比相对较低，2022年我国人均可支配收入约3.7万元，居民可支配收入占GDP比重不到60%，和西方国家相比有一定差距。另外，目前我国劳动力要素分配在不同行业间的差距较大，其中金融、信息、科技、文化、医疗等行业高端人力成本在要素分配中占比较高，同时在餐饮、住宿、卫生和社会服务等领域劳动力要素分配占比又明显偏低。二是当前我国资本要素分配占比高但资本投资收益率偏低。目前我国资本要素在初次分配中的占比约为20%，较西方经济体近10%的分配占比明显偏高，但同时我国企业的总资产收益率水平又相对较低，粗略估计我国地方国资企业的平均总资产回报率仅 3% 左右。三是我国政府部门分配占比相对不高但政府支出不断上升。2022 年我国税收收入约为 16.7 万亿元，占当年 GDP 的比重约为 14%，2022 年全国一般公共预算收入为 20.4 万亿元，一般公共预算支出为 26.1 万亿元；地方政府性基金预算本级收入约 7.4 万亿元，支出约 11 万亿元；政府需要平衡的各类支出超过 35 万亿元，地方政府面临严重的收支结构失衡，地方政府债务率持续攀升。

要处理好资本和利益分配的关系，更好地推进共同富裕建设，这其中要处理好三大关系：一是资本集中化趋势与共同富裕强调机会均等之间的关系；二是社会资本聚集与财富来源变化的关系；三是资本流动与资本价值创造的关系。

要处理好资本的集中化趋势和共同富裕强调机会平等之间的关系。根据资本的逐利性和扩张性，在市场经济体制下生产资本将呈现集中化趋势，近年来我国不同行业集中度都有所提升，社会生产资本进一步向大型企业及行业龙头企业集中，资本的集中化发展将推进垄断形成。与此同时，共同富裕的建设强调机会均等和公平竞争，一方面表现为在生产资本上强调各类资本的平等准入和公平竞争，要消除垄断壁垒、区域壁垒及各类不公平竞争，为中小企业创造平等的竞争环境；另一方面表现为在生活资本上要推进生活资本的分散均衡，实现居民生活的均等化。要处理好生产资本集中化与生活资本均等化之间的关系，处理好效率与公平的关系，借助区域、行业之间的横向调节机制来实现均衡发展。

要处理好社会资本集聚和财富的性质来源变化的关系。我国企业发展经历了从最初的民营乡镇企业到联营企业直至股份有限公司的变化，企业资本的积累也经历了从最初的家庭资本到货币资本直至目前智能资本主导的新阶段，社会资本的积累和扩张方式都发生了巨大变化。在科创驱动发展的新阶段，传统资本的重要性在逐步下降，以人为载体的创新资本重要性不断上升，劳动开始重新支配资本，社会财富分配结构发生重大变化。要根据社会资本和财富性质来源的变化，推进资本持有人的社会化，不断提升智能资本在要素分配中的占比，以智力劳动引导社会要素机制重新分配。

要处理好资本流动与资本价值创造之间的关系。一方面，要充分发挥资本要素在社会资源配置中的重要作用，借助以人为载体的创新资本流动性不断增强，引导更多社会资本流向科技创新、绿色转型和数字化等新领域，形成创新资本。提高农村土地、中小企业资本以及现代要素的流动性，促进资本参与生产创造价值。另一方面，又要防止资本的过度频繁交易形成价格泡沫，近年来我国各类资产都呈现出明显的高换手、高流动性等特征，高换手率使得我国各类资产价格受市场流动性影响极大，在一定程度上社会还形成了交易创造价值的误解，资本在金融市场之间的频繁换手并不创造价值，要引导资本更多流向实体经济领域，为实体企业赋能进而创造更多社会价值。

发挥资本作用推动区域协调发展

区域差距以及与此相关的城乡差距是引致近年来我国居民收入差距持续扩大的重要因素。当前在我国区域发展中东西差距、南北差距进一步扩大，城乡、区域不动产市场分割引致区域收入差距和价值走向反差不断加大，不同区域在社会保障及公共服务供给上面临较大的差异和失衡。要有效发挥资本要素的配置作用，推动城市群及区域内的协调发展，缩小区域差距、城乡差距，更好推进共同富裕建设。

要发挥资本的价值发现功能，以城市群一体化和新型县域经济建设为切入点缩小区域发展差距。一方面要以城市群为核心，加快推进城市群内要素市场的一体化发展，要以资本要素为核心，推进城市群内土地、劳动、技术和数据等要素一体化配置和发展，要打破区域壁垒，以城市群为整体来推进产业链的分工和协调，增强城市群内核心城市对周边城市的辐射带动能力，借助新城建设将更多中心城市的公共服务资源向外辐射，让更多城市群内的居民享受到均等公共服务。要调整对不同城市群的考核标准，对于生态保护区、边疆地区的城市群要加大对其生态安全、边疆安全、社会稳定安全的考核，适当弱化对 GDP 指标的考核。另一方面要引导资本加快推进以县城为核心的新型城镇化建设，强化在道路桥梁、水电煤气等基础设施建设上的支持，加大对县城经济开发的财政支持力度，以县域经济发展为切入点来切实提升中小城镇居民的生活质量。

要逐步解决城乡和区域之间公共服务和社会保障均等化的差异问题。一是进一步推动常住人口市民化。我国目前拥有 1.5 亿城市常住人口，推进常住人口市民化是下一步我国城镇化发展的重要目标。常住人口市民化不是简单的城镇化，重点在于推进常住人口享受同等的社会服务公共保障福利，包括福利房保障房的申购权、租售对等下的入学选择权、基本医疗服务保障权等。要按照常住人口而非户籍人口的规模来配置公共服务资源，对于人口持续净流入的城市要进一步加大公共服务资源的供给。二是借助市场化改革，引入更多社会资本来优化社会保障和公共服务的供给方式。目前城市社会保障需求以住房保障为主，而农村则以医疗、教育等方面为主。由于农村人口分散，其社会保障直接提供成本较高，要改善保障提供方式，借助公共服务业的市场化改革来引导更多社会资本进入，为居民提供更适合、多样化的保障服务。三是健全市场化的生态补偿定价机制，借助生态补偿、转移支付等多种举措来缩小区域在公共服务及社会保障上的供给差异。要发挥资本的价值发现功能，对边疆及部分西部城市群承担的生态保障功能进行市场化定价，借助区域间的生态补偿机制强化工业带对农业带、生态带的补偿，更好地推进区域协调发展和共同富裕建设。

当前地方政府要深刻认识资本要素在现代经济体系建设中的重要作用，其中关键在于正确全面认识利用资本要素及发展资本市场的实质，全面看待企业上市及退市问题。当前部分地方政府将发展资本市场单一理解为加大培育上市公司。近年来全国多地推出了上市公司倍增计划，并以此作为培育地方企业和发展地方资本市场的重要举措。企业规范改制和培育上市公司有利于引导企业构建现代公司治理体系，持续提升经营水平和竞争力，然而在实际推进过程中，部分地区为了加快政策落实，呈现出搞“硬考核”、攀比补贴标准等情况。部分企业为获得补贴及市场融资，开始重短期产值和估值，轻长期基础研究和技术开发，扭曲公司正常经营活动。同时，地方政府也要全面看待退市企业，不要习惯性将退市企业作为劣质企业，将退市等同于企业的污点行为。发行上市与退市都是企业正常的经营行为，境外市场存在大量企业主动退市的情况，上市公司并不完全等同于好公司，退市企业也并不等同于坏公司。要引导企业更多从自身经营和长期发展等综合因素出发，合理规划资本运作行为，使得企业“敢退市、能退市”。

第十章 兼顾资本的经济收益与社会收益

2022年4月29日中央政治局就依法规范和引导我国资本健康发展进行第三十八次集体学习。习近平总书记指出资本作为重要生产要素，是市场配置资源的工具，是发展经济的方式和手段，同时也指出要强化反垄断，防止资本无序扩张，有效防范风险，维护市场公平竞争，并强调要规范和引导资本发展，为资本设置“红绿灯”。马克思对资本主义生产方式所导致的“异化劳动”与“异化自然”进行过深刻批判，认定资本内部运行上符合经济理性，但外部运行上损害了社会理性。西方经济学中，马歇尔和庇古就“外部性”概念进行了研究，揭示了资本负外部性的现象。中国特色社会主义市场经济体系需要充分理解资本的正面作用和其无序扩张带来的负面影响，要兼顾资本经济收益和社会收益，引导资本有序创新发展。

一、正视资本在经济发展中发挥的重要作用

改革开放40多年来，资本同土地、劳动力、技术、数据等生产要素共同为社会主义市场经济繁荣发展作出了贡献。过去资本要素在发展生产力、创造社会财富和增进人民福祉上发挥了重要作用。

资本推动社会生产力提升

资本极大推进了社会分工，通过横向分工推动社会生产过程中资

源的有效配置，通过纵向分工推动产业链上各环节的专业化发展，通过企业内部分工提升了企业的生产效率。在资本推动下，我国社会生产力水平显著提升，经济逐步向高质量转变。从经济结构来看，我国三大产业相对占比不断向发达经济体靠拢，第三产业在总产出中的占比由20世纪90年代初的35%左右上升至2022年53%的水平，特别是批发零售、商业服务、科学研究等行业的占比不断提升。从生产效率来看，随着专业化程度的提升，我国经济发展质量不断提升、能耗不断下降，单位GDP能耗近30年间下降了68%。从产业链布局来看，我国产业链不断向高端化迈进，在国际市场上的定位逐步由原料生产、中低端工业产品制造向重工业装备、高科技产品、科技研发创新转型。2022年我国高新技术出口累计总额达到9513亿美元，通信设备、工程机械、海洋装备、高铁系统、无人机等一系列高端装备在国际上具备竞争力。

资本推动社会财富快速积累

改革开放以来我国市场经济快速发展，而资本作为重要的生产要素，有效带动土地、劳动力、技术等要素优化配置。过去30年伴随资本要素及资本市场的快速发展，我国创造了巨大社会财富，社会财富的积累速度超过了以往任何时期，30年间我国实际人均GDP由1700元增长至8.1万元，城镇人均可支配收入从1500元增长至4.7万元。与此同时，我国资产证券化率不断提升，2022年末股票和债券市值占GDP之比分别达到65%和117%，以美元计价的名义GDP占全球之比由2013年的12%上升至2022年的19%。随着2018年中央经济工作会议明确资本市场在金融运行中具有“牵一发而动全身”的作用，2019年资本市场在资源配置中枢纽作用的明确，资本要素在我国经济发展中将发挥更重要的作用。

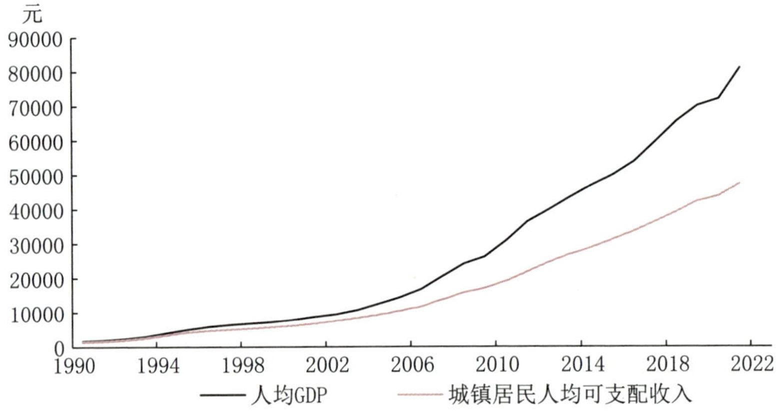

图 71　资本主导的市场经济下社会财富快速积累

资料来源：万得。

资本推动培育国际领先企业

资本的逐利性、扩张性和渗透性深刻地改变了我国企业发展模式，推动其向科技化、数字化转型以及商业模式创新，为我国培育了一批国际领先企业。2021 年世界《财富》杂志 500 强中，我国企业数量达到 143 家，超越美国，近年来基本一直与美国分庭抗礼，不少企业在各自领域处于全球绝对领先位置。资本推动科技成果向产业转化，近

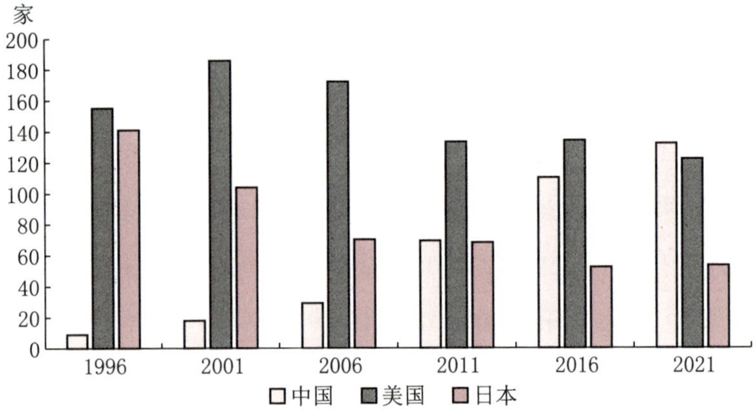

图 72　我国世界 500 强企业数量与美国分庭抗礼

资料来源：Fortune 杂志。

年来我国涌现出一大批独角兽企业。美国调查公司 CB Insights 的独角兽跟踪（Unicorn Tracker）最新数据（2022 年 2 月）显示，全球 1066 家独角兽企业中国拥有 170 家，仅次于美国，其中已有多家独角兽企业估值超百亿美元，字节跳动估值全球第一（1400 亿美元），蚂蚁集团、菜鸟网络估值也跻身全球前列。此外，资本要素也有效推动国资改革，我国国有企业资产证券化率不断提升，国有资本在经济运行中的重要性进一步显现。

二、当前资本无序扩张的五大表现

过去资本在推动我国经济社会发展中发挥了重要作用，从数字经济发展方式来看，只有在边际成本为 0 后数字经济的规模优势才能有效显现，这在一定程度上形成了新型垄断，一些领域也出现了资本无序扩张的问题，给社会带来了较大的影响。

资本过度进入公共服务领域

资本过度进入教培行业，影响教育资源的公平性。2015 年来资本通过一级和二级市场加速涌入教培行业，私募股权投资行业一年投资的教培机构一度超过 200 家，2017 年起教培行业集中在港股和美股上市，2020 年末港股教培行业上市公司达到 14 家，4 年间新上市 8 家，行业总市值达到约 4500 亿港元，较 2017 年增长 6.5 倍，美股中概教培行业上市公司达到 27 家，4 年间新上市 15 家，行业总市值达到约 1050 亿美元，较 2017 年增长 1.4 倍。资本在教育领域快速扩张，造成了优秀教育资源过度向大型城市及中高收入阶层集聚，加剧教育行业的异化，拉大了不同区域、不同收入阶层家庭所接触到的教育资源差距，极大地影响了教育公平。同时，教培行业在扩张过程中存在较为普遍的超前收费、超纲教学、教师资格不足和虚假宣传等乱象，扰乱了行业发展秩序。

资本过度进入医疗健康行业，引发行业乱象。近年来医疗健康是资本投资的热点领域，2019 年私募股权投资在医疗健康领域的投资项目超过 1188 个，2019—2021 年间医疗健康板块在二级市场的涨幅高达 84%。资本向医疗健康领域的快速聚集一方面推动了互联网医疗、创新药及医疗器械的快速发展，对我国医药行业创新发挥了重要作用；另一方面资本的过度聚集也引发了一些行业乱象，部分互联网医院执业不规范，部分平台非法从事药品销售，在医美等领域出现了随着行业容量扩大，医疗事故频发等现象，人民身体健康受到影响。当前我国保障性公共医疗与市场化医疗服务的边界尚未完全清晰，社会资本过度进入上述领域容易加剧基础医疗资源的不均衡，影响社会公平。

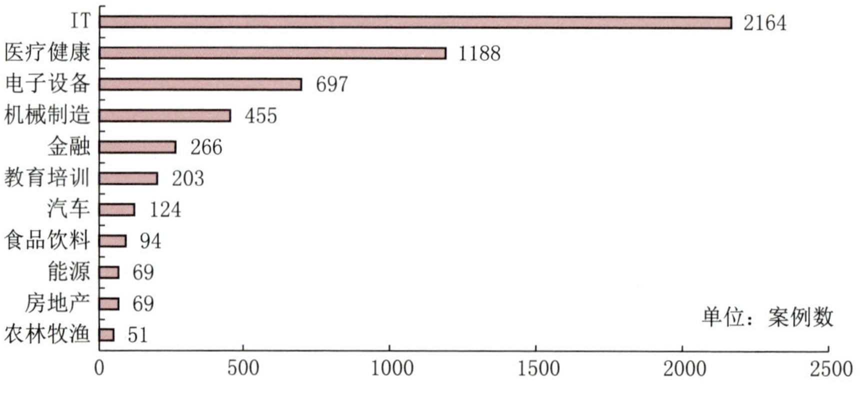

图 73　2019 年 IT 和医疗健康是私募投资青睐的领域

资料来源：清科研究。

资本在新经济领域过度并购

资本借助过度并购在部分领域不断提升市场份额占比，形成市场垄断。流量经济驱动下，部分平台科技公司以并购作为企业发展的主要方式。据 Dealogic 数据，我国计算机和电子行业在 2017—2021 年间针对境内同行的并购达到1657起，其中披露交易金额的1300余起并购案例的总金额便达到1775亿美元。个别大型平台企业年投资企业160余家，呈现出平均每2—3天购买1家公司的态势。过度的并购带来头部平台公司的市场地位不断提升，据智研咨询《2020年中国网络零售行业发展概况分析》显示，2020年全国网络零售销售额排名前三的平台企业分别为阿里、京东、拼多多，市场份额分别为55.3%、16.0%、10.1%。借助并购，部分平台公司形成了明显的市场垄断优势。

垄断格局下平台公司的一些不当行为损害了市场公平与消费者权益。一方面，平台针对用户制定不合理的价格，从而损害了消费者与合作方的利益，例如垄断性平台运用数据优势对消费者进行歧视性定价策略，或对入驻的商家制定不合理的保证金、技术服务费、推广费等收费制度；另一方面，平台利用市场支配能力排挤竞争对手，从而妨碍市场公平，例如逼迫商家"二选一"，或通过提前组建相应团队及高薪"挖墙脚"等行为提高进入门槛，并对潜在竞争对手进行恶意收购等。

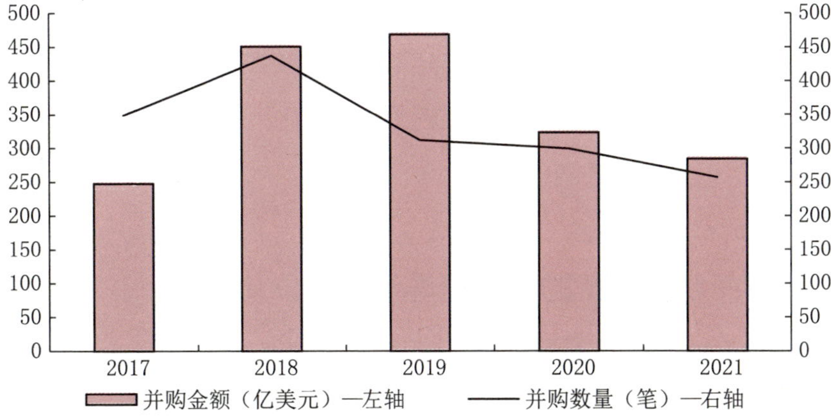

图74　计算机及电子行业对境内同行的并购十分活跃

资料来源：Dealogic。

资本在部分国计民生领域的过度扩张

资本在金融领域的过度扩张引发的无牌经营、擦边球等现象，扰乱了金融市场秩序，损害了金融消费者权益。2013 年以来随着互联网金融业态的快速发展，大型互联网公司运用流量优势和客户优势，借助并购或控参股等形式快速进入支付、征信、公募基金、保险及银行等金融领域。互联网金融业态的快速发展一方面带来了金融服务的创新，借助数据、算法和应用场景的创新，互联网金融有效弥补传统金融服务的不足，推动金融服务效率的提升和金融业整体的数字化转型；另一方面部分互联网金融业务在未持牌情况下违规开展金融业务，P2P 机构跑路引发居民财富受损等事件屡见不鲜。除此之外，部分大型互联网平台借助在数据、技术开发上的优势，在金融基础设施领域已经占据重要地位，企业的个体行为可能对金融安全造成较大的风险隐患。

资本在部分领域的过度进入可能带来隐患。当前全球正面临百年未有之大变局，全球经贸规则、国家实力对比、产业链结构、社会环境均面临重构，我国经济正处于新旧动能切换的关键时期，在复杂的境内外环境下，国家安全面临较大的考验。近年来资本在国防军工等领域的快速聚集有效推动了军民融合发展，但必须认识到目前我国部分军工技术、生态环保等领域不应过度资本化。社会资本过度进入上述领域容易引发较大的隐患。

资本在创造消费的同时也导致消费异化

与过去需求引导供给的方式不同，近年来随着资本要素的快速发展，资本自我创造需求的能力不断提升。从居民消费来看，近年来资本创新催生出新的消费业态和消费模式，创造了消费热点，对推动我国内需消费增长发挥了积极作用。一方面，资本推动了网络零售行业的发展，线上商品和服务零售金额于 2021 年达到 13 万亿元，占社零之比为 30%，较 2015 年的 13% 有大幅提升。另一方面，近年来资本在电竞、医美等行业的快速扩张，催生新消费业态，我国居民在医美、奢侈品等方面的消费持续增加，据贝恩公司数据显示，中国在全球奢侈品市场中的消费额占比不断增长，2019 年达到 35%，另据艾媒咨询调研数据显示，2020 年中国轻医美市场规模达到 545 亿元，用户规模达到 1520 万人，是全球重要的医疗美容市场。

资本在创造消费需求的同时也带来一系列社会负面效应。一是资本自我创造需求模式在一定程度上加剧了消费分化，一方面部分居民在医美、奢侈品等高端消费方面持续投入，另一方面部分居民在传统日用消费和标准化产品的消费上不断降级，消费结构逐步异化。二是资本在创造新需求的过程中也出现了一些消费行业乱象，在病毒式营销和消费欺诈下，近五年中消协收到医美行业投诉增长近 14 倍。此外，以网络游戏、上瘾性盲盒消费、新奇刺激消费为代表的新型业态极大地占据了年轻人消费，人们过度追逐消费热点导致部分群体跌入消费主义陷阱。三是资本在游戏、传媒等领域的不断扩张对社会文化习俗也产生一定影响。

资本无序扩张下中小投资者利益损害

资本无序扩张过程中出现了中小投资者利益受损的现象。近年来我国部分领域资本扩张速度与资本投资收益率之间明显背离，A 股上市公司总资产由 2015 年的 194 万亿元增长至 2021 年的 349 万亿元，但企业盈利规模增速却相对较缓。重规模、轻利润已经成为部分企业新的商业模式，企业融资行为可能与中小股东利益相背离，出现第二类委托代理问题，即大股东侵占中小股东权益的现象。此外，从资本市场不同类别投资者收益来看，近年来我国个人投资者与机构投资者的投资收益差距持续扩大，例如股票型公募基金 2019 年与 2020 年累计单位净值增长率的中位数均达到 36%，其中普通股票型（偏主动）同期累计单位净值增长率的中位数分别达到 45% 和 57%，均大幅超过 A 股主要指数涨幅，也远超个人投资者的平均收益率水平。

资本不断向龙头企业集中，传统行业、中小企业融资受限。在资本扩张速度与资本投资收益率相背离的情况下，资本加速向新消费、新经济、新业态以及行业龙头聚集，而传统行业与中小企业融资逐步萎缩。一方面，A 股市场以银行、钢铁、煤炭、石油石化为代表的传统行业估值持续走低，2021 年末动态市盈率分别为 5 倍、9 倍、9 倍、12 倍，较电子、生物医药、计算机等新兴行业的估值相比明显偏低。另一方面，A 股存量市场上资本进一步向高市值龙头企业集中，中小企业融资能力受限。2017—2022 年间 A 股上市公司中市值 200 亿元以下的企业数量占比始终保持在 80% 以上，但其年再融资金额占比逐步降低至 30% 左右。

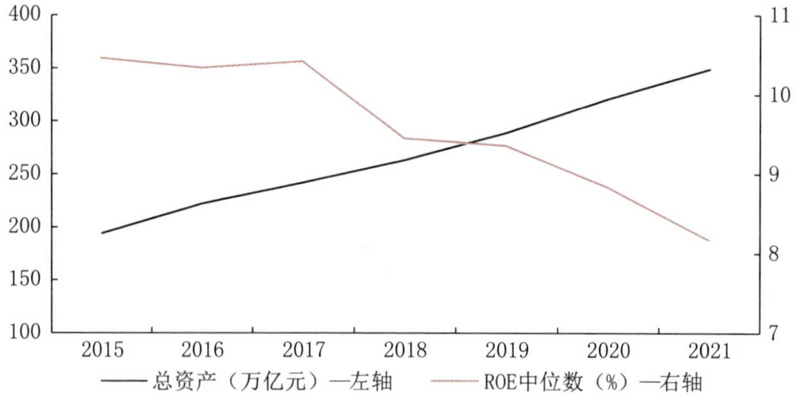

图 75　近年来 A 股上市公司资本扩张与资本投资收益率之间明显背离

资料来源：万得。

三、引导资本有序发展，兼顾资本经济收益和社会收益

从资本运行规律出发加强引导规范

一方面，要尊重资本逐利性的客观特征，引导其更多流向中小企业及传统行业领域。与发达国家相比，我国对传统制造业的依赖度仍然较高，传统行业的稳健发展对我国经济转型发展、避免产业竞争力“未强先衰”十分重要。同时，我国很多产业集中度还不高，中小企业仍是我国重要的经济创新主体。为引导资本更多流向中小企业及传统行业领域，要加速破除垄断带来的超额收益，提升传统行业及中小企业的投资收益水平，引导资本更好地进入多元行业领域。另一方面，要尊重资本扩张性的特征，以市场化方式引导长期资本更多流向科技创新。当前我国资本、科技与产业之间的循环还面临诸多堵点，为引导资本更多向科创领域扩张，需要加强知识产权保护，推进知识产权证券化，并形成以顶层规划为基础，各层级制度支持和政府基金配套一体化的政策支持体系，切实推进资本、科技与产业的良性互动。

加快完善规范资本行为的制度法规体系

近年来，我国不断完善制度规则，通过执法优化平台经济领域市场竞争的秩序，进一步激发平台企业和平台内中小企业的创新活力和发展动力。包括修改《中华人民共和国反垄断法》，增加了《互联网平台反垄断监管执法制度规则》，修订完成了《禁止垄断协议规定》《禁止滥用市场支配地位行为规定》等配套规章，进一步细化互联网平台反垄断监管的具体规则，为经营主体提供更加清晰明确的行为指引。另外，我国进一步加强竞争合规的指导，在依法查办垄断案件的基础上，督促全面停止“二选一”等垄断行为，认真落实整改措施，积极推动平台企业加强合规建设。

未来要持续强化规则制度供给，营造稳定可预期的制度环境，支持平台经济健康发展。第一，完善相关法律，加强对垄断的打击。在《关于促进平台经济规范健康发展的指导意见》及现有数据安全管理条例的基础上，明晰平台垄断型企业的主体责任、义务及经营边界。第二，尽快健全对平台经济的规范引导机制。根据新经济、新业态、新模式的客观特征，加快健全对平台经济、企业并购、数字经济治理和新消费业态等方面的制度指引。第三，尽快完善资本投资制度指引，制定出台社会服务业负面清单，坚持鼓励与规范并举，根据社会服务业特有的公益性、福利性、普惠性、平等性和差异性等特点，明确禁止进入、许可进入以及自主进入的社会服务行业清单，减少政策的模糊性，给予市场稳定预期，引导社会资本按照行业准入清单进行规范化投资。

把引导资本规范化运作与国家战略目标相结合

资本的规范发展要主动与国家战略目标相结合，要从国家战略的需求出发去主动挖掘投资机会，在服务国家战略和产业转型中寻求资本配置效率的提升。第一，提升资本对科技创新和产业链升级的支持。发挥国家科创基金、地方政府产业基金及引导基金的撬动作用，吸引更多社会资本投小、投新、投早。完善资本市场基础制度，实质性降低创新企业嫁接资本市场的成本。从技术、数字、管理等创新要素的新特征出发，形成针对这些创新要素的估值定价体系，积极培育专业的投资机构和专业中介机构，提升市场对新要素的价值发现能力。第二，提升资本对绿色产业的支持。完善绿色金融的顶层设计，创设更多绿色金融工具，统一绿色债券标准，培育绿色股权市场发展，构建绿色基金体系。借助股权投资收益的税收优惠政策，引导更多社会资本投向绿色转型领域。推动形成绿色投资文化，鼓励更多投资机构将

ESG纳入投资决策体系，完善绿色机构投资者评价体系。第三，提升资本对传统制造业和一般服务业的支持。积极创造良好的营商环境，使得社会资本进入传统制造及一般服务业也能获得平均投资收益，增强社会资本服务国家战略的主观意识，引导平台企业进行重大科技创新，不断提升全球影响力和竞争力。

运用市场化机制推进外部成本加速内部化

在西方经济学原理中，马歇尔和庇古的外部性理论和科斯的产权经济学理论针对资本的社会成本问题分别提出了各自的解决方式，前者提出通过征税和补贴来引导社会资源最优配置，后者提出通过界定资源的使用权来控制负外部性。立足于我国社会主义市场经济的发展现状，要积极用市场化方式合理分配资本的社会成本，推动资本的外部成本内部化。一是加快完善全国碳市场顶层设计，建立两阶段市场总量控制制度，扩大碳市场参与主体，加快将企业的环境成本内部化。二是引导更多投资机构将ESG纳入投资决策体系中，引导上市公司将社会成本内部化。三是借助《中华人民共和国反垄断法》，在并购重组审核、市场规则制定等方面更多考虑垄断带来的负外部性，加大对垄断行为的处罚和约束机制，推进垄断带来的负外部性内部化。

第十一章 建构现代新型资本监管体系

全面提升资本治理效能，健全事前引导、事中防范、事后监管相衔接的全链条资本治理体系是引导资本要素规范发展，提升资本要素配置效率的重要基础。要深化监管体制机制改革，提高资本监管能力和监管体系的现代化水平。要完善行业治理和综合治理的分工协作机制，加强综合监管的协调联动。资本制度是资本要素创新发展的重要基础，资本监管是落实和巩固资本制度的有效保障，好的监管制度本身就是竞争力。以资本制度为引领、资本监管为保障，构建适应现代经济体系的资本监管体系对推进资本要素健康发展至关重要。

一、发挥资本制度的引领作用和资本监管的保障作用

在党的百年奋斗史中，我国不断深化对资本的认识，逐步完善资本制度体系。党的十一届三中全会以来，我们破除所有制问题上的传统观念束缚，认为资本也是重要的生产要素，是资源配置的重要工具，社会主义国家也可以利用各类资本。“不管白猫黑猫，能抓老鼠的就是好猫”，通过所有制形式的改革我们极大激发了各类资本的生产活力，形成了以国有资本为主，集体资本、私营资本、外资资本共同发展的新态势。党的十八届三中全会以来，我们对资本的认识进一步深化，明确市场在资源配置中的决定性作用，为各类资本发展营造更加有力

的市场环境和法治环境。党的十九大以来，我国进一步深化市场化改革，2018年底中央经济工作会议明确提出，“资本市场在金融运行中具有牵一发而动全身的作用”，要发挥资本市场在资源配置中的枢纽作用，推动国有资本、民营资本、集体资本、外资资本及混合资本共存发展。伴随着对资本认识的深化，我国资本制度体系也逐步完善，资本市场制度、资本竞争制度、资本开放制度相继确立，资本市场在30年内经历了从无到有，目前市场规模、交易活跃度、融资规模均位居全球前列。改革开放以来我国始终坚持和完善社会主义基本制度，坚持“两个毫不动摇”，推进各类资本的公平竞争发展，坚持对外开放，吸引外资规模持续创新高，资本市场加速融入全球金融体系，资本制度在发展中不断完善。

资本制度是资本监管的重要基础，过去40多年我国“摸着石头过河”，在实践中不断完善资本制度体系。党的十九届四中全会以来，我国全面推进依法治国，发挥法治在国家治理体系和治理能力现代化中的重要作用。在“建制度、不干预、零容忍”的九字方针下，资本要素市场加快补全制度短板，根据资本制度完善资本监管，全面提升市场法治化水平。

与境外成熟市场近百年的发展历程不同，我国资本制度还处在发展完善过程中，在发展中难免出现业务实践超前于制度设计的情况。在制度缺位下，资本监管在较长一段时间内是引导市场有序发展的重要规则指引。近年来我国在部分行业领域也呈现出一些波动情况，部分是市场主体行为不规范导致，部分也与资本制度不完善或监管不到位相关。为有效引导资本规范有序发展，近年来我国不断完善资本制度和资本监管体系，加快推进资本制度的系统性改革，着力提升资本监管的适配性。

二、资本制度的四大构成

资本市场体系制度

近年来我国不断完善资本市场制度体系，在市场层次上，加速推进多层次资本市场建设，推进场内市场与场外市场协同发展；在市场类型上，在大力发展股票市场的同时，也着力推进债券市场、期货市场及其他衍生品市场发展；在市场基础制度上，我国推动资本市场系统性制度改革，在发行、上市、交易、退市及信息披露上不断完善基础制度体系。

不断完善多层次资本市场体系，推进场内、场外市场协同发展。自资本市场设立以来，我国资本市场发展先后经历了场内场外市场并行、先场内后场外、直至场内场外市场协调发展的多个阶段。早在1986年，以“飞乐音响”和“延中实业”为代表的公司股票进行柜台挂牌交易，股票二级市场的雏形显现。1990年后上海证券交易所和深圳证券交易所相继设立，场内市场正式形成。经历“3·27国债期货”事件后，我国加速整理规范场外市场，集中发展场内市场，在较长一段时间内形成了“大场内、小场外”的资本市场体系。2013年以来我国持续完善多层次资本市场体系，在推进场内市场大发展的同时，积极推进新三板、区域股权市场及券商柜台等场外市场的发展，相继推进新三板扩容及交易制度创新。2021年我国在新三板的基础上推出北京证券交易所，强化场内市场与场外市场之间的衔接机制，目前场内、场外市场的转板、上市及退市机制日渐成熟，场内、场外多层次市场协同发展的新态势正在形成。

加快培育多类型资本市场，基础产品市场与衍生品市场相互促进发展。在推进股票市场快速发展的同时，近年来我国也加速推进债券、期货及其他衍生品市场发展。截至2022年底我国股债市值分别达到79

万亿元和 141 万亿元，黄金交易及期货交易总量位居全球前列。近年来我国加速基础产品创新和衍生品发展，相继推出 ABS、ETF、REITs 等产品，期货品种扩充至原油及其他多类大宗商品，上市期货期权品种数量达到 110 个，其中商品类 93 个，金融类 17 个。产品体系的完善为市场提供了丰富的风险管理和对冲工具，多类型资本市场体系加速发展。

以注册制改革为切入口，全面推进资本市场基础制度的系统性改革。过去 30 年我国持续完善发行、交易、退市等市场基础制度。以发行制度为例，在资本市场成立初期，我国股票发行采用审批制，2001 年起实施证券发行主承销商推荐制，对推荐数量进行限制；2004 年起开始引入发行上市保荐制，2006 年引入上市公司市价增发机制，发行价格实行询价制；2009 年后我国又相继推出累计投标询价、直接定价发行、券商自主配售等机制。2018 年 11 月我国宣布设立科创板并试点注册制，推动市场增量改革；2020 年 8 月创业板实行注册制改革，推动市场从增量改革走向存量改革；2021 年 9 月新设北交所并试点注册制，在场外市场、场内市场的相互衔接转化中引入注册制；2023 年 2 月在主板市场推进全面注册制改革。在注册制改革的稳步推进下，资本市场加速推进交易制度、退市制度及信息披露制度的改革，科创板和创业板相继放开股票涨跌幅限制，完善主动退市机制，以信息披露质量为核心提升上市公司质量，资本市场新的基础制度体系正逐步形成。

资本准入制度

资本的逐利性引导资本扩张，过去受制于所有制的限制及行业垄断壁垒，资本在不同行业的准入上面临差异化条件。近年来我国加速推进“放管服”及市场准入制度改革，在推进制造业平等准入的同时，也进一步放开服务业的市场准入制度，打破国有资本对金融、交通、电信和公用事业等领域的过度垄断，吸纳民营资本、混合资本进入垄断行业。继续加大社会服务业的市场化改革，放宽民营资本、外资资本、混合资本进入社会服务业的门槛，推动公共服务供给方式的多元化。加快推进负面清单管理制度，全面放宽各类市场准入，消除区域之间不平等政策歧视，坚持“非禁即入”的宽口径标准，鼓励多类型资本平等准入，推进各类资本共存发展。

资本竞争制度

公平竞争是激发多元资本活力、构建良好市场秩序的关键所在。近年来在资本的逐利性和扩张性下，我国在部分领域出现了资本的无序扩张和无序竞争的态势，部分资本借助平台垄断优势对其他类型的资本及市场主体形成明显的挤出效应。基于此，2020 年以来我国从构建竞争政策框架、修订公平竞争审查实施细则、统筹做好增量审查和存量清理，以及加强反不正当竞争执法等方面，不断完善资本竞争制度，构建资本公平竞争环境。在竞争政策框架上，完成《中华人民共和国反垄断法》的修订，制定《经营者集中审查暂行规定》等 9 部规章，发布《关于平台经济领域的反垄断指南》等 6 部指南，基本建立起覆盖线上线下、日趋系统完备的竞争法律制度体系。在修订公平竞争审查细则上，通过明确审查范畴、规范审查机制和程序、充实细化审查标准、补充增加例外规定、引入第三方评估以及强化监督和责任追究等措施来不断提高审查质量和效果，切实提升制度权威和效能。在加强反不正当竞争执法上，加强重点领域监管执法，聚焦互联网、数字经济、医药购销和医疗美容服务、教育等重点行业，坚决惩治损害营商环境的垄断和不正当竞争行为。2022 年，市场监管总局连续第五年部署开展反不正当竞争执法专项行动，查办各类不正当竞争案件9069件、罚没金额约6.2亿元。

资本开放制度

自改革开放以来，我国不断完善资本开放制度。在吸引外资上，我国先后放开制造业、服务业的对外开放，加大吸引外商投资，2020年我国正式实施《中华人民共和国外商投资法》，外商投资准入进一步放宽，外资企业在准入、监管方面逐步与内资企业趋同，实行准入前国民待遇与负面清单管理制度相结合的管理方式。2021年我国吸引外资投资规模突破万亿元大关，创历史新高，成为吸引外商投资规模最大的新兴经济体。与此同时，资本市场也加速推进双向开放。借助沪深港通及沪伦通等互联互通机制，境内资本市场与境外市场关联度明显提升，截至2022年底外资投资者持有A股流通市值占比接近4%。2021年5月证监会批准上海国际能源交易中心、大连商品交易所分别开展原油、棕榈油期权交易并引入境外交易者参与交易，商品期货、期权国际化品种范围不断拓展，已有9个品种向境外投资者开放。全面放开证券基金公司外资持股比例限制，截至2022年底，已有银行、券商、基金及其他各类共计200多家境外机构投资者进入A股市场。截至2023年8月，在中国展业的外资控股券商已达10家，其中摩根大通证券、高盛高华证券、渣打证券均为外资全资券商。在公募基金领域，贝莱德基金、富达基金、路博迈基金率先成为外商独资公募。在私募基金领域，截至2022年底，外资私募基金管理人数量已超过40家，其中2016年成立的桥水（中国）投资目前管理规模已突破100亿元。近年来我国进一步完善资本开放制度，在方便资本跨境流动及跨境结算上推出了一系列便利性举措，加速推进金融、贸易和投资一体化制度型开放，构建全面开放新格局。

三、资本监管面临四大挑战

伴随对资本认识的深化以及资本制度的完善，资本监管理念也呈现一系列新变化。一方面，在“建制度、不干预、零容忍”的方针下，监管理念逐步向强化制度建设转变，在最大程度上减少对市场运行的干预，积极构建各类市场主体归位尽责的良性生态。另一方面，在资本监管方式上，资本监管已从单一主体、单一市场的监管转变为多主体、多市场的交叉综合监管。近年来随着资本的创新发展，资本监管体系面临四大新挑战。

资本创新对资本监管全面性提出更高要求

近年来我国各类资本创新层出不穷，跨市场、跨界及跨境交易活动日渐频繁，金融产品的复杂化以及金融交易的跨境化使得风险在不同市场之间交叉，我国金融市场已经从过去的“泛资产管理时代”转向“泛投资交易时代”。量化交易及程序化交易的快速发展在提升市场交易活跃度的同时也加剧了市场趋同性交易，据粗略估算，2022年末量化/对冲策略基金规模可能在8000亿元—9000亿元之间，量化交易占A股日均交易金额的比重约为15%。跨境交易持续活跃，2022年陆股通买入成交金额11.7万亿元、卖出成交金额11.6万亿元，占A股交易量的比重提升至5.2%。场内外衍生工具和交易方式的创新正在加速，一级、一级半、二级市场联动投资和交易正在成为新型投资方式。资本交易方式的创新对以机构监管为主的金融监管体系提出巨大挑战，在金融市场的交叉地带，资本活动的监管难度显著提升。

资本扩张使得资本监管变得错综复杂

一方面，平台经济庞大的资本吸附能力使得资本监管变得更为复杂，为有序引导资本扩张，2020 年以来我国先后对线上教育、平台经济等互联网业态进行规范引导，资本监管在有效规范行业发展的同时，也引发一些负面效应。另一方面，与其他企业不同，数字平台公司的企业治理结构和治理体系存在较大差异。由于数字平台公司具有流量聚集性、市场主体聚集性及天然垄断性等新特征，平台公司发布的平台运行规则，理论上是企业内部制度，但由于平台上聚集了大量市场主体，实际上也是市场规则。平台企业的治理规则与市场运行规则之间的边界不清晰，导致企业治理决策将极大影响市场效率和社会公平。因此对平台企业资本扩张的监管不仅仅是对平台企业本身的监管，也会对其他市场主体及市场运行产生较大影响，对资本的监管不仅与金融监管部门相关，也与市场监督管理总局、工信部、网信办及科技部等部委相关，资本监管要做好企业利益与社会公共利益之间的平衡。

资本数字化下安全监管和信息保护成为新难题

资本与数字化的融合有效推动互联网产品销售、数字货币及 SaaS 和 PaaS 等新模式快速发展。数字化下各类信息在自媒体及互联网渠道的快速传播对信息披露监管提出更高要求，金融机构内部信息隔离和利益冲突防范成为监管难点。互联网金融产品销售的快速发展，对投资者适当性管理提出新要求。数字货币的广泛应用对反洗钱、违规资金跨境流动的监管带来新挑战。SaaS 和 PaaS 等商业模式的发展催生了一大批金融软件服务商的快速发展，如何规范金融机构、第三方平台及交易市场之间的交易接口标准和服务体系成为新的监管重点。除此之外，数字化改变了资本风险的传导机制，复杂产品业务与先进数字技术耦合，容易放大局部风险事件的影响，加剧金融市场波动，如何防范化解数字化下资本风险的加速传播成为资本监管的新课题。另外，在目前数据要素确权还不够清晰的背景下，如何强化数据安全和个人隐私保护，完善数据治理体系也是资本监管面临的新挑战。

资本开放下跨境监管难度显著提升

资本开放在推进内外市场互联互通的同时也明显加剧了我国资本跨境监管的难度。一方面，境内外市场互联互通加剧了境外风险向境内市场的传导，跨境风险日渐增加。新冠疫情期间，以美联储为代表的境外经济体无底线的量化宽松政策已经使得全球出现大面积债券负利率、股票指数脱离基本面、大宗商品价格脱离供求关系、利率调控政策普遍失效，全球金融市场的基本定价模型和共同标准受到严重冲击。2022 年初以来，俄乌冲突的持续发酵进一步加剧了境外市场对境内的风险传导，我国股票市场、债券市场、商品市场和外汇市场先后经历剧烈波动，如何有效降低跨境资金流动带来的风险成为资本监管的重点。另一方面，随着全球政治经济格局的加速动荡，境外市场法律规则及制度的变化也将对我国资本监管带来新挑战，2021 年以来，在美国《外国公司问责法案》的影响下，中概股企业在境外的融资上市明显受阻，如何加强国际监管沟通，提升应对极端风险事件的能力也成为开放背景下资本监管的新挑战。

四、从三方面着手构建现代新型资本监管体系

加快完善资本制度体系

近年来在注册制改革的引导下，我国持续完善资本制度体系，制

度建设取得重要进展，未来我国要进一步完善资本制度体系。一要加快完善资本市场基础制度体系建设，以全面注册制改革为契机，逐步放开市场交易方式、交易机制，持续完善退市机制，打通市场出口，强化信息披露，提升信息披露的及时性、有效性和主动性。二要进一步放开资本准入制度，鼓励各类型资本平等进入制造业、服务业等领域，推进社会公共服务业市场化改革，引入更多民营资本、外资资本，丰富社会公共服务的供给主体。三要加快完善资本竞争制度，加强反垄断，坚持资本公平竞争审查，引导各类资本平等竞争。

要继续深化资本监管领域的"放管服"改革，精简规章，规范化规章制度的发布流程。一是进一步精简规章制度，推进市场交易、信息披露及投资者保护等相关规章及制度条例的修订和整合，提升资本法治水平。二是提升资本规章制度及条例的可操作性，在最大程度上缩减模糊性表述，对于市场主体的疑问要借用补充通知、补充说明及答记者问等形式进行充分说明和沟通，完善资本监管部门与市场主体间常态化的调研沟通机制，确保市场主体对监管政策理解的准确性和一致性。三是完善政策制定流程，吸纳更多市场主体参与到规则制度制定的过程中，鼓励市场主体参与并监督制度的起草、制定、实施、修订等全部流程，提升政策的透明度，监管要让市场主体形成明确预期。

完善资本监管制度和权责机制

一是事前要制定好制度规范，围绕资本制度进行监管，针对资本竞争制度、资本市场基础制度中的短板要加快补全补齐，与资本相关的政策在发布前要做好前置性的效应评估，防止政策叠加或者政策过猛给市场带来较大冲击。二是事中要强调监管执法的透明度和公开性，监管遵循的制度原则、考虑因素及处置过程等信息要做到尽量公开和透明，对于重大违法违规事件要及时进行处罚，要在最大程度上稳定市场预期，降低重大风险事件处置带来的创伤面。三是要完善事后的整治和追责，对于重大违法违纪事件要明确整治方案，实现对风险事件当事人的追责机制，要从政策制定、风险监测、市场主体、监管体系等方面进行全面反思，防止再次出现类似风险事件。

全面落实监管责任，法律法规没有明确的，要按照“谁审批、谁监管，谁主管、谁监管”的原则落实监管责任。过去政府相关部门容易相互争夺审核权或审批权，但在监管的权责分工上并不清晰。在资本创新发展下，未来我国在部分领域仍将出现业务创新领先于监管制度的情况，针对法律法规尚未完全明确的领域及行为，要进一步落实监管责任，明确审批部门、主管部门就是监管主体，避免出现监管漏洞和监管空白问题。

加强属地监管，压实地方监管的职责。2023 年 3 月，中共中央、国务院印发《党和国家机构改革方案》，未来在中央金融委员会的指导下，要进一步明晰中央和地方的监管职责权限。要坚持资本监管主要是中央事权，地方监管作为有效补充。继续强化中央监管机构在各地方派出机构对银行、证券期货基金、保险、信托等大型机构的监管，完善地方金融监管局、市场监督部门对相关行为的监管职责，实现资本监管的全覆盖。要加强中央与地方监管部门在信息上的沟通和共享，提升协同效率，在中国人民银行逐步统一规范金融数据统计口径的基础上，简化中央与地方监管部门信息共享流程，强化中央政策在地方层面的落实，打通政策“最后一公里”。要提高地方监管对风险的识别水平，尤其是对新经济业态的风险管理能力。地方监管要坚持市场化、法治化、专业化发展方向，加强在互联网金融创新、新经济业态上的监管，压实地方监管部门风险处理的属地责任。

推进资本监管体系的三大转型

要强化重点领域的监管，推进综合监管。一是要根据资本创新及资本风险的新变化，加强行业监管与金融监管、安全监管、竞争监管的协同，提升综合监管能力。二是要重点关注跨境资本监管，当前全球政治经济格局处于动荡期，跨境风险传染及极端风险事件频发，要加强跨境监管协调，有效防范化解外部市场波动对我国资本运行形成的冲击，完善新型的资本开放监管制度。三是要强化金融基础设施的监管，加快完善金融基础设施的整体规划，一方面鼓励社会多元资本投资金融基础设施，全面提高我国金融市场在支付、清算和交易技术手段上的全球竞争力，另一方面也要提高对基础设施的掌控力，确保金融信息安全。

要加快推进资本监管数字化转型，提升对数据安全的管控力和对普惠金融的服务力。一方面要强化数据安全管理，顺应金融数字化下各类新业态及金融数据快速积累的特征，尽快明确数据的分类分级和脱敏处理机制，规范金融数据的信息披露标准，在跨境数据流转上形成清晰的制度规范，强化数据安全管理。另一方面要运用区块链、大数据等技术完善中小微企业、民营企业、科创企业的信用评级模型，打通工商、税务、公安、司法、海关和金融监管部门的基础信用信息，实现企业信用信息、融资需求信息、金融机构产品服务信息与政策信息的交互对接，打通信息孤岛，实现信息共享，为普惠金融发展提供信息基础。

要从新经济的特征出发，构建现代新型资本监管方式。与过去基于利润驱动的企业扩张方式不同，当前新兴领域企业的成长方式、成长路径与盈利模式都呈现较大差异性。部分平台企业只有在边际成本为0后才能形成规模效应，进而形成天然垄断。要从资本扩张特征出发，构建适应新经济、新业态的新型资本监管体系，适度提升对资本创新的风险容忍度，不断提升资本监管水平。

第十二章 适应资本逻辑新变化，做好资本风险防范

近年来全球资本要素及金融市场的发展呈现较大变化，资本风险防范也呈现出一系列新特征。如何在引导规范资本创新的同时做好风险防范，确保金融安全和国家安全成为当前我国面临的新议题。要精准把握可能带来系统性风险的重点领域和重点对象，增强治理的预见性和敏捷度，发现风险早处置、早化解。要加强跨境跨市场风险预研预判，健全资本市场风险预防预警处置问责制度体系，有序化解重点领域风险，牢牢守住不发生系统性风险的底线。

一、当前金融风险呈现五大新变化

近年来我国资本运行的逻辑逐步演变，资本要素不断通过多种方式创新发展，在提升资源配置效率的同时也催生金融风险呈现新变化。金融风险的爆发形式、传导机制及影响路径都发生明显变化，具体来看，当前我国金融风险呈现五大新变化。

从单点爆发到多点交叉爆发

过去我国金融市场结构相对单一，资本市场在新兴加转轨的发展特征下，市场容量、产品复杂性、市场参与者范围均较为有限，资本跨市场流动活跃度不高，风险在不同金融子市场间相互传染的途径较

少。近年来资本创新推进金融业扩容、金融产品复杂化、金融市场结构多层次化，同时市场参与者跨市场投资交易日渐普遍，金融风险在金融子市场间、一二级市场间、场内外市场间相互传导。第一，近年来资产管理行业的发展、跨市场产品的丰富以及投资者跨市场投资的普遍化加剧了股票市场与债券市场、商品市场、期货市场及外汇市场之间的风险联动。2022 年 3 月以来我国金融市场经历了股市、债市、汇市相继震荡下行的情况，市场震荡过程中金融风险在金融子市场间加速传导。第二，近年来证券化与非证券化资本加速融合，一级市场和二级市场投资的联动性和一致性强化，导致风险在一、二级市场间传导。二级市场估值的波动将直接影响一级市场的投资，近年来受二级市场震荡影响，一级市场投资也明显遇冷。第三，随着多层次资本市场体系的发展，金融风险在场内外市场间传导也逐渐加剧。近年来期货、期权及场外衍生品市场快速发展，金融衍生品在平抑市场波动的同时，趋势性买入或卖空也会在一定程度上加剧市场波动。

从境内风险到境内外市场联动风险

近年来我国资本市场双向开放不断扩大，当前境内外交易市场间的互联互通已较为成熟。从股票市场看，2022 年陆股通交易占 A 股交易量的比重提升至 5.2%，较 2017 年的 1.0% 有大幅提升。考虑到 QFII 近年来在 A 股流通市值中的占比也不断提升，境外资金在 A 股交易结构中的占比已经相当可观。从债券市场看，自债券通北向和南向相继在 2017 年 7 月和 2021 年 9 月开通以来，其交易活跃度不断上升，2022 年初单月交易笔数超过 7000 笔，单月交易金额接近 8000 亿元，日均交易金额超过 300 亿元。债券通有效推动了债券市场的国际化，全球三大债券指数均已将中国债券纳入其中，2022 年末境外机构在银行间债券市场持有的债券规模为 3.1 万亿元，占比达到 3.4%。

从跨境资本行为和 A 股市场表现的关系来看，陆股通资金流向与市场波动的关联度较高，2018 年 10 月、2019 年 5 月、2020 年 3 月 A 股出现较大回调时北上资金均出现大规模撤出。境外资金的流动对境内资本市场的影响日渐显著，2018—2021 年间全部 A 股上市公司陆股通持有市值变动与区间涨跌幅的相关系数达到 0.26。另外，近年来境内外中国资产价格联动效应不断强化，年初以来中概股在美国及中国香港市场经历的剧烈波动也极大影响了境内新经济企业的估值和价格波动。

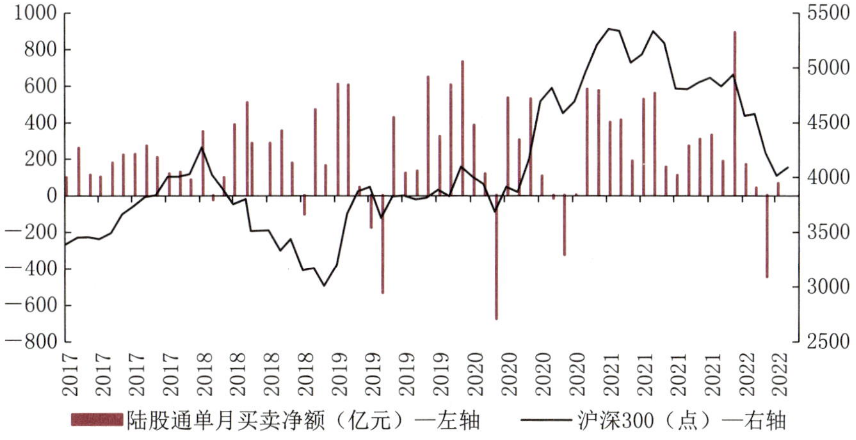

图 76　资本跨境流动加剧境内外市场联动

资料来源：万得。

从传统风险到平台叠加风险

近年来资本创新在推进数字化、科技化上发挥了重要作用。一方面，资本创新支持科技发展，在金融供给侧结构性改革中，资本服务科创企业的力度不断加大。近年来一级股权投资市场对信息技术、互联网产业也十分青睐，清科研究数据显示 2019—2021 年私募股权投资市场对信息技术行业的投资金额合计接近 5000 亿元。另一方面，资本创新了科技发展模式，带动了过去十余年我国互联网企业大发展，培育了不少成功的互联网平台公司。以 BATJ 为首的我国互联网头部企业成为全球领先的互联网企业，字节跳动、菜鸟网络等凭借资本的创新已成为全球估值靠前的独角兽企业。

在支持科技发展的同时，资本的逐利性导致其过度向科技产业聚集，科创行业和传统行业估值严重背离。投资主题的科网化以及传统估值理论的失效使得市场给予新业态公司过高估值，2020 年和 2021 年科创板新发行公司首发市盈率（摊薄）较所属行业市盈率的平均溢价率分别高达 99% 和 34%。A 股以银行、钢铁、煤炭、石油石化为代表的传统行业估值持续走低，2021 年末动态市盈率分别为 5 倍、9 倍、9 倍、12 倍，较电子、生物医药、计算机等新兴行业整体超 50 倍的估值相比明显偏低，传统和新兴行业估值有逐年拉大的趋势。

资本在逐利性引导下持续加大对互联网及泛科技产业的投资，大型互联网平台公司的高估值和超强资本吸纳能力形成了新型垄断方式。平台公司借助并购重组或股权投资不断延伸业务领域，快速抢占新科技、新消费、新业态资产，并推动其快速上市。上市后股权减持获利的资本极容易流向高端房地产领域，形成高端住宅局部泡沫。金融市场、房地产及互联网平台企业之间的风险交叉联动已成为我国新的风险源。

从单一风险到衍生风险

资本的不断创新助力我国在金融科技领域处于全球领先地位。金融科技基础设施的提升推进金融业务线上化，业务流程和管控的数字化带来运营效率提升；银行将机器学习算法与其财富管理实践相结合，推出智能投顾系统，提升产品业绩表现；保险公司通过人工智能提升图片识别能力，推动保险理赔效率提升；证券公司通过对人工智能、大数据等的运用提升量化分析能力，为投资交易决策的自动化提供支持。同时，资本创新也催生出我国新的金融业态与商业模式，互联网产品销售、数字货币及 SaaS 和 PaaS 等新模式快速发展。

随着资本创新开始自我创造金融需求，这在开辟新市场空间的同时也带来了新风险。如大型平台公司纷纷涉足消费金融领域，通过消费场景促使用户提升消费借贷需求，创设了“白条”等消费贷产品，其在大幅提升居民负债水平的同时也容易误导年轻人跌入消费主义陷阱，引发一系列行业乱象。另外，近年来以 P2P 为代表的互联网金融，以资金池为主的运作方式极大扰乱了市场秩序，也引发了一系列金融欺诈行为，损害了投资者合法权益。

从常规风险到极端风险

当前全球正处于百年未有之大变局，全球极端风险事件频发。2018 年中美贸易摩擦以来，美国多次以长臂管辖为由对我国金融市场实施干预，美国国防部已先后将 300 多家中国企业列入“实体名单”。2022 年美国正式实施的《外国公司问责法案》要求中国企业向美国公众公司会计监督委员会（PCAOB）证明自身并非国有企业，并规定中概股若连续三年未能通过美国审计要求将强制退市。2022 年 2 月起，俄乌冲突持续发酵，2023 年 10 月，新一轮巴以冲突爆发且愈演愈烈，中东地区以及国际安全形势更加严峻复杂。

在复杂的境内外环境影响下，我国金融市场面临较大冲击。2022 年上证指数、深证成指、恒生指数跌幅均超过 15%，2023 年 A 股市场继续承压，金融市场投资信心明显转弱。原油等大宗商品价格持续上涨对我国形成较大的输入性通胀压力，2022 年初至 4 月下旬，万得商品指数累计上涨达 22%，初级产品价格及供应链的稳定性面临较大冲击。在市场宽幅波动的同时，我国金融基础设施、金融数据的安全性也正经历考验。目前我国大量金融业务通过远程操作完成，高度依赖交易市场和金融基础设施的稳定性，基础设施的日常维护难度较大，金融体系应对突发问题的能力也面临较大考验。

二、平衡资本创新与风险防范，确保金融安全

面对资本创新及其带来的风险新特征，要在鼓励资本创新发展的同时，从资本运行及风险新特征出发，完善适应风险新特征的监管体系和防范举措。这需要在宏观层面树立新型风险管理理念，完善跨境、跨市场和跨界风险的金融监管协调机制，形成重大风险事件的事前、事中、事后处理机制，加强通过数字化手段管理风险的能力，并提升应对极端事件的处理能力和参与国际金融治理的能力，在微观层面提升金融机构主动管理风险的能力，推动金融机构将战略管理、预算管理与风险管理相结合。

树立新型金融风险管理理念

根据金融风险的新特征和新变化，加快形成新型风险管理理念。其一，监管部门要提升对复杂新型交易方式的风险识别和管理能力，找准风险源。要从金融业务的实质出发，找准风险传导的链条，提升风险识别、应对和监管能力。其二，要积极组织专家学者加大针对当前资本新逻辑和新现象的理论研究，结合传统西方经济学的理论基础与我国实际情况，形成中国特色资本要素理论，对资本在我国的演变创新方向及其带来的外部性进行研究。其三，推动市场主体顺应当前金融市场风险新特征，健全自身风险管理机制，鼓励传统金融机构完善风控体系，与时俱进地调整优化风控流程，鼓励平台公司按持牌经营要求规范开展各类金融业务，构建既符合宏观审慎要求，也与自身特点相匹配的风控合规文化。

强化监管协调，有效应对跨境跨市场风险

顺应风险跨市场流动的新特征，强化金融监管部门之间的信息共享和监管协调机制。要进一步强化中央金融委员会的作用，加大金融监管体系内部以及金融监管体系与其他决策部门之间的协调沟通，保持政策预期的稳定性和一致性。在中央金融委员会的指导下，要加强中国人民银行、金融监管总局和证监会之间的监管协调，全面强化机构监管、行为监管、功能监管、穿透式监管、持续监管；要推进中央与地方金融监管部门在金融信息上的沟通和共享，强化中央政策在地方层面的落实，打通政策“最后一公里”。要推进机构监管向机构监管与行为监管相结合转变，推进同类型金融业务的统一监管，统一公募基金、券商资管、私募基金等资管机构在反向交易、产品创设上的监管要求，防止同质化交易策略趋同对市场产生的冲击。

顺应风险跨境传染的新特征，注重跨境监管合作。近年来我国已经围绕“一带一路”共建国家构建金融监管合作格局，截至 2021 年末，中国证监会已同 67 个国家和地区的证券期货监管机构签署了 82 份监管合作谅解备忘录。接下来，要进一步借助互签谅解备忘录或战略合作协议等形式，加强境内金融监管部门与中国香港、澳门地区及境外市场监管当局的沟通机制，防范跨境风险。

顺应风险跨界交叉叠加的新特征，强化金融监管部门与其他部门之间的协调机制。要积极考虑将工信部、住建部、科技部等纳入金融安全和监管的关联职能部门，建立联席沟通或协商机制。要加快完善平台垄断的认定标准，坚决反对不正当竞争，阻断资本市场与互联网平台、房地产行业之间的风险联动链条。重大政策发布前要做好与相关部门的沟通，防止政出多门或者政策效应叠加引发的市场剧烈波动。

顺应数字化下金融业务风险的特征，构建新型监管方式。针对数字化下各类信息在自媒体及互联网渠道的快速传播，监管要重点关注

金融机构内部信息隔离和利益冲突防范；针对互联网金融产品销售的快速发展，监管要进一步强化投资者适当性管理；针对数字货币的广泛应用，洗钱、违规资金跨境流动等成为监管重点；针对 SaaS 和 PaaS 等商业模式的发展，监管体系要着力规范金融机构、第三方平台及交易市场之间的交易接口标准和服务体系。要根据数字化下金融服务方式、金融基础设施建设及金融安全的需要，积极构建新型监管方式和工具政策体系。

形成重大风险事件的事前、事中、事后处理机制

完善风险监测预警，做好金融风险应对预案。第一，要认真梳理各类风险交叉传导的链条，找准风险源头和传导机制，并在此基础上构建完善的风险预警体系，提升风险管理的前瞻性和主动性。第二，要做好金融风险的分类分级监测，按照风险等级制定不同级别的应对预案。建立各类紧急状况下组织指挥体系，压实各方责任。第三，由监管部门组织建立资本市场统一的风险监测、防范和处置制度，当市场出现重大系统性风险的可能时，金融监管部门要及时向中央金融委员会报告，协调其他金融监督管理机构或各级政府进行妥善应对。

理顺各类风险出清机制，完善容错机制，坚持防范风险与服务实体经济相并重。第一，要加快完善债券市场违约处置机制，对于已违约债务建立便捷的债务核销机制，在防范债务风险的同时保障信用市场整体平稳运行。第二，要坚决打击各种逃废债行为，逐步提升失信行为的违法成本，为实体经济发展构建良好的信用环境。第三，对于单点爆发的风险事件要及时化解，压实地方金融监管局在化解风险上的职责，防止个别风险事件演变成局部区域的信用风险事件，影响当地其他企业正常的融资行为。第四，要完善风险容错机制，在坚守不发生系统性风险底线的基础上，鼓励金融机构及其他市场主体进行产

品创新、服务创新，对创新过程中出现的个别风险事件给予适当的容错处理安排，更好提升市场主体服务实体经济的积极性。

健全风险事件调查、问责和整改机制，提升重大风险处置能力。第一，要明确重大风险事件规范化的处置流程和机制，根据系统重要性金融机构监管指导意见的要求，尽快推进危机管理小组处置机制及运行程序的规范化，相关处置程序做到合理、公正。第二，对重大风险事件处理过程要尽量透明。风险处置计划的设计原理、考虑因素及处置过程等信息要做到尽量公开、透明，要健全损失分担制度，企业股东、高管层都要成为相应的责任主体，承担相应责任，要在最大程度上稳定市场预期，将重大风险事件处置带来的负面影响控制在最小水平。第三，坚持市场化的处置原则，以"自救"为主、国家救助为辅，尽量减少行政干预和"一事一议"，凡是要动用公共资源的必须符合严格的条件和标准，不得以处置风险为由随意侵占公共资源或国有资产。第四，对于已发生的风险事件要进一步健全调查、问责及整改等相关工作机制，从政策制定、风险监测、市场主体、交易动机、交易行为等方面剖析引发风险事件的根本原因，做好对风险事件各层面相关责任人的问责追究工作，深刻汲取经验和教训，拿出切实可行的整改意见和措施，防止类似风险事件再次上演。

全面加强数字化风险防范和管理能力

人工智能、区块链、大数据等技术在风险防范和管理中大有可为，这些技术的应用有利于提升监管效率，将大部分常规信息进行自动化、集中化处理，从而释放更多监管资源集中解决重点风险和难题，推进监管部门间高效的数据共享，高效识别线索、快速预警风险。具体来看，要在两方面充分运用数字化手段，创新风险防范和管理方式。一方面，通过数字化手段识别市场主体风险。要加大人工智能的应用，通过生物识别技术等手段大幅提升市场主体的认证水平和效率，加强对交易行为的判断能力，借助区块链技术的运用打破不同部门间的信息壁垒，提升对可疑主体、可疑交易行为的识别预警能力，在很大程度上防范跨市场、跨境、跨界风险传染。另一方面，通过数字化手段提升系统性风险监测与管控能力。在风险交错叠加、市场主体行为高度个性化的背景下，要通过大数据、云计算等现代科技手段的运用，提升监管与市场主体清洗加工数据的效率，增强监管合规报告生成的自动化水平，对市场风险进行宽覆盖、高关联、强穿透的监测。与过去针对金融机构的风险管理高度依赖现场检查相比，未来要加强大数据等在舆情监控中的应用。

积极参与全球金融治理，提升国际金融影响力

加快提升我国在全球金融市场上的话语权。一是要加快建设具有竞争力和影响力的上海国际金融中心，巩固香港国际金融中心的地位，提升对全球资本的配置能力，要在现有要素市场的基础上，进一步提升“上海价格”的国际影响力。二是要鼓励大型金融机构进一步做大做强，尤其要加快培育国际一流的投资银行和投资机构，借助投资银行全球资产配置能力来提升中国金融的影响力。三是要把握住对中国核心资产的定价权，在境内外互联互通下，针对优质中国资产多地上市的情况，要积极引导培育长期投资者，提升国内专业投资机构对中国资产的定价权。四是要推进国内金融衍生品市场的常态化发展，发挥衍生品市场的定价和预期引导功能，强化对国内资本市场定价的主导权。

积极参与全球金融治理体系。一要加快推进人民币国际化，依托RCEP和“一带一路”逐步拓展人民币跨境使用的场景，完善人民币离岸市场，加强人民币跨境支付相应的基础设施建设。二要加强与国际

金融组织的合作交流，积极主动参与新一轮全球金融治理秩序的重构，推进双边和多边监管合作。三要加快金融制度型开放，推动资本市场制度与国际通行惯例相向而行，持续深化利率市场化改革，推动股票发行注册制走深走实，提升我国金融市场的广度和深度。

强化金融机构主动风险管理能力

金融机构应加强对资本创新及其风险对自身影响的研判，及时调整风险防范与管控流程，管理好自身风险。一要形成科学的风险管理理念，将风险管理与业务开展相融合，在制定企业发展目标和考核方式的过程中纳入风险管理，避免唯规模论与唯盈利论。二要建立健全风险管理体制与架构，保证风险管理部门的相对独立性。三要根据资本风险新特征梳理风险管控流程，优化风险识别和计量模型。

金融要素市场波动既是金融市场风险，也是经济风险，而实体经济和金融市场的风险会相互转化和强化，金融机构在管理好自身风险的同时要转变过去的风险管理思路，由被动的风险管理向主动风险管理转变，全方位提升经营、管理实体经济风险的能力。一要创设风险对冲工具，帮助各市场主体管理风险，例如通过金融衍生品的创设帮助客户管理市场风险，通过跨境结构性产品的创设帮助客户管理跨境风险，通过结构性产品来管理外汇风险和大宗商品风险。二要发挥专业能力，为市场主体提供合适的对冲交易策略，同时通过做市和流动性管理等业务协助市场降低波动性，提升有效性。三要为实体企业提供综合型金融服务从而缓释风险，如通过对科技项目的评估和定价来经营科技风险，通过支持产业链高端化来经营产业链风险，通过积极开展绿色金融业务来经营生态风险。

第十三章 利用资本市场加速推进要素市场化配置机制改革

以现代创新要素为核心，推进传统存量要素与现代创新要素融合发展是我国要素市场化改革的重要方向。资本市场既是传统要素市场，但也具备特殊性，其不仅推动资本要素配置，同时也借助资本有效推动其他要素实现市场化配置。在新发展阶段下，我国要更好推进资本要素与其他要素的协调发展，发挥资本市场在推动要素市场化配置机制改革上的重要作用。

一、推动资本要素与其他要素协调发展

资本与土地、劳动力、技术和数据要素一起，是现代经济体系的要素构成。资本不仅是重要的生产要素，也与其他要素发展紧密相连，呈现四大协调发展特征。

从微观来看，资本要素反映企业要素配置的综合能力。社会所有要素资源的配置都需要以企业为载体，在现代公司治理体系下，企业整合各类要素资源，借助产业链分工、协作及并购重组等扩大再生产的方式实现社会资源的整体配置。以资本要素为基础的净资产收益率、单位资本产出效率及人均创利能力成为衡量企业要素配置能力的直观指标。

从宏观来看，资本要素是引领其他要素配置的驱动力。以资本要

素为引领，其他要素跟随资本进行配置，资本要素扩张形成的固化资产与土地、劳动力等传统要素结合能极大提升单位劳动力或单位土地的产出效率，资本的利益共享和风险共担机制能极大推动创新资本形成并持续加大向科技、研发及新兴领域的投资，进而推动技术进步和数字经济快速发展，资本要素是其他要素发展的加速器。另外，当资本要素实现最佳配置时，其他各类生产要素也达到最佳配置，资本要素能有效引领和推动其他要素的发展。

资本要素是挖掘创新要素价值的重要方式。资本是资产货币化的重要表现形态，资本的扩张性、渗透性和逐利性能有效推动知识、技术、数字等创新要素的发展。随着创新要素作为独立生产要素日渐发挥作用，借助要素资本化或证券化的方式，资本市场能在最大程度上推进要素价值的市场化变现。

其他要素发展推动资本运行方式呈现明显变化。近年来劳动力、数字、技术等要素的创新发展对资本运行的逻辑产生较大影响。一方面，资本与劳动力要素的融合，叠加附着在劳动力上的技术和数据要素形成新型智能资本和知识资本，在要素分配中，智能资本和知识资本取代传统资本要素成为支配性要素，并成为影响投资价值判断的关键所在。另一方面，资本与技术、数字等创新要素的融合创造出一系列新场景和新需求，资本对需求的自我创造和引领作用不断强化，极大改变了过往供需关系和价格决定机制，容易引发无序扩张问题。

二、借助资本市场推动土地要素市场存量结构优化

通过资产证券化加快盘活存量工业用地资源

目前城市工业用地定价偏低且资源闲置问题突出，近年来我国工业用地供应面积占比已下降至近 20% 的水平，但与日本 7.7%、韩国 10% 左右的水平相比仍明显偏高。在要素定价上，工业用地定价整体

偏低，部分地区工业用地实际成交价格甚至出现了零地价的情况，工业用地集约化水平整体偏低。

近年来我国不断发挥社会资本引导作用，加快盘活存量工业用地资源。在优化工业用地供给方式的基础上，加快存量闲置用地的二次开发。针对部分企业主体难以自行开发的，通过积极引入社会资本，广泛吸纳并鼓励不同的开发主体参与联合开发，探索通过国有土地作价入股、房地产信托基金 REITs 等方式，盘活存量资源。

完善资本制度来推动构建房地产新发展模式

当前城市居住用地供需不平衡问题突出，2017 年我国城市住宅用地供应占总建设用地供应的比例仅为 14%，较美国 45%、日本 60% 左右的水平明显偏低，尤其在超大城市，人口持续流入与居住用地供给不足之间的结构性矛盾更为突出。

近年来在坚持“房住不炒”下，我国不断引导市场主体降低房地产的资本属性，提升使用属性。着力解决房地产过度金融化和资本化带来的价格泡沫及区域之间居民家庭财富的鸿沟问题，不断健全房地产投资及金融政策，有序引导居民家庭降杠杆，让房地产逐步回归到满足居民住房需求的属性定位上来。

引导社会资本加大对农村低效土地的再开发

当前我国集体经营性建设用地入市缺乏统一的定价基准，我国 33 个开展集体经营性建设用地试点地区中，在土地定价标准上，大部分试点地区尚未进行严格的地价评估，这在一定程度上降低了集体经营性建设用地入市的价格优势。同时，集体经营性建设用地入市的收益分配也缺乏统一标准，如何平衡政府、集体以及农民个人利益问题尚未解决，极大影响了地方政府的积极性。

近年来我国不断完善农村土地制度，引导更多社会资本积极参与农村低效闲置土地的盘活，制定更加市场化的指标定价机制，探索建立全国性或区域性补充耕地指标、增减挂钩指标交易机制，探索扩大“跨省换地”试点范围，从当前“三州三区”及深度扶贫地区，扩大至更多的经济欠发达地区，提升土地要素跨区域的配置效率。

三、借助资本市场提升劳动力要素配置效率

以资本要素导入带动劳动力要素流入

为有效应对当前我国劳动力要素市场面临的供求社群结构不匹配、技能结构不匹配、区域分布不匹配及诉求偏好不匹配等难题，近年来我国加大发挥资本要素的引领作用，通过引导资本加大对传统制造业和服务业的投入，推动制造业的转型升级和产业链的高级化，提升传统服务业的数字化水平，创设更多消费场景，以资本导入为基础吸引劳动力要素导入，提升劳动力专业技能水平，切实缓解当前我国大学生“就业难”与制造企业“招工难”的两难问题。

发挥资本配置效应推动劳动力区域分布合理化

当前我国东部地区劳动力供给明显不足，中西部地区劳动力资源充裕，近年来我国持续引导资本加大对中西部地区的投入，以资本导入为基础，推进传统制造业向中西部地区转移，充分调动中西部存量劳动力要素资源，缓解劳动力供求的区域分布失衡难题。同时，我国积极引导资本加大对县域城市的投资，以发展县域经济为切入口，提升县域城市人才吸引力。当前我国外出务工农民工向县域回流逐步增多，县域地区出现一定人口红利。要因势利导加快县域经济发展，推动县城因地制宜，将地方优势产业向县域集聚。要完善县域地区环境基础设施、公共服务设施、交通运输等配套设施建设，逐步形成一批

宜居宜业、具有特色的现代化县城。要发挥资本的配置效应，推进县域特色产业数字化、科技化、绿色化转型，吸引更多专业、高端劳动力流向县级区域，提升劳动力供求的地域匹配性。

四、借助资本市场推动技术要素发展

吸引资本向科技创新领域聚集

技术要素的创新发展具有周期长、投入多、风险高等特点，关键核心技术的突破更需要持续、大量的研发资金投入，较高的风险收益比与产出不确定性使其获得传统信贷资金支持的难度较大，融资问题成为制约技术创新企业发展的关键要素。资本市场其天然的利益共享、风险共担机制能在最大程度上撬动社会资本参与科技创新。要进一步强化资本市场在资源配置中的枢纽作用，推进各类资金精准高效转化为资本，促进要素向最有潜力的领域协同集聚，为技术创新企业提供全生命周期的资金支持，推动形成科技、产业与资本的良性循环。纵观过去 40 年美国经济的发展史，其最大的竞争优势就在于发挥资本市场的资源配置效应，集聚全球 50% 以上的长期资金和风险资金为美国提供了近 60% 的科研资金来源，并借助证券化的方式将科研优势转化成科技产业优势。借助创新资本及风险投资的快速发展，我国培育出一大批优秀的科技独角兽企业，2021 年底我国科技独角兽企业数量超 170 家，稳居全球第二，其中已有多家独角兽企业估值超百亿美元。

提升资本市场支持科技创新的灵活性和包容度

近年来科创板和创业板借助注册制改革试点，极大支持了科技创新企业的发展。截至 2022 年底，科创板上市的新一代信息技术产业企业数量达到 196 家，首发融资 3520 亿元，生物产业企业数量达到 105 家，首发融资 1554 亿元。创业板注册制改革以来，新上市的 400 多家公司中，新兴行业（TMT、医药等）公司的数量和市值占比均约接近30%，企业普遍较为年轻，吸引了多家成立不足5年的企业上市，且新上市公司2022年底的市值中位数为31.3亿元，相对主板，其服务成长期企业、创新企业的定位突出。

为进一步强化资本市场支持科技创新的作用，一方面要持续提升发行制度的包容性，全面注册制下持续放宽主板上市财务门槛，特别是放松净利润和经营性现金流门槛，针对红筹企业和差异表决权企业，进一步放松市值和盈利限制，为境外企业回归A股创造更便利的条件。另一方面要深化定价机制的市场化改革，持续完善新股发行定价机制，引导发行人及各类投资者积极参与路演推介活动，有效发挥企业信息披露在发行定价中的作用，提升询价机构深入研究企业、独立报价的意愿和能力，提高定价合理性，借助市场多空交易机制的完善来提升价格发现能力。

为科技创新企业提供多元融资渠道

近年来资本市场持续加大产品创新，为技术要素创新提供中长期资金支持。截至2022年中，我国创新创业公司债券及科技创新公司债券累计规模达2989亿元。接下来资本市场要进一步加大支持科技创新的工具供给。

一是积极探索设立科研基础设施REITs，在目前基础设施REITs试点的基础上，将基础资产范围进一步拓展至大型仪器设备、实验室等科研基础设施，通过设立科研基础设施REITs等方式，吸引社会资本参与，服务综合性国家科学中心、区域性科技创新中心、产业集群创新基地等创新基础设施建设，推动重点领域项目、基地、人才、资金一体化配置。

二是进一步发挥定向可转债、双创债的作用，完善科创板、创业板定向可转债的实施细则，拓宽其适用范围，进一步发挥其在再融资、私募股权投资等方面的重要作用。进一步发挥双创债审核效率高、抵押质押品范围广、偿债保障多样化等特色，鼓励机构投资者投资双创债。

三是持续吸引中长期投资者，加快推进保险及养老产品的税收递延优惠政策，持续做大社保基金的规模，发挥私募股权机构在股权投资中的支点作用，引导各类资产管理机构改变短期考核机制，构建年度考核与任期考核相结合的考核机制，多举措推进短期资金向中长期资本转变。

五、借助资本市场推动数据要素发展

加速健全数据要素市场的基础制度体系

近年来北京、上海、深圳等城市陆续试点建设大数据交易中心，但总体还处于初级阶段，面临数据来源不足、数据质量标准不完善、定价模式不清晰、交易规则不统一等问题。近年来资本市场加快推进系统性制度改革，发行、上市、交易、退市制度不断完善，场内场外市场有效结合，已成为在交易制度、交易方式、交易体系、交易中介、交易监管等方面最健全的要素市场。要以资本市场制度建设为参考，加快完善数据要素市场的基础制度性框架，包括明确数据交易所定位、制定完善的数据要素交易标准、夯实数据要素市场基础设施、加快培育数据要素中介服务机构、明确数据要素交易的监管部门，夯实数字经济发展的制度基础。

加快形成与数字经济相适应的现代企业财务制度

企业财务制度是资本市场估值定价的重要基础。要发挥资本市场对数据要素市场化的促进作用，实现数据要素的证券化和资本化，首先要健全和数字经济发展相适应的企业财务制度。当前土地、人力、资本、管理等生产要素在企业财务核算中均有对应的会计科目，市场能够有效评估成本和收益，但数据要素作为新型生产要素，现有财务制度及估值体系难以对数据要素的价值进行全面、科学的评估，已有的基于流量等维度的估值方法也缺乏全面性和可比性。要尽快优化财务统计方法，探索数字资产财务核算机制，健全数据要素初始核算和后续计量规则，尽快建立适应数字经济新特征的现代企业财务制度。2023 年 8 月财政部会计司印发《企业数据资源相关会计处理暂行规定》，对数据资源是否可以作为资产确认、作为哪类资产确认和计量以及如何进行相关信息披露等相关会计问题进行说明，并明确了数据资源“入表”的相关操作指引，极大地推动和规范数据相关企业执行会计准则，对数据要素资产的会计化、财务化及证券化提供了重要基础。

加快形成规范的数字公司估值标准

在《外国公司问责法案》及一系列监管约束下，中概企业在美股及港股市场经历剧烈波动，大部分数字平台公司估值较高峰时期回落近 60%，对香港市场及境内资本市场也带来较大冲击，这一方面与外部监管环境相关，另一方面也反映出我国在数据要素及数字经济企业估值定价上缺乏话语权和影响力。当前国内尚未形成对数字企业标准化的估值定价体系，针对不同商业模式、不同变现方式、不同盈利水平的平台企业，该用市盈率、市净率、市销率还是分部估值法，缺乏统一标准，不同数字产业间以及同类型的不同数字企业间的估值溢价和估值折扣也主要基于投资者主观判断，缺乏规范性。要鼓励资本市场加强对数字公司估值方法的创新，积极对接全球先进的数字企业定价规则，加快形成科学、合理、规范的平台企业估值定价体系，要借助对创新要素估值定价体系的标准化吸引更多资本投资创新要素资产，提升对数据资产的定价权和影响力。

推动数字平台公司外溢效应的内部化

与传统制造业和服务业不同，数字平台公司涉及范围广、承载力高、信息流量大、发展速度快，对经济、社会和环境产生显著的外溢效应，其中大部分是正外溢性，但同时也容易在市场公平竞争、社会公平、金融安全等方面带来一定的负外溢性。要通过资本市场机制，将平台公司社会外溢效应内部化，一方面给正外溢性估值溢价，激励平台企业将社会价值、可持续发展融入企业使命，另一方面给负外溢性估值折扣，提高企业决策者在业务拓展、场景创设和商业模式设计上的审慎性。通过资本市场估值激励机制逐步扩大平台公司正社会外溢效应，形成平台公司利润、估值与社会效应之间的正反馈机制。

支持数字企业和平台企业境内外上市

2022 年 8 月 26 日中国财政部、证监会与美国 PCAOB 签署中美审计监管合作协议，将双方对相关会计师事务所的检查和调查活动纳入双边监管合作框架下开展，极大改善了中资企业赴美融资环境。且中国证监会多次表态依法依规推动符合条件的平台企业在境内外上市，支持符合条件的民营企业境外上市。2023 年 2 月 17 日，《境内企业境外发行证券和上市管理试行办法》出台，并于 2023 年 3 月 31 日起正式生效，新规进一步明确了境内主体可以在履行必要程序后参与境外发行证券的认购，明确了企业可以发行股份购买境内资产并明确了备案规则，确定了境外直接上市的境内企业可以向特定人员发行股票进行股权激励。未来要持续加强中美监管对话，提升监管互信。要有条件简化上市流程，保障平台企业及数字企业正常的境内外融资需求。要进一步发挥资本市场风险共担、利益共享机制，支持更多数字企业在境内外上市，引导更多资本投向数字产业化及产业数字化领域。

技术要素篇

习近平总书记指出，当前全球科技创新进入空前密集活跃期，新一轮科技革命和产业变革正在重构全球创新版图，我国科技创新和产业发展环境也已发生重大变化，借助科技创新提升产业链自主安全可控性已迫在眉睫。党的二十大报告指出，要坚持面向世界科技前沿、面向经济主战场、面向国家重大需求、面向人民生命健康，加快实现高水平科技自立自强。当前大国之争已演变成科技之争和综合实力的较量，技术要素的发展和市场化配置对于我国推动科技强国建设具有决定性意义。

我国技术要素改革经历了从观念转变到战略转变再到体制机制转变的过程。当前我国建设创新型国家稳步推进，科技强国战略深入实施，举国创新体制不断完善，以企业为主体、产学研相结合的技术创新体系基本确立。但与此同时，技术要素依然存在产权归属和认定的不确定性，科技创新管理机制仍然存在一些限制和约束，举国科技研发和技术市场各主体之间有所分割，技术成果转化率不高。2020 年中共中央、国务院出台的《关于构建更加完善的要素市场化配置体制机制的意见》提出，要健全职务科技成果产权制度，完善科技创新资源配置方式，培育发展技术转移机构和技术经理人，促进技术要素与资本要素融合发展，以及支持国际科技创新合作。

在本篇中，我们首先从技术要素确权、要素交易、要素定价、要素中介、要素监管五个维度，全面梳理技术要素市场化配置情况，在此基础上，围绕举国创新体制、科技成果转化、科技创新主体三个主题分别形成三篇专题，更好回应当前技术要素改革中的难点和焦点问题。

当前地方政府要积极推进技术要素市场化改革，优化配置创新资源，在举国创新体制下推动形成科技创新驱动的新模式，推动解决关键核心技术的“卡脖子”难题。同时要利用技术要素推动当地经济发展和产业转型，积极支持企业全面创新，畅通地方科技、产业与资本的良性循环，完善创新风险分担机制，打通科技成果转化堵点，大力促进技术要素向现实生产力转化，在新兴产业及传统产业升级等领域形成竞争优势。

第十四章 技术要素市场化配置的特征和难点

改革开放以来，我国技术要素市场经历了从计划经济体制向市场经济体制的重要转变，技术要素活力持续迸发，技术创新能力持续提升，为我国经济实现创新驱动、科技驱动起到积极作用。但与劳动力要素、资本要素等生产要素相比，当前我国技术要素市场化水平仍然偏低，技术要素市场在要素确权、要素交易、要素定价、要素中介以及要素监管等领域仍存在薄弱环节，如何健全技术要素市场体系是更好发挥技术要素价值的前提基础。

一、技术要素的概念和改革历程

技术要素的概念和构成

技术要素是指物质生产和价值创造中发挥关键性独立作用的科学知识、技术经验和信息等。从技术要素的构成来看，主要分为涉及知识产权的技术要素，和未涉及知识产权的技术要素。其中，涉及知识产权的技术要素包括技术秘密、专利（发明专利、实用新型专利、外观设计专利）、计算机软件著作权、植物新品种权、集成电路布图设计专有权、生物医药新品种权、设计著作权。

技术要素市场是技术要素交易流通的重要场所和方式，作为我国现代市场体系和国家创新体系的重要组成部分，技术要素市场是激发技术要素活力，统筹创新资源，更好推进技术创新成果转化的重要平台。从技术市场的交易类型来看，主要分为技术转让以及技术项目交易，前者主要是各类具有知识产权的技术要素进行直接转让，后者则是与技术项目相关的服务交易，包括技术开发、技术咨询以及技术服务。由于技术要素开发或者应用难以通过一次性交易完成，大多需要依附人才载体或者组织完成，因此技术项目交易是当前技术要素市场的主要交易方式。

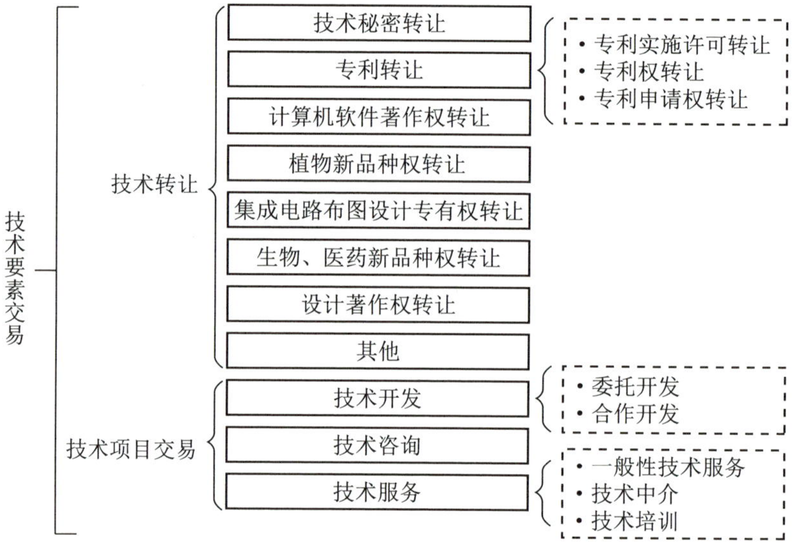

图 77　技术要素交易主要有技术转让和技术项目交易两种方式

资料来源：《2020 全国技术市场统计年报》。

技术要素市场化改革历程

新中国成立初期，我国建立了以行政管理为核心的科技体制，科技管理机构权限高度集中，人事制度僵化。改革开放后，社会各界对于科学技术在经济发展中的作用形成广泛共识，我国技术要素市场化改革经历了从观念转变到战略转变再到体制机制转变三个重要发展阶段。

改革开放至1995年是观念转变期。随着改革开放的春风席卷中华大地，社会对技术要素重要性的认知明显提升，过去行政僵化的技术要素管理理念已经明显阻碍了技术创新发展。1980年国务院颁布《关于开展和保护社会主义竞争的暂行规定》，首次提出“对创造发明的重要技术成果要实行有偿转让”，标志着我国技术要素正式踏上市场化探索的进程。1985年中共中央发布《关于科学技术体制改革的决定》，提出要促进技术成果的商品化，开拓技术市场。1985年《中华人民共和国专利法》、1987年《中华人民共和国技术合同法》、1993年《中华人民共和国科学技术进步法》的颁布标志着技术要素市场进入法治建设轨道。

1995—2012年是战略转变期。改革开放带来的经济快速腾飞在很大程度上改善了我国经济发展基础，在粗放式发展基础上如何实现科技创新发展成为摆在面前的难题。1995年中共中央、国务院作出《关于加速科学技术进步的决定》，提出在全国实施“科教兴国”战略，对技术要素的重视程度放在了前所未有的高度。在“科教兴国”战略的指引下，技术要素市场化改革思想和脉络不断完善，这一时期我国全面推进科研院所的管理体制改革，企业技术创新意识明显增强，技术要素市场化程度显著提高。

2012年至今是体制机制转变期。2013年我国提出经济发展新常态，在“创新驱动发展”战略下，持续深化科技体制改革。党的十八届三中全会明确新时期深化科技体制改革的目标，要摒除深层次的体制机制障碍，提高自主创新能力，以创新驱动经济和社会发展，完善国家创新体系，建设创新型国家。2020年《关于构建更加完善的要素市场化配置体制机制的意见》提出，要从产权激励、科技创新资源配置方式、中介服务机构、技术要素与资本要素融合以及国际科技创新合作五方面加强技术要素市场建设，为技术要素市场化改革进一步指明方向。

表 28　我国针对技术要素市场化配置相关政策不断深化

时间	发布主体	文件名称	主要内容
1980	国务院	《关于开展和保护社会主义竞争的暂行规定》	指出“对创造发明的重要技术成果要实行有偿转让”，标志着我国技术要素正式踏上市场化探索的进程。
1985	国务院	《关于科学技术体制改革的决定》	提出要“促进技术成果商品化”，逐步开拓、发展技术市场，进一步探索技术要素市场化。
1995	中共中央、国务院	《关于加速科学技术进步的决定》	提出“科教兴国”战略。
2006	科学技术部	《关于加快发展技术市场的意见》	提出要支持技术交易服务体系的建设，加速技术转移和科技成果转化。
2015	中共中央、国务院	《关于深化体制机制改革　加快实施创新驱动发展战略的若干意见》	统筹科技体制改革和经济社会领域改革，统筹推进科技、管理、品牌、组织、商业模式创新，统筹推进军民融合创新，统筹推进引进来与走出去合作创新。
2015	全国人大常委会	《中华人民共和国促进科技成果转化法（2015 年修订版）》	鼓励技术在公开交易市场挂牌交易和拍卖，并鼓励创办科技中介服务机构。
2016	国务院办公厅	《促进科技成果转移转化行动方案》	提出建设一批国家科技成果转移转化示范区，探索可复制、可推广的工作经验与模式，促进科技成果资本化、产业化。
2020	中共中央、国务院	《关于构建更加完善的要素市场化配置体制机制的意见》	在技术要素方面，提出要着力激发技术供给活力，促进科技成果转化。一是激活产权激励，二是激活中介服务活力，建立国家技术转移人才培养体系。
2020	中共中央、国务院	《关于新时代加快完善社会主义市场经济体制的意见》	指出要加快全国技术交易平台建设，积极发展科技成果、专利等资产评估服务，促进技术要素有序流动和价格合理形成。
2021	中共中央、国务院	《国家标准化发展纲要》	提出要进一步推进技术经理人、科技成果评价服务等标准化工作，完善科技成果转化为标准的评价机制和服务体系。

资料来源：国务院、科学技术部。

技术要素交易快速发展

技术要素的核心内容是专利发明，专利可以分为发明专利（patent for invention）、实用新型专利（utility model）、外观设计专利（industrial design），其中发明专利最能代表科技创新水平，并在全球范围内被认作是衡量创新行为的关键指标。近年来我国持续加大在科技研发上的经费投入，技术要素取得快速发展。从增量来看，2010年以来我国发明专利申请数量及授权数量均快速提升，2015年起，我国获得授权的专利数量超过美国及日本，成为每年发明专利授权数量最多的国家。从存量来看，近十年来我国存量有效发明专利快速增长，2021年已达308万件，距离美国316万件的差距不断缩小。从全球PCT专利申请上来看，2019年中国首次超过美国，位居全球申请PCT国家首位，2022年我国PCT专利申请量已达70010件。

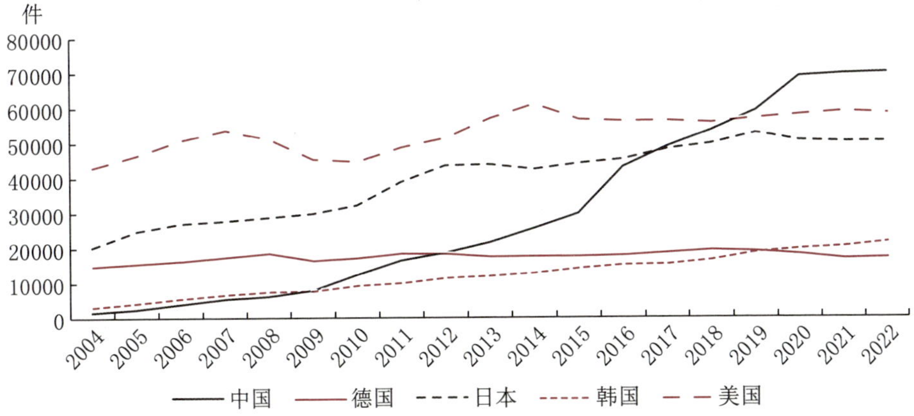

图78　我国PCT专利申请量超过美日水平

资料来源：WIPO。

技术要素供给的快速提升推动了技术要素交易市场的发展。近年来我国各类技术项目及技术合同转让的活跃度快速提升，2022年我国全年共签订技术合同77万项，同比增加15%，总成交金额达4.8万亿元，同比增长28%，技术合同成交额占国内生产总值的比重由2016年的1.5%上升至2022年的4.2%。但从全球角度来看，我国技术要素交易规模还有较大提升空间，2019年国际技术交易规模约为23万亿元，其中我国技术合同总成交金额为2.24万亿元，占比为9.7%。

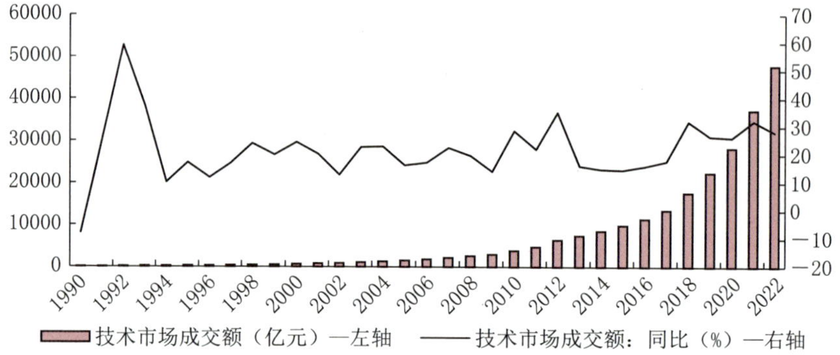

图 79　技术市场成交额快速提升

资料来源：WIPO。

技术要素和技术要素交易的快速发展极大促进了经济社会发展。2010 年以来，我国高新技术企业数量快速提升，从 3.2 万家提升至 2020 年的 27 万家，年均增速达 24%，2020 年高新技术企业年创收和年净利润分别达 52 万亿元、3.5 万亿元。科技创新极大地推动了我国现代产业创新发展，5G 全场景应用与整机研发取得突破，创新链和产业链融合发展，人工智能产业加快发展，技术进步对巩固脱贫攻坚、改善民生均起到了重大作用。从全球产业链角度来看，近年来我国高技术产品出口额持续创新高，2022 年已达 9513 亿美元，较 2010 年提升 93%。

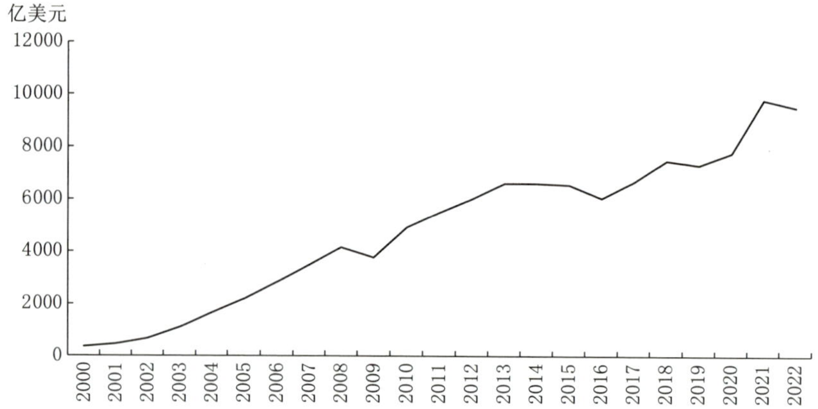

图 80　高技术产品出口额不断创新高

资料来源：海关总署。

二、五维度看我国技术要素市场

技术要素市场是提升技术要素市场化配置效率的核心抓手，也是改善科技成果转化效率的重要方式。进一步完善技术要素市场建设，需完善要素确权、要素定价、要素交易、要素中介机构建设以及配套监管五大制度体系。

要素确权：持续完善职务科技成果确权

技术要素与其他生产要素不同，具有明显的依附性和嵌入性，较少存在纯粹形态的技术要素，大多数技术要素需要依附于特定研发组织或科技人才而存在，因此在价值交换中与人的要素紧密结合，承载着技术要素的劳动力主体在很大程度上成为技术要素确权的基础所在。

过去我国对于技术要素创造者的确权存在一定难点。对于企业来说，技术要素生产者容易确定，但是我国大部分科研单位是国有事业单位和高校，主要靠财政支持，过去在科技成果行政管理体制中受制于国有资产管理和科技成果转化行政审批，难以像其他权利人一样依法自主行使知识产权获得合法收益，因此也更加难以对参与其中进行协作贡献的科研人员和个人劳动者进行确权。

2015年新修改的《中华人民共和国促进科技成果转化法》赋予科研机构成果使用权、处置权、收益权，2016年《促进科技成果转移转化行动方案》提出在部分高校和科研院所试点建立职务科技成果披露与管理制度，随后各地均陆续开展了相应的试点探索。例如西南交通大学率先提出“职务科技成果权属混合制改革”，在全国首次从学校制度层面确认了职务发明人对职务科技成果的所有权，将职务科技成果的“纯粹国有制”变成“国家和个人混合所有制”，同时实施科技成果所有权的确权行动，明确确权原则和确权程序。

2020年4月发布的《关于构建更加完善的要素市场化配置体制机制的意见》进一步提出，健全职务科技成果产权制度，深化科技成果使用权、处置权和收益权改革，2020年5月科学技术部等九部门印发《赋予科研人员职务科技成果所有权或长期使用权试点实施方案》，分领域选择40家高等院校和科研机构开展试点，探索建立赋予科研人员职务科技成果所有权或长期使用权的机制和模式，明确国家设立的高等院校、科研机构科研人员完成的职务科技成果所有权属于单位，试点单位可以将本单位利用财政性资金形成或接受企业、其他社会组织委托形成的归单位所有的职务科技成果所有权赋予成果完成人（团队），试点单位与成果完成人（团队）成为共同所有权人。《赋予科研人员职务科技成果所有权或长期使用权试点实施方案》要求试点机构尽快形成可复制、可推广的经验和做法，未来在总结试点经验的基础上，职务科技成果确权相关的法律法规和政策措施有望进一步完善，激发科研人员创新积极性，促进科技成果转移转化。

表29　我国针对技术要素确权的改革不断深化

时间	发布主体	文件名称	主要内容
2015.8.29	全国人大常委会	《中华人民共和国促进科技成果转化法（2015年修订版）》	下放了科技成果转化处置权，规定科技成果收益留归科研单位，大幅提高科研人员的奖励比例。
2016.4.21	中共中央、国务院	《促进科技成果转移转化行动方案》	在部分高校和科研院所试点探索科技成果转移转化的有效机制与模式，建立职务科技成果披露与管理制度。
2020.4.9	中共中央、国务院	《关于构建更加完善的要素市场化配置体制机制的意见》	明确了完善要素市场化配置的具体举措，在技术要素方面，提出要着力激发技术供给活力，促进科技成果转化。一是激活产权激励，二是激活中介服务活力，建立国家技术转移人才培养体系。
2020.5.18	科学技术部等九部门	《赋予科研人员职务科技成果所有权或长期使用权试点实施方案》	试点单位可赋予科研人员不低于10年的职务科技成果长期使用权。

资料来源：国务院、科学技术部。

要素交易：技术项目交易活跃度较低

从交易类型来看，由于技术的嵌入性和附着性，单纯技术形态的交易较少，当前我国技术要素交易以技术项目为主。2021 年以技术秘密转让、专利实施许可转让、专利权转让为代表的技术转让金额为 3246.6 亿元，占比仅为 9%，90% 以上的技术交易主要以技术项目形态呈现，主要包括技术服务、技术开发、技术咨询等项目形式，其中技术服务占比最高，达 57%，交易金额达 2.1 万亿元，技术开发其次，交易金额为 1.2 万亿元，占比 31%，技术咨询金额较低，为 951 亿元，占比仅为 3%。

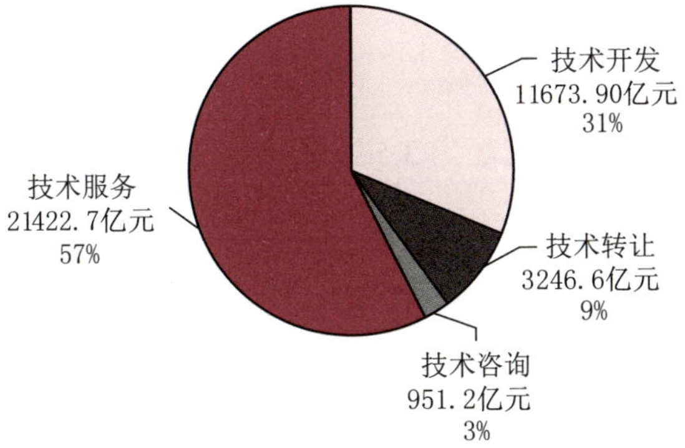

图 81　2021 年技术转让金额占比不足一成

资料来源：科学技术部。

从交易规模看，我国技术交易以重大技术合同交易为主导。2021 年我国 1000 万元以上的重大技术合同共计 3.3 万项，占技术合同交易数量的 5%，但总金额达 2.3 万亿元，占技术合同交易总金额的 79.7%，其中技术服务合同数量最多，达 1.7 万项，占比 51%，技术开发合同其次，占比 38%。重大技术合同主要以电子信息、先进制造为主，两者数量合计 1.42 万项，占比 43%，城市建设与社会发展类重大合同数量占比 15%，但是金额占比最高，达 23.1%。

从交易主体来说，2021 年我国技术市场 3.7 万亿元的交易额中，

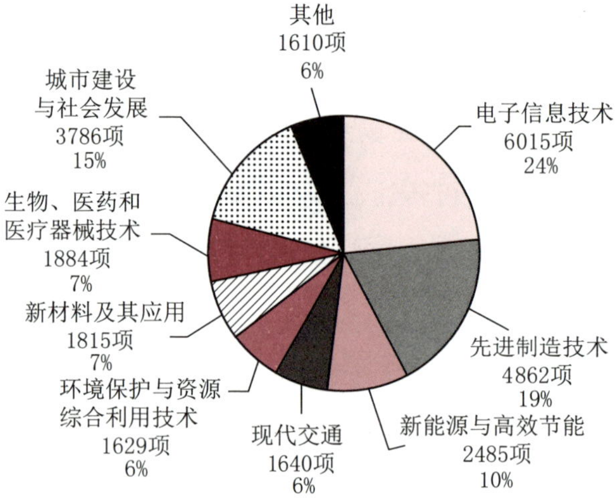

图 82　2021 年电子信息重大技术合同数量最多

资料来源：科学技术部。

企业法人贡献的卖出成交额为 3.5 万亿元，占比高达 93%，而集聚了大量高层次人才、承担了大量国家科研任务、积累了大量科技成果的科研机构、高等院校、医疗卫生等事业法人作为卖方的成交额仅为 2265 亿元，占比约为 6%。2012—2021 年十年间，企业作为卖方的成交额从 5571 亿元增长至 3.5 万亿元，年均复合增速达 23.7%，而科研机构作为卖方的成交额仅从 403 亿元增长至 1218 亿元，高校成交额从 294 亿元增长至 790 亿元，年均复合增速仅为 16.6% 和 12.3%。在买入主体上，技术交易也呈现出明显的企业主导特征，2021 年技术市场 3.7 万亿元的交易额中，企业法人购买贡献了 3 万亿元，占比为 81%，其次为机关法人，购买金额为 4476 亿元，占比 12%。2012—2021 年十年间，企业作为买方的成交额从 5044 亿元增长至 3 万亿元，年均复合增速达 23.3%，同期机关单位购买技术要素从 757 亿元增长至 4476 亿元，年均复合增速达 27.3%。与技术要素输出相比，近年来机关单位不断加大外部技术采购和合作规模。

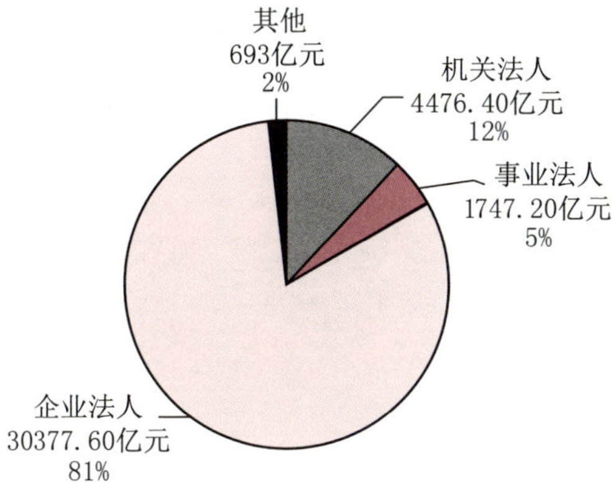

图 83　2021 年我国技术市场买方以企业为主

资料来源：科学技术部。

科研机构和高校院所在技术要素交易上活跃度不高、话语权不强的主要原因在于组织机构管理机制和评价激励制度不健全。在组织机构管理上，当前事业单位的自主权仍然不足，治理结构法人化改革推进不够彻底，科研机构的市场权利、政府权力与管理权限较为模糊，部分事业单位难以在应对市场化挑战时作出自主决策。在人才评价和激励机制上，根据《中国科技成果转化年度报告 2021（高等院校与科研院所篇）》调查统计，当前我国考核体系还存在指标单一化、标准定量化、结果功利化问题，论文作为评价指标，与项目评审、人才帽子、科技奖励等过度挂钩。因此科研人员在研发项目选题时倾向于学术性和先进性，而对技术成果的创新性、市场应用性、市场实际需求等方面重视不够，对技术转移、技术供给的热情和原动力不高。

从交易的区域分布来说，技术要素的区域活跃度与区域经济实力及科技产业发展程度直接相关。2021 年技术交易成交额排名前十的省市成交总金额达 2.9 万亿元，占比 79%，排名后十位的省市交易额仅占比 1.9%。分区域来看，技术强省集中在东部沿海省份，北京、广东、江苏、上海、山东为技术输出前五强省市，东部地区也是吸纳技术较高的地区。西部地区整体技术交易成交额偏低，技术输出水平较弱，同时吸纳技术占比较低，西藏、新疆、青海、宁夏、海南等七个省市吸纳技术合计占比仅 5.1%，技术吸纳的地区差异也成了拉大区域经济发展水平的重要根源。

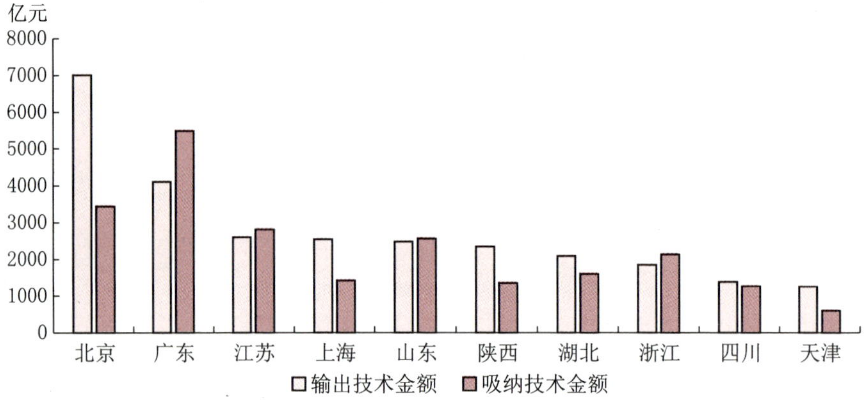

图 84　2021 年技术输出排名前十的省市

资料来源：科学技术部。

要素定价：高校院所技术要素定价偏低

当前技术要素定价存在三种方式，分别为协议定价、拍卖定价和技术交易市场挂牌交易定价，其中技术市场挂牌交易也包括协议成交、竞价成交两种方式。技术要素定价的复杂程度较高、操作难度较大，且对于企业的经济效应难以清楚度量。以拍卖方式定价，定价过程既充分公开又有竞价，但程序比较复杂，存在较高的实施门槛。以技术市场挂牌交易方式定价，可使定价过程充分公开，且有一定程度的竞价，但当前我国技术交易市场仍不够完善，交易周期长、交易成本高，也较少采用。协议定价程序整体简单，交易双方深度参与定价过程，对于事业单位来说，达成共识后只需在内部公示 15 日即可达成交易，且交易结果在有限范围内公开，容易被企业所接受，因而被广泛采用。但协议定价的方式市场化程度不足，定价过程不够清晰，可能存在双方信息不对称问题，同时还容易导致当前我国的技术要素交易数据分散，无法为技术要素评估提供有时效性的参考。以高校及科研院所的定价为例，《中国科技成果转化年度报告2021（高等院校与科研院所篇）》显示，2020年3554家高校院所以转让、许可、作价投资方式转化的科技成果中，以协议定价的科技成果转化项目20326项，占科技成果转化项目总数的97%，成交金额193.8亿元，成交金额占比95.7%；以拍卖方式定价的109项，占总数的0.5%，成交金额0.9亿元，成交金额占比0.4%；以在技术交易市场挂牌交易方式定价的542项，占比2.6%，成交金额7.9亿元，成交金额占比3.9%。

从定价水平来说，2021年全国技术合同平均价格为557万元，较2010年170万元显著提升，价格增速基本保持在每年5%—15%区间，体现我国技术要素附加值不断提升。但数据显示，2017年我国从国外引进的技术合同平均每项成交额高达3012万元，我国在核心技术领域仍然高度依赖进口，与国际发达国家仍存在较大差距。从重大合同定价来看，2021年重大技术合同平均价格为8956万元，为整体技术合同平均价格的16倍。

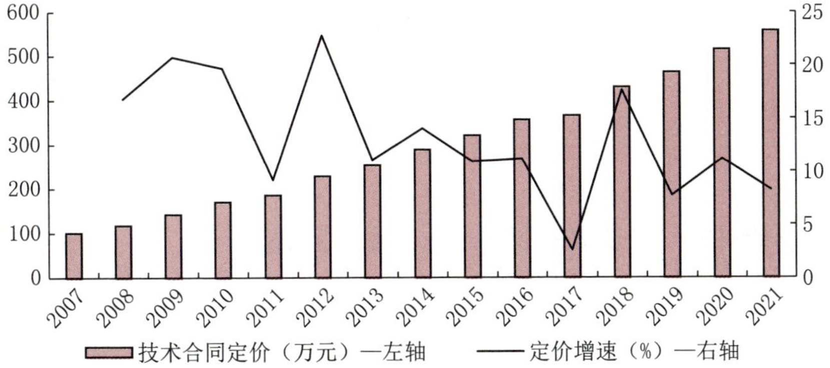

图85　我国技术合同定价稳步提升

资料来源：科学技术部。

从技术输出的主体来看，2021年机关法人输出的技术合同平均定价为1288万元，为各类主体之首，其次为企业法人，平均输出合同价格为 789 万元，而事业法人平均输出的合同价格仅为 101 万元。从事业法人构成主体来看，科研机构平均输出合同价格为 157 万元，高等院校平均输出合同价格仅为 62 万元，显著低于企业法人。我国高校院所技术合同定价较低主要与机制相关，高校院所在现行激励导向下，成果多但质量不高，缺乏市场前瞻性。《中国科技成果转化年度报告 2021（高等院校与科研院所篇）》调查指出，部分高校科研人员在申请课题的过程中缺乏实践调研，形成的科研成果缺乏市场需求，科技成果转化的社会价值和经济价值大打折扣，或者根本没有实际应用价值。

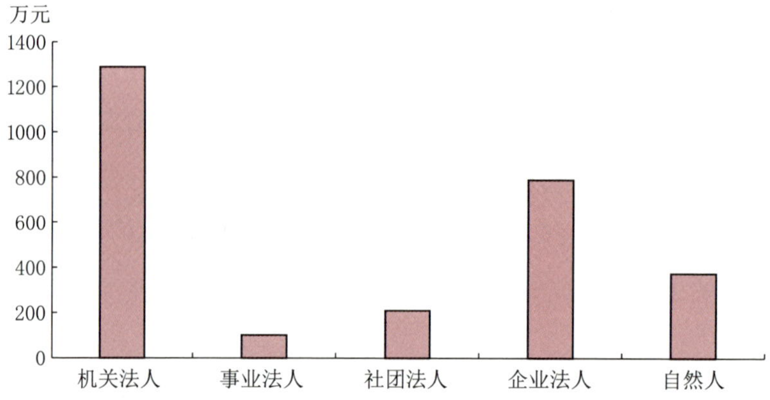

图 86　2021 年事业法人技术输出定价最低

资料来源：科学技术部。

要素中介：技术转移中介体系不完善

技术要素具有专业性、嵌入性、依附性和非标准性，科技成果的转移及转化涉及研究、开发、商品化、产业化等多个环节，因此技术要素难以像资本要素、劳动力要素等实现直接交易，要素中介机构在技术要素成果的生产、转移、转化中具有比其他要素交易中介更为关键和重要的作用。在科技成果转化的早期阶段，技术转移服务机构能够为高校、科研机构等提供科技成果研发方向咨询、价值培育等服务；

在科技成果转化的中期阶段，技术转移服务机构能够整合和提供资源，提升科技成果应用价值；在科技成果转化的后期阶段，技术转移服务机构对最终产品进行设计优化，推动实现商业化。当前我国技术转移中介机构主要分两大类：

一是技术转移机构。我国技术转移机构分为两大层次，分别为国家技术转移示范机构，以及普通技术转移机构。国家技术转移示范机构是为实现和加速科学知识、技术成果、科技信息和科技能力等系统知识从技术供给方向技术需求方转移，提供技术经纪、技术集成、技术评价和技术投融资等服务的机构，是技术转移体系的重要组成部分。普通技术转移机构主要为高校院所与企业共建研发机构、转移机构、转化服务平台等。

二是技术（产权）交易机构。技术（产权）交易机构是以企业和产业需求为导向，整合创新要素和创新资源，提供技术孵化、技术转让、技术咨询、技术评估、技术投融资、技术产权交易、知识产权运营及技术信息平台等专业性和综合性服务的机构，是技术转移服务体系的重要组成部分。与证券交易所类似，技术（产权）交易机构为技术类知识产权和相关权益提供挂牌、交易、公示和相关衍生等服务。当前我国主要存在两类技术（产权）交易所，一类是技术交易所，将专利技术独立出来，交易高新技术行业和技术聚集地域的专利技术，如中国技术交易所；另一类是技术产权交易所，将专利技术作为产权交易的子类别，通过下设知识产权交易平台进行专利技术、商标权和版权的交易，如北京产权交易所。

当前通过技术转移中介机构促成的技术要素交易规模较小，技术转移中介作用发挥不足。根据科学技术部对有数据反馈的技术转移中介机构统计，2021 年我国技术转移中介机构促成的技术交易规模约为 2496.5 亿元，仅占技术成交总规模的 6.7%。

从原因来看，一是技术成果转移需要的周期较长，专业性要求较高，我国技术转移中介服务机构质量参差不齐，大多数技术要素转移中介服务机构的自身实力不足，功能较为单一，专业化程度不高且业务面较窄，参与的重大项目机会较少，部分高校和科研院所设立的中介机构甚至仅充当配角，辅助项目申报、过程管理和成果评审验收等，难以有效服务企业与科研机构的个性化需求，也难以在技术转移过程中发挥主导作用。二是当前的技术转移中介服务机构中，估值、专利运营、入股、并购咨询等关键环节的机构数量较少，缺乏在细分领域专业度较强的机构，难以支撑技术交易所需的全链条服务。三是部分科研院所和高校成立的技术转移中介机构的内部体系还没有厘清，或者还没有建立专业的技术转移中介机构，难以有效协调科技成果、部门利益、单位利益与市场转化等方面的需求和冲突，成果转化效果不理想。

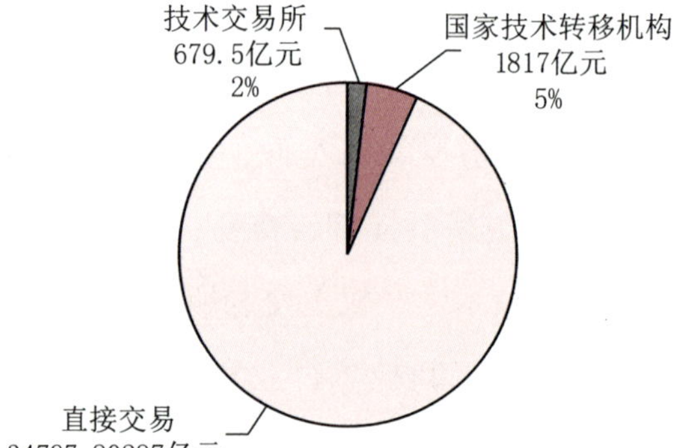

图 87　2021 年通过中介机构交易规模较小

资料来源：科学技术部。

要素监管：知识产权保护难问题突出

《“十四五”国家知识产权保护和运用规划》显示，近年来，我国知识产权保护力度明显加大，保护体系不断完善，保护能力持续提升，但当前仍然存在知识产权保护制度不健全、技术和专利市场发展滞后，行政执法和司法衔接机制不够完善，知识产权侵权易、维权难的现象，知识产权转移转化成效有待提高，知识产权服务供给不够充分。全国工商联发布的《2022中国民营企业500强调研分析报告》显示，在2021年影响民营企业500强发展因素中，认为“对知识产权的保护不足”的企业仍然达113家，较2020年上升8家。

经过近30多年的发展，我国已经初步形成具有中国特色的促进技术转移转化的政策法规体系，包括促进科技发展的基本法、促进科技成果转化的政策法规、专门的技术转移政策法规，并明确相关配套细则。但当前我国在科技成果转化政策方面还缺乏监测和评估机制，高校、科研院所和科技企业是否落实了科技成果转化政策、在落实中存在哪些问题、有没有好的经验与做法，难以全面掌握。同时也还没有建立科技成果转化政策的评估机制，配套监管体系和制度机制的缺乏使得我们对当前问题的掌握不够全面，对于下一步政策完善和优化的方向也缺乏清晰、准确的判断。

三、技术要素市场化配置改革的突破口

深入推动我国科技创新体制机制改革

科技创新体制机制改革是激活技术要素市场活力的重要基础。当前我国在科技创新体制机制上还存在一些堵点，要加快打破体制机制束缚，理顺科研院所、高校等事业单位创新机制，完善人才评价和激励机制，重点从以下两方面发力。

一是要进一步激活高校和科研院所自主经营和创新活力，加快打通制约高校资产经营管理公司和科研院所自主经营的难点，出台促进自主经营的配套细则，明确各级机构对于不同等级事项的决策层级，全面减少行政手段干预。要制定国有资产处置“勤勉尽责”的规范和

细则，制定能够切实落地的容错和纠错机制，减少科研院所和高校领导及工作人员为了免责而形成的各类冗余的集体决策流程，切实提升科研院所和高校的决策效率。

二是要完善人才评价和激励机制，促进和引导科技成果转化。要改变“重数量”的评价体系，加强对高校院所研究成果、技术开发成果转化的激励引导，增加成果转化绩效权重。要建立在长期行为基础上的科研管理制度支持，以长期激励为核心，淡化短期激励机制，重点提升基础研究领域科研人员的收入水平。此外，要建立健全科研活动容错机制，减少科研人员探索创新的后顾之忧。

加快整合技术要素交易市场

技术要素交易市场是技术要素深化改革的重点领域。当前各地方政府都相继建立了大量的技术交易市场，但是对这些交易市场的体系、分类、相互衔接关系以及交易方式等，都缺乏统一规划和整体设计。大部分交易都还是通过场外协议谈判进行，缺乏统一的交易单元、交易规则和撮合方式，场内交易市场彼此分割，交易量和交易效率都很低。要进一步加速技术要素市场整合，完善基础性制度建设。

一是要整合技术交易所资源。要全面整合当前布局较为分散的技术交易所，厘清行政归口，形成具有典型区域代表性的技术交易所，解决目前我国各类技术交易市场分散分割、规模过小、效率过低等问题，发挥技术交易所对于区域技术交易的辐射带动作用，提升技术交易所的定价功能、市场资源配置功能。要加速整合形成统一的国家级对内和对外技术交易平台，重点解决东西部技术交易不平衡问题。

二是要健全技术市场基础性制度。要着力建设技术交易市场的基础性制度，统一技术交易所交易、准入、分类等规则，从顶层设计方面完善技术要素交易配套的基础性制度和配套细则，明确规范化、专业化、市场化、开放互联化和国际化的建设标准与路径，促进我国技术交易市场标准化建设。

三是要推进技术要素交易市场的国际化，加大与境外的技术交易合作。要以北京、上海、粤港澳大湾区为核心建设全球技术交易枢纽，支持国家国际科技合作基地发展。要鼓励技术交易市场加强与国外技术转移、知识产权、市场咨询等服务机构深入合作，提升市场建设能力，健全国际技术转移与创新合作网络，促进双向技术转移与创业孵化。

加强技术转移中介服务机构建设

强大的要素中介服务机构体系是提升要素配置水平和提高要素交易市场活跃度的重要基础。与其他要素相比，当前我国技术要素中介服务机构发展明显滞后且数量多，但对技术要素的服务质量相对较低，缺乏专业的技术要素评估、定价及专业服务机构。要从两个方面进一步加强技术转移中介服务机构建设，提升专业化服务效能。

一是要加强现有的国家技术转移机构整合，实行优胜劣汰。要从国家层面制定和完善行业准入标准和规范要求，制定评价技术转移机构绩效的官方标准，从服务企业数量、交易活动、解决企业需求、培训水平、人才建设、专业化水平等角度完善绩效评估，并发布技术转移机构排名，打造具有代表性的区域性、行业类龙头机构，促进市场竞争，实行优胜劣汰，逐步整合当前400余家国家技术转移机构，促进良性发展。

二是要加强高校院所技术转移机构建设。在产权上，参照国有资本授权经营体制改革方向，提升自主经营权。在人事上，加强市场招聘和人才引进力度，培养一批懂技术、懂法律、懂经营管理的复合型人才，健全技术转移、知识产权、合规风控、综合保障等全面的人才体系。在管理上，赋予管理团队充分的运营权，通过市场化的激励机制、市场化的运营机制充分调动技术转移从业人员积极性，为科技成果转化提供专业服务。在合作机制上，加强技术转移机构和科研单位内部的统筹协调，为科研人员提供更加完善的服务，帮助科研人员顺畅、安心地与企业开展合作，让科研人员的科研成果“愿意转”，知道“如何转”。

持续完善技术要素市场发展配套制度

健全与技术要素相匹配的一系列制度体制是技术要素市场实现繁荣发展的基础，要更好发挥政府作用，提升监管和服务能力，引导技术要素与各类要素向先进生产力集聚。具体来看，包括健全知识产权法律保护体系、市场监管机制、法律体系等。

一是要不断完善知识产权保护法律体系。商标、专利等知识产权保护案件错综复杂，法律法规适用存在困难，亟需进一步加强对法律法规及相关配套规章的细化和完善。市场监管部门要进一步完善系统内的知识产权调解机构的配置，有效做好行政机关和司法部门的衔接。设立仲裁机构，提供当事人多元化的纠纷解决机制，促进纠纷快速有效解决，完善知识产权保护体系。

二是要提升技术要素市场监管水平。要提高政策的统一性、规则的一致性，加强科技、发改、财政、金融、教育、税务、人力资源、国有资产监管等部门的政策协同和工作协调，健全跨部门、跨区域联动机制，引导技术要素在区域间高效流动，推动全国技术交易网络互联互通。

三是要进一步健全促进技术要素市场化改革的法律制度体系。一方面要进一步对现行《技术合同认定登记管理办法》《技术合同认定规则》及地方技术市场条例等进行修订，加强虚假交易、虚假承诺失信联合惩戒。另一方面要修改调整现行技术市场条文规定，建立技术要素市场化信用规则，统一全国技术市场行政监管事权、优化市场执法权配置。

第十五章 举国创新体制的特征、载体与运行机制

科技创新体制是一个国家实现科技创新突破的重要基础制度保障。新中国成立以来，我国不断健全科技创新体制，组织实施多项重大技术攻关，取得了显著成果。党的二十大报告提出，要完善科技创新体系，健全新型举国体制，深化科技体制改革，形成支持全面创新的基础制度。举国创新体制根植于我国社会制度和经济发展模式，是我国社会主义体制集中力量办大事制度优势的集中体现，也是我国推动关键核心技术攻关的重要方式，是探索中国特色自主创新道路的重要举措。当前我国举国创新体制可以分为五个层面，分别为总体战略、政府管理体制、项目规划架构、研究力量和项目组织管理，如何完善举国创新体制，更好发挥社会主义制度优势成为我国实现创新驱动的重要着力点。

一、总体战略：创新驱动发展

改革开放以来，我国不断推动科技创新战略走向纵深，对科技创新发展的认识和理解不断深化。

改革开放初期，“科学技术是第一生产力”开启了社会大众对技术要素的认知。党的十一届三中全会以后，党中央提出把全党工作着重点转移到社会主义现代化建设上来，强调“科学技术是第一生产力”。

在这一思想指导下，我国制定科学技术发展规划纲要，进行科技体制改革，认定技术成果的商品属性，同时大力实施“863”、火炬、星火等科技计划，促进科技成果转化为现实生产力。

20世纪90年代，伴随我国经济的快速发展，社会对科技或技术的重视程度进一步提升。1995年5月6日，中共中央、国务院在《关于加速科学技术进步的决定》中第一次正式提出实施“科教兴国”战略，1996年将其定为基本国策。在科教兴国战略引领下，我国不断完善包括《中华人民共和国科技进步法》《中华人民共和国促进科技成果转化法》《中华人民共和国专利法》等科技相关法律法规，推动科技发展制度化。

2006年以来，科技创新自主性的重要性进一步凸显。2006年中共中央、国务院召开全国科技大会，提出要加强自主创新、建设创新型国家，并颁布《国家中长期科学和技术规划发展纲要》（2006—2020年），确定了“自主创新，重点跨越，支撑发展，引领未来”的指导方针。在自主创新战略引导下，我国基础研究水平不断提高，纳米材料、克隆、芯片、计算机等技术实现重大突破，为推动经济社会发展发挥重要作用。

党的十八大以来，“创新驱动发展”成为我国经济社会转型的重要战略指导。2014年8月，习近平总书记在中央财经领导小组会议上指出，实施创新驱动发展战略，必须深化改革，要让科技创新的轮子、体制机制创新的轮子共同转动。在创新驱动发展战略下，我国科技计划管理体制、以知识价值为导向的分配机制、财政科研经费管理、加强科技伦理治理等重磅改革全面推出，加快推进“大众创业、万众创新”，鼓励加大科技创新投入，强化创新主体融通合作，不断畅通科技成果转移转化。

创新驱动发展战略是引领我国未来科技创新的核心战略。《国家创新驱动发展战略纲要》明确提出，要分三步走实现战略目标。第一步，到2020年进入创新型国家行列，基本建成中国特色国家创新体系；第二步，到2030年跻身创新型国家前列，发展驱动力实现根本转换，经济社会发展水平和国际竞争力大幅提升；第三步，到2050年建成世界科技创新强国，成为世界主要科学中心和创新高地，为我国建成富强民主文明和谐的社会主义现代化国家、实现中华民族伟大复兴的中国梦提供强大支撑。

创新驱动发展战略提出要按照“坚持双轮驱动、构建一个体系、推动六大转变”进行布局，为我国未来的科技创新发展明确总体方向。“双轮驱动”就是科技创新和体制机制创新两个轮子相互协调、持续发力，一方面要抓科技创新，补科技创新短板，明确支撑发展的方向和重点，加强科学探索和技术攻关。另一方面要抓体制创新，要调整一切不适应创新驱动发展的生产关系，统筹推进科技、经济和政府治理三方面体制机制改革，最大限度释放创新活力。“一个体系”就是建设国家创新体系，要建设各类创新主体协同互动和创新要素顺畅流动、高效配置的生态系统，形成创新驱动发展的实践载体、制度安排和环境保障。“六大转变”就是发展方式从以规模扩张为主导的粗放式增长向以质量效益为主导的可持续发展转变；发展要素从传统要素主导发展向创新要素主导发展转变；产业分工从价值链中低端向价值链中高端转变；创新能力从“跟踪、并行、领跑”并存、“跟踪”为主向“并行”“领跑”为主转变；资源配置从以研发环节为主向产业链、创新链、资金链统筹配置转变；创新群体从以科技人员的小众为主向小众与大众创新创业互动转变。

二、管理机制：“一委一部三支柱”

当前我国科技管理体制改革仍处于深化落实阶段，从现状来看，举国创新科技体制呈现出“一委一部三支柱”的特征。

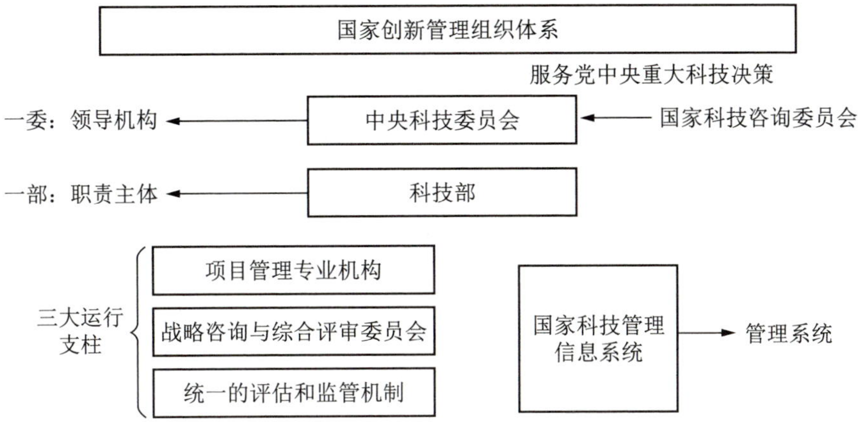

图 88　我国实行高度集中的科技管理体制

资料来源：国务院。

统筹领导：中央科技委员会

2023 年 3 月中共中央、国务院印发《党和国家机构改革方案》，对我国科技管理体制明确重大改革任务，进一步深化我国举国创新体制活力。《党和国家机构改革方案》明确，在党中央组建中央科技委员会，加强党中央对科技工作的集中统一领导，统筹推进国家创新体系建设和科技体制改革，研究审议国家科技发展重大战略、重大规划、重大政策，统筹解决科技领域战略性、方向性、全局性重大问题，研究确定国家战略科技任务和重大科研项目，统筹布局国家实验室等战略科技力量，统筹协调军民科技融合发展等，作为党中央决策议事协调机构。中央科技委员会办事机构职责由重组后的科学技术部整体承担。

职责主体：科学技术部

在部委层面，强化科学技术部推动健全新型举国体制、优化科技创新全链条管理、促进科技成果转化、促进科技和经济社会发展相结合等职能。科学技术部的具体职责有三方面变化：一是强化战略规划、体制改革、资源统筹、综合协调、政策法规、督促检查等宏观管理职责，保留国家基础研究和应用基础研究、国家实验室建设、国家科技重大专项、国家技术转移体系建设、科技成果转移转化和产学研结合、区域科技创新体系建设、科技监督评价体系建设、科研诚信建设、国际科技合作、科技人才队伍建设、国家科技评奖等相关职责。二是将部分规划职责划入农业农村部、发改委、生态环境部、卫健委、工业和信息化部、人社部。三是深化财政科技经费分配使用机制改革，完善中央财政科技计划执行和专业机构管理体制，调整科学技术部的中央财政科技计划（专项、基金等）协调管理、科研项目资金协调评估等职责。

由于科技创新与社会经济发展的诸多方面直接相关，发挥举国创新体制需要财政资金、产业体系等方面提供直接支持，为了更好地加强部委之间的协作沟通，此前我国组建了部际联席会议机制。部际联席会议由科学技术部牵头，财政部、发改委等相关部门参加，围绕国家科技发展重大战略任务、行业和区域发展需要，对科技计划（专项、基金等）进行统一管理，共同审议科技发展战略规划、科技计划（专项、基金等）的布局与设置。

三大运行支柱

三大运行支柱是推进举国创新体制落地执行的重要载体。项目管理专业机构通过统一的国家科技管理信息系统受理各方面提出的项目申请，组织项目评审、立项、过程管理和结题验收等，对实现任务目标负责。战略咨询与综合评审委员会主要负责对科技发展战略、规划、重大任务和重大科技创新方向的选择等方面提出咨询意见。统一的评估和监督机制主要对科技计划（专项、基金等）的实施绩效等组织评估评价和监督检查。

一是项目管理专业机构。通过对具备条件的科研管理类事业单位进行改造，形成若干符合要求的规范化的项目管理专业机构。按照中央财政科技计划管理改革的总体部署，我国此前共形成7家具备条件的专业机构，全面承接国家重点研发计划相关重点专项具体项目管理工作，分别为中国农村技术开发中心、中国21世纪议程管理中心、中国生物技术发展中心、科学技术部高技术研究发展中心、农业农村部科技发展中心、国家卫生计生委医药卫生科技发展研究中心、工业和信息化部产业发展促进中心。2023年《党和国家机构改革方案》明确，将科学技术部所属的中国农村技术开发中心划入农业农村部，中国生物技术发展中心划入国家卫生健康委员会，中国21世纪议程管理中心、科学技术部高技术研究发展中心划入国家自然科学基金委员会，科学技术部不再参与具体科研项目评审和管理，主要负责指导监督科研管理专业机构的运行管理，加强对科研项目实施情况的督促检查和科研成果的评估问效。

二是战略咨询与综合评审委员会。战略咨询与综合评审委员会充分体现了科学决策、民主决策的原则，委员会的组成具有代表性，不仅有科技界的专家，也有产业界和经济界的专家，反映各方面对科技创新的需求。委员会主要在一定战略高度跟踪国际科技发展和产业变革趋势，同时对制定统一的项目评审规则、建设国家科技项目评审专家库、规范专业机构的项目评审等工作也要提出意见和建议。

三是统一的评估和监管机制。科学技术部等主管部门对科技计划（专项、基金等）的实施绩效、战略咨询与综合评审委员会和专业机构的履职尽责情况等统一组织评估评价和监督检查，完善科研信用体系建设和“黑名单”制度。

为更好实现对科技管理信息的统一化管理，要通过统一的国家科技管理信息系统对中央财政科技计划（专项、基金等）的需求征集、指南发布、项目申报、立项和预算安排、监督检查、结题验收等全过程进行信息管理，并按相关规定主动向社会公开信息。

三、科技计划：五大科技项目规划

此前我国科技创新管理机制相对混乱，一度有上百个科技计划项目，而直接管理这些项目的国家机关有40多个，各类科技计划（专项、基金等）存在着重复、分散、封闭、低效等现象，多头申报项目、资源配置“碎片化”等问题突出。

2015年以来，我国出台《关于深化中央财政科技计划（专项、基金等）管理改革的方案》，深化科技计划管理改革，建立统一的国家科技管理平台和科研项目资金协调、评估、监管机制，明确科技计划布局、专业机构选择、预算、绩效及监管，并通过项目管理专业机构推进国家自然科学基金、国家科技重大专项、国家重点研发计划、技术创新引导专项（基金）、基地和人才专项五个方面的布局，既有各自的支持重点和各具特色的管理方式，又互为补充。其中，与科研项目规划相关的为前三个，即国家自然科学基金、国家科技重大专项，以及国家重点研发计划。此外还有针对科技成果应用和转化的技术创新引导专项，以及针对国家实验室等创新基地建设、人才建设的基地和人才专项。

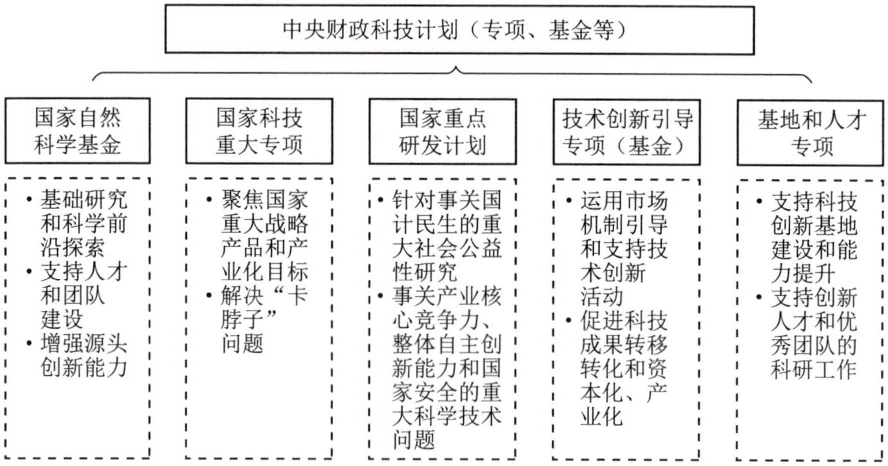

图89 我国集中实施五大科技计划

资料来源：国务院。

国家自然科学基金：基础研究和科学前沿探索

国家自然科学基金主要侧重基础研究和科学前沿探索，支持基础研究人才和团队建设，增强源头创新能力。在项目管理方面，国家自然科学基金由科学技术部管理的国家自然科学基金委员会进行管理，自然科学基金委员会制定和发布国家自然科学基金项目申请指南，受理项目申请，组织专家评审，批准资助项目，管理和监督资助项目实施。

在资金支持方面，国家自然科学基金由财政部根据国家科技发展规划，结合自然科学基金资金需求，将项目资金列入中央财政预算，并负责宏观管理和监督。国家自然科学基金委员会负责项目的立项和审批，并对项目资金进行具体管理和监督。从中央本级公共财政支出来看，中央财政对自然科学基金的支持力度保持持续上升态势，2012 年以来总支持规模达 2433 亿元，且自然科学基金是中央支持基础研究的重要渠道，占中央本级基础研究支出的比重长期维持在 40%—50%。

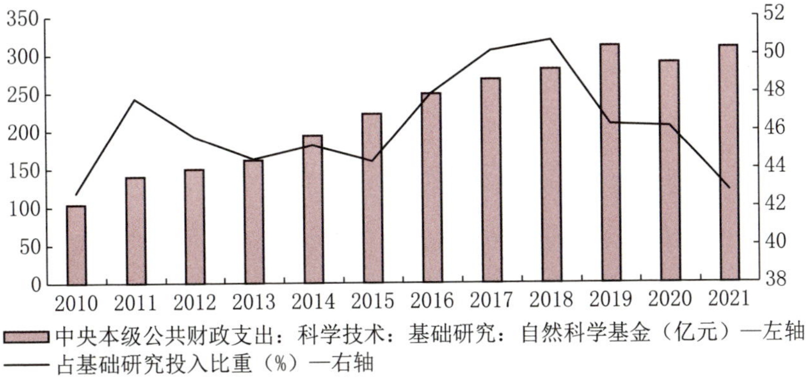

图 90 中央对自然科学基金的支持力度持续上升

资料来源：万得。

根据《中国科技统计年鉴》，国家自然科学基金共资助 18 个项目类型，其中对面上项目资助经费占比最大，高达 39.3%，面上项目主要是指支持从事基础研究的科学技术人员在国家自然科学基金资助范围内自主选题、开展创新性的科学研究的项目。青年科学基金项目位列第二，资助经费占比 15.4%，第三梯队的是联合基金项目和重点项目，分别为 8.4% 和 7.7%。

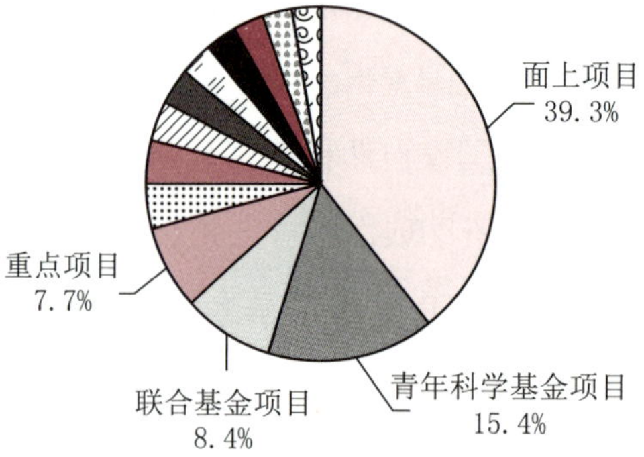

图 91　国家自然科学基金主要资助面上项目（2020 年）

资料来源：《中国科技统计年鉴》。

国家科技重大专项：解决“卡脖子”问题

重大专项是为了实现国家目标，通过核心技术突破和资源集成，在一定时限内完成的重大战略产品、关键共性技术和重大工程，是我国科技发展的重中之重。重大专项采取自上而下、上下结合的方式广泛研究论证提出，由中共中央、国务院批准设立，以“成熟一项，启动一项”的原则组织实施。《国家中长期科学和技术发展规划纲要（2006—2020 年）》共确定 16 个重大专项，目前官方仅公布 13 项。

在项目管理方面，第一，重大专项的组织实施由国务院统一领导。第二，部际联席会议负责审议重大专项总体布局、新增重大专项立项建议和实施方案、重大专项发展规划和有关管理规定，以及遴选确定项目管理专业机构等重大事项。其中，科学技术部负责协调重大专项与国家其他科技计划（专项、基金等）的衔接，牵头制定管理办法及配套科技政策，承担重大专项日常组织协调和沟通工作；发改委牵头组织研究制定重大专项组织实施中的相关产业配套政策等；财政部牵头研究制定中央财政安排的重大专项资金的管理办法，审核并批复重

表 30 国家科技重大专项公布 13 个重点方向

	领　域	专项名称
1	电子信息	核心电子器件、高端通用芯片及基础软件产品
2	电子信息	极大规模集成电路制造装备与成套工艺
3	电子信息	新一代宽带无线移动通信网
4	先进制造	高档数控机床与基础制造装备
5	能源环境	大型油气田及煤层气开发
6	能源环境	大型先进压水堆及高温气冷堆核电站
7	能源环境	水体污染控制与治理
8	农业	转基因生物新品种培育
9	生物健康	重大新药创制
10	生物健康	艾滋病和病毒性肝炎等重大传染病防治
11	先进制造	大型飞机
12	太空海洋开发利用	高分辨率对地观测系统
13	太空海洋开发利用	载人航天与探月工程

资料来源：科学技术部。

大专项分年度概算和年度预算。第三，牵头组织单位负责重大专项的具体组织实施，强化宏观管理、战略规划和政策保障，建立多部门共同参与的机制。第四，重大专项项目（课题）的具体管理工作原则上委托专业机构承担。科学技术部、发改委、财政部会同牵头组织单位等提出备选专业机构建议，由部际联席会议审议确定。专业机构接受

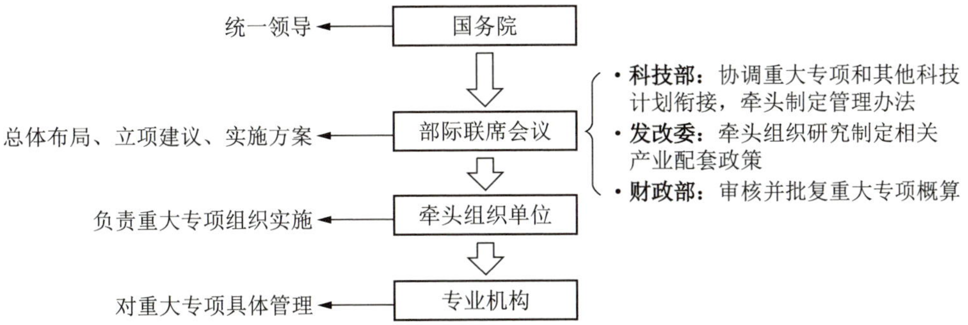

图 92 我国重大专项项目管理体制

资料来源：科学技术部、国家发展和改革委员会、财政部。

部际联席会议办公室与牵头组织单位的共同委托，负责对重大专项项目（课题）的具体管理工作。

2008 年启动的重大新药创制科技重大专项的牵头单位为国家卫健委和军委后勤保障部，2020 年的课题组织工作由专业机构“国家卫生健康委医药卫生科技发展研究中心”具体实施。

在资金支持方面，中央财政设立专项资金支持重大专项的组织实施，引导和鼓励地方财政、金融资本和社会资金等方面的投入。在具体中央财政资金方面，由牵头组织单位会同专业机构根据国务院批复的实施方案中确定的总概算和阶段概算，结合编制阶段实施计划，进一步细化年度任务目标，编制分年度概算。财政部会同科学技术部组织开展专项分年度概算评审，财政部根据评审结果，结合财力可能，按照有关规定核定并批复专项中央财政资金分年度概算，按规定程序下达牵头组织单位。

国家重点研发计划：推进重大社会公益性技术研究

国家重点研发计划主要针对事关国计民生的重大社会公益性研究，以及事关产业核心竞争力、整体自主创新能力和国家安全的重大科学技术问题，突破国民经济和社会发展主要领域的技术瓶颈。国家重点研发计划着力改变现有科技计划按不同研发阶段设置和部署的做法，按照基础前沿、重大共性关键技术到应用示范进行全链条设计，一体化组织实施，组织产学研优势力量协同攻关，提出整体解决方案。

在项目管理方面，国家重点研发计划按照重点专项、项目分层次管理。重点专项是国家重点研发计划组织实施的载体，聚焦国家重大战略任务、以目标为导向，从基础前沿、重大共性关键技术到应用示范进行全链条创新设计，一体化组织实施。项目是国家重点研发计划组织实施的基本单元，项目可根据需要下设一定数量的课题。

第一，部际联席会议负责审议国家重点研发计划的总体任务布局、重点专项设置、专业机构遴选择优等重大事项，战略咨询与综合评审委员会负责对国家重点研发计划提出咨询意见，为联席会议提供决策参考。第二，科学技术部是国家重点研发计划的牵头组织部门，会同相关部门和地方研究制定国家重点研发计划管理制度，提出重点研发需求、任务布局等。第三，相关部门和地方通过联席会议机制推动国家重点研发计划的组织实施，并成立重点专项专家委员会提供专业咨询。第四，项目管理专业机构根据国家重点研发计划相关管理规定和任务委托协议，开展具体项目管理工作，对实现任务目标负责。第五，项目牵头单位负责项目的具体组织实施工作，课题承担单位按照项目实施的总体要求完成课题任务目标，对项目牵头单位负责。

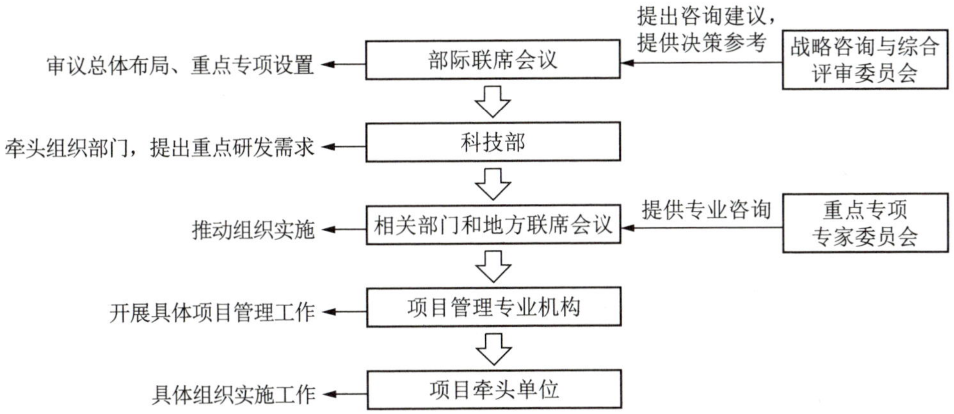

图 93　我国重点研发计划管理体制

资料来源：科学技术部、财政部。

在资金支持方面，主要分为中央财政资金和其他来源资金，其他来源资金包括地方财政资金、单位自筹资金以及从其他渠道获得的资金。具体在中央资金支持方面，主要由专业机构根据重点专项的目标和任务，依据专项实施方案和相关要求编报重点专项概算，报财政部和科学技术部。财政部、科学技术部委托相关机构对重点专项概算进行评估，根据评估结果，结合财力可能，财政部核定并批复重点专项中央财政资金总概算和年度概算，并向专业机构下达重点专项中央财政资金预算。根据《中国科技统计年鉴》，我国重点研发计划年度资金规模持续上升，当前约为 290 亿元，其中包括中央引导地方科技发展基金约 20 亿元，国家（重点）实验室引导专项 5 亿元，以及国家重点实验室资金 46 亿元。

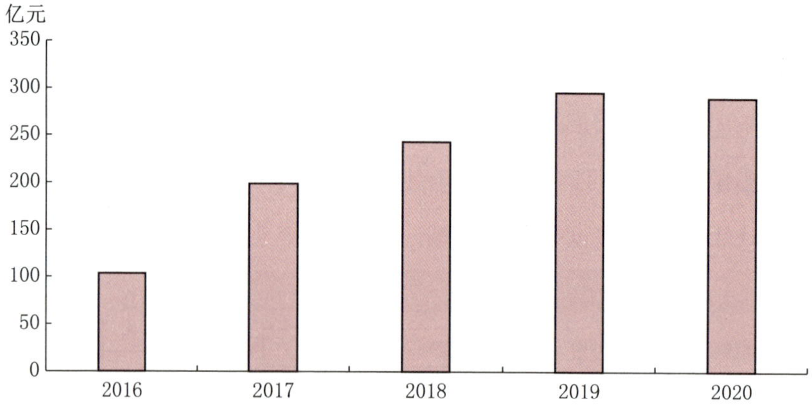

图 94　重点研发计划年度资金规模逐步提高

资料来源：《中国科技统计年鉴》。

表 31　国家重点研发计划支出方向（单位：亿元）

	2016	2017	2018	2019	2020
国家重点研发计划	103.54	198.77	242.99	295.42	289.81
其中：中央引导地方科技发展基金	14.20	12.78	12.78	2.00	20.00
国家（重点）实验室引导专项	2.00	3.00	7.00	7.00	5.00
国家重点实验室	41.70	46.59	56.90	55.90	45.52

资料来源：《中国科技统计年鉴》。

技术创新引导基金：促进科技成果转移转化

技术创新引导基金专项主要是按照企业技术创新活动不同阶段的需求，对发改委、财政部、科学技术部等部委管理的引导支持企业技术创新的专项基金进行整合，采用天使投资、创业投资、风险补偿、后补助等引导性支持方式，激励企业加大自身科技投入，促进科技成果转移转化，不断提高企业技术创新能力。在项目管理方面，主要是四类基金，分别是：

发改委、财政部管理的新兴产业创投基金，重点支持起步阶段的创新型企业，促进技术与市场融合、创新与产业对接。基金实行市场化运作、专业化管理，公开招标择优选定若干家基金管理公司负责运营、自主投资决策，目前已形成中金启元、国投创合、盈富泰克三家国家新兴产业创业投资引导基金。

财政部会同科学技术部管理的政策引导类计划，以中央引导地方科技发展资金为例，主要用于支持和引导地方政府落实国家创新驱动发展战略和科技改革发展政策、优化区域科技创新环境、提升区域科技创新能力。计划由财政部会同科学技术部管理，财政部负责确定引导资金分配，科学技术部提出分配建议，推动开展项目储备。

财政部、科学技术部管理的科技成果转化引导基金，主要用于支持转化利用财政资金形成的科技成果，包括中央财政科技计划、地方科技计划及其他由事业单位产生的新技术、新产品、新工艺、新材料、新装置及其系统等，通过设立创业投资子基金、贷款风险补偿和绩效奖励等支持方式，引导和带动金融资本、民间资本和地方政府共同加大科技成果转化投入。转化基金由中央财政设立，财政部履行转化基金出资人职责。科学技术部按规定批准设立子基金、管理子基金重大变更事项。

财政部、科学技术部等四部委共同管理的中小企业发展专项资金，主要用于支持中小企业提升创新能力及专业化水平、优化创新创业环境等。专项资金由财政部归口管理，有关中央主管部门、地方财政部门和同级有关主管部门按职责分工共同做好专项资金有关管理工作。

在资金支持方面，新兴产业创投基金由国家发改委、财政部以及其他社会出资人共同投资设立，总规模400亿元。中央引导地方科技发展资金由中央财政专项资金出资，2023年预算规模为65亿元。科技成果转化引导基金来源为中央财政拨款和社会捐赠，转化基金与符合条件的投资机构共同设立子基金，截至2021年，国家科技成果转化引导基金累计设立36只子基金，资金总规模624亿元。中小企业发展专项资金由中央一般公共预算安排，主要采取财政补助、以奖代补、政府购买服务等支持方式。

基地和人才专项：支持科研基地建设和创新人才活动

基地和人才是科研活动的重要保障，基地和人才专项一方面主要是对科学技术部管理的国家（重点）实验室、国家工程技术研究中心、科技基础条件平台、创新人才推进计划，发改委管理的国家工程实验室、国家工程研究中心、国家认定企业技术中心等合理归并，进一步优化布局，按功能定位分类整合。另一方面，加强相关人才计划的顶层设计和相互衔接。

四、科研主体：整合强化国家科研实力

当前我国共有四大战略科技力量，分别为国家科研机构、国家实验室、高水平研究性大学、科技领军企业，其中国家层面的战略科技力量主要为前三类。

国家科研机构：支撑国家战略的第一主体

国家科研机构从广义来说就是指国家设立的研究所，是服务国家目标和国家利益而在经济建设、社会发展和国防等重要领域建立的科研组织，是国家战略科技力量的重要组成部分。新中国成立初期，我国建立了一支集中科技资源、解决国家发展关键问题的科技队伍，其中以中国科学院为代表，也包括农业、医学、国防、航空等领域建立

的科研机构。改革开放以后，国家科研机构经历了改革、转制和发展，一批转制为企业或企业中的科研机构，其余国家科研机构继续面向国家战略需求发挥作用。

当前我国中央层面共有 7 家省部级科研机构。其中正部级 3 家，分别为中国科学院、中国工程院、中国社会科学院，中国科学院是我国科学技术最高学术机构，中国工程院侧重工程技术研究，中国社会科学院是哲学社会科学研究的最高学术机构。正军级 1 家，中国军事科学院是中央军委直接领导的军事学术研究机关。副部级 3 家，分别为中国农业科学院、中国工程物理研究院、中国医学科学院，中国农业科学院是我国中央级综合性农业科研机构，中国工程物理研究院主要负责发展国防尖端科学技术，中国医学科学院是我国医学科学学术中心和综合性医学科学研究机构。

国家实验室：整合优化、分类提升

国家（重点）实验室是国家组织开展基础研究和应用基础研究、具备先进科研装备的重要科技创新基地，是国家创新体系的重要组成部分。主要分两类：一是国家实验室，主要代表国家在本学科领域的最高水平，是具有相对独立的人事权、财务权的科研实体，研究经费以国家投入为主，以围绕重大科技问题组成的若干科学研究单元和公共技术支撑平台为基本组织结构；二是国家重点实验室，由依托单位申请，国家相关部门遴选评定，中央财政设立支持重点实验室的开放运行、科研仪器设备更新和自主创新研究专项经费，用于补助国家重点实验室运行，研究方向较为单一。国家重点实验室进一步分为三类：一是学科国家重点实验室，依托单位基本为高校和中科院研究机构，所属部门主要为教育部和中科院；二是企业国家重点实验室，依托单位主要为企业，所属部门主要为地方科技厅和国资委；三是省部共建国家重点实验室，依托单位主要为地方大学，所属部门为省科技厅。

此前我国国家科研基地存在较为明显的交叉重复、定位不清晰问题，既有科学技术部管理的国家（重点）实验室、国家工程技术研究中心、科技基础条件平台，又有发改委管理的国家工程实验室、国家工程研究中心等。2017 年科学技术部、财政部、发改委联合印发《国家科技创新基地优化整合方案》，对现有实验室、研究平台、研究中心等国家级基地和平台进行优化整合，通过撤、并、转等方式，按功能定位分类整合，符合条件的纳入相关基地序列管理，共形成三大国家科技创新基地，分别为科学与工程研究类国家科技创新基地、技术创新与成果转化类国家科技创新基地、基础支撑与条件保障类国家科技创新基地，国家（重点）实验室纳入科学与工程研究类基地管理。

国家实验室主要有两方面整合计划。一是采取统筹规划、自上而下为主的决策方式，组建国家实验室；二是优化调整国家重点实验室，对依托高校和科研院所建设的学科国家重点实验室结合评估进行优化调整，对处于国际上领跑、并跑的国家重点实验室加大稳定支持力度，对处于长期跟跑的国家重点实验室要重新确定研究方向和任务，对多年来无重大创新成果、老化僵化的国家重点实验室予以调整。

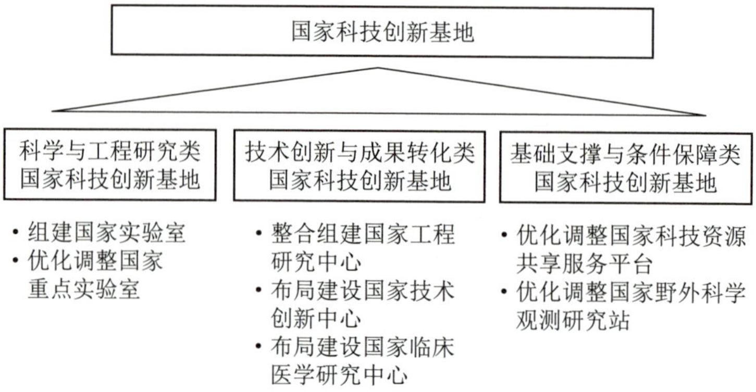

图 95　国家实验室统一纳入科学与工程研究类基地管理

资料来源：科学技术部、财政部、国家发展和改革委员会。

据统计，当前我国已建成的国家实验室约为 6 个，包括国家同步辐射实验室、北京串列加速核物理国家实验室等，已批准正在筹建的国家实验室约为 14 个。在国家重点实验室方面，2018 年中央经济工作会议明确提出“抓紧布局国家实验室，重组国家重点实验室体系”。科学技术部、财政部联合发布《关于加强国家重点实验室建设发展的若干意见》，要求实验室经优化调整和新建，数量稳中有增，总量保持在 700 个左右。其中，学科国家重点实验室保持在 300 个左右，企业国家重点实验室保持在 270 个左右，省部共建国家重点实验室保持在 70 个左右。2021 年末，我国正在运行的国家重点实验室 533 个，其中学科国家重点实验室约为 300 个，企业国家重点实验室约为 200 个，省部共建国家重点实验室约为 50 个。

高水平研究性大学：科技创新的中坚力量

高水平研究性大学是我国实施创新驱动发展的中坚力量，高水平研究性大学的科研机构更是探索前沿学科、创新学科的基础。2020 年我国高校数量达到 2738 所，而设立的高校科研机构接近 2 万个。高校研究机构指高校根据规定报请政府有关部门批准建立或自行决定建立

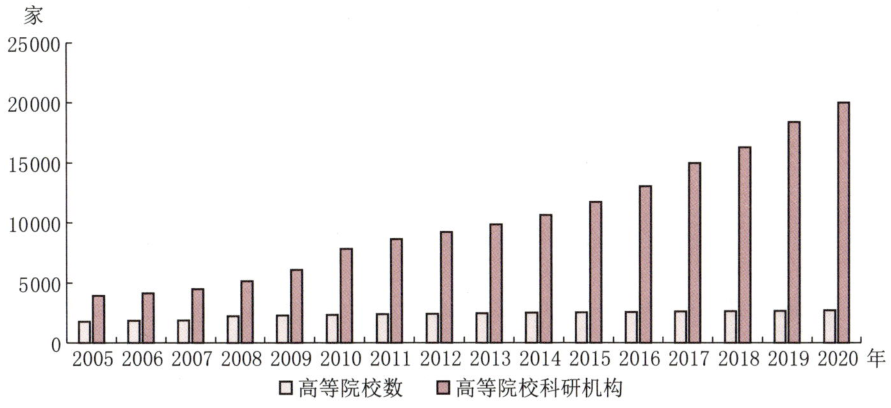

图 96　高校数量趋于稳定，高校研究机构的数量不断攀升

资料来源：《中国科技统计年鉴》。

的研究与开发机构，隶属于高校或高校院系，比如清华大学所属研究机构中，政府部门批准建立的包括北京信息科学与技术国家研究中心、北京电子显微镜中心等，自主设立的包括清华大学环境科学与工程研究院、清华大学中国经济研究中心等。

从学科来说，我国高校包含理工农医学科的数量约为 2342 个，人文社科类高校约为 2447 个。从地区分布来看，高校数量最多的地方是东部地区，2020 年为 1028 所，占全国高校总数的 38%，其次为西部地区，共计 734 所高校，占 27%，中部地区高校数量与西部地区相差不大，为 718 所，东北地区高校数量较少，仅 258 所。从资金投入来看，2020 年高校支出的 R&D 内部经费达 1882.5 亿元，其中政府金额的占比达到将近 60%，达 1128 亿元，其余 40% 为企业资金，约为 666 亿元。

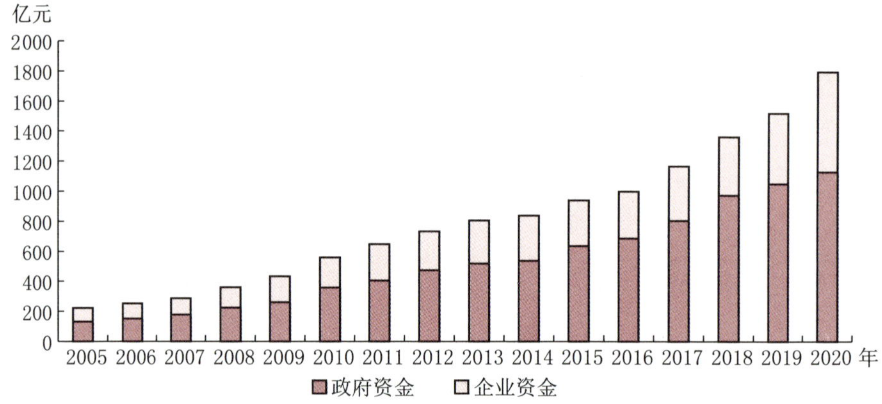

图 97　高校 R&D 内部支出经费逐年递增

资料来源：《中国科技统计年鉴》。

五、项目管理：以“揭榜挂帅”为核心

在举国创新体制下，政府与市场力量如何更加有效结合，是科技体制改革的重中之重。近年来，为有效应对政府与市场科技创新配合中存在的问题，促进科研成果转化，发挥好市场在资源配置中的决定性作用，我国不断加强机制创新，构建“战略研究—规划部署—任务

布局—组织实施”的有效衔接机制，通过“揭榜挂帅”“军令状”“赛马”等方式，推动任务的组织实施，取得显著成效。

早在2016年，习近平总书记在网络安全和信息化工作座谈会讲话中提出，“可以探索搞揭榜挂帅”。2019年8月《关于新时期支持科技型中小企业加快创新发展的若干政策措施》提出，在国家重点研发计划、科技创新2030—重大项目等国家科技计划组织实施中，支持科技型中小企业广泛参与龙头骨干企业、高校、科研院所等牵头的项目，组建创新联合体“揭榜攻关”。2021年习近平总书记在中国科学院第二十次院士大会、中国工程院第十五次院士大会、中国科协第十次全国代表大会上的讲话提出，要改革重大科技项目立项和组织管理方式，实行“揭榜挂帅”“赛马”等制度。

“揭榜挂帅”是指针对目标明确的科技难题和关键核心技术攻关，通过向社会公开张榜征集创新主体，不设门槛，以目标和结果导向推动科技创新的制度安排。在“揭榜挂帅”考核方面，主要有两种方式。一是采用“军令状”“里程碑式考核”等管理方式，对经费拨付方式、奖惩措施和成果归属等进行具体约定，将榜单任务目标摆在突出位置，集中优势资源，全力开展限时攻关。二是采用“赛马制”等管理方式，即针对同一项目，允许若干个牵头单位同时立项，促进相互竞争，项目前期进行平行资助，项目过程中定期考核、优胜劣汰，项目后期聚焦优势主体，最大程度提高研发成功率。

与过往的传统立项模式相比，一方面，“揭榜挂帅”面向全社会具有创新能力的主体，打破传统的科研圈子和论资排辈，“谁能干就让谁干”，针对性强且结果导向明确，实现科研攻关由单一主体向多元化竞争主体转变。另一方面，“揭榜挂帅”有效发挥了政府与市场的协同优势，政府提供协同攻关平台和组织保障体系，市场发挥主观能动性和内生激励，有利于集中优势力量解决重点科学问题和关键技术难题，加强科技成果应用和转化。

表 32 “揭榜挂帅”与传统立项模式具有显著差别

	传统立项模式	揭榜挂帅、赛马制等
面对主体	科研机构、高校为主。	科研机构、高校、企业、非盈利组织、也可以是多个主体的融合。
项目目标	目的较分散、宽泛，针对性和结果导向性不强。	专门针对目标明确的科技难题，目标导向性较强。
申请要求	有门槛，对申请者资历有要求。	项目牵头申报和参与单位无注册时间要求，项目（课题）负责人无年龄、学历和职称要求。
管理模式	进行选题—立项—结题等流程管理。	加强过程管理，推动优胜劣汰。
成果转化	部分难以直接实现应用。	直接实现应用或产业化。

当前已有较多科研项目通过“揭榜挂帅”方式组织推进。工业和信息化部曾在 2018 年底发布《新一代人工智能产业创新重点任务揭榜工作方案》，对涉及智能产品、核心基础、智能制造关键技术装备、支撑体系四大方向的 17 个细分领域进行张榜，通过“揭榜制”，征集并遴选一批单位集中攻关，全国共有 1248 家参评，最终产生 137 家揭榜单位、66 家潜力单位。2021 年“十四五”国家重点研发计划首批启动的重点专项中，在数学和应用研究、信息光子技术、氢能技术、基础科研条件与重大科学仪器设备研发、重大自然灾害防控与公共安全等领域均设立了“揭榜挂帅”榜单任务，凝练聚焦重点突破方向，推动产生阶段性重大科技成果。

六、完善举国创新体制的重点举措

进一步激发市场活力

从国际情况来看，美国主要采取自下而上的创新体制，以企业和高校为创新主体，保证了科技创新立足于自主性、创造力，高校和企业科技研发从实际出发、从需求出发，能够有效推动科技成果转化和应用。而联邦政府主要作为科技创新的配合机构，创新管理体制整体分散化、多元化，主要为市场主体创新提供支持，美国自下而上的创新体制能够较好地发挥市场作用。相比之下，我国自上而下的科技创新体制具有集中力量办大事的优势，能够将优质资源集中在重点领域，加速技术突破。然而自上而下的创新体制需要有效处理好政府与市场的关系问题，让企业在技术创新决策、研发投入、科研组织、成果转化评价等各个环节发挥主体作用，推动企业从“要我创新”转变为“我要创新”。

CASE 案例

美国自下而上的创新体制

美国创新体制具有典型的“自下而上”特征，即以企业和高校为创新主体，辅之以国家科技创新促进体系。

在第二次世界大战前，美国联邦政府对于创新的支持较为有限，科技创新主要是企业和高校的自主行为。在高校方面，美国大学间存在显著的竞争关系，与欧洲各国政府普遍有统一的教育管理机构不同，美国高等教育的管理权限在联邦各州，高度强调大学的自主性。因此美国私立大学之间、州立大学间存在显著的竞争关系，促进高校科研人员自主进行科学价值判断，通过有特色的科技创新实现自身竞争优势，有效地推动了美国基础科学的发展。在企业方面，由于美国高度自由的市场经济体制，企业的生存高度依赖科技创新，因此需要不断针对新的市场需求开发新产品、新技术。20世纪以来，美国各大企业设立工业实验室，一方面为企业创新提供重要动力，另一方面也为美国科技创新起到巨大的推动作用，例如1947年贝尔实验室发明了晶体管，1960年休斯研究实验室制造出第一台激光器，企业创新成为美国科技创新的重要组成部分。

美国联邦政府在战争中与企业和高校加强合作，展现了政府与市场科技创新融合的巨大潜力。第二次世界大战后，美国不断完善科技创新体制，逐步形成了政府、企业、高校相互配合的国家创新体系。

在政府组织方面，美国在行政和立法系统均成立相应科技主管机构。在行政部门，形成了以白宫科学技术政策办公室、国家科学技术委员会、总统科学技术顾问委员会为核心的科技政策决策协调和咨询机构，此外商务部、能源部、国防部、卫生部、农业部、国家航空航天署、国家科学基金会均具有推动科技发展的职能。在立法系统，美国国会主要进行科技计划预算审批、立法、监管等职能，参议院下设商务、科学与运输委员会，众议院下设科学委员会，共同形成美国政府层面科技管理机构。

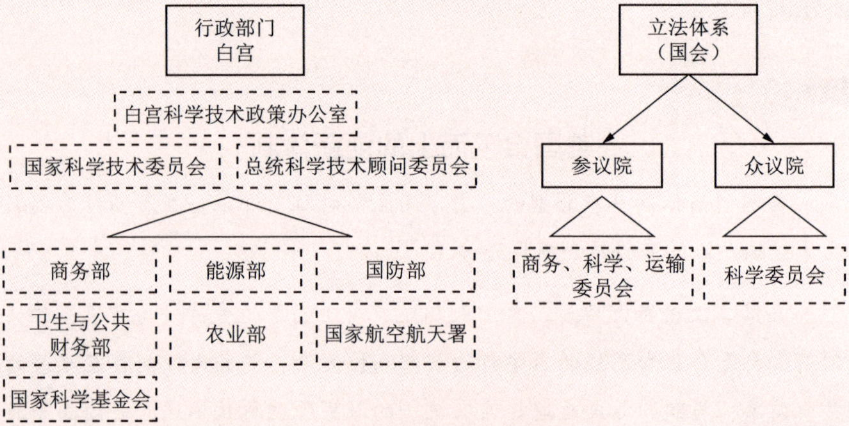

图 98　美国科技创新管理相关部门

在项目规划方面，美国在政府层面没有设立科技创新的专门管理部门，包括能源部、国防部等部门负责具体执行各自的科技计划和项目，制定科技预算，完成相关领域科技发展的政策制定。例如国家航空航天署主要负责空间探索，国防部主要负责国家安全相关科技研究，国家科学基金会则主要支持基础研究。

在研究力量方面，美国政府、大学和企业基本形成了清晰的科技创新分工体系。大学主要负责基础研究，美国在科研领域的共识为，基础研究是大学应该做的，从事基础研究令人尊敬，且美国大学给予研究人员极大的自主研究空间，极大促进了美国基础研究发展。企业研究机构主要负责应用研究和试验发展，依托工业研究实验室，极大促进了研究成果的转化。政府研究机构主要负责应用研究和大科学研究，第二次世界大战后，美国全面加强国家实验室和研究中心建设，包括国防部、能源部、国家航空航天署均建设多个内部研究机构及国家实验室和研究中心，形成系统的政府科研机构，接受政府管理或者通过合同方式管理。据统计，仅能源部监管的国家实验室就达到17家，其中包括劳伦斯伯克利国家实验室、洛斯阿拉莫斯国家实验室以及橡树岭国家实验室等。

在政府资金支持方面，美国在科研方面的投资分散到行政系统的多个部门，据统计，在涉及科学研究的10多个联邦政府部门中，国防部、卫生部、能源部、农业部、国家航空航天署、国家科学基金六个部门科研经费占比约为联邦政府的90%。

在财税政策支持方面，一方面，联邦政府大量资助基础研究成果的商业化，对中小企业参与科技创新提供大量基础技术支持，同时规定政府采购中，必须确保一定比例由中小企业获得，极大促进了中小企业的发展。另一方面，联邦政府通过政府采购和财政补贴等方式，重点支持大型企业研发活动。

美国由于其独特的历史发展脉络以及国情特征，自下而上产生了以高校和企业为主体、以政府部门为配合的创新体制，且联邦政府的创新管理体制整体分散化、多元化，强调科技创新的自主性、创造力，政府在科技创新中主要起到大科学支持以及一定的配合作用。

持续提升技术引领性

当前我国国家科技计划中，重大专项、国家重点研发计划两大重点项目主要还是以“追赶”、解决“卡脖子”问题为重点内容，集中力量进行资源集成、限时攻关，突破国民经济和社会发展主要领域的技术瓶颈。然而支持前沿领域的基础研究以及全局性前瞻性领域的计划并不多，在集中力量的追赶创新与企业自主创新之间还缺乏有效的平衡机制。

要以基础研究为突破口，加快提升我国技术创新引领性。基础研究是科技创新体系的源头，基础研究的突破往往能带来生产力的颠覆性变革和社会的巨大进步。然而当前我国基础研究占研发支出比重依然偏低，2022 年全国共投入研究与试验发展（R&D）经费 30782.9 亿元，基础研究经费 2023.5 亿元，基础研究经费所占比重仅为 6.57%，和发达经济体平均超过 15% 的基础研究占比差距明显。要进一步发挥政府导向作用，提升中央财政对于基础研究的支持力度，推动国家自然科学基金重点支持创新能力强的科研机构和优秀科技人才，同时撬动高校、科研机构、企业、社会等多方力量持续投入，鼓励设立企业基础研究基金，对企业投入基础研究实行税收优惠政策。要重视基础研究人才培养，建立完善的基础人才培养体系，对基础研究团队及个人实行更加灵活的评价机制，注重科研成果的原创性和创新性，加强知识产权保护，同时也要进一步积极引进国际人才，吸引国外科学家来华进行基础研究工作，推动国际基础研究合作项目建立。

强化国家实验室协同攻关能力

国家实验室是技术攻关的重要载体，是围绕国家需求进行基础性和战略性研究的重点机构。然而目前我国国家实验室建设仍存在一定问题，部分国家实验室技术落后、研究重合度高，难以起到引领和协同攻关作用，同时国家实验室缺乏清晰的考核评价机制，产业导向性偏弱。

首先在管理层面，科学技术部主要负责国家重点实验室的建立、调整和撤销，但目前还没有形成更加清晰的考核评价机制，对于国家实验室的布局、发展计划和统筹协调缺乏有力抓手。此外，当前国家实验室在分布上条块分割、开放性差，已有资源缺乏充分利用，部门、领域和各层级间交流存在壁垒，同时部分研究功能、任务分工存在过度重复和过度竞争，存在浪费研究资源的问题。

其次在技术协同层面，当前我国国家实验室装置水平越来越高，有些已经达到或超过国际先进水平。但一方面，这些国家研究室规模较小，利用装置开展多学科交叉研究不足，缺少针对重大问题的组织和协同攻关，存在选题分散、协同不足的问题，发挥装置的支撑引领作用有限。另一方面，国家研究室与产业连接不足，难以满足产业需求，同时也难以根据产业需求对装置进行进一步改造提升。而美国阿贡、劳伦斯伯克利、布鲁克海文、橡树岭等国家实验室均建有内部的纳米、生物、材料、装备制造等相关研究所，配备有大量的企业科学家，他们与装置科学家一起设计、研制与改造设备和装置，取得显著成效。

要加强国家实验室统筹及规划，完善国家重点实验室布局设计，提升产业导向性。要瞄准事关国家产业、经济和国家安全的重点领域，结合区域发展、行业发展需要，新建一批国家重点实验室，通过产学研结合的方式组织开展科研攻关。科学技术部要完善国家重点实验室评价机制，采用“定量＋定性”的方式，建立相对长周期的、里程碑式的评价机制，根据评价结果合理调整研究方向及研究资源，加强优势力量的整合。此外，还要加强国家实验室与产业之间的连接，增强国家实验室“问题导向”的思维模式，研究结果能够切实解决企业发展过程中所面对的核心难题及痛点。

完善揭榜挂帅竞争机制

通过揭榜挂帅的方式进行科技创新管理主要有三个步骤。一是“发榜”，需明确需求目标、时间节点、考核要求、奖惩措施等。二是“揭榜立项”，评选揭榜单位。三是“挂帅攻关”，按照既定目标推进科技攻关，并对最终结果进行评价考核。然而当前我国揭榜挂帅制度在三大环节均存在标准不清晰的问题。具体来看：一是在“发榜”方面，揭榜挂帅的榜单设计应当主要集中在前沿科技领域和重大攻关项目，聚焦国家发展战略和技术战略发展重大需求，尤其是“小切口”的核心技术问题。然而在实际推进中，部分榜单在目标设定时出现任务模糊不清、技术指标难以量化考核、责任要求界定不清等问题，影响“发榜”后的揭榜率。二是在“揭榜立项”方面，当前还存在揭榜单位评选、资格审查等机制，未能破除科研领域论资排辈“关系网”，或者揭榜过程信息透明度不足，没有形成公平、互信的揭榜环境。三是在“挂帅攻关”方面，部分项目的“里程碑式”考核节点僵化，缺乏灵活度，或者没有设置过程兑奖节点，难以激发创新活力。

要持续完善揭榜挂帅创新机制。一要建立科学合理的榜单确定机制，充分考虑技术需求审查、专家咨询论证观点，聚焦国家科技战略重大需求中的“小切口”，明确需求、制定量化目标、界定责任边界，并构建科学合理的项目遴选机制和榜单确立发行机制。二要构建科学高效、公开透明的遴选评价机制，公开筛选合适的技术路线和创新团队，破除科研领域论资排辈“关系网”，对揭榜攻关成功的单位，给予大力支持和推广，构建良好的产业发展生态。要鼓励创新主体自愿申请，积极主动承担揭榜攻关任务，明确揭榜责任单位和责任人，突出企业创新主体地位，激发揭榜单位自身能动性，集中力量攻克产业发展瓶颈。三是要科学合理灵活设置项目考核节点，充分赋予揭榜挂帅个人及机构自主权，最大程度激励创新。创新最大的特点是不确定性，要形成科学容错机制，对于因不可抗力或者不可预见的原因导致难以满足目标的，要形成标准化的认定标准、认定流程以及免责范围，减少科研工作者的顾虑。

第十六章 科技成果转化的现状、堵点及突破口

科技成果转化率低是当前我国科技创新面临的突出问题，一方面基础研发投入相对不足，高质量的科研成果供给相对较少，另一方面已有科研成果的转化不足，科研成果的产业转化率及产业支持能力也明显不足。打通科技成果转化堵点是提升我国科技创新水平和推动现代化产业体系发展的重要基础，也是各地方政府夯实科技水平基础，推动战略性新兴产业、科技产业快速发展的重要基石。

一、科技成果转化政策体系日渐完善

2015 年前，我国关于科技成果转化的制度及法律体系长期处于缺失或过时状态，体制机制较为僵化。中央级研究开发机构、高等院校科技成果作价投资形成国有股权的转让、无偿划转或者对外投资等事项，需要按权限逐级报主管部门和财政部审批或者备案；科技成果作价投资成立企业的国有资产产权登记事项，需要逐级报财政部办理。烦琐冗长的审批及转化流程在很大程度上阻碍了科技成果的创新及应用。

2015 年 8 月，全国人大常委会通过《关于修改〈中华人民共和国促进科技成果转化法〉的决定》，2016 年 2 月，国务院印发《实施〈中华人民共和国促进科技成果转化法〉若干规定》，2016 年 4 月发布《促

进科技成果转移转化行动方案》。上述三部法律、法规的先后出台，形成了推动科技成果转化的三大政策基础，随后教育部、科学技术部、财政部、人力资源和社会保障部等部门分别出台相关文件，完善所管辖领域的科技成果转化指导意见和规定。我国科技成果转化开始有规可循，科技创新动力及成果转化率都开始显著提升。

2020年以来，我国进一步加快完善关于科技成果转化的使用权、处置权、收益权等瓶颈性问题的政策体系。《国民经济和社会发展第十四个五年规划和2035年远景目标纲要》中明确提出，要创新科技成果转化机制，改革国有知识产权归属和权益分配机制，扩大科研机构和高等院校知识产权处置自主权。在职务科技成果确权方面，2020年5月科学技术部等9部门印发《赋予科研人员职务科技成果所有权或长期使用权试点实施方案》，探索建立赋予科研人员职务科技成果所有权或长期使用权的机制和模式，明确国家设立的高等院校、科研机构科研人员完成的职务科技成果所有权属于单位。在国有资产管理制度方面，2019年财政部发布《关于进一步加大授权力度促进科技成果转化的通知》，授权中央级研究开发机构、高等院校的主管部门办理科技成果转化相关事宜，中央级研究开发机构、高等院校自主决定科技成果转让、许可或者作价投资，不需报主管部门和财政部审批或备案，对于科技成果转让、许可或者作价投资，由单位自主决定是否进行资产评估，持续下放权限、简化流程。在科技成果收益分配方面，2021年人力资源和社会保障部、财政部、科学技术部印发的《关于事业单位科研人员职务科技成果转化现金奖励纳入绩效工资管理有关问题的通知》，进一步明确科研绩效奖金的操作办法及具体细则，完善科技成果转化绩效工资奖励及税收优惠政策，明确成果转化现金奖励不受事业单位绩效工资总额限制。

经历近十年持续的制度体系建设，我国关于科技成果转化的政策体系和制度规定日渐完善，科技成果转化进入快车道发展。

表 33　我国针对科技成果转化相关政策不断深化

时间	发布主体	文件名称	主要内容
2015.8.29	全国人大常委会	《中华人民共和国促进科技成果转化法（2015年修订版）》	在科研激励方面，明确规定科研单位对其持有的科技成果，可以自主决定转让、许可或者作价投资；科技单位转化科技成果所获得的收入全部留归本单位；将对科研人员奖励和报酬的最低标准提高至转化收益的 50%。
2016.2	国务院	《实施〈中华人民共和国促进科技成果转化法〉若干规定》	明确将科技人员在科技成果转化工作中开展技术开发、技术咨询、技术服务等活动的奖励也纳入法案和规定。
2016.4.21	中共中央、国务院	《促进科技成果转移转化行动方案》	在处置权、收益权方面赋予科研单位更多的自主权；强调企业的主体带动地位；鼓励发挥各类技术转移服务机构的作用，推动科技成果与创业对接。
2018.7	国务院	《关于优化科研管理提升科研绩效若干措施的通知》	加大高校、科研院所和国有企业科研人员科技成果转化股权激励力度，科研人员获得的职务科技成果转化现金奖励计入当年本单位绩效工资总量，但不受总量限制，不纳入总量基数。
2019.9	财政部	《关于进一步加大授权力度促进科技成果转化的通知》	将加大对中央级研究开发机构、高等院校有关国有资产管理的授权力度，简化管理程序，优化评估管理，转化科技成果所获得的收入全部留归研发单位。
2020.2	教育部、科学技术部等	《关于提升高等学校专利质量促进转化运用的若干意见》	要求有条件的高校加快建立专利申请前评估制度，明确评估机构与流程、费用分担与奖励等事项，对拟申请专利的技术进行评估，以决定是否申请专利。
2020.4.9	中共中央、国务院	《关于构建更加完善的要素市场化配置体制机制的意见》	明确完善要素市场化配置的具体举措，在技术要素市场化配置方面实现两大突破：一是强化技术产权保护，激活技术产权激励；二是激活中介服务活力，以激发技术供给活力，促进科技成果转化。
2020.5	科学技术部等九部门	《赋予科研人员职务科技成果所有权或长期使用权试点实施方案》	国家设立的高等院校、科研机构科研人员完成的职务科技成果所有权属于单位；试点单位可赋予科研人员不低于 10 年的职务科技成果长期使用权；充分赋予试点单位管理科技成果的自主权。
2021.3	人社部、财政部、科学技术部	《关于事业单位科研人员职务科技成果转化现金奖励纳入绩效工资管理有关问题的通知》	明确现金奖励计入所在单位绩效工资总量，但不受核定的绩效工资总量限制，不作为人力资源社会保障、财政部门核定下一年度绩效工资总量的基数，不作为社会保险缴费基数。

资料来源：国务院、财政部、科学技术部、教育部等。

二、科技成果转化的现状和特征

目前社会一般使用转化的专利占授权专利数量的总比例来衡量科技成果转化率，从指标的演变趋势看，当前我国科技成果转化存在两方面问题。

一是专利成果快速增加，但发明专利产业化率及实施率均有所下降。根据国家知识产权局发布的《中国专利调查报告》，科技成果转化率有两个口径：其一是“专利产业化率”，指有效专利中用于生产出产品并投放市场的专利占全部有效专利的比例，其二是“专利实施率”，专利实施是指专利权人以生产经营为目的自行或许可他人制造、使用、许诺销售、销售、进口其专利产品或使用其专利方法，包括将专利作价入股、转让给他人等其他实现专利价值的行为，专利实施率是指已经实施的专利件数占拥有的有效专利数量的比例。2010 年以来我国发明专利授权数量快速提升，2015 年起我国获得授权的专利数量超过美国及日本，成为每年发明专利授权数量最多的国家。但从有效专利的产业化率和实施率来看，虽然近年来有效专利的产业化率和实施率均有所上升，但最能代表科技创新水平的发明专利转化率有所下降，其

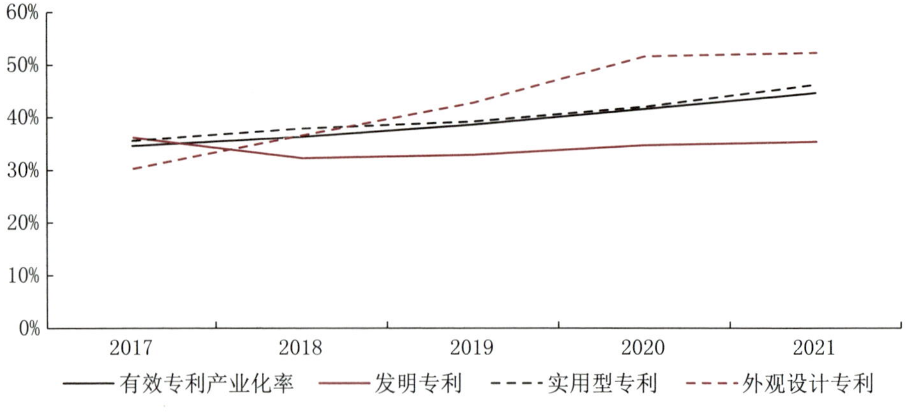

图 99　发明专利产业化率略有下降

资料来源：国家知识产权局。

中发明专利产业化率2021年为35.4%，较2017年下降0.8个百分点，发明专利实施率下降更为显著，2021年为48.9%，较2017年下降3.7个百分点。

二是高校及科研院所科技成果转化率明显偏低。《中国专利调查报告》显示，在发明专利产业化率方面，2021年企业发明专利产业化率达46.8%，科研单位为15.6%，高校仅为3%，且从2019年以来持续下滑。在发明专利实施率方面，2021年企业发明专利实施率达61.6%，科研单位为26.5%，高校仅为13.8%。高校院所较低的科技成果转化率背后意味着大量的科技成果在创造后被束之高阁，科技成果难以走出围墙、面向市场，提升高校院所的科技成果转化率是打通科研成果转化堵点的关键所在。

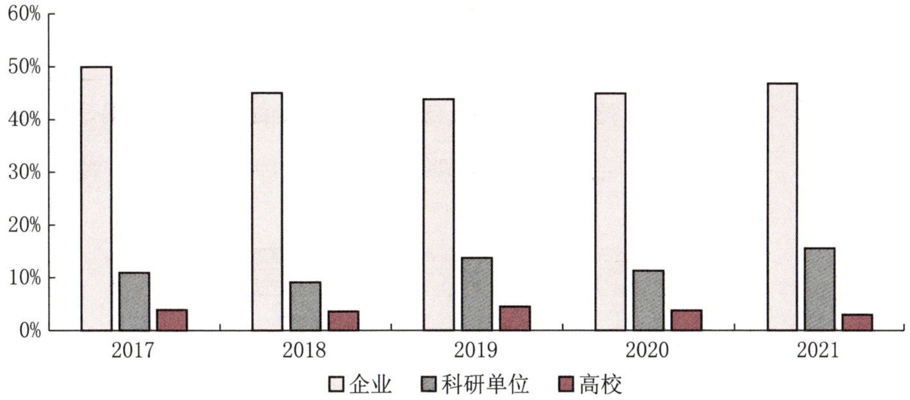

图100 高校发明专利产业化率仅为3%左右

资料来源：国家知识产权局。

值得补充说明的是，我国较低的科技成果转化率一方面与科技成果本身及转化渠道机制相关，另一方面也与指标计算和统计方式相关。以专利数量转让为基础的测算方式易于统计，但存在两个问题：一是转化率的概念侧重于数量，未将转化质量纳入其中。2021年我国重大技术合同平均成交额达8956万元，而部分技术合同交易额仅为十几万元或几万元，相应转化带来的经济效益差异较大。二是我国专利申请模式与国际存在较大差异。长期以来，我国高校及科研院所科技成果实施开放式申请，即只要发明人提出专利申请，高校等相关部门会按照既有程序协助科研人员进行专利申请，科研人员基于科研项目结题、职称评定、绩效考核、奖励申报等因素，进行大量专利申报，出现了一些低质量、无应用前景的专利，对专利的市场应用和商业化可能性缺乏考虑，或者是部分技术过于前沿，成果转化成本高、时间长，导致我国专利授权量大，但能够商业化、成熟度高的专利成果较少，科技成果转化率整体偏低。而美国高校申请专利一般先要进行披露评估，有商业和应用价值才准许申请，因此与国外横向比较来看，我国的高校科技成果转化率显著低于美国高校 50% 的专利转化率。

三、科技成果转化的“肠梗阻”

从科技成果转化的全流程来看，主要存在三个核心环节和一个生态保障。一是创新源头的供给，主要为高校和科研院所的科技创新供

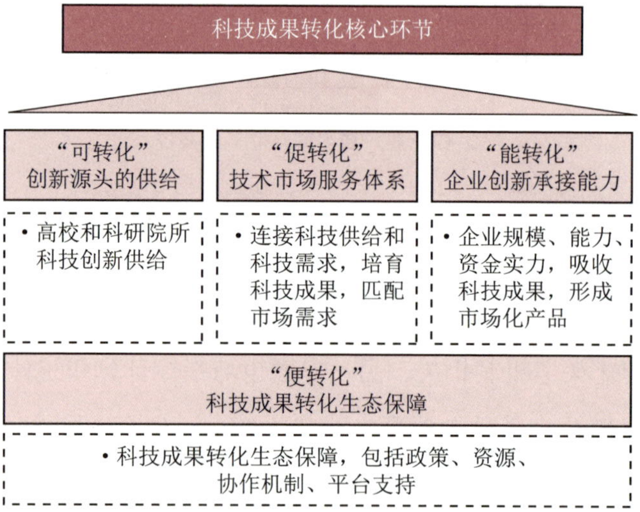

图 101　科技成果转化需要经历三个核心环节和一个生态保障

给，使得有科技成果“可转化”。二是技术市场的服务体系，作为连接科技供给和科技需求的重要第三方，持续培育、催熟科技成果、匹配市场需求，实现“促转化”。三是企业作为创新主体进行承接，实现“能转化”。四是科技成果转化生态保障机制，包括政策、资源、平台、金融支持等，为科技成果转化提供必要支持，使得科技成果“便转化”。当前我国在上述科技成果转化的四个流程方面均存在“肠梗阻”。

创新源头的供给问题

高校及科研院所是我国科技创新成果供给的重要源头，但长期以来，高校及科研院所评价考核体系普遍存在“重理论成果，轻技术转化”的倾向。在高校层面，我国高校职称的评聘政策较为重视论文数量、专著、获奖数量、项目课题级别、经费等方面，在科研院所层面，考核指标更倾向于完成科研项目数、科研论文数、专利数，两者均很少涉及科技成果质量及转化率。在“数量指挥棒”下，高校及科研院所科研人员缺乏动力加强科技成果转化。科研人员为了完成绩效考核指标，一方面会将较多精力投入容易产生科技成果的领域，不会过多关注科技成果在实际生产经营中的应用效果，部分课题在设计时就缺乏转化的主观意图。另一方面，即便科研人员存在加大科技成果转化的意愿，但当多重任务冲突时，仍会将较多精力投入满足绩效考核的工作中，难以分出足够精力推动科技成果转化。

2020 年 10 月，中共中央、国务院印发《深化新时代教育评价改革总体方案》，明确提出要坚决克服唯分数、唯升学、唯文凭、唯论文、唯帽子的顽瘴痼疾，不得将论文数、项目数、课题经费等科研量化指标与绩效工资分配和奖励挂钩。2021 年 1 月，人力资源和社会保障部、教育部印发《关于深化高等学校教师职称制度改革的指导意见》，提出要结合学校特点和办学类型，针对不同类型、不同层次教师，实行分类分层评价。但从实践情况来看，虽然高校都在逐步明确“反对单纯量化”“破五唯”，但是在“如何立”的方面，相关政策标准尚未细化，基层推进难度较大，一方面旧的量化指标已实行多年，牵涉面较广，需要多部门协调完善，另一方面短期政策改变可能会损害部分科研人员利益，形成一定推进的阻碍。

科研院所科技成果转化是一项复杂的系统性工作，涉及研究、开发、市场、法律、金融等各方面复杂要素，相关政策的推动需要多个部门协同。而改革存在较大的路径依赖，高校院所各部门对于改革的积极性、业务专业性各有不同，适用的法律法规也各有不同，上下配合、职能衔接存在障碍，导致出现部门间的拉锯战，部分高校院所科研管理和科技成果转化还隶属不同领导管理，内部沟通协调困难，导致当前多数推进科技成果转化相关政策难以有效推进和落地。

为了激励高校科研人员进行科技成果转化的积极性，2018 年以来国家和地方新出台的政策都明确要打破科研人员现金奖励的总量限制，提高科技成果参与人员及主要负责人的收益比例。但是具体到实施层面，由于缺乏必要的细则和监管体系，在实际操作中难以理顺单位、员工之间的利益分配和机制问题，奖励机制仍然和老的“数量指挥棒”

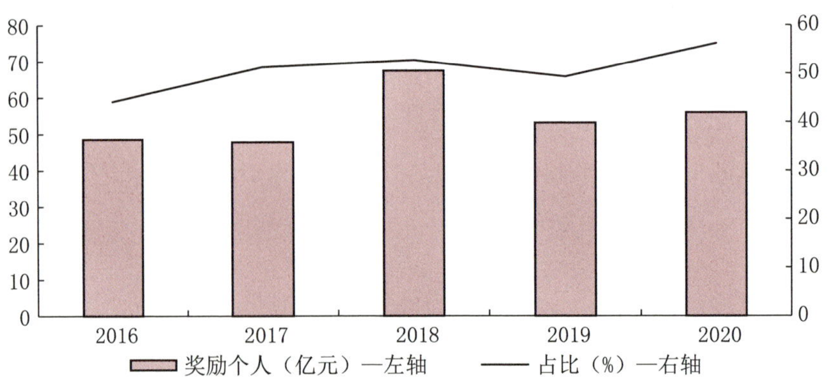

图 102　2020 年奖励个人金额占比有所提升

资料来源：《中国科技成果转化年度报告 2021（高等院校与科研院所篇）》。

以及“人才帽子”挂钩，科研人员在利益分配上仍然处于劣势。《中国科技成果转化年度报告2021（高等院校与科研院所篇）》显示，2020年我国高校院所奖励个人金额占奖励总额比例为56.2%，较历史水平有一定提升，但还存在较大空间。2020年人均奖励金额仅为8.5万元，其中当年人均到账现金仅4.3万元，具有长远升值空间的股权奖励人次占比较上一年下降37.9%。从高校及科研院所对比来看，高校个人获得部分占比较高，达70%，科研院所个人获得部分占比仅为42%。

技术市场服务体系问题

科技成果转化是技术从创造到运用的全流程，需要进行充分调研、长期论证，与目标企业长期对接，匹配市场需求，解决生产问题、销售问题、市场空间问题，才能跨越鸿沟实现转化。而在供给端，科研人员对接市场需求并不擅长。据新闻报道显示，某个由浙江大学博士组成的科研企业，最初转化的产品为生物“胶水”，可用于各种手术中止血和体内“补漏”等，可以快速控制各种大出血，但在转化过程中发现，现有的一些临床手段对术中出血控制得很好，大出血发生的情况其实比较少，产品的市场需求总量显著低于预期。在需求端，市场对于新技术的接受和吸纳需要一个过程，例如新的医疗技术在转化时，不仅要满足医院精细化的需求，还要突破医疗人员的固有认知，普及科研成果对医学的巨大价值，解释能够给医学检查手段、手术治疗带来什么样的巨大改进，相关工作复杂且烦琐。

当前了解企业的技术需求基本是通过各地政府征集的方式，企业报需求，政府征集后对接相关单位。但是企业和地方产业项目的科技创新需求不是报出来的，也不是通过征集的方式可以做到位的。从调研中看，在缺乏技术市场服务机构的情况下，要么科技成果的供给和需求端产生巨大割裂，科技成果被束之高阁；要么就需要科研机构相关人员花大量的精力下沉到市场，与市场进行沟通、磨合，发掘和梳理需求，造成大量精力浪费，而科研人员市场化及商业经验不足，显著降低科技成果转化成功率。

具体来看，当前我国技术市场服务体系面临三方面的突出障碍：

一是技术转移机构发展滞后，专业服务能力明显不足。技术转移中介机构对于科技成果转化具有举足轻重的作用。技术转移机构可以凭借长期参与技术转化的经验，能够为技术的供给和需求双方提供大量有效信息，提供完善的全流程服务，在参与技术创新过程的同时提供包括价值评估、市场咨询、法律咨询、产品测试等一系列转化服务，有效缓解技术供给方及需求方的信息不对称，促进技术的培育和孵化，提高技术成熟度和市场应用价值，从而促进科技成果有效、高效转化。当前我国技术转移机构分为两大层次，分别为国家技术转移示范机构以及普通技术转移机构。在国家技术转移示范机构方面，根据科学技术部数据，截至 2021 年底，我国专业性和区域性国家技术转移示范机构 420 余家，其中 399 家机构提供有效数据，基本形成覆盖全国县级及以上地区的技术转移服务网络。从构成来看，依托高校的技术转移机构 74 家，依托科研院所的技术转移机构达 36 家，两者合计占比 27.5%，高校院所成立的专职技术转移服务机构对本单位科技成果、科研团队等相对了解，专注于为本单位吸引外部合作资源，推动科技成果对外转移转化。政府所属的技术转移机构 244 家，主要为技术转移中心、科技成果转化中心、科技开发中心等。此外，还有独立第三方机构 39 家。在普通技术转移机构方面，根据《中国科技成果转化年度报告 2021（高等院校与科研院所篇）》，2016—2020 年，我国高校院所与企业共建研发机构、转移机构、转化服务平台数量不断提升，2020 年达 1.17 万家。但从高校院所角度来看，仅有 22.6% 的高校院所自建技术转移机构，仅 22.9% 的高校院所与市场化技术转移机构实现合作。

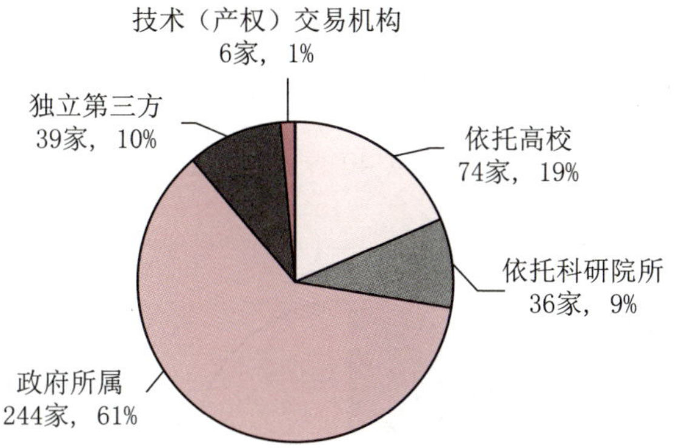

图 103　2021 年国家技术转移机构以政府所属为主

资料来源：科学技术部。

尽管近年来我国技术转移机构数量快速增长，但技术转移机构质量参差不齐，专业能力和服务能力尚未得到认可和体现。刘瑞明等（2021）研究显示，当前我国市场性科技中介大部分服务局限于科技信息的收集、整理和扩散，以及组织各种公益性技术转移活动。硬件上主要提供办公场所、转化厂房，缺乏提供中试放大、产品检测等极具专业性质的必要服务。软件上主要提供政策申报、创业培训等基础服务，缺乏对企业孵化过程中出现的各种问题进行专业性指导，估值、专利运营、入股、并购咨询等关键环节的专业机构数量较少。《中国科技成果转化年度报告 2021（高等院校与科研院所篇）》调查显示，2020 年认为技术转移机构在科技成果转化中发挥重要作用的比例仅为 44.3%，认为发挥一般作用、很小作用和未发挥任何作用的比例高达 55.7%，其中认为没有发挥任何作用的占比高达 31.4%。另外，部分技术转移机构内部运行机制僵化，科研院所和高校成立的技术转移中介机构的内部体系还没有厘清，难以有效协调科技成果、部门利益、单位利益与市场转化等方面的需求和冲突，成果转化效果不理想。在政府组建的机构方面，部分技术转移机构从政府职能部门中分离出来，或是由各级科技管理部门主导创立，依然有较为浓厚的行政体制色彩。

在民营技术转移机构方面，规模普遍较小，难以在市场中维持生存。根据上海技术交易所创新研究院数据统计，2019 年上海共有技术转移服务机构 138 家，约三分之一（47 家）的服务机构尚未盈利，其中民营服务机构有 32 家。

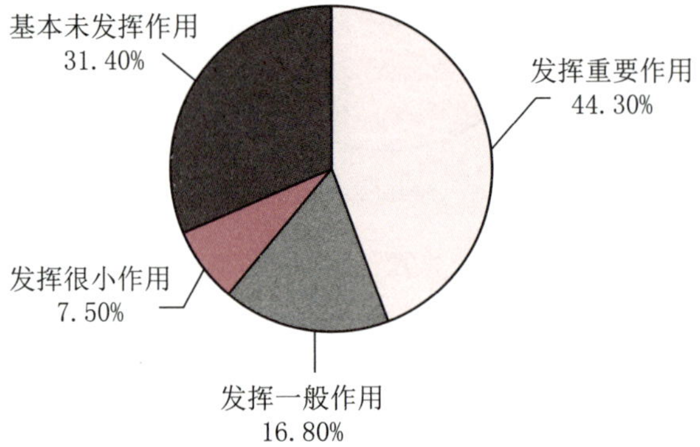

图 104　技术转移机构在科技成果转化中发挥作用较低（2020 年）

资料来源：《中国科技成果转化年度报告 2021（高等院校与科研院所篇）》。

二是技术交易所分散分割，在推进科技成果交易转化上的作用明显不足。根据科学技术部《2021 全国技术市场统计年报》，当前我国技术交易机构主要分为两类。一类是技术交易所，将专利技术独立出来，交易高新技术行业和技术聚集地域的专利技术，如中国技术交易所；另一类是技术产权交易所，将专利技术作为产权交易的子类别，通过下设知识产权交易平台进行专利技术、商标权和版权的交易，如北京产权交易所。根据科学技术部对 31 家技术交易所的调查数据显示，2020 年我国技术交易机构共促成交易 4737 项，成交额为 491.3 亿元，占全年成交额比重约为 2%。

目前我国 30 余家技术交易所分散在 16 个省、市、自治区，区域分布散且结构性失衡特征突出，大多数技术交易所的基础设施和制度建设还处在探索建立阶段。近年来国务院先后发布《关于清理整顿各类交易场所　切实防范金融风险的决定》《关于清理整顿各类交易场所的实施意见》，持续推进各类技术交易所的清理整顿，技术交易所定位、交易标准、运行规则及归口管理部门等都还缺乏清晰的规定。同时，各类技术交易所互不联通、规模过小，一体化程度较低，大部分的经营情况并不理想，2020 年技术交易所年交易额超过 50 亿元、交易项目超过 500 项的仅有 3 家，绝大多数技术交易所年交易额不足 10 亿元，交易项目不足 50 项。

表 34　我国技术交易所部分名单

	技术交易所		产权交易所
1	中国技术交易所有限公司	1	北京产权交易所有限公司
2	湖北技术交易所	2	西安技术产权交易有限公司
3	忻州市科学技术市场	3	西南联合产权交易所有限责任公司
4	潍坊高新技术产业开发区技术交易服务中心	4	武汉光谷联合产权交易所
5	北京软件和信息服务交易所有限公司	5	鲁南技术产权交易中心
6	北海技术市场	6	青岛技术产权交易所有限责任公司
7	中国钢研科技集团公司市场部	7	湖南省技术产权交易所
8	北方技术交易市场	8	广州产权交易所广州技术产权交易中心
9	上海技术交易所	9	长春技术产权交易中心
10	青岛市技术市场服务中心	10	福建省高新技术产权交易所有限公司
11	西安技术市场	11	哈尔滨国际技术产权交易中心
12	济宁市技术市场	12	深圳联合产权交易所股份有限公司
13	新疆生产建设兵团常设技术市场		
14	咸阳市技术市场		
15	北京技术交易促进中心		
16	广西壮族自治区技术市场		
17	福州技术市场有限公司		
18	西安科技大市场有限公司		
19	深圳市南方国际技术交易市场有限公司		

资料来源：科学技术部。

三是技术市场专业服务人才匮乏，技术经纪人及复合专业背景人员供给严重不足。《中国科技成果转化年度报告 2021（高等院校与科研

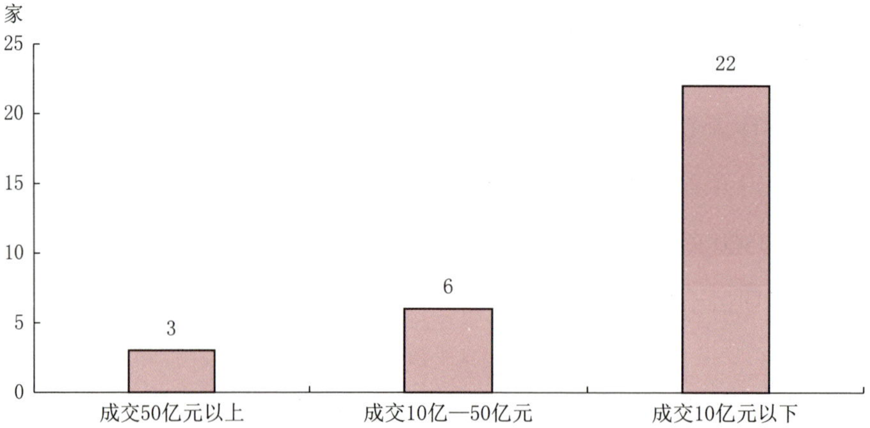

图 105　2020 年大量技术交易所年成交金额不足 10 亿元

资料来源：科学技术部。

院所篇）》显示，2020 年反馈从事科技成果转移转化工作人员数量的单位为 1711 家，仅占填报单位总数（3554 家）的 48.1%。同时统计显示，在从事科技成果转化的人员中，专职工作人员为 13249 人，兼职工作人员达 14043 人，兼职多于专职人员，主要原因是部分高校院所受编制的限制，没有配备科技成果转化的专业人员，仅由学校科研处代为处理科技成果转化事宜，相关人才在推进科技成果转化上并不擅长。技术转移转化工作需要技术经纪人以及具备知识产权、法律、管理、行业等复合型背景的专业人才。技术经纪人以知识、技术、经验和信息为另一方或第三方技术合作进行联系、介绍、组织，并为履行合同提供服务。根据科学技术部数据，2021 年我国国家技术转移机构共有从业人员 5.6 万人，但获得技术经纪人资格的只有 4441 人左右，占总人数比重仅为 7.9%。当前我国还没有形成针对技术经纪人的职称制度建设，技术经纪人社会的普及度及认可度均不算太高，能力强的相关复合人才难以通过从事技术经纪人职务获得较高的社会认可。同时，我国高校院所及相关管理部门普遍缺少对成果转化过程中技术经理人的激励机制，薪酬、工资评定、职位晋升等制度不明确，薪资待遇普遍不高，有关政策体系和分配机制亟待健全，难以吸引人才加入。

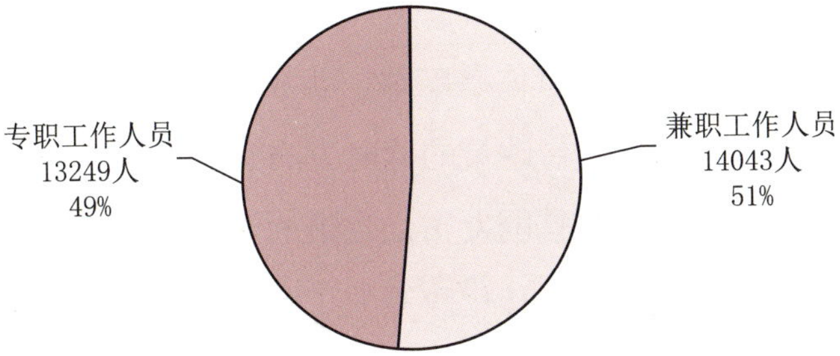

图 106　2020 年技术转移机构的兼职人员多于专职人员

资料来源：科学技术部。

企业科技成果转化承接问题

科技成果生产的最终目的是形成可以市场化和商业化的产品，进而推动技术进步和产业转型发展。然而当前我国企业创新的“二八分化”现象明显，龙头企业科技创新实力远超中小企业，《中国科技成果转化年度报告 2021（高等院校与科研院所篇）》调研显示，当前大多数的中小企业因为自身规模、能力、资金限制，经营重心主要集中于科技成果转化的后期推广，企业自身缺乏研发队伍和研发能力，难以将科技成果充分吸收内化后继续开发，无法将科技成果持续性转化为先进、可靠、适用的产品。此外，企业创新还面临创新风险分担问题、企业创新政策支持问题、创新分布不均衡等问题。针对企业创新中的问题和堵点，下一章我们将进行详细分析。

科技成果转化生态机制问题

经过近 30 多年的发展，我国已经初步形成具有中国特色的促进技术转移转化的政策法规体系，包括促进科技发展的基本法、促进科技成果转化的政策法规、专门的技术转移政策法规，并明确相关配套细则。但我国科技政策文件的发文部门较多，国务院以及下属教育部、科学技术部、人力资源和社会保障部、财政部等部门均出台了有关科技成果转化的相关政策文件，部委所属机构、地方政府及其组成部门也陆续发布相关文件，政策体系庞杂、涉及面广、专业性强，且表述的重点各有侧重。部分出台政策的同时发布官方解读、召开新闻发布会，但部分政策可能只在官网发布，政策的宣导力度也不统一，导致科研人员对于现有科研成果转化政策的了解并不全面，理解的程度存在差异。对于高校及科研院所相关人员来说，在具体实操环节面临政出多门，以及遇到问题也不知道该咨询哪个部门等困境，各类政策落地实施的效果并不理想。

科技成果转化是一项高技术、高风险、高投入、长周期的活动，需要长期、持续、稳定的资金支持。当前我国金融体系在支持科技成果转化上还面临多重堵点。其一，银行体系支持科技创新的机制尚未理顺，间接融资的风险偏好与科技创新长周期、高投入、高风险的特征不相匹配，知识产权质押融资落实难度较大，根据国家知识产权局数据，2022 年全国专利商标质押融资金额为 4869 亿元，与全国每年 4.8 万亿元的技术交易金额相比显著偏低，银行机构还尚未探索出适应科技机构的特色信贷支持体系。其二，股权投资在支持科技创新上也存在期限不匹配以及对科技创新认知分歧等难题。目前我国股权投资基金存续期一般为“3+2”（即封闭期 3 年，退出期 2 年）或“5+2”，但科技创新成果从研发到转化可能需要 8—10 年或者更长期限，期限不匹配使得部分投资资金过早退出，影响创新成果，另外股权投资机构与科研人员在技术创新路径或科研认知上可能会存在一些分歧，部分股权投资机构借助投资协议、对赌条款等将风险过度转移到企业，进而进一步约束了企业创新。其三，国家科技成果转化引导基金的示范和引领效应还相对不足，不同于以往的政府拨款，国家科技成果转化引导基金选择符合条件的投资机构共同发起设立创业投资子基金，为转化科技成果的企业提供股权投资。自 2015 年以来，国家科技成果转化引导基金下设创投子基金达 30 多只，规模将近 700 亿元，基金放大倍数超过 4 倍。但截至目前，国家科技成果转化引导基金的规模及辐射面仍旧偏小，大量高校当前还未享受到国家科技成果转化引导基金的红利。

表 35　知识产权质押融资规模持续上升，但绝对值较低

时间	专利商标质押金额（亿元）	增速（%）	专利质押金额（亿元）	增速（%）	商标质押金额（亿元）	增速（%）
2017	1089	/	720	/	369	/
2018	1219	11.9	/	/	/	/
2019	1515	24.3	1105	/	410	/
2020	2180	43.9	1558	41.0	622	51.7
2021	3098	42.1	2199	41.1	899.1	44.6
2022	4869	57.2	/	/	/	/

资料来源：国家知识产权局。

此外，影响当前科技成果转化的核心问题之一就是技术成果的供给和需求匹配不足、交流不足。然而当前不论国家或者区域层面都还没有形成权威统一的科技成果转化沟通交流平台，同时政出多门、地区保护等现象不利于地区间的信息共享，造成供需主体之间难以有交流沟通、碰撞、推介、共享的机会，加剧信息交易的壁垒。

四、打通科技成果转化堵点的四大抓手

科技成果高质量转化是地方经济高质量发展的源泉。从地方政府角度来看，要找准科技成果转化率偏低的核心堵点，为科技成果在当地转化提供良好的政策支持，推动科技成果“沿途下蛋、就地转化”。

推进高校院所考核及激励机制改革

要加快落实高校院所考核及激励机制改革，激发成果转化的活力和主动性。高校在制定考核评估方案时，除了要注重科技成果的产出量，还要引入科技成果转化的考核维度，尽快将成果转化相关工作纳入职称晋升、绩效考核、人才竞聘等中，推动成果拥有者将工作重心向成果转化方面适当转移，引导科研院所和高校的科研课题瞄准市场需要，主动走向市场，激励科技成果研究者在研发时及早考虑成果转化的必要。在推进过程中，以各高校院所的优势学科或优势领域作为先行先试对象，积累经验、减少阻力，形成科技成果转化的核心竞争力。在收益分配方面，高校应建立与科技成果转化进程相挂钩的收益分配机制，将奖励机制向前端转移，提高科技成果转化的积极性，也有利于为科技成果转化提供更多支持。

地方政府作为地方资源的总调度及总统筹者，要加强组织领导，制定具体的实施细则和政策措施，建立科研项目的评估机制，科学评价科研人员的绩效和贡献，同时加强政策制定与实施的衔接，以确保改革试点在地方层面得到有效推进。要利用丰富的地方资源，为高校制定考核评估方案提供支持，支持高校推进内部薪酬分配改革和加强高校绩效工资管理。例如 2021 年 9 月上海市出台《关于建设上海高水平地方高校创新团队收入分配机制试行意见的通知》，围绕重点学科或优势领域，优化团队遴选考核规则和内部管理制度，继续加大对引进人才和青年人才支持力度，扩大学校对创新团队建设的自主权。通过创新团队推动高水平地方大学建设，以优化队伍成长环境助力人才高峰高原建设，以收入分配机制改革激发学校自主办学活力。

加快健全科技服务业发展

科技服务业是集聚创新资源、促进科技成果转化的重要纽带，也是衡量地区科技创新竞争力的重要标志，要以健全科技服务业为切入口，提升地方科技成果转化效能。

一是健全多层次技术中介服务体系。要借鉴西方发达国家经验，建立多层次的技术中介服务体系，拓展服务业务类型，包括技术中介、咨询、经纪、信息、知识产权、技术评估等，不断创新服务方式、服务手段和组织形式，提高科技中介服务质量，满足日益增长的科技成果转化的服务需求。

二是规范现有的技术转移机构，提升专业服务能力。一方面，要推动高校和科研院所尽快建设高水平专业化的科技成果转化机构。加快相关政策制定，尽快划定试点高校名单，在试点中创新高校及科研院所科技成果转化的运营机制。另一方面，加强技术转移中介机构的监管和规范，建立对科技中介机构的专业化评估机制，强化整合，实行优胜劣汰，改变科技中介机构小而散的状态，为技术要素市场中介的成长提供切实的制度基础。

三是整合技术交易所资源，完善基础性制度建设。要积极贡献地方经验，打破区域分割，推动建设全国统一的技术要素交易市场网络体系，支持区域或行业技术交易机构与国家知识产权和科技成果产权交易机构链接，统一规则，破除信息“孤岛”和碎片运营，建设全国统一、互联互通的技术交易市场。要从顶层设计方面完善技术要素交易配套的基础性制度和配套细则，建立规范监督机制，统一技术交易所交易、准入、分类等规则，完善科技市场管理机制。

四是加强培养复合型人才。要加快建立健全多层次科技服务业人才体系，人社、科技等部门要尽快完善技术经理人、科技咨询师、评估师、信息分析师等职业技能认定和评价体制，将技术经理人纳入国家职业资格体系，探索完善科技服务业人才薪酬、工资评定、职位晋升等标准。要选取科研能力及技术创新水平突出的高校，尽快开设与科技服务业相关的复合型专业，要打破教育、科技、产业之间的壁垒，采用联合办学等模式，提升学生在通识教育之外的实践机会，培养具有技术水平和商业能力的复合型人才。此外，要探索在教育培训机构、行业协会等社会组织开展科技服务业的职业培训体系，建立规范的资格认定和职业培训标准。

CASE 案例

江苏省打通技术成果转化通道，完善技术转移服务体系

江苏省科教资源丰富、研发实力雄厚，有120多所高校、43个“双一流”建设学科，但省内产业结构仍以中低端为主，重大科技专项等引领高端产业创新发展的动力不足，其中技术成果市场化、产业化转化通道不畅通是重要原因。近年来，江苏积极通过技术产权交易市场、技术转移机构和人才培育等政策，完善技术转移服务体系。

江苏省于2016年起开始建设省技术产权交易市场，发挥信息集散、项目对接、集成服务等功能。一是畅通线上通道，自主建设服务省内—覆盖全国—链接国际大数据平台，囊括技术成果、企业难题、科技服务机构等8类数据库，汇聚技术、产品、管理等方面的企业创新需求信息，同时开发线上技术交易系统，包含信息采集、智能撮合、在线竞价等7个主体交易系统。二是开通线下窗口，在技术转移过程中的确权、挂牌、评估等服务环节链接供需双方，提供项目申报、技术评估、合同登记等8个线下服务。三是全省互联互通，授牌地方分中心、行业分中心开展服务，同时建立全省技术合同认定登记工作体系和登记数据管理体系，实现全省技术交易信息实时汇总。

江苏省促进技术转移机构发展，多种形式实现产学研联动。一是以高校专业化转移机构建设为抓手。江苏省4所高校入选首批高校专业化国家技术转移机构建设试点，以高校技术转移中心为载体，与产业园区、企业、国际机构开展技术转移合作。二是建设技术转移联盟。2015年，“江苏省技术转移联盟”由南京大学、东南大学、南京理工大学、苏州大学、

省生产力促进中心和北京大学苏州国际技术转移中心等单位共同发起，通过举办产学研对接、科技成果商业化对接等活动，加强各技术转移机构成员间的人才技术共享联动和整体技术转移效能，树立了地方技术转移品牌。三是打造新型产学研研发载体。2013 年，《关于支持江苏省产业技术研究院改革发展的若干政策措施》发布，从制度层面为产业研发组织形式创新提供条件。以市场化改革为举措，通过一所两制、合同科研、项目经理、股权激励等方式，形成“技术研发 + 专业孵化 + 商业化推广”模式；聚焦重点创新园区，在产业聚集区与高校、研究中心、国际转移机构合作搭建产学研平台。

江苏省培育壮大技术转移人才队伍。一是依托技术产权交易市场培育经纪人队伍，于 2018 年 9 月发布《技术经理人管理办法》《技术经理人事务所管理办法》和《技术经理人从业佣金收费标准》3 份规范指导性文件，要求对经理人进行规范化管理、职业化培育，并重视对经理人收益的保障。创新“技术经理人挂靠技术经理人事务所”模式，由江苏省技术产权交易市场设立专门的技术经理人事务所，通过灵活入职挂靠，保障经理人权益。开展技术经理人专业职称评定，技术产权交易市场基于自愿原则，根据资质学历、专业素质、业务能力、从业经历四个维度划分高级技术经理人、技术经理人。二是支持高校设置技术转移专职岗位，鼓励科研人员到园区、企业、农村等基层一线开展科技成果转移转化活动。三是实施“科技镇长团”人才计划，完善相应激励管理办法，促进引进创业创新人才、挖掘企业需求和转化科技成果项目。

江苏省聚焦技术转移关键环节，技术成果转化成效显著。2022 年实现 87353 项技术合同成交，累计金额达 3888.58 亿元，金额同比增长 29.04%。加快促进技术转移机构发展，累计建设高校技术转移中心 43 家，实现年转化项目 2.6 万项、技术合同金额超 100 亿元，省技术转移联盟成员达 175 家、达成合作项目超 2000 项。此外，通过奖补激励、专业化培养、规范化管理等手段壮大人才队伍，截至 2019 年 6 月，江苏省已累计培养技术经理人 615 人、高级技术经理人超 200 人，选派的 5228 名镇长团成员共转化科技成果 4000 多项、引进省双创计划 778 人。

建立科技成果转化政策咨询协调机制

要积极发挥地方资源统筹作用，通过构建一系列科技成果转化咨询协调平台，全面加强对于科技创新主体的服务能力。

一要建立地方的科技转化政策及综合服务平台。各级政府要探索组建科技成果转化政策咨询服务平台并嵌入地方政府服务系统，及时汇编科技成果转化相关政策并对外进行答疑式解读，同时提供各类市场主体的咨询服务。要加强“政策找人”的实施力度，针对企业、高校、科研院所等市场创新主体主动推送政策解读信息、补贴申领指导等，优化优惠政策审核程序，推动实现全链条电子化。

二要推动各级政府加快建立科技成果转化综合服务平台。要通过平台搭建，聚集企业家、技术专家、金融专家三股力量，让科研院所与企业创造更多对接交流的机会，让科研人员有更多的机会介绍自己的成果，让市场及时了解最新的技术。要以信息平台为基础，搭载咨询服务、中介服务、撮合服务、金融服务，实现与创新创业平台的链接，提升信息的正向和反向传递效率。

三要建立地方各部门之间的协调机制或联席会议机制。要加强地方政府部门间协同，组建跨部门领导小组或者联席会议，协调解决科技成果转化中的政策落实问题，并且建立完善政策反馈机制，不断健全成果披露、国有资产管理、尽职免责等方面的实施细则，促进科技成果转化政策的落实。

加快完善金融支持创新机制

地方政府要加强地方金融资源统筹，为科技成果转化提供更加全面、系统、标准化的金融支持，形成金融科技产业良性循环。

一是推进国家科技成果转化引导基金改革，鼓励地方设立支持科技成果转化和科技创新创业的投资引导基金，引导各类资本投向战略性新兴产业、硬科技领域，全力服务全过程创新生态，提升投早投小的比例，重点支持转化应用科技成果的种子期、初创期、成长期的科技型中小企业。以深圳市为例，2016 年以来，深圳市政府成立“千亿级”规模的政府投资引导基金，成立了“百亿级”规模天使投资引导基金，年均至少投入 100 亿元财政资金，源源不断地推动科技创新和产业升级。

二是地方政府和金融机构要协同努力，形成化解和分享科技性投资风险的机制和手段。地方政府要鼓励金融机构创设科技投资风险类金融产品，如科技投资保险产品和科技投资夹层风险产品等，积极推进知识产权质押融资，创新针对中小微企业中高新技术、战略性新兴产业企业科技担保方式及手段，鼓励有条件政府设立企业科技和数字化投资的担保基金和风险补偿基金等。此外，还要引导地方金融机构加强与创投、核心企业、科研院校、孵化机构等合作，为中小科创企业提供全景式、全要素、全生命周期的资金支持，打造“金融 + 科技 + 产业 + 教育”的科技创新综合孵化生态。

三是坚持市场化导向，建立知识产权和科技成果产权交易体系，探索推行知识产权证券化。参考深圳经验，2023 年深圳市知识产权局会同中国人民银行深圳市中心支行等单位印发《关于进一步加强知识产权质押融资工作的指导意见》，从加强政府部门支持和发挥金融机构作用两个维度着力，提出了建立多方协同、市区联动的知识产权质押融资惠企机制，鼓励银行机构拓宽知识产权质押融资的深度和广度，建立企业“白名单”双向推送机制等具体举措，更好推进知识产权证券化项目发展。

CASE 案例

打通科技成果转化的深圳样本

深圳市高端技术、新兴战略性产业发展迅速，战略性新兴产业年度增加值和财政收入均超万亿元，2022年全社会研发投入占地区生产总值比重为5.49%，国家高新技术企业新增2043家、总量达2.3万家，发展了华为、腾讯、比亚迪等一批知名创新科技企业。深圳的创新动能来自基础科研资源、金融服务体系、人才培养引留、区域协同发展等创新生态赋能，2020年8月，《深圳经济特区科技创新条例》发布，提出了“基础研究和应用基础研究+技术攻关+成果产业化+科技金融+人才支撑”全过程创新生态链的要求。

深圳市补齐基础研究短板，建设创新载体和科技基础设施，为更高水平科技创新提供保障。一是加大基础研究和应用基础研究投入，全社会基础研究经费由2016年的24亿元提升到了2021年的122亿元，占全社会研发经费比重由2.89%提升到了7.25%。此外，《深圳经济特区科技创新条例》要求，基础研究和应用研究不低于市科技研发投入的30%。二是在高校科教资源方面，聚焦西丽湖国际科教城探索高等教育体制改革，推进“基础学科竞争力提升”“基础学科人才拔尖”、学科交叉融合和跨学科研究等计划，建设南科大、深大等一流大学和一流学科，深化香港高校科教资源和深圳技术产业生态的“深港合作”。三是在研究机构建设方面，推进“十大基础研究机构”计划，建设生命科学、量子科学、半导体、清洁能源、大数据、金融科技、人工智能、计算科学等领域的13家基础研究院。四是布局梯次接续的实验室体系，包含6家国家重点、4家省级、340家市级重点实验室和10家市级基础研究机构，重点建设鹏城实验室、大亚湾中微子实验室、深圳湾实验室等战略科技力量。同时吸引诺贝尔奖实验室落户，依托高校、科技型企业等单位邀请格拉布斯、盖姆、内尔等诺贝尔奖获得者共同设立实验室。五是出台《深圳市十大重大科技基础设施建设实施方案》，要求围绕科技前沿、国家战略进行科技基础设施建设，包括未来网络实验设施、国家基因库、国家超级计算深圳中心等项目。发挥集群效应，以光明科学城为核心建设世界级重大科技基础设施集群，并引导企业利用科技基础设施研发，实现区域协同共享机制。

深圳市完善成果转化金融服务体系，构建科技金融协同创新生态。一是推动“科技银行”等科技金融分支机构设立，鼓励开展科技金融特色业务和小微企业融资服务，成立市级征信服务平台——深圳征信服务有限公司。二是鼓励辖内银行充分发挥自身资源、技术、平台优势，创新差异化科技信贷服务模式，例如建行深分运营科创综合孵化“创业者港湾”平台。三是审慎推进投贷联动业务，开展“贷款＋外部直投”“贷款＋远期权益”“贷款＋内部直投”等与创投、产业投资基金等合作的业务，截至2022年10月，辖内11家银行通过投贷联动累计服务1778家企业、总金额167.9亿元。四是促进知识产权证券化，完善知识产权价值评估制度和标准，培育具有公信力和市场认可度的评估机构，建立知识产权质押融资风险补偿机制，设立知识产权质押融资坏账补偿和贴息专项资金，支持金融机构开展知识产权质押融资业务。深圳市2021年共发行知识产权证券化产品31单、规模近70亿元，居全国首位。五是利用风投创投支持科技创新。制定《深圳市外商投资股权投资企业试点办法》《关于促进深圳风投创投持续高质量发展的若干措施》等政策，鼓励“投早投小投科技”，涵盖项目“募投管退”全链条，并从贴息贴保、风险分担、融担增信等多方面支持科创企业进行直接、间接融资。六是通过政府引导、市场培育等方式，建立覆盖种子期、天使轮、风险投资和并购重组投资的基金体系，积极引导各类资本聚焦战略性新兴产业和高端科技产业。其中深创投聚焦高、新、尖，累计投向本地企业4300余家，为实体经济形成股权资本金约4000亿元，推动500余家企业境内上市，极大地促进了深圳科技企业的高速发展。

深圳市实施人才引留培养战略，为科技创新提供源动力。一是建立科技人员双向流动制度。深圳推动科技人才在高校、科研机构、企业合理流动，高校、科研机构人员可离岗、在职创业，或兼职多点执业、参与项目合作，企业家、企业科研人员可流动任职高校、研究所。二是加快建立以创新价值、能力、贡献为导向的科技人才评价体系，市场化竞争领域以人才市场价值、经济贡献为主要评价标准，政府主导的非竞争领域强调以岗择人。三是以产业需求为导向，聚焦优先发展产业急需的科技创新团队和领军人才，通过“孔雀计划”“十大人才工程”等政策吸引中国科学院、清华大学、哈尔滨工业大学、香港大学等高校和科研院所合作，并按照有关规定做好引进人才的管理和服务工作。

深圳市加强知识产权保护力度，为科研成果保驾护航。2019 年 3 月，《深圳经济特区知识产权保护条例》出台，是全国首部综合类的知识产权保护条例。一是实施惩罚性赔偿制度和违法行为信用惩戒机制，明确赔偿标准、违法经营额计算方法，衔接行政执法和刑事司法。二是聚焦侵权“举证难”问题，明确证据妨碍排除规则的适用标准。三是采用技术调查官制度，在行政执法和司法审判时增加查明、认定技术事实的准确性。四是“速裁快审精审”，大大缩短创新知识产权维权的时间成本。

第十七章 发挥企业科技创新主体作用

企业是科技创新的重要主体，通过技术的试验、发展、应用，推动产品创新、工艺创新、组织创新和营销创新，提升生产效率，推进区域产业创新发展。当前我国企业创新呈现出“二八分化”现象，对前沿技术的承接能力还相对不强，基础研究实力相对薄弱，在科技创新中的主导作用还不够突出。地方政府要从企业创新发展面临的问题出发，切实解决企业创新发展面临的制度障碍、资金障碍与协同障碍，多措并举，更好引导企业发挥在科技创新中的主体作用。

一、科技创新主体蓬勃发展

目前我国科技创新主体主要有三类，分别为科研机构、高校和企业。近年来，我国科技创新主体数量不断增长，各类主体研发投入快速增加，科技创新主体活力明显提升，科技创新对经济及社会发展起到重要促进作用。

科技创新主体数量快速增加

2020 年有 R&D 活动的企业、科研机构以及高等院校总量接近 17 万个，其中企业 16.2 万个、科研机构 3109 个、高等院校 2738 个。从数量变化来看，近年来科研机构和高等院校数量变化不大，但有 R&D

活动的企业数量快速增加。2016—2020 年，企业创新主体数量从 9 万个快速提升至 16.2 万个，增幅达到 79%，2020 年企业创新主体数量占比超过 95%，其中有研发机构的企业数量从 2016 年的 6.4 万个提升至 2020 年的 10 万个。

表 36　企业创新主体数量不断增加（单位：家）

	2016	2017	2018	2019	2020
有 R&D 活动企业数	**90770**	**107262**	**110153**	**142078**	**162394**
—有研发机构企业数	64075	73805	76167	93903	104003
科研机构	**3611**	**3547**	**3306**	**3217**	**3109**
—中央部门属	734	728	717	726	731
—地方部门属	2877	2819	2589	2491	2378
高等院校	**2596**	**2631**	**2663**	**2688**	**2738**
—理工农医	2021	2162	2211	2294	2342
—人文社科	2199	2325	2346	2376	2447

资料来源：《中国科技统计年鉴》。

科技创新主体研发投入持续增长

2020 年我国各类科技创新主体 R&D 经费总支出共达到 2.4 万亿元，近十年累计增速达到 245%。从各主体来看，2020 年企业、科研

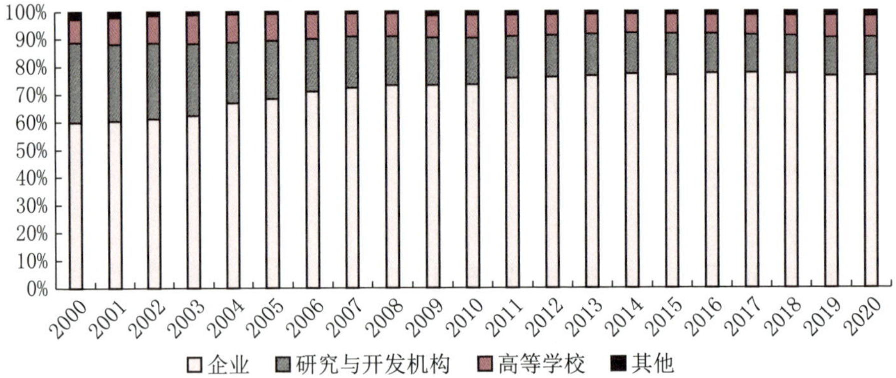

图 107　企业研发投入占比显著提升

资料来源：《中国科技统计年鉴》。

机构、高等院校投入分别为 1.87 万亿元、3400 亿元、1883 亿元，占比分别为 77%、14%、8%，其中企业增速最快，近十年研发投入增速达 260%，超过科研机构、高等院校的 187%、215%。从各科研主体投入占比来看，企业研发投入占比显著提升，从 60% 提升至接近 80%。

科技创新主体专利保有量稳步提升

技术发明的核心内容是专利发明，专利可以分为发明专利、实用新型专利、外观设计专利，其中发明专利最能代表科技创新水平，并在全球范围内都被认作是衡量创新行为的关键指标。截至 2023 年 1 月，我国企业发明专利有效量达 239 万件，高于高校 66 万件、科研机构 19 万件。

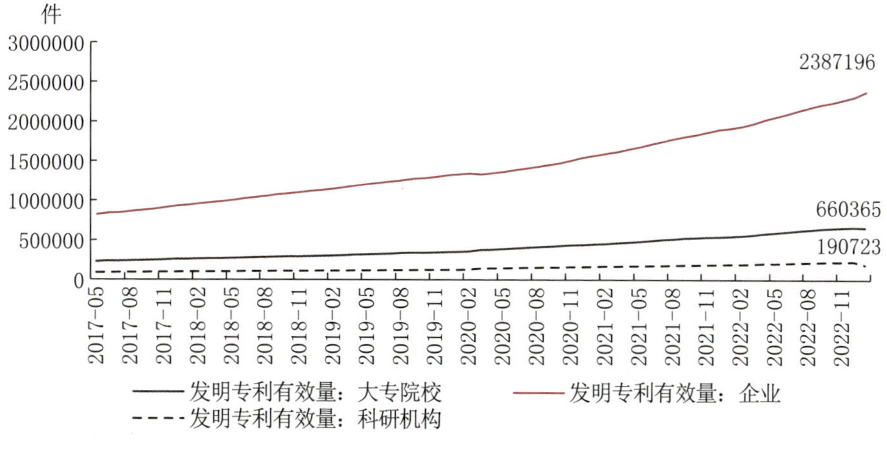

图 108　企业发明专利有效量显著高于其他主体

资料来源：国家知识产权局。

科技创新主体的经济效应加速显现

根据国家统计局《中国创新指数研究》课题框架，创新主要通过五个方面对经济社会发展产生影响。一是促进产品结构调整，主要衡量指标为新产品销售收入占主营业务收入比重，体现企业产品结构升级水平。二是提升产业国际竞争力，主要衡量指标为高新技术产品出口额占货物出口额的比重，体现企业创新后的出口在全球竞争力变化。三是促进能源节约，创新是节约能源的途径和保障，主要衡量指标是每产出万元国内生产总值。四是提升生产效率，创新是影响生产效率的重要因素，主要衡量指标是一定时期内工业企业主营业务收入与平均用工人数之比。五是提升科技进步贡献率，主要衡量指标是广义技术进步对经济增长的贡献份额，即扣除了资本和劳动之外的其他因素对经济增长的贡献。根据国家统计局课题组数据显示，2012 年以来我国创新成效显著，产品结构调整速度显著加快，单位 GDP 能耗显著改善，十年间新产品销售收入占主营业务收入指数增长 66%，单位 GDP 能耗指数增长 41.5%，同时科技创新也显著提升生产效率，人均主营业务收入指数从 2014 年到 2021 年增长 39%。

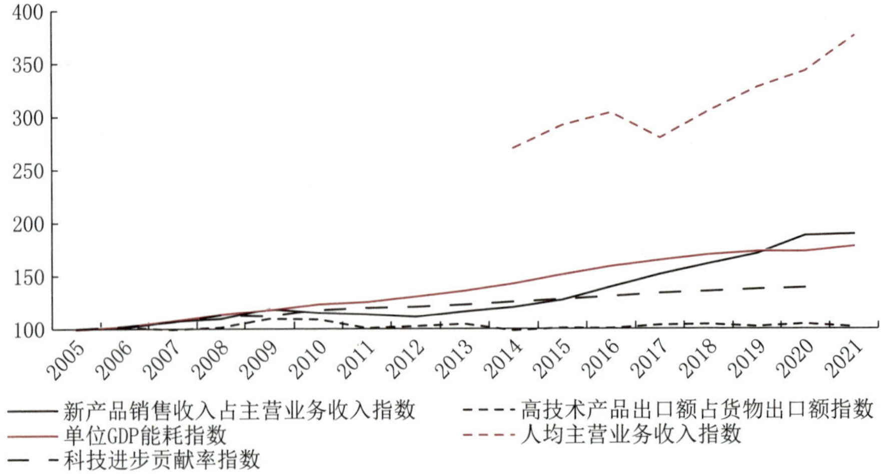

图 109　我国创新成效显著

资料来源：国家统计局。

二、支持企业科技创新的政策体系不断完善

覆盖企业全生命周期的财税政策

近年来我国持续加大对科技创新的税收优惠力度，截至 2021 年 6 月，我国针对创新创业的主要环节和关键领域陆续推出了 102 项税费优惠政策措施，覆盖企业整个生命周期。

在企业初创期，除了普惠式税收优惠，符合条件的增值税小规模纳税人、小型微利企业、个体工商户，特殊群体创业或者吸纳特殊群体就业还可以享受特殊的税费优惠。同时，国家还对扶持企业成长的科技企业孵化器、大学科技园等创业就业平台，对创投企业、金融机构、企业和个人等给予税收优惠，充分发挥集聚效应，给予企业金融支持。

在企业成长期，国家出台了一系列税收优惠政策，对研发费用实施所得税加计扣除政策，对制造业企业研发费用实施所得税 100% 加计扣除政策，对企业固定资产实行加速折旧，对制造业及部分服务业企业符合条件的仪器、设备实行加速折旧等。

在企业成熟期，我国从不同角度、不同领域出台了一系列税收优惠政策。对高新技术企业、技术先进型服务企业减按 15% 的税率征收企业所得税，对先进制造业纳税人给予增值税期末留抵退税优惠，对软件产品实施增值税超税负即征即退，尤其是国家鼓励的重点软件企业，可减按 10% 的税率征收企业所得税，对集成电路重大项目企业给予增值税期末留抵税额退税优惠。

统计显示，“十三五”时期，我国鼓励科技创新税收政策累计减税达 2.54 万亿元，减免金额年均增长 28.5%，科技创新领域减税占减税降费总规模的三分之一。从企业层面看，全国享受研发费用加计扣除政策的企业户数由 2015 年的 5.3 万户，提升至 2019 年的 33.9 万户，5 年间扩大了 5.4 倍。

表 37　我国已形成企业全生命周期税收支持政策

企业周期	税收优惠类别	具体实施政策
企业初创期	小微企业税收优惠	符合条件的增值税小规模纳税人免征增值税、小型微利企业减免企业所得税等。
	重点群体创业就业税费优惠	重点群体创业税费扣减、吸纳重点群体就业税费扣减等。
	创业就业平台税收优惠	科技企业孵化器和众创空间免征增值税、房产税、城镇土地使用税等。
	创业投资税收优惠	创投企业投资未上市的中小高新技术企业按比例抵扣应纳税所得额、天使投资个人投资初创科技型企业抵扣应纳税所得额等。
	金融支持税收优惠	创新企业境内发行存托凭证试点阶段增值税、企业所得税、个人所得税优惠政策等，金融机构小微企业及个体工商户小额贷款利息收入免征增值税。
企业成长期	研发费用加计扣除	研发费用加计扣除、制造业企业研发费用企业所得税 100% 加计扣除等。
	固定资产加速折旧	固定资产加速折旧或一次性扣除，制造业及部分服务业企业符合条件的仪器、设备加速折旧等。
	进口科研技术装备用品税收优惠	科学研究机构、技术开发机构、学校等单位进口免征增值税和消费税等。
	科技成果转化税收优惠	技术转让、技术开发和与之相关的技术咨询、技术服务免征增值税，技术转让所得减免企业所得税等。
	科研创新人才税收优惠	科研机构、高等学校股权奖励延期缴纳个人所得税，高新技术企业技术人员股权奖励分期缴纳个人所得税等。
企业成熟期	高新技术类企业和先进制造业税收优惠	高新技术企业减按 15% 税率征收企业所得税、高新技术企业和科技型中小企业亏损结转年限延长至 10 年、先进制造业纳税人增值税期末留抵退税等。
	软件企业税收优惠	软件产品增值税超税负即征即退、国家鼓励的软件企业定期减免企业所得税等。
	集成电路企业税费优惠	集成电路重大项目企业增值税留抵税额退税、集成电路生产企业生产设备缩短折旧年限等。

资料来源：国家税务总局。

多渠道多品种的金融支持政策

近年来我国持续加大对科技创新的融资支持力度，引导金融机构创新金融产品和服务、搭建科创金融服务平台，同时大力推动多层次资本市场发展，不断完善初创科技企业的融资体系。

在货币政策上，中国人民银行通过结构性货币政策工具加大对于科技创新企业融资支持，包括通过定向降准、定向中期借贷便利等、直达实体经济货币政策工具等方式重点支持普惠金融、绿色发展、科技创新等重点领域和薄弱环节。2022 年中国人民银行创新性设立 2000 亿元科技创新专项再贷款，进一步撬动金融机构加大对科技企业融资支持力度。

在间接融资上，银行保险等金融机构不断完善支持科技创新企业融资的体制机制，包括搭建科创金融服务平台，创新信贷融资产品和保险产品，重点加快推动知识产权质押融资业务以及科技保险业务，完善小微企业科技创新的金融保障服务。截至 2022 年 4 月末，高技术制造业中长期贷款余额较十年前增加了近 7 倍，整体高技术制造业贷款余额超过 4 万亿元。据不完全统计，目前我国已有数十个科技保险险种，覆盖科技企业产品研发、知识产权保护、贷款保证、关键研发人员健康和意外风险保障等多个方面，助力提高科技企业的风险保障水平。此外，银行业金融机构显著加快支持科技创新的机构建设，截至 2021 年末，全国银行业金融机构设立科技支行、科技特色支行、科技金融专营机构共 959 家，同比增长 14.4%。

在直接融资上，大力推动多层次资本市场体系发展。以注册制改革试点为突破口，我国相继推出科创板、深化创业板改革、设立北交所，全面实行股票发行注册制并推动注册制走深走实，不断提升发行制度的包容性，允许未盈利、特殊股权结构的科创企业上市，实行更加灵活的股权激励机制，全面加强对于高新技术及“专精特新”企业融资支持。在创投领域，完善创投、私募在合理退出方面的制度安排。在债券市场设立了创新创业债、科技创新债等品种，给予科技创新企业大力支持。资本市场的系统性改革显著提升科技创新企业上市融资便利度，截至 2022 年末，科创板中新一代信息技术产业企业数量达到 196 家，首发融资 3520 亿元，科创板、创业板融资金额占同期全市场的七成以上。

多层次多领域的人才支持政策

党的十八大以来，我国始终以激发科技人才活力为主线，以建设适应时代发展和经济社会需求的科技人才队伍为任务，推进科技人才政策体系不断健全。根据科学技术部人才中心政策研究小组统计，2013 年以来，中共中央、国务院及有关部门共出台科技人才有关政策 220 项。其中，中共中央、国务院层面出台 76 项，占比为 34.5%；科学技术部、教育部等有关部门出台政策文件共 144 份，占比为 65.5%。从政策发布主体来看，中共中央、国务院及各有关部门均出台了科技人才支持政策，形成多层级、多部门、多领域协同的供给结构。从政策实施主体看，广泛调动了各级政府、市场和用人单位的作用，从政策设计上对不同职能分别提出了相应要求。从政策受众看，科技人才政策工具及类别比较丰富，基本形成覆盖主要类别科研人员和全职业周期的科技人才政策体系。按照政策内容和功能，主要分为十个方面，分别为人才发现与遴选、教育与培养、使用与集聚、激励与引导、开放与合作、学风与文化、机构与平台、管理与服务、战略与规划、人才安全。

根据中国科协统计，2020 年底我国科技人力资源总量达 11234 万人，连续多年居世界第一，比 2012 年增长了 4529 万人。R&D 人力投入强度也逐年增长，2020 年万名就业人员中 R&D 人员已达 70 人年 / 万人，与西方发达国家的差距逐渐缩小。

表 38 我国形成十类人才支持政策

序号	类　别	主要内容
1	人才发现与遴选	科技人才分类评价、实行同行评议、完善职称设置和评审通道、完善科技奖励评选等。
2	人才教育与培养	推行创新型教育、创业教育、产学研融合培养人才、加强职业教育、较强专业技术人才培养、加强技术转移人才培养等。
3	人才使用与集聚	加大青年科技人才支持、加大对领军人才和优秀创新团队支持、引导科技人才服务企业、促进科技人才合理有序流动。
4	人才激励与引导	提高薪酬收入、实行绩效激励、加大科技成果转化收益激励、扩大科技成果享有权益。
5	人才开放与合作	引进国际人才、扩大科技计划对外开放、推进高等教育国际化、加强国际人才服务与保障、加强职业资格国际认证、完善海外人才来华创业支持。
6	学风与文化	科研诚信建设、作风学风建设、弘扬科学家精神。
7	机构与平台	加强专家服务基地建设、发展众创空间、建设高水平科技创新基地、改革博士后工作站。
8	人才管理与服务	优化科技人才管理、优化选人用人制度、面向科技人才推动资源共享、加大培训力度、提升科技人才创新创业能力。
9	人才战略与规划	明确科技人才发展目标、科技人才定位、科技人才体制机制改革。
10	人才安全	人才安全法律法规、人才安全预警。

资料来源：科学技术部。

三、企业主体科技创新面临四大难题

企业主体基础研发创新投入不足

当前我国基本形成以科研院所、高校和企业为核心的科技创新主体，在科研投入、研发定位等方面，各创新主体之间还尚未形成清晰的分工或协同机制。

一是高校主体在基础研究上的主导作用还不够突出。2020 年我国高等院校研发经费投入中，基础研究占比为 39% 左右，应用研究占比超过 50%，相较于美国高校超过 60% 的基础研究占比显著偏低。导致我国高校主体基础研究能力不足的原因一方面在于基础研究的组织力度不够，当前高校科研资源分散、协调协作困难的现象依然较为突出，学科交叉协同攻关的体制机制还不完善，而现代科研探索更需要依靠交叉学科、大范围、深层次的学科合作完成。另一方面针对高校的基础研究投入不足，近年来高校获得的科研投入持续增长，2020 年已达 1800 亿元，但累计增速较企业资金投入仍然偏低，且资金来源多为竞争性经费。国家五大科技计划项目中，除国家重点研发计划中部分基础研究内容外，面向基础研究的科研项目主要来自需要进行项目申请的国家自然科学基金。

二是科技经费过度集中在国家级科研机构，其他机构的研发投入支持明显不够。2020 年我国科研机构总数约为 3000 家，其中 80% 左右为地方属机构，中央属机构占 20%，虽然地方科研机构数量众多，但从经费投入来看，高度集中于以中科院为代表的国家级科研机构。根据《中国科技统计年鉴》，2020 年我国科研机构投入中，中科院占比高达 47%，其他中央级科研机构占比为 20%，省级部门属的科研机构投入占比 28%，其余科研机构投入合计占比仅 5%。而从中科院科研投入的结构来看，在基础研究、应用研究领域的占比分别达到 42%、45%，对试验发展领域的投入占比仅为 13%。和美国联邦科

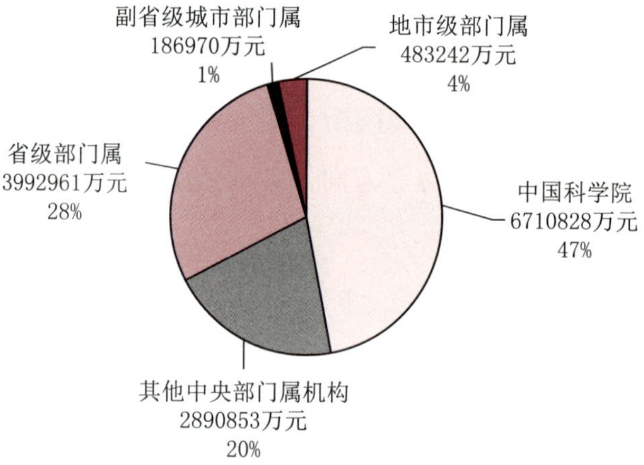

图 110　2020 年我国科研机构研发投入以中科院为主

资料来源：《中国科技统计年鉴》。

研机构相比，我国科研机构缺乏在能源、农业、卫生医疗等特定专业领域，从基础研究到应用研究再到试验发展全过程贯通的科研机构主体。

三是企业研发过度集中于试验发展。企业在科技创新中的核心作用在于技术的试验发展，从而推动产品创新、工艺创新、组织创新和营销创新。从国际主流科技发达国家企业研发投入来看，试验发展普遍占比 80% 左右。然而我国企业研发投入过度集中于试验发展领域，2020 年占比高达 96.5%，而投入应用研究和基础研究的比例仅为 3% 和 0.5%。美国早在 20 世纪初期就在企业内部建立了大量的工业实验室，使得科学技术的发展内生于企业发展之中，促进新知识的产生与应用有机结合。同时，工业研究的建立也使得企业与大学、研究所建立起平等的交流和合作关系，帮助企业更广泛而有效地获得外部科技资源。而我国企业较低的基础和应用研究投入，使得企业对基础技术及底层技术的掌控力不够，在产业转型过程中容易遭遇技术“卡脖子”难题。导致企业基础研发投入占比过低的原因一方面与过往企业发展的路径依赖相关，改革开放以来我国长期通过技术引进弥补部分产业的技术空白，技术引进在很大程度上成为企业的第一选择，企业对核心技术

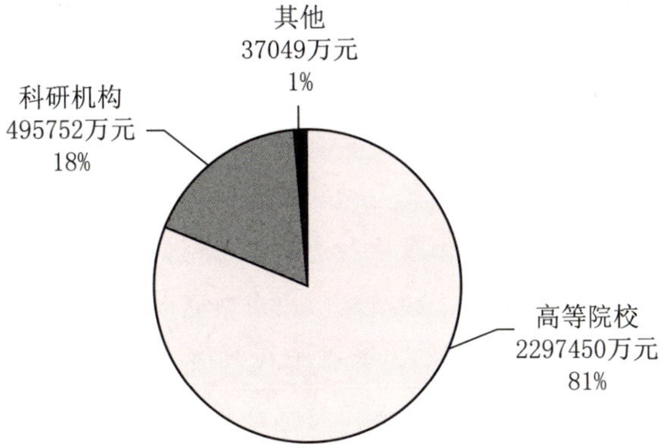

图 111　2020 年国家自然科学基金项目主要资助高校及科研机构

资料来源：《中国科技统计年鉴》。

的自主可控能力弱。另一方面与我国基础研发的支持体系相关，目前我国基础研究项目主要以国家自然科学基金、部分国家重点研发计划为主，其中绝大多数由高校承接，企业很难申请或参与到基础研究项目中。

CASE 案 例

美国科研机构、高校和企业的协同分工机制

美国高等院校、联邦科研机构、企业研发机构共同构成了美国科研活动的三大主体，三者在科研定位、资金来源及创新协同上形成了清晰的分工机制。

一是高等院校专注于基础研究。当前在美国4000余所高等院校中，有条件从事科研的研究型大学约有700多所。战后美国通过同时为大学教育和大学研究提供支持，强化了大学对基础研究支持的义务，并且创造了一种共识和氛围，即基础研究是大学应该做的，从事基础研究工作是令人尊敬的。因此长期以来，美国高校在基础研究方面的支出占比基本维持在60%—70%，基础研究定位较为清晰。

二是联邦科研机构专注于特定领域的科研探索。美国现有联邦科研机构700多家，隶属于20多个不同的政府部门，是美国重要的科研力量，也是美国政府推动联邦科研成果转化的生力军。美国联邦科研机构专注于所属领域的贯通性研究，以美国国家航空航天局为例，负责航空航天领域从基础研究、应用到试验实施的全过程。

三是企业定位于试验发展，但也涉及与产品和工艺结合紧密的基础研究和应用研究。美国企业的研究活动涵盖基础研究、应用研究和试验发展三部分，侧重于试验发展，但对于和产品工艺创新紧密结合的部分也投入大量基础研究和应用研究，基础研究、应用研究和试验发展的比例大致是5:15:80。例如美国通用电气公司非常重视科研工作，相关工作主要由研究与发展中心承担，为全公司服务，同时对各行业共性的一些课题进行联合研究。

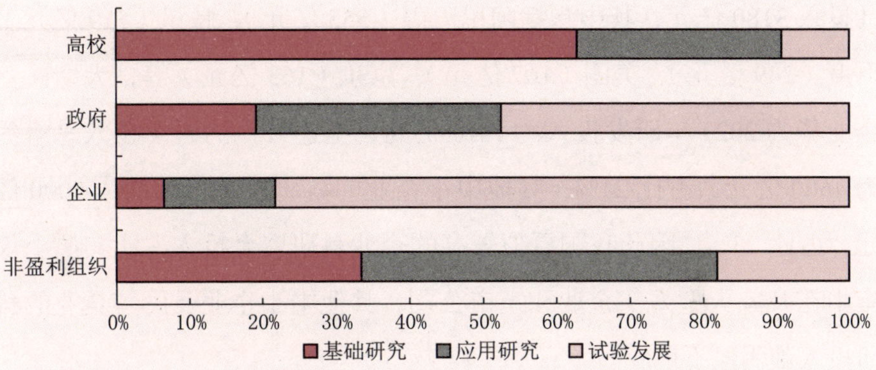

图 112 美国创新主体在科研定位上分工明确（2020 年）

资料来源：经济合作与发展组织。

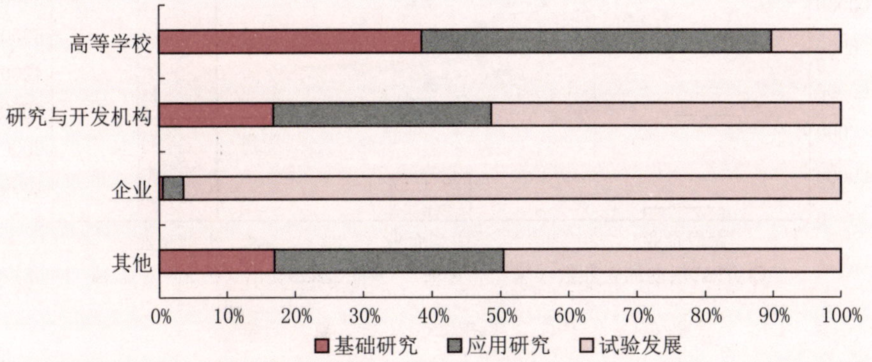

图 113 中国创新主体科研定位有所重叠（2020 年）

资料来源：经济合作与发展组织。

企业创新投入的“二八分化”

当前我国创新发展和研发投入呈现出明显的“二八分化”特征。根据《中国科技统计年鉴》，2020 年我国规模以上工业企业中，有 R&D 活动的大型企业数量为 5798 个，占比仅 4%，但大型企业研发投入达 7164 亿元，占比达 46.9%。从企业研发结构来说，2021 年我国企业共计 2.2 万亿元的研发投入中，A 股上市公司研发费用总投入为 1.2 万亿元，占比 56%；海外上市大型中概股中，研发投入前 50 的企业合计投入 3180 亿元，其中包括阿里巴巴（555 亿元）、腾讯（519 亿元）、百度（249 亿元）、美团（167 亿元）、京东（163 亿元）等，大型民营企业华为 2021 年研发投入约 1427 亿元，上述公司的研发投入总量约为 4600 亿元，占比 21%；其他中小企业的科研投入总和约为 5000 亿元，占比 23%。因此我国看似较高的企业科研资金投入占比实质上仅集中在几家大型龙头企业和上市公司，其他中小企业及民营企业的科研投入都明显不足。

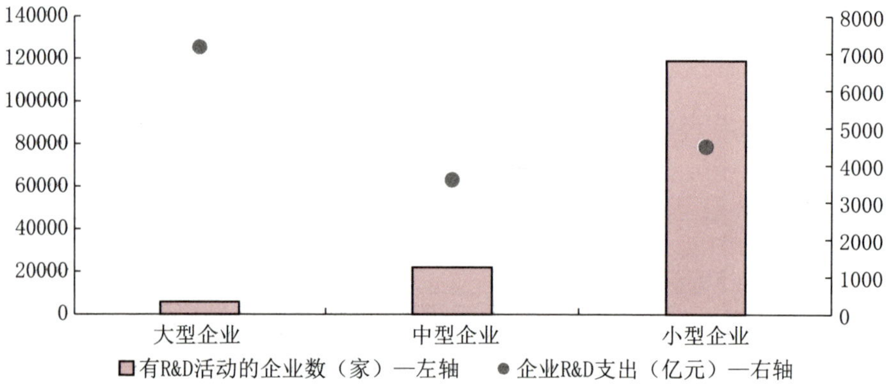

图 114　我国规模以上工业企业研发支出主要由大型企业贡献（2020 年）

资料来源：《中国科技统计年鉴》。

在龙头企业中，研发投入差异也较为明显。欧盟委员会科学和知识服务机构联合研究中心（JRC）每年会对欧盟及全球其他国家或地区 2500 多家企业的研发成效、优势领域进行比较评估。根据其发布的《欧盟工业记分牌》统计，2021 年我国进入全球研发 100 强的企业共有 13 家，合计研发投入达到 523 亿欧元。但从结构来看，仅华为 1 家企业占据较大份额，2021 年研发投入达 175 亿欧元，超过阿里巴巴、腾讯、中国建筑三家企业总和。此外，13 家企业中研发投入强度差异较大，仅华为、百度、中兴通讯等企业研发投入强度超过 15%，而中国建筑、中国铁路、中国石油等企业研发投入强度仅为 3% 以下。

表 39　我国龙头企业研发投入差异较为显著（2021 年）

排名	企　业	所属行业	研发投入（亿欧元）	研发投入强度（%）
2	华为	技术硬件和设备	174.6	15.7
17	阿里巴巴	软件和计算机服务	71.4	8.0
33	腾讯	软件和计算机服务	48.6	8.1
46	中国建筑	建筑材料	36.7	1.8
59	中国铁路	建筑材料	27.2	2.2
63	中国交建	建筑材料	24.6	3.2
64	百度	软件和计算机服务	24.3	18.2
66	中国铁建	建筑材料	23.2	2.1
80	中国石油	石油和天然气生产	19.6	0.8
82	中国电力	建筑材料	19.1	3.8
83	上汽集团	汽车及零件	18.7	2.1
84	中兴通讯	技术硬件和设备	18.6	14.7
100	中国中车	工业工程	15.9	5.7

资料来源：《欧盟工业记分牌》。

相较于大企业，中小企业在探索新的技术方向和商业模式方面具有成本优势和灵活度优势，同时随着信息技术的发展，社会化大生产对创新的利用能力大幅提升，中小企业的创新发展日益受到重视。但创新从本质上来说具有较高门槛，中小企业难以具备大型企业创新的资源优势和规模优势。

一是资金和人才门槛。不同技术创新领域和创新阶段对于研发强度和专业度均有相应要求。在基础性、原创性领域，以及生物、医疗、芯片、能源等领域，创新往往需要高强度投资和高水平人才，只有大型企业才能够胜任。在资金门槛方面，创新需要有长期稳定的资金投入作为保障，截至 2022 年 6 月，科技型中小企业贷款余额 1.56 万亿元，占贷款余额比重仅为 0.8%。从规模以下企业融资结构来看，2020 年 80% 以上的企业资金主要来源于自有资金。在人才门槛方面，人才缺乏已成为中小企业创新的重要短板，影响企业发展的核心竞争力和驱动力，部分企业不但难以招引高素质人才，还存在严峻的内部人才流失问题。以上市公司数据为例，2021 年我国上市企业合计研发人员达 269 万人，其中大型企业达 255 万人，中型、小型企业研发人员数量仅为 13 万人、5800 人左右，合计占比仅 5%。在技术高速更新迭代环境下，中小企业人才匮乏加上自身研发能力弱、研发投产周期长，极易引发经营困境。

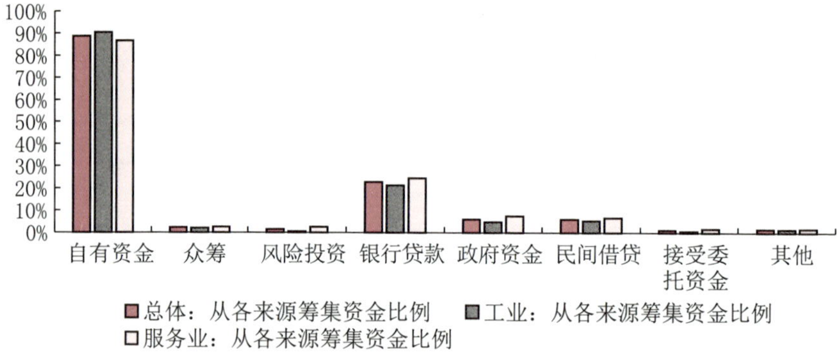

图 115　规模以下企业融资高度依赖自有资金（2020 年）

资料来源：《全国企业创新调查年鉴》。

二是规模门槛。大型企业有自身的创新生态和规模化优势，高等院校和科研院所多愿意与大型企业合作研发，中小企业并非科研创新主体首选的合作对象，难以与大型企业、高校、科研机构形成有效合作模式，创新“单打独斗”特征明显。《全国企业创新调查年鉴》显示，2020 年我国大型企业中有 52.4% 开展了合作创新，而中型、小型企业仅有 26% 和 22.8%。从企业合作的类型来看，开展产学研合作的大型、中型、小型企业占比分别为 54.5%、38.7%、32.1%，中小企业产学研合作比例显著较低，主要合作方为客户、供应商等主体，相应的科研水平与高校院所相比整体偏低。

近年来我国持续完善企业创新组织形式，推动企业以“创新联合体”方式整合中小企业力量加强科技攻关。2018 年习近平总书记在

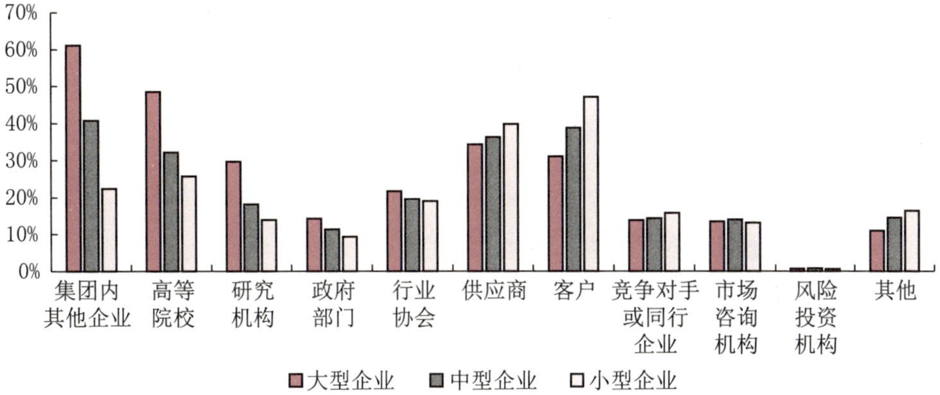

图 116　在创新合作企业中，与上述伙伴开展合作的企业占比（2020 年）

资料来源：《全国企业创新调查年鉴》。

十九届中央财经委员会第二次会议上明确指出，“支持龙头企业整合科研院所、高等院校力量，建立创新联合体”。创新联合体明确以企业或者科技领军企业牵头，由牵头方按照需求整合产业链上下游优势企业，着力解决关键核心攻关重大任务，形成一个任务型、体系化的创新组织，完善利益共享、风险共担、激励相容机制，充分发挥领军企业研发领导能力和抗风险能力，带动产业链上下游协同创新。

然而当前一是国家层面还没有发布创新联合体的建设指引等官方文件，各地对于创新联合体的建设规范和标准也存在显著的不统一，部分省份创新联合体的实质内涵变味。二是创新联合体有效组织管理不足，如何保障中小企业在创新联合体中参与度的制度规范不够，联合体可能存在门槛较高等问题，一些中小企业被拒之门外，即便有些中小企业在某些细分领域有技术优势，也限于整体实力，没有机会加入联合体。三是联合体责任归属不清，知识产权利益分享机制不明晰。在实践中各方合作存在利益诉求的不一致，例如从学校角度，参与科研的教授的工作目标仍然以发表论文、形成专利为主，而在企业方面，主要目标仍是在成本可控情况下，尽早形成市场化产品。利益分配方式不明晰，利益分享既要考虑技术投入、资金投入、市场前景等因素，又要形成各方都能接受的利益分配方式，有些因素还难以量化，制定各方都认可的利益分享规则难度较大。

企业创新风险分担机制不健全

企业创新的全过程面临多种因不确定性而产生的风险，主要包括技术风险、市场风险、政策风险和突发风险，还要面临巨大的时间成本。技术风险主要针对技术创新，包括早期的技术方向决策错误风险、中期的研发失败风险、后期的技术泄露风险，因而技术型的创新比经营模式创新更具风险。市场风险是企业创新价值实现过程中最具挑战性的风险，创新项目是否能发挥先发优势、是否满足符合市场需求等都是企业创新后期需要面对的风险。此外，技术创新及产业应用需要时间沉淀，难以一蹴而就，尤其核心技术和产品都是复杂的系统，需要在产业中不断试错、迭代、进化，为企业带来巨大的时间成本。

当前技术创新的复杂性、多学科关联性导致一项创新往往需要投入大量资金和人力，一旦创新失败，则会极大损害企业的竞争优势，在缺乏创新风险分担机制的情况下，甚至会威胁到企业的生存，明显压制企业创新意愿。因此市场上存在一种认知，即“不创新会被淘汰，但创新失败得更快”。合理的创新风险分担机制是推动技术创新的基石，然而当前我国在创新风险分担领域存在两方面问题。

一是市场化的风投、创投机构多而不强，缺乏市场化的创新风险分担机制。近年来我国风险投资、创新投资体量不断增大。根据《中国科技统计年鉴》，2020 年我国创业风险投资基金数量达到 3290 个，管理资本总额达 1.1 万亿元，但风投资本对于硬科技投资仍相对不足。前些年我国互联网快速发展带来了一系列商业模式创新，形成短期的“造富”效应，使得部分风投机构的投资更多短期化、主题化，长期资本和耐心资本供给明显不足。数据统计显示，2016—2020 年我国风投投资高新技术企业项目数量占比从 44% 降至 40%，投资金额占比下降更快，由 41.6% 降至 34.5%。另外，当前我国风投资本的退出渠道和机制仍相对欠缺，企业回购仍是风投机构退出的主要方式，2020 年占比达 39.8%。

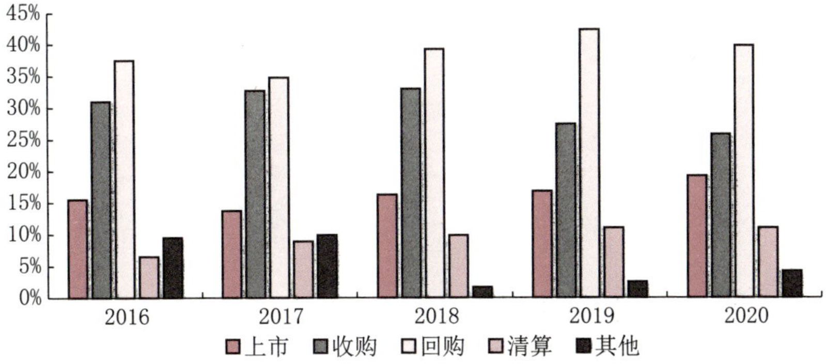

图 117 风投主要以企业回购方式退出

资料来源：《中国科技统计年鉴》。

二是政府引导基金的作用尚未充分发挥，多元风险分担机制不足。根据 CVSource 投中数据，截至 2021 年末，我国政府引导基金自身规模累计达 24666 亿元，其中国家级、省级、市级和区县级占比分别为 8.29%、37.21%、43.33%、11.17%。根据清科数据，当前包括创业引导基金、产业投资基金、PPP 基金等在内的广义政府引导基金年认缴规模稳定在 4000 亿—5000 亿元左右。但当前政府引导基金的作用发挥还不够显著，一方面政府引导基金市场化运作程度不高，行政干预较多，地方政府不仅负责制定管理政策、设定任务目标、进行监督考核，还参与基金设立审查和确定，对合作机构注册地、资金投向地区等做出较多限制。同时，政府审计介入较深，甚至涉及子基金以及子基金投资的具体项目，影响社会资本的参与积极性。在保值增值等考核导向下，大部分引导基金最后往往只能投向相对成熟、风险较低的项目，偏离了风险投资的定位。另一方面引导基金的产业引领性不强，近年来部分地区脱离本地产业和项目资源实际，盲目跟风设立基金，导致项目缺乏募资条件，同时不同地区间引导基金规模差距较大，根据清科数据，截至 2021 年上半年，全国引导基金数量排名前 20 的地区合计基金数量达 1790 个，其中江苏、浙江、山东、广东、安徽五省数量占比达 49%。

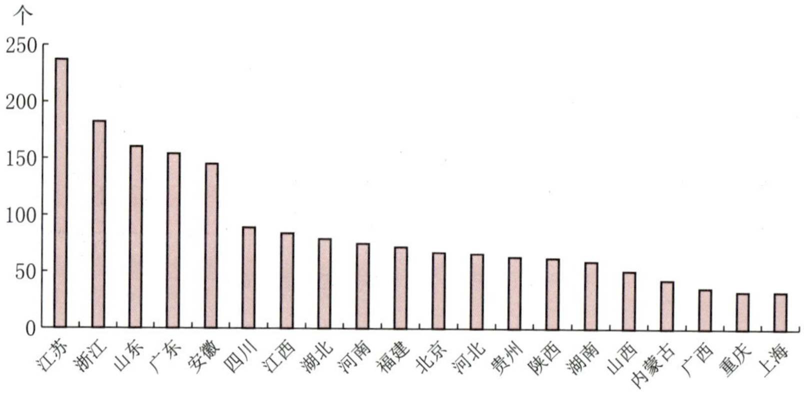

图 118　2021 年 6 月末我国部分地区政府引导基金数量分布

资料来源：清科研究中心。

CASE 案 例

创新风险分担的美国经验和以色列经验

美国、以色列等西方国家创新活跃度高的重要原因之一，就是有较完善的风险分担机制，平滑科技创新风险，有效撬动科技研发应用投入。

以美国为代表，通过发达的风险投资市场分担企业创新风险。风险投资作为鼓励创业的驱动器和分散风险的缓冲垫，为美国科技进步和技术产业化提供了机制化放大作用。美国从 20 世纪七八十年代起，开始加大对于风险投资的政策支持力度，一是允许采用组合投资策略的机构投资者进行风险投资，二是降低资本利得税税率，并规定风险投资基金管理人取得的业绩报酬按照资本利得征税，三是成立纳斯达克交易所，为风投退出提供便利场所。在政策支持下，美国形成两股风投的市场力量。一是专业的市场风险投资机构，通过专业赋能、资金导入，与创业公司共同成长，二是企业内部的风险投资机构，通过对外投资，为自身战略转型和技术进步提供外部协同，同时也为被投企业建立多维度的协同网络，谷歌就是典型例子。美国风险投资行业对于支持科技创新企业发展壮大起到至关重要的作用，美国国家风险投资协会的研究显示，1974—2015 年间在美国上市的所有公司中，有 40% 的公司、共计 556 家企业获得了风投资金，这些公司的研发支出占所有上市公司研发（R&D）支出的 85%，股票市值占上市股票市值的 63%。

以色列则创新形成了从政府引导过渡到市场主导的风险分散模式。与美国直接通过市场化激励不同，以色列重在发挥政府的引导作用，随着国家创新能力的提升，逐渐将创新风险分担主体地位让于市场。在以色列民间风投行业尚属于空白时期，研发支持基金作为以色列政府在《产业创新促进法》框架下最早实施，也是适用范围最广、规模最大的一项创新扶持计划，解决了数百项科创项目的融资难问题。获取基金门槛较低，符合条件的以色列企业均可以向首席科学家办公室提出资金支持申请，一般 70% 左右的企业可以获得通过，并获得不超过研发预算成本 20%—50% 的支持资金。研发项目获得商业成功后，一般以专利权费的形式、按一定比例、按年度偿还政府的资助资金。20 世纪 90 年代初，由于苏联解体、技术人员移民，以及以色列军工企业裁员，劳动力市场高水平人才供给过剩，市场出现创业热潮。以色列政府启动技术孵化器计划（Technological Incubators Program），政府每年通过项目筛选固定孵化 70—80 家企业，保证孵化深度。在经费方面，85% 由政府以补助形式提供，其他 15% 则由孵化器提供，同时以色列政府并不持有创业公司的股权，而合作孵化机构则可以获得最高达到 50% 的股权。在企业孵化的最初两年，大部分风险由政府承担，孵化机构则可以在企业成功后获得丰厚的股权回报，政府只在创业公司取得商业成功后才会收取一定金额的专利权费。但由于企业市场融资能力弱、经营管理能力差、研发与市场需求不匹配，金融、市场营销与企业管理之间缺乏紧密、有机的联动，这波创业企业中大约 60% 的企业都失败了。汲取孵化器失败经验，以色列政府意识到建立一套完整的风险投资产业的必要性，YOZMA 基金在其中发挥了引领示范作用。YOZMA 基金的运作包括两部分，一是直接投资，主要投资于初创阶段的创新型企业。二是联合国际知名金融机构，发起设立子基金。其中政府以有限合伙的形式持股 40%，来自欧美的投资方持股 60%，合作的私营机构有权在 5 年内以约定价格收购政府所持的基金权益，政府则将重心转向政策支持和投资环境建设，建立了以色列风险投资市场开放竞争和法律保障的良性机制。

以色列模式的创新风险分担机制有三点借鉴意义。一是以色列政府基于国情，初期以政府为风险分担主体，开展多项扶持计划，创立支持基金，后期强调市场机构在风险分担中的主体地位，政府则将重点转向投资环境优化。充分发挥了政府与市场的双重作用。二是以色列政府并未以商业成功为目标，一般不会持股创业公司，也不要求过高的投资回报，甚至对失败的初创公司也进行了债务豁免，更多关注的是科技创业项目的溢出效应以及对增长的积极影响。通过各类创新研发计划对创新风险适当分担，使对私营资本来说风险过高的科技项目有机会进行产业化、商业化尝试。三是海外资金在以色列创新扶持阶段和风投行业培育阶段都发挥巨大作用。早期，以色列与美国政府共同设立了以美工业研究所开发基金会（BIRD），对两国间开展的民用工业技术合作研究项目给予支持，该基金对促进以色列公司与美国高科技企业建立合作伙伴关系发挥了重要作用，提高了以色列高科技企业在美国的声誉，加强了以色列与美国工业界的联系。后期，YOZMA 基金中以母子基金运营的部分中，60% 来自海外。

企业创新分布的结构性失衡

在产业分布上，我国企业创新呈现明显的传统产业创新不足的特征。以规模以上工业企业为例，在 38 个细分行业中，2020 年研发投入排名前 15 的行业投入占比高达 84.5%，包括的企业数量占比达 81%。其中，计算机、通信和其他电子制造业研发投入金额最高，占比达 19%，其次分别为电器机械和器材、汽车行业，占比分别为 10%、

8.9%。其余 23 个行业合计研发投入较低，主要包括石油、煤炭加工业，煤炭开采和洗选业，非金属矿、有色金属矿采选业等行业，研发投入合计占比仅 2.4% 左右。

企业创新过度向新兴行业集中使得传统产业转型升级步履维艰。以煤炭开采和洗选业为例，据数据统计，2020 年全国煤矿采煤、掘进机械化程度已分别达到 78.5%、60.4%，但智能化水平仍需进一步提高，动力煤入洗率偏低，褐煤转化利用率低，废弃矿井空间、矿井水、地热等伴生资源利用率低，煤炭科技创新支撑我国煤炭工业高质量发展的能力依然不足。与应用端的技术创新不同，以煤炭为代表的传统行业创新需要高强度研发投入推动共性技术创新，但当前煤炭行业研发经费投入强度达不到全社会平均水平，关键技术原创性突破仍然较少，难以推动形成现代化煤炭安全绿色智能开发和清洁高效低碳利用技术体系，导致传统能源的绿色化和智能化转型进程偏缓。

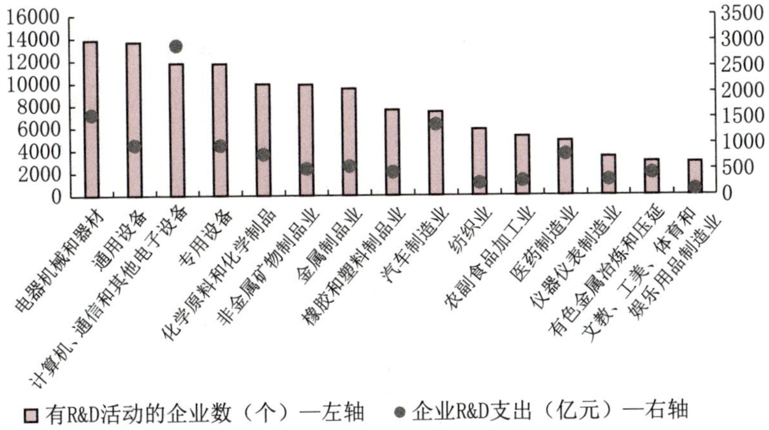

图 119　2020 年前 15 个行业研发投入合计占比达 84.5%

资料来源：《中国科技统计年鉴》。

另外，我国企业创新在制造业和服务业上也有所失衡。制造业和服务业创新在本质上存在较大差异。在创新模式方面，制造业主要体现为技术创新，而服务业除了技术创新外，还有商业模式创新、文化创新、方式创新。在创新特征方面，不同行业的创新活动特征不同，制造业、采矿业等工业企业主要集中于加强内部研发投入，购买机器设备和软件，而服务业更多是通过内部企业员工、领导以及外部客户、咨询机构的创新思想，将创新概念优化，并形成实施方案。在创新周期方面，制造业相对较长，创新产品输出较为单一，服务业创新周期相对较短，重点在于应用，包括培训相应资质的服务人员、制定标准等。在创新成果方面，制造业主要体现为产品创新和工艺创新，实现竞争力和生产效率提升，而批发零售、租赁商务、科学研究技术等服务业主要体现为组织创新和营销创新，实现服务质量和水平的提升。

近年来我国企业主体不断加大服务业创新，但在创新发展中仍面临两大突出问题。一是缺乏全面反映企业服务业创新的统计指标，使得部分企业的创新投入难以及时得到市场或投资者的认可。当前评价企业创新常用的指标仍然为研发投入，企业研发费用加计扣除、企业研发活动专用仪器设备加速折旧等都是针对传统研发活动的支持政策。以 A 股上市公司为例，按照证监会行业分类，研发投入高度集中于制

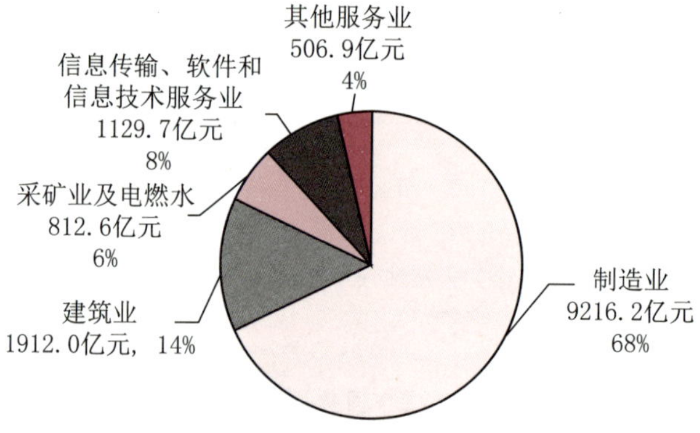

图 120　2021 年 A 股上市公司研发高度集中于制造业

资料来源：万得。

造业、建筑业、采矿业以及电力、热力、燃气及水生产和供应业，四者研发投入合计占比接近90%，而服务业中，除信息传输、软件和信息技术服务业研发投入占比为8%外，其余服务业行业研发投入合计不足4%，单一的研发投入指标难以反映企业综合创新能力和创新水平。

二是服务业各行业创新能力差异较大。根据《中国科技统计年鉴》，2020年在服务业行业中，科技创新企业最为密集的行业分别为信息传输、软件和信息技术服务业，以及科学研究和技术服务业，两个行业中开展创新活动的企业占比达到74.9%、53.8%，而租赁和商务服务、批发零售以及交运仓储等行业参与创新的企业整体较少，仅为25.8%、25.4%、20.3%，即在上述三个行业中，超过70%的企业没有开展创新活动。在生产性服务业方面，我国整体发展水平与国际差异较大。发达国家的产业结构普遍存在“两个70%”现象，即服务业占GDP的70%、生产性服务业占服务业的70%，发达的生产性服务业为现代产业体系提供了强大支撑。而当前我国服务业占比约为54%，生产性服务业占比仅为40%，亟需通过服务业创新提供更多有针对性的科技研发、商务咨询、工业设计、成果转化等专业服务。在生活性服务业方面，参与创新的企业还不足。随着大数据、物联网、人工智能

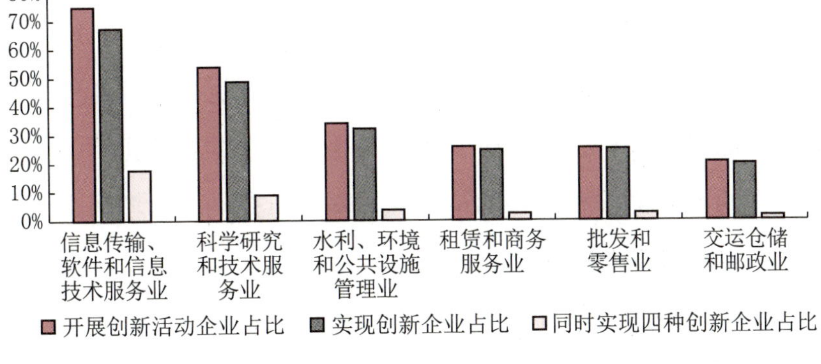

图121　2020年服务业企业创新集中在信息、技术、软件等行业

资料来源：《中国科技统计年鉴》。

等新技术广泛应用，服务业新业态新模式不断涌现，灵活、即时应用服务场景不断丰富，正在加速形成新的增长点。但当前部分行业在技术应用、模式更新上还不充分，与消费结构升级和消费观念转变的要求还有差距，迫切需要依靠数字化、自动化、智能化创新提高生活性服务业发展质量。

四、激发企业科技创新主体作用的五大举措

企业创新是地方经济高质量发展的重中之重，各级政府要不断强化企业在科技创新中的主体作用，合理统筹调配资源，为企业创新发展提供更好的制度以及政策环境，同时也要在认真分析科技创新主体面临的问题的基础上，找准症结，对症下药，加快提高自主创新能力，提升区域整体综合竞争力，推动地方经济高质量发展。

强化企业科技创新的主体作用

要引导推动高水平研究型大学的基础研究更加聚焦国家重大科学问题、国家战略需求，强化高水平研究型大学在基础研究领域的核心作用。要进一步加强以中科院为代表的国家科研机构在细分领域的应用研究水平，增强在某一特定领域的核心能力和协同创新。要在基础研发费用加计扣除等方面进行引导，鼓励企业主动加强基础研究投入，夯实基础研究实力。此外，还要加快优化国家自然科学基金立项及管理模式，探索国家科技计划研究成果与企业需求的对接机制，聚焦企业发展中的实际需求和面临的重点关键基础研究问题，增强企业利用技术成果实现创新的能力。

地方政府要强化和引导企业创新，明确企业在科技创新中的主导作用。要加快完善交叉学科、基础学科、新兴学科建设，尤其要结合企业关注的重点行业和关键领域，布局重大课题项目研究和重大研究

任务攻关。要加快建立有利于企业创新的生态系统，加大共性基础设施建设，包括但不限于创新园区、孵化器和研发中心等，为企业提供更加丰富的创新资源，加速创新进程。要促进科技成果更好由企业使用，逐步形成领军企业牵头、高校和科研院所协同推进的新局面。要引导企业深化与高校和科研院所的合作，完善高校、科研院所与企业的协作机制，鼓励企业与高校、科研院所建立多形式合作关系，全面提升产学研协同创新效率，引导产学研等多方主体的协同联动和科研成果的贯通式转化，加强技术转移和知识共享，形成协同机制。

加快打造企业创新联合体

创新联合体的健康发展离不开良好的企业生态系统，要以龙头企业为核心，推动产业链其他企业、高校、科研院所等创新主体共建创新联合体、新型研发机构、国家重点实验室等。要注重大中小企业创新协调发展，通过大型龙头企业牵头制定相关标准，众多中小企业广泛参与的模式支持中小微企业技术创新向专业化发展，研发“专精特新”产品，营造良性的创新生态，鼓励有合适体量的中小企业牵头组建创新联合体，揭榜攻关向中型企业开放。

明晰联合创新成果的界定和分享规则，构建产学研长期合作的利益分享机制和信用机制。要使科研院所、高校、国企、民企以平等的市场主体身份参与联合体，以政府的资金支持、政策制定以及平台搭建等配套措施为辅助，形成“利益共享、风险共担”的市场化项目运作方式，明晰联合创新成果的界定和分享规则，构建产学研长期合作的利益分享机制和信用机制。此外，针对不同类型的科研投入资金形成的创新成果建议采用差异化的产权归属及利益分配机制。对于政府公共资金全额支持的基础性研究，建议相关研究成果在平台内完全公开共享，大力推进服务型共性技术平台建设，让更多企业共享国家先进技术前沿。对于政府专项支持资金与企业资金、社会资金共同出资形成的研发成果，建议根据项目的实施情况采取不同的股债分配模式。如安徽省政府委托省高新技术产业投资公司作为出资人，与有关科技团队及其他投资主体签订债权投入或股权投资协议，专项资金以债权或股权形式支持创新联合体。

加大支持中小企业创新

我国中小企业主体众多、活力高，是我国推动科技创新的核心群体，要持续加强对科技型中小企业创新的要素支持，加大科技项目、资本要素、人才要素等的开放力度，着力提升对科技型中小企业的要素赋能。

要进一步明确各类金融机构在支持中小企业创新方面的作用，不断完善商业银行对于中小企业科技创新的支持方式，用好科技创新专项再贷款政策，创新专门针对中小企业的信贷工具，在资产质量、资本占用方面单独考核，适度考虑引入投贷联动机制，加强商业银行对中小企业创新授信的风险容忍度。此外，也要进一步完善绩效考核机制，持续提升基层银行信贷业务人员对科技创新贷款的专业水平，让银行对于中小企业科技创新贷款敢贷、愿贷、能贷。要继续完善资本市场支持中小企业创新的体制机制，把中小企业和创新企业发展作为资本市场发展的基石，加大对非上市企业的服务，建立广覆盖、多层次、一平台的资本要素交易市场，通过盘活资本、整合资本助力中小企业科技创新。

要加强对中小企业创新的人才资源支持。要整合现有的各类人才计划，将中小企业科技人才，尤其是重点领军人才和重点创新团队建设纳入政府人才规划，鼓励中小企业加强对高学历、海外高端人才引进力度，持续深化和落实好中小企业人才引进和保障方面的优惠政策。

此外，还要加快优化完善高新技术中小企业股权激励个人所得税递延纳税等政策，提升中小企业科技创新人才留存率。

CASE 案例

广东省引导创新要素聚集，助力科技型中小企业发展

科技型中小企业是科技创新和新兴产业发展的重要力量，但“专精特新”中小企业具有规模较小、高技术投入、高人力资本投入等特点，需要大量长期性投入。广东省多措并举引导资本、人才、平台等创新要素向科技型中小企业聚集，助力科技型中小企业发展。

一是依托“数字广东”搭建金融服务平台，构建中小企业信用评价体系，银行等金融机构与中小企业可通过线上对接进行授信审批、降低融资对接时间成本。广东省地方金融监督管理局设立“中小融”平台，为中小企业提供线上融资对接、增信、产业金融等一体化金融服务。针对初创期科技型中小企业，广东省科技金融综合信息服务平台负责政府风险补偿信用贷款的在线审核监管，支持300万元以下的中小企业进行银行贷款。

二是加强对“专精特新”中小企业的信贷支持，广东省工业和信息化部与交通银行广东省分行、中国银行广东省分行、中国建设银行广东省分行等开展政银合作，累计引入超6000亿元的融资支持，推动银行针对“专精特新”中小企业经营融资需求开发融资服务产品，实施分类差别化信贷支持。推动知识产权质押融资创新模式，依托广东省中小企业融资平台实现公允价值评估、履约保险共保和全面风险管控等一站式知识产权融资服务功能，实现中小企业知识产权质押融资常态化。完善投融资对接机制，广东省于2021年发布《支持“专精特新”中小企业挂牌上市融资服务方案》，实施支持“专精特新”中小企业挂牌上市融资服务方案，利用上交所、深交所、股转公司匹配“线上＋线下”路演服务，加强企业与中介机构、证券监管部门的沟通，根据企业梯度培育库支持不同领域企业上市。

三是引进紧缺高层次人才，将中小企业人才需求纳入产业人才专项计划。建立多层次人才培训体系，实施“新粤商”培训工程，支持“专精特

新”企业高层管理人员参加省内外高级研修班培训。市级层面，以广州市为例，实施“广聚英才”人才工程，同等条件下重点支持科技型中小企业中的人才（团队）申请市级科技创新创业人才（团队）。鼓励科技型中小企业引进国际人才，落实大湾区境外高端人才个税补贴政策，支持外籍人才创办科技型企业享受国民待遇。

四是构建供应链协同创新模式，引导龙头企业自建孵化载体或开放式产业创新平台，面向中小企业开放应用场景、发布供应链资源，建立大中小企业创新协同、产能共享、供应链互通的新型产业孵化生态。推动“大中小联合创新计划”，鼓励领军企业组建创新联合体，引导中小企业借力大企业供应链、管理与资本等资源，推动中小企业提升技术创新与产业转化能力。

健全市场与政府结合的风险分担机制

要健全市场化的创新风险分担机制。一是持续完善风险投资的退出渠道，健全法律制度，尤其加大对于企业主导的风险投资基金支持力度，鼓励企业通过风险投资实现产业链升级或业务线条拓展，实现谷歌式的风险投资运行机制。二是要将创新风险在银行、保险、担保机构、风险投资机构、科技企业之间合理分担，加大科技保险、科技担保金融工具的实施力度，完善实施方式，扩大实施规模，进一步明晰政府与科技担保机构之间的责任边界，扩充科技担保资金来源。

要充分发挥政府在科技创新风险分担中的主导作用。要推动将现有的政府引导基金分类，对于以招商引资为主要目标的引导基金，要明确定位，加强对相关产业或企业的融资支持和产业要素整合，对于专门投资科技初创企业的风险投资引导基金，要探索推动市场化管理，减少管理层级，提高基金运营的专业能力，不对子基金日常运作进行过多的干预，按风险投资的规律制定对基金团队的管理制度和考核办法。同时可以参考以色列经验，明确政府“意在扶助、不与民争利”的定位，一旦企业平稳发展、利润稳定，政府立即退出，同时给予社会资本一定的倾斜和优惠，采取多样化和创新化的手段保障投资者利益，提升政府资金的撬动效应。

CASE 案例

深创投为企业创新、产业升级构建创投生态

深圳作为中国创业创新最有活力的城市，离不开国有创新资本、社会资本的支持，其中主要以深创投为代表。1999年“深创投”（深圳市创新投资集团有限公司）由深圳市政府出资并引导社会资本出资设立，目前已发展成为以创业投资为核心的综合性投资集团，管理各类资金总规模约4326亿元，为深圳各类创新主体、技术攻关、产业升级提供源源不断的“活水”，带动了深圳创投行业的蓬勃发展。

一是聚焦创投主业，强化专业化、市场化水平。深创投建立投资—投后管理—退出专业化流程，提高中早期项目投资数量和高潜项目覆盖率，建立项目质量评价体系并实行分类服务，探索项目退出流程路径和资金统筹匹配。同时建立跟投制度，完善市场化考核评价机制和与经营效益挂钩的员工激励约束机制。此外，还通过设立深圳投资总部、细分投资部门、战略规划部门和创新投资研究院，提升专业化能力，优化战略布局。

二是扎根深圳本土，促进企业创新和产业聚集。深创投聚焦孵化创新科技企业、助力深圳产业升级，坚持“投早、投小、投科技”，培育包括首航新能源、傲基科技、欣旺达电池等在内的深圳本土独角兽企业超17家。同时，深创投聚焦战略性新兴产业和国家支持产业，例如基于我国发展半导体行业的战略和对产业链深度研究，深创投领投支持了以中科飞测为代表的半导体设备公司。此外，深创投还开创政府引导子基金模式，围绕深圳市“20+8”产业集群，2016年起受托管理深圳市引导基金，累计投资50家深圳估值60亿元以上独角兽、55家国家级“专精特新”深圳企业。

三是坚持服务赋能，为企业提供全生命周期服务。深创投通过布局细分，在计算机、半导体和新能源汽车等创新领域投资了覆盖产业链各环节的企业，获得产业链优势。在此基础上积极推动全生命周期服务赋能，成立专门企业服务中心，为创新企业提供后续经营咨询、投贷联动等服务。同时深创投建立了引导基金“深湾汇”平台，为子基金和底层项目企业提供融资、人才招聘、研究报告、场地空间、政府资源、招商引资、专业培训、产业资源和对接上市九大服务功能。

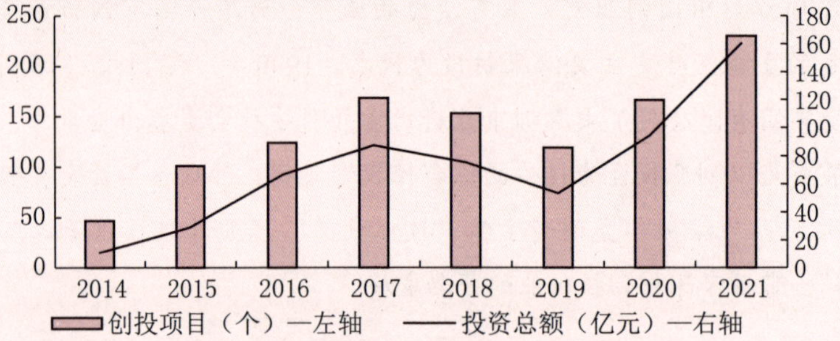

图 122 深创投投资项目数及投资金额

资料来源：深创投官网。

引导企业主体全面推进科技创新

地方政府要制定更合理的产业引导政策，防止对新兴产业的一味补贴和支持。从过往情况来看，我国部分地区在发展战略性新兴产业时，存在不顾当地要素资源禀赋、布局雷同的问题，导致低水平重复建设、发展效益不及预期，造成了大量资源浪费。例如近年来集成电路产业受到国家大力支持，但部分地区对产业发展规律和客观情况认识不够，盲目上项目。近年来，全国已有多个地方出现项目停工、烂尾，其中不乏千亿级项目，对产业发展产生较大冲击。再比如当前全国各地都在如火如荼发展新能源汽车产业，但部分地方产业发展思路并不清晰，产业发展基础欠缺，上下游配套也不完善，导致产品缺乏竞争力和市场影响力。当前传统行业及中低端制造业仍然是推动经济增长的重要动力，不能唯科技产业论、唯新产业论，产业没有绝对的先进产业和落后产业之分，传统产业也可以借助数据、科技赋能实现转型发展。地方政府层面要合理制定产业政策，科学引导产业布局，保持政策平稳过渡，将支持中低端产业发展与鼓励中高端产业发展相结合，切实防范中高端产业“一哄而上”、中低端产业“无人问津”而引发的地方经济发展失衡。

加快引导企业推进服务业创新，完善服务业创新的政策支持体系。要充分意识到服务业各行业创新的特征和差异性，给予更加精准的政策支持。要进一步提升对于服务业企业科技创新的统计力度，设计更加精细化的指标，反映服务业创新能力和创新成效。需充分考虑服务业发展特点，制定针对性更强、更加完善的创新激励政策，从商业模式创新、信息化水平提升、创新联合方式等角度出发设计更加有针对性的支持政策，全面提升服务业创新能力。此外，要提前规划和统筹布局传统服务业硬件改造，以提升便利度和改善服务体验为导向，利用先进数字技术手段赋能传统服务业发展，重点加强健康、养老、文化、旅游、居民服务等生活性服务业的信息化投资、标准化建设、数字化转型，更加匹配居民消费结构升级和消费观念转变趋势，提升消费者消费体验。

地方政府要在共性技术创新上，为企业创新创造更好的平台和条件。要加强传统工业科技创新共性技术投入，推动传统行业产业升级。要坚持目标导向和问题导向，构建传统行业共性技术目标体系和实施体系，保证合理研发投入，不断创新理论、技术和方法，提升自动化和智能化水平，大力推动传统行业清洁生产、低碳利用和高效转化技术，加强全过程的节能水平，推动传统行业转型升级和高质量发展。

数据要素篇

2022 年 1 月，习近平总书记在《求是》发表文章指出，数字经济发展速度之快、辐射范围之广、影响程度之深前所未有，正在成为重组全球要素资源、重塑全球经济结构、改变全球竞争格局的关键力量。数据作为新型生产要素，是数字化、网络化、智能化的基础，当前已快速融入生产、分配、流通、消费和社会服务管理等各环节，深刻改变着生产方式、生活方式和社会治理方式。数据要素的发展以及数据要素市场化配置，对于发挥我国海量数据规模和丰富应用场景优势、激活数据要素潜能、做强做优做大数字经济、构筑国家竞争新优势具有重要意义。

数据作为重要的生产要素被单独提出的时间还相对较短，当前数据要素在基础的数据确权、定价、交易环节均存在诸多难点，同时与数据要素市场发展配套的机构和服务不够完善，导致目前数据要素的市场化配置不足，数据违规买卖、侵犯个人数据安全的行为时有发生。2020 年中共中央、国务院出台的《关于构建更加完善的要素市场化配置体制机制的意见》提出，要推进政府数据开放共享，提升社会数据资源价值，加强数据资源整合和安全保护。2022 年 12 月中共中央、国务院出台《关于构建数据基础制度更好发挥数据要素作用的意见》，针对数据基础制度建设明确一系列指导意见。

在本篇中，我们首先从数据要素确权、要素开放、要素交易、要素定价、要素监管五个维度，全面梳理数据要素市场化配置的重点，并从数据要素产业链的六大环节，对数据要素市场化配置的相关产业进行初步分析。在此基础上，我们一方面聚焦我国数字经济发展脉络，剖析当前我国数字经济取得的成就和存在的难点，另一方面选取九个省市作为案例，研究地方在推动数字要素市场化配置和数字经济发展方面的实践经验。

当前地方政府要积极推进数据要素市场化改革，积极学习数字经济强省、强市在数据要素市场化、数字政府建设及数字经济发展上的经验，立足于自身特色加快健全数字基础设施，持续推动政务数据有序安全开放，促进数据要素高效流动，发挥数据要素在推动新一轮数字经济高质量发展中的重要作用，积极打造地方经济新增长点。

第十八章 数据要素市场化改革的现状、难点和关键

数据要素作为信息技术革命下的新型要素正在全面改变社会经济生产生活方式，数据要素的挖掘和运用在很大程度上将影响未来区域及国家的竞争力。我国拥有庞大的数据基础优势，《中国互联网络发展状况统计报告》显示，截至 2022 年 6 月，我国网民数量达 10.51 亿人，互联网普及率超过 74.4%。根据 IDC 预测，未来随着通信设备、物联网设备接入数量和承载能力进一步提高，全球数据量将从 2018 年的 33ZB 增至 2025 年的 175ZB，其中中国平均增速快于全球，预计到 2025 年，数据量将增至 48.6ZB，占全球比例由 23.4% 提升至 27.8%。如何更好地推进数据要素市场发展，健全数据要素市场制度体系建设，打通数据要素产业链条，更好实现数据共享共用，在确保数据安全的前提下提升数据要素配置效率是当前我国数据要素市场建设的关键所在。

一、全面理解和认识数据要素

数据要素是数字经济时代的核心生产要素

当前关于数字的概念较多，主要包括数据要素、数据要素市场、大数据产业、数字经济等。从概念间的逻辑来看，数据要素是基础资产，数据要素市场是促进数据要素市场化配置的主要方式，大数据产业是数

据要素发展的主要载体，数据要素是数字经济时代的核心生产要素。

按照中国信息通信研究院定义，数据是对客观事务的数字化记录或描述，是无序的、未经加工处理的原始材料。数据首先要先通过采集、整理、聚合、分析，成为具备使用价值的数据资源。数据资源参与到社会生产经济活动、为使用者带来经济效益，形成数据要素。也即数据形成数据要素，需要在原始数据的基础上，形成使用价值和经济效益。数据要素的经济效益主要体现在两方面：一是数据要素是生产力的重要组成部分，催生新产业、新业态、新模式。二是数据要素能够与其他传统生产要素相配合，形成乘数效应，放大劳动力、资本等要素价值。

数据要素市场是指数据要素在交换或流通中形成的市场，包括数据交易行为以及数据交易场所两重含义。通过数据要素市场的配置机制，促进未市场化配置的数据要素向更加市场化的方向发展。根据国家工信安全发展研究中心测算，2021 年我国数据要素市场规模约为 815 亿元，“十四五”期间市场规模复合增速将超过 25%，进入群体性突破的快速发展阶段。

根据工业和信息化部《“十四五”大数据产业发展规划》定义，大数据产业是以数据生成、采集、存储、加工、分析、服务为主的战略性新兴产业，是激活数据要素潜能的关键支撑。通过大数据产业发展，能够打通数据要素市场和产业内部要素配置的通道，让要素市场的定价和交易功能转化为产业内部的优化资源配置的功能，推动产业高质量发展。根据工业和信息化部数据，2022 年我国大数据产业规模已达 1.57 万亿元，“十四五”期间大数据产业测算规模将突破 3 万亿元。

数据要素市场化改革政策体系不断完善

2014 年“大数据”概念第一次写入政府工作报告，2017 年中共中央政治局就实施国家大数据战略进行第二次集体学习，明确要推动大数据技术产业创新发展，构建以数据为关键要素的数字经济，运用大数据提升国家治理现代化水平，运用大数据促进保障和改善民生，保障国家数据安全。2019 年党的十九届四中全会《中共中央关于坚持和完善中国特色社会主义制度　推进国家治理体系和治理能力现代化若干重大问题的决定》中，首次明确将数据作为生产要素参与社会分配。2020 年 4 月，中共中央、国务院发布的《关于构建更加完善的要素市场化配置体制机制的意见》将数据要素确认为五大要素之一，并要求加快培育数据要素市场。

从政策侧重点来看，早期针对数据相关政策侧重于大数据技术、发展大数据产业等领域，2015—2016 年的相关发展规划及纲要主要围绕“强化大数据技术产品研发”“发展核心技术”“加快大数据产业主体培育”“推动产业创新发展”等方面。随着我国数字经济快速发展、产业不断壮大，数据作为生产要素的重要性逐步凸显。2017 年以来，政策在支持产业发展、技术创新的基础上，更加突出数据要素市场的培育和建设，明确构建以数据为关键要素的数字经济。2021 年 11 月出台的《“十四五”大数据发展规划》中，工业和信息化部提出要加快培育数据要素市场。2022 年 1 月国务院出台的《“十四五”数字经济发展规划》，进一步提出要充分发挥数据要素作用，强化高质量数据要素供给，加快数据要素市场化流通，创新数据要素开发利用机制。2022 年 12 月出台的《关于构建数据基础制度更好发挥数据要素作用的意见》，即“数据二十条”，明确要求构建四个方面的制度。在产权方面，要求建立保障权益、合规使用的数据产权制度，探索数据产权结构性分置制度，建立数据资源持有权、数据加工使用权、数据产品经营权“三权分置”的数据产权制度框架。在交易方面，建立合规高效、场内外结合的数据要素流通和交易制度，从规则、市场、生态、跨境四个方面构建适应中国制度优势的数据要素市场体系。在分配方面，建立体现效率、促进公平的数据要素收益分配制度，在初次分配阶段，按照“谁投入、谁贡献、谁受益”原则，推动数据要素收益向数据价值和使

表 40　数据要素市场化配置改革不断深化

时间	发布主体	文件名称	主要内容
2014.3	国务院	《2014 政府工作报告》	第一次提出“大数据”概念。
2015.8	国务院	《促进大数据发展行动纲要》	要求加快政府数据开放共享，推动资源整合，提升治理能力；健全大数据安全保障体系。
2016.6	工业和信息化部	《大数据产业发展规划（2016—2020 年）》	要求促进行业大数据应用发展，加快大数据产业主体培育，推进大数据标准体系建设，完善大数据产业支撑体系。
2016.7	中办、国办	《国家信息化发展战略纲要》	一是要求大力增强信息化发展能力，二是要求着力提升经济社会信息化水平，三是要求优化信息化发展环境。
2020.4	中共中央、国务院	《关于构建更加完善的要素市场化配置体制机制的意见》	将数据要素确认为五大要素之一，针对数据要素市场化，提出三方面工作，包括政府数据开放共享、提升社会资源价值、加强数据资源整合和安全保护。
2020.5	中共中央、国务院	《关于新时代加快完善社会主义市场经济体制的意见》	建立要素市场，建立数据资源清单管理机制，构建有效协调的宏观调控新机制，加快数据权属界定，发挥数据资源价值，推进数字政府建设，加强数据有序共享。
2021.11	工业和信息化部	《“十四五”大数据产业发展规划》	建立数据资源产权基础制度和标准规范，健全数据产权交易和行业自律机制，制定数据要素价值评估框架和评估指南。
2022.1	国务院	《要素市场化配置综合改革试点总体方案》	完善公共数据开放共享机制，建立健全数据流通交易规则，拓展规范化数据开发利用场景，加强数据安全保护。
2022.1	国务院	《“十四五”数字经济发展规划》	优化升级数字基础设施，充分发挥数据要素作用，大力推进产业数字化转型，加快推动数字产业化，持续提升公共服务数字化水平，建立完善数字经济治理体系，着力强化数字经济安全体系，有效拓展数字经济国际合作。
2022.6	国务院	《关于加强数字政府建设的指导意见》	要求构建协同高效的政府数字化履职能力体系，构建数字政府全方位安全保障体系。
2022.12	中共中央、国务院	《关于构建数据基础制度更好发挥数据要素作用的意见》	从数据产权、流通交易、收益分配、安全治理等方面构建数据基础制度，提出 20 条政策举措。

资料来源：国务院、工业与信息化部等。

用价值创造者合理倾斜。在治理方面，要建立安全可控、弹性包容的数据要素治理制度，构建政府、企业、社会多方协同的治理模式。

近年来我国关于数据要素配置及市场化改革的各项政策法规不断完善，数据要素市场进入快速发展阶段。

二、数据要素市场化配置的五大重点

确权问题是基础

根据数据主体的不同，数据可以分为个人数据、企业数据和社会数据三大类。个人数据来源于个人的特征以及行为，前者包括姓名、电话、住址等个人特征数据，后者主要来源于个人的衣食住行产生的行为数据。企业数据同样来源于两部分，一是个人数据中，经个人同意让渡给企业进行整理、储存、分析、开发利用的部分，二是企业在日常经营中产生的数据。社会数据囊括范围最为广泛，既包括政府依法采集的个人、企业数据，也包含自然资源、经济社会等多方面数据。从数据来源看，同一条个人数据，既属于个人数据，经授权后也属于企业数据，经政府采集后也属于社会数据。因此当前对数据的确权具有较高的复杂性。个人对数据有基础所有权，企业和政府部门对数据有经授权的相关权益，同时对于数据收益权也需要进行合理的安排。从实践中来看，当前数据在未确权之前正常使用，但一旦确权反而引发诸多争议，一定程度上降低数据的使用效益。

此前深圳、上海等地已经对数据确权进行了一定探索。深圳曾在2020年7月发布《深圳经济特区数据条例（征求意见稿）》中提出“数据权”概念，明确自然人对其个人数据依法享有数据权；公共数据属于新型国有资产，其数据权归国家所有；数据要素市场主体对其合法收集的数据和自身生成的数据享有数据权。然而由于对数据权问题仍未形成统一认识，在正式发布的《深圳经济特区数据条例》中删除了数据权表述。2021 年 11 月，上海通过《上海市数据条例》，明确自然人对其个人信息享有的人格权益，自然人、法人和非法人组织在使用、加工等数据处理活动中拥有法定或者约定的财产权益。2021 年以来，北京、上海、深圳陆续成立大数据交易所，在当前数据确权难度较高、整体框架尚未明确的基础上，新成立的交易所专注于利用技术手段探索将数据要素解构为可见的“具体信息”和可用的“计算价值”，在不涉及数据所有权确权的基础上，对“计算价值”进行确权、存证、交易。2022 年 12 月国家出台的“数据二十条”，针对数据在生产、流通、使用过程中复杂共生、相互依存、动态变化等特点，明确要建立数据资源持有权、数据加工使用权、数据产品经营权“三权分置”的数据产权制度框架，淡化所有权、强调使用权，聚焦数据使用权流通，未来具体细节仍有待明确。

数据开放是源泉

政务数据是我国公共数据的重要组成部分，政务数据的开放能极大推动整个数据要素市场的开放发展。2015 年 8 月，国务院《促进大数据发展行动纲要》明确提出，“要加快政府数据开放共享，推动资源整合，提升治理能力”。2020 年 3 月中共中央、国务院《关于构建更加完善的要素市场化配置体制机制的意见》，进一步提出要推进政府数据开放共享。2021 年 6 月通过的《中华人民共和国数据安全法》，明确了政务数据以公开为原则、不公开为例外的基本理念，要求在国家层面制定政务数据开放目录，构建统一规范、互联互通、安全可控的政务数据开放平台，推动政务数据的开发利用。2022 年 6 月国务院印发的《关于加强数字政府建设的指导意见》，进一步明确要构建开放共享的数据资源体系。

当前政府层面数据共享快速推进，已取得一定成效。针对政务数据共享交互，我国已基本建成国家、省、市多级数据共享交换体系，截至2021年5月，国家数据共享交换平台上线目录超过65万条，发布共享接口1200余个。针对政务数据开放，截至2021年10月，我国已有193个省级和城市的地方政府上线数据开放平台，其中省级平台20个，城市平台173个。同时各地区各部门依托政务大数据平台建立的政务数据仓库，围绕城市治理、环境保护、生态建设、交通运输、食品安全、金融服务、经济运行等应用场景开展数据分析应用，为多行业和多跨场景应用提供多样化共享服务。

然而当前政务数据开放的程度和价值不高，数据价值尚未完全激活。一是“不愿开放”。由于数据权责不清、职责分工模糊，政府数据开放共享过程中，各个部委之间数据共享主观意愿有限，数据资源共享壁垒仍难打破，共享渠道不畅，共享的数据权威性、规范性不足，数据质量不高。二是“不敢开放”。政务数据在采集的过程中是根据公共管理需求进行采集，与企业实际数据需求之间还存在不匹配的问题，需要进一步加工，但涉及大量隐私及安全问题。在缺乏更加健全的数据安全保障技术下，地方政府对数据开放还是持较为谨慎的态度。三是“不会开放”。当前推动政府数据开放的政策大多以倡导性为主，缺乏清晰的路径、时间表和统一标准。

数据交易是关键

当前数据交易主要为两种形式，一是通过交易中介形成的撮合型交易，二是通过数据服务商进行的数据综合交易。

撮合型交易主要是指由各地大数据交易中心作为中介提供平台，将可供交易的数据商品信息列示，促进买卖双方达成的数据交易。在此前无大数据交易中心的情况下，买方有数据需求难以找到卖方对接，而卖方有数据资源难以找到合适买家。2014年起，我国地方大数据交易中心陆续成立，通过撮合平台，为买卖双方的供给及需求提供公开窗口，促进数据交易达成。撮合型交易的主要产品为数据以及数据衍生品。

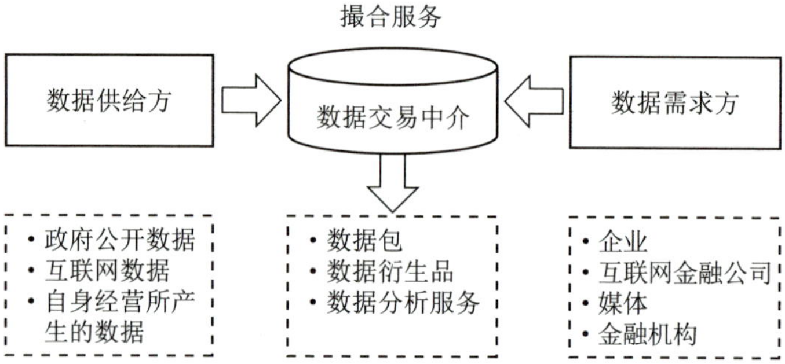

图 123　撮合型交易示意图

从我国地方大数据交易中心的历史案例来看，数据来源一般是卖方通过收集政府公开数据、互联网信息或自身经营中形成的数据产品，数据买方包括企业、互联网金融公司、媒体、金融机构等。东湖大数据交易中心曾上架“基于政府公开数据和互联网信息的中小企业综合评估”数据商品，由武大吉奥信息技术有限公司卖出数据，北京拉卡拉网络技术有限公司用 8.6 万元购买。上海数据交易所曾撮合国网向工商银行出售数据产品，由国网负责对企业用电数据进行脱敏、清洗和深度加工，再经模型与算法，形成综合评估报告，作为银行对企业客户授信前的“背书”或旁证，并在信贷反欺诈、贷后预警方面对银行进行辅助。

近年来各地数据交易平台快速发展，但撮合型数据交易仍面临较多问题。

一是交易前平台缺乏广泛、高质量的数据来源。虽然地方大数据交易平台都是地方政府指导设立的，但是早期成立的大数据交易中心，多为地方政府为迎合大数据战略成立的象征性平台。目前大量政府数据并未向大数据交易中心开放，真正的数据联通并未实现。同时，已开放的数据多为常规的政务数据，能够真正为企业所利用的数据较少且质量不高。目前交易的数据多为会员企业的数据，整体较为分散、零碎。

二是交易中缺乏统一的数据交易标准及高水平的隐私交易技术。过去我国大数据交易平台交易规则多为平台自身建立，标准参差不齐，平台缺乏公信力，难以保证数据及交易质量。过去平台整体数据技术水平有限，在保证隐私和安全方面的技术达不到要求，难以形成交易双方互信机制和数据安全流通。2021 年以来，新成立的数据交易所致力于改善业务模式，打造有公信力的数据中介平台，通过隐私技术，保证交易安全、提高交易效率，包括提供数据产品的合规评估、资产评估和质量评估，提高交易双方的互信度。

三是交易后数据“买定离手”，平台缺乏深度挖掘及后续合作机制。过去地方大数据交易中心业务主要围绕撮合交易，数据交易后双方买定离手。平台对于数据的脱敏、深度挖掘及后续的数据相关业务合作切入程度不足。纯中介的定位导致用户黏性较低，部分供需双方在平台接触后，转而绕过平台进行直接交易，平台业务开展困难。另外，数据“买定离手”后，卖家难以控制买家对数据的利用情况，若买家对数据进行二次或三次利用、在黑市进行流通，将显著影响数据价值及数据安全性。

数据综合服务交易是另一种数据交易方式，其指数据服务商采用的“采产销”型增值服务模式，对数据进行采集、加工和分析，最后提供数据产品及数据服务。当前我国数据服务商主要包括两类主体，一是第三方专门进行数据服务的机构，如聚合数据、数据堂、天元数据等，二是头部互联网企业，基于自身数据进行相关数据交易。

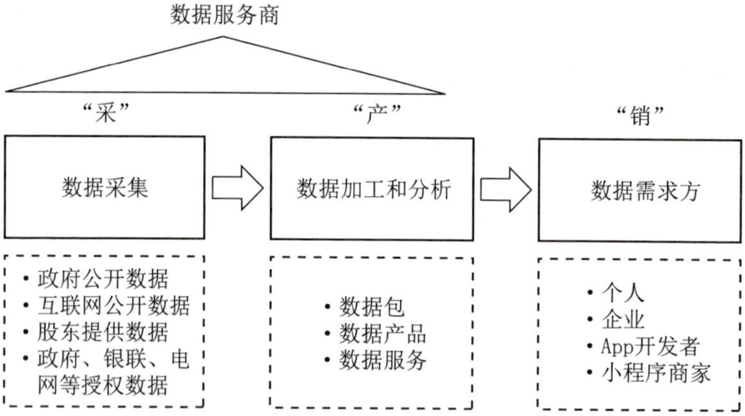

图 124　综合服务型交易示意图

从数据来源看，主要为数据服务商获取的政府公开数据、互联网公开数据、股东提供的数据，以及通过与政府合作，获得政府机构、银联、电网等授权使用的数据。从数据买方看，数据服务商面向所有具有数据需求的个人、企业、App 开发者、小程序商家等。聚合数据基于政府数据的授权，与相应需要调用身份证件信息的公司合作，向其提供身份证识别 API 接口，当公司收到用户拍摄的证件照片时，直接调用该接口进行证件信息的识别，提高效率。阿里生意参谋通过分析阿里旗下如天猫、淘宝、1688、菜鸟、闲鱼等系列用户行为数据，一方面提供给店铺运营人员，即时调用包括流量、曝光、咨询、成交、售后等整个生命周期的多维数据，另一方面将一些脱敏数据对外服务媒体、研究机构、合作方等。

当前数据综合服务模式同样面临一些发展障碍。交易前，数据来源具有局限性。第三方数据服务商仅能通过公开渠道搜集政府及企业数据，或者与政府合作获得定点数据授权。而互联网企业提供的数据则主要为旗下平台及店铺经营数据，对于合作方、媒体或研究机构有一定帮助，但较难满足其他机构数据需求。交易中，缺乏第三方平台及标准，数据质量及隐私难以保障。由于缺乏统一的数据质量评估体系，同时缺乏第三方监督平台，数据服务商相关数据交易难以保证数据质量，包括数据的全面性、完整性、真实性、准确性及安全性等，数据交易双方的信任机制建立存在一定难度。

数据定价是难点

传统的定价模型中，资产定价主要遵循市场法、收益法和成本法。然而对于数据资产来说，传统定价方法均存在局限性。市场法下，资产价值由市场供需决定，然而当前全球范围内，对于数据交易都缺乏明确有效的交易市场，数据交易量较小、相似数据交易频率较低，市场法难以形成有效参考。收益法下，资产价值根据预期收益进行评估，然而数据资产价值会随着交易主体和应用场景的变化而变化，收益法缺乏评估标准。成本法下，资产价值根据资产形成的成本进行评估，然而数据资产的成本难以分离，且与实际价值差异较大，成本法也难以利用。

以海外主要数据交易平台 Quandl、Foursquare 以及 Data Plaza 为例，针对数据产品的交易，主要采取的定价方式有三种。一是固定价格，即平台将调用、下载数据的价格预先定好，比如 Foursquare 地理位置数据包价格为 5—12 美元 / 次。二是创设 VIP 会员制，如客户想从 Data Plaza 下载用户社交媒体的使用数据，则首先需付 1800 美元会员费，后续每月续交 800 美元会员费，则可获得无限次调用权限。三是协议价格，如 Quandl 要求数据买家在购买数据之前，与其协商确定数据需求及价格。针对数据服务的交易，则主要采取协议定价。如 Foursquare 基于数据做出的客流量测算、消费者行为分析等数据分析服务，都需与其协商确定价格。

表 41　海外数据产品定价模式举例

数据交易类型	定价类型	案　　例
数据产品交易	固定价格	Foursquare：预先定好地理位置数据包价格，每次调用需付 5—12 美元。
	VIP 会员制	Data Plaza：首先需付 1800 美元会员费，后续每月续交 800 美元会员费，则可获得无限次调用权限下载。
	协议价格	Quandl：要求数据买家在购买数据之前，与其协商确定数据需求及价格。
数据服务交易	协议定价	Foursquare：消费者行为分析等服务，与其协商确定价格。

资料来源：海外数据交易机构网站。

从我国数据交易的定价模式来看，基本参考国外定价方式。针对撮合型交易，主要采用协议定价及固定价格。协议定价方面，如上海数据交易所撮合的国网与工商银行的企业用电数据综合评估报告交易，其价格是基于双方协商后达成，且对外保密。固定价格方面，如贵州省数据流通交易平台在官网上挂出的北京帝测科技股份有限公司形成的“贵阳市城区倾斜摄影数据产品”，固定价格标价 225 万元。

针对数据产品交易，除固定价格及 VIP 会员制定价外，还衍生出差别定价方式。一是固定价格，如友盟 + 对不同数据定价不同，客户可以按需付费使用。二是 VIP 会员制，如聚合数据创设“黑钻会员”“黑钻 Plus”制度，会员费一年为 999—3999 元，在会员期间可以无限次下载数据。三是差别定价，如天元数据针对企业基本信息数据包的定价，按次数收费，购买的次数越多越优惠。

对于数据分析及数据相关服务的交易，则主要为固定价格及协议定价。如天元数据一份关于方便速食网络零售数据的分析，定价为 399 元。而友盟 + 按照买方需求，可定制数据解决方案，具体价格由双方协议确定。

目前我国在数据交易定价上还面临三大突出难题。一是数据定价天然难度较大，数据定价方式本身具有多元性。数据的了解和使用过

表 42　国内数据产品定价模式举例

数据交易类型	定价类型	案例
撮合型交易	协议定价	上海数据交易所撮合的国网与工商银行的企业用电数据综合评估报告交易，基于双方协商定价。
	固定价格	贵州省数据流通交易平台上架产品“贵阳市城区倾斜摄影数据产品”，固定价格标价 225 万元。
数据及数据产品交易	固定价格	友盟 + 对不同数据定价不同，客户可以按需付费下载。
	差别定价	天元数据针对企业基本信息数据包的定价，按次数收费，购买的次数越多越优惠。
	VIP 会员制	聚合数据创设“黑钻会员”“黑钻 Plus”制度，会员费一年为 999—3999 元，在会员期间可以无限次下载数据。
数据服务交易	固定价格	天元数据一份关于方便速食网络零售数据的分析，定价为 399 元。
	协议定价	友盟 + 按照买方需求，可定制数据解决方案，具体价格由双方协议确定。

资料来源：国内数据交易机构网站。

程重叠，数据可用性无法事先确定，难以事先定价。此外，数据价值会随着交易主体和应用场景而变化，难以形成统一的定价规则。二是数据的定价要同时考虑产权和收益分配，但当前我国数据要素还存在产权不清、来源多样和管理复杂的问题，2022 年底印发的“数据二十条”要求要建立体现效率、促进公平的数据要素收益分配制度，但具体的收益分配细则仍有待细化。三是数据定价缺乏监管和标准。协议定价方式受供需双方需求、业务体量影响较大，在缺乏标准规范以及市场监督的情况下，针对体量较小的需求方，部分机构可能存在“看人下菜”“漫天要价”的问题，扰乱市场秩序。

数据监管是保障

2023 年印发的《党和国家机构改革方案》提出要组建国家数据局，负责协调推进数据基础制度建设，统筹数据资源整合共享和开发利用，统筹推进数字中国、数字经济、数字社会规划和建设等，由国家发改委管理，省级政府数据管理机构结合实际组建。此次国家数据局组建改变了过去我国涉及大数据流通交易的管理部门较多、监管职能重叠以及不清晰的问题，有助于进一步强化我国数字经济发展的统一性和协调性。

目前我国针对信息及数据安全领域的“三驾马车”法律框架基本搭建完成。整体框架方面，2021 年 9 月 1 日《中华人民共和国数据安全法》正式施行，旨在规范数据处理活动、保障数据安全、促进数据开发利用。2021 年 11 月 1 日《中华人民共和国个人信息保护法》正式施行，强调处理个人信息应当用合法、正当的方式，处理信息应遵循公开、透明的原则。加之此前出台的《中华人民共和国网络安全法》，我国信息及数据安全领域的法律框架基本搭建完成。省级层面，过去地方立法主要呈现分散探索的问题，缺乏统一框架。例如天津发布《天津市数据交易管理暂行办法》，是我国第一部专门对数据交易进行规范的地方性立法，深圳颁布《深圳经济特区数据条例》，上海颁布《上海市数据条例》，规范数据处理活动。“数据二十条”出台后，未来地方立法探索的方向有望进一步明确，提升各地数字监管条例的统一性。

三、数据要素产业链的六大环节

数据要素产业链涵盖数据从产生到流通交易的重要环节，根据国家工业信息安全发展研究中心的概括，其主要包括数据采集、数据存储与管理、数据加工、数据分析、数据流通、基础设施保障六个环节。前三个环节大致对应数据的资源化，即把原始数据整理成有序、有使用价值的数据资源，后三个环节大致对应数据的资产化，即数据通过市场流通交易为使用者带来经济利益。在每个环节中，需要不同的市场主体参与，形成数据要素产业链。

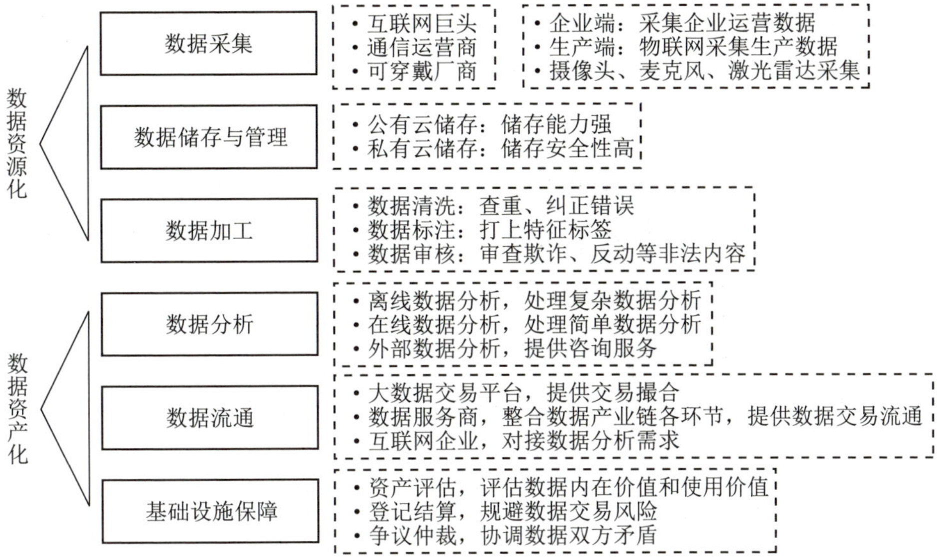

图 125　数据产业链分为六大环节

数据采集是前提和基础

数据采集机构主要分两类，一是采集企业自身运营数据的机构。包括互联网巨头、通信运营商以及以可穿戴厂商为代表的各种新兴硬件设备企业，均在运营中能够产生大量基于个人用户的原始数据，这类公司既有数据资源，也有大数据思维，能够较好地将数据进行原始采集。二是各类软件供应商，通过服务企业采集数据。部分企业拥有大量的数据，但是由于自身缺乏利用能力，需要通过软件供应商进行采集。比如在企业端，企业内部软件服务商能够采集企业运行过程中产生的经营数据，在生产端，能够通过物联网设备采集生产相关数据，此外还可以通过摄像头、麦克风、激光雷达等工具采集各类文本、语音、图像等数据。

我国已在数据采集产业初步形成了产业体系，包括企业端的用友软件、生产端的树根互联、定制化数据采集的海天瑞声等。《“十四五”大数据产业发展规划》也提出了数据采集业的发展方向，要求“在数据生成采集环节，着重提升产品的异构数据源兼容性、大规模数据集采集与加工效率”，未来数据采集技术有望更上一个台阶。

数据存储与管理是硬件保障

随着人工智能、机器学习领域技术的持续进步，我国数据量呈几何级增长，多样化已经成为数据信息的一项显著特点，因此海量数据的有效存储和管理的重要性提升。

存储服务器可以分为传统服务器和云存储服务器两种。传统服务器方面，购买者需自主搭建服务器运营平台，企业前期投入成本较高，同时随着数据量增长速度加快，传统服务器应用范围逐步缩小。云储存方面主要包括三类，一是公有云，数据存储能力较强、规模大，无需用户投入建设成本，数据访问及利用的便捷性较高。二是私有云，即企业自行搭建及使用的内部数据储存系统，数据存储安全性较高、数据传输速度更快，主要使用机构包括政府、大型企业和高新科技企业等机构。三是混合云，即组合公有云和私有云两个方式，满足对核心数据的安全性保护，以及对数据存储量的要求。

国际数据公司（IDC）发布的《中国公有云服务市场（2022 上半年）跟踪》报告显示，2022 年上半年中国公有云服务整体市场规模达到 165.8 亿美元。阿里云排名第一，市场份额为 37.2%，华为云、天翼云、腾讯云分列第二至第四名，四巨头共占据中国云市场逾七成份额。

目前云企业正在加快技术创新，致力于将提高数据隐私保护力度作为未来的发展方向。例如阿里云深耕区块链技术，推出蚂蚁链摩斯多方安全计算平台解决方案，旨在基于多方安全计算、隐私保护、区块链等技术，实现数据的可用不可见，解决企业数据协同计算过程中的数据安全和隐私保护问题。

数据加工提高数据可用性

数据加工主要包括数据清洗、数据标注、数据审核等环节。数据清洗主要侧重于删除重复信息、纠正错误，提升数据质量，如百度 EasyData 智能数据服务平台。数据标注主要是用人工方式，把数据打上特征标签，使得计算机能够学习带有特征标签的数据，培养自主识别能力，如数据堂等。数据审核主要对数据中涉及欺诈、反动等非法内容进行审核，一般通过机器和人工双重过滤，对于机器审核，主要通过算法、计算机视觉等技术进行数据敏感性审查，如图谱科技等。

数据加工领域中，数据标注已经形成较完整的产业体系。根据中国信通院报告，当前我国数据标注产业围绕北京、长三角、成渝地区向外扩散，形成三大产业群，并产生扩散效应，人工标注聚集在劳动力资源密集省市的小城镇和农村，孵化出新疆和田、河南平顶山、山东菏泽鄄城县等数据标注村，为小城镇和农村提供了大量就业机会。

未来随着数据标注市场逐步精细化，数据标注产业发展将会更加专业化、集聚化，数据标注质量和精度也会越来越高。并且随着人工智能的发展和技术的进一步拓展，AI 智能数据标注也将成为数据标注的新业态，并逐步解决当前数据加工中效率低、耗时长且伴有隐私泄露风险的问题，进一步降低成本、提高效率，提高数据加工的安全性。

数据分析挖掘数据价值

数据分析是提升数据价值的关键一环。数据分析与挖掘的能力直接决定了数据的应用推广程度和范围，是大数据产业的核心。数据分析主要分内部数据分析和外部数据分析。内部数据分析主要针对企业内部经营分析，离线数据分析用于处理复杂和耗时的数据处理，在线数据分析主要处理简单的数据，应用于微博、短视频、电商等，如阿里生意参谋等。外部数据分析，主要通过抓取各个行业的数据，形成行业数据库，并对数据库产品进行分析，为客户提供咨询服务，如艾瑞、易观数据等。

随着数据时代的来临及人工智能、云计算技术的发展进步，数据分析越来越受到各行各业的青睐，以此为主营业务的公司也如雨后春笋般涌现，目前我国数据分析行业新兴参与者众多，处于快速发展期，行业集中度较低，数据分析服务商普遍体量较小。未来数据分析行业一方面要进一步提升数据来源质量、数据真实性、数据准确性，打造品牌优势，另一方面要避免同质化，提升不可复制性，迎合越来越复杂的客户群体的个性化需求。

数据流通实现市场价值

发挥数据价值的关键在于数据流通。从参与数据交易流通的主体来看，主要分三大类，分别是大数据交易中心、数据服务商，以及以数字为主要生产要素的龙头企业。

大数据交易中心是较早参与我国数据交易的主体，主要作为平台撮合数据供需双方，实现数据交易。截至 2022 年末，我国各类数据交易中心超过 30 家。从成立节奏来看，主要分两个阶段。第一阶段为 2014—2016 年，自大数据写入政府工作报告后，我国政府主导的大数据交易中心快速发展，其中 2014—2016 年大数据交易中心集中成立，此后 2017—2019 年陷入停滞。早期成立的大数据交易中心普遍经营情况较差，据公开信息统计，13 家早期成立的大数据交易中心当中，约有 6 家大数据交易中心存续状态存疑，无官网及相关新闻报道。第二阶段为 2020—2022 年，重点城市大数据交易中心成立热潮再起，已有 19 家全新交易平台陆续成立。

表 43 部分大数据交易中心情况梳理

编号	成立时间	平台名称	是否存续	所在地	编号	成立时间	平台名称	是否存续	所在地
1	2014.2	中关村数海大数据交易平台	是	北京	17	2021.3	北京国际大数据交易中心	是	北京
2	2014.12	香港大数据交易所	是	香港	18	2021.10	北方大数据交易中心	是	天津
3	2015.2	哈尔滨数据交易中心	存疑	哈尔滨	19	2021.11	上海数据交易所	是	上海
4	2015.4	贵阳大数据交易中心	存疑	贵州	20	2021.11	华南（广东）国际数据交易有限公司	是	广东
5	2015.7	东湖大数据交易中心	是	湖北	21	2021.12	德阳数据交易中心	是	四川
6	2015.7	长江大数据交易所	存疑	湖北	22	2021.12	合肥数据要素流通平台	是	安徽
7	2015.8	西咸新区大数据交易所	存疑	陕西	23	2021.12	重庆西部数据交易中心	是	重庆
8	2015.11	华东江苏大数据交易中心	是	江苏	24	2022.1	湖南大数据交易所	是	湖南
9	2015.12	钱塘大数据交易中心	是	浙江	25	2022.3	江苏无锡大数据交易有限公司	是	江苏
10	2015.11	华中大数据交易所	存疑	湖北	26	2022.4	海南数据交易服务有限公司	是	海南
11	2016.4	上海数据交易中心	是	上海	27	2022.7	福建省大数据交易所	是	福建
12	2016.9	浙江大数据交易中心	是	浙江	28	2022.8	郑州数据交易中心	是	河南
13	2017.2	中原大数据交易中心	存疑	河南	29	2022.9	苏州大数据交易所	是	江苏
14	2020.7	山西数据交易平台	是	山西	30	2022.9	广州数据交易所	是	广东
15	2020.8	北部湾大数据交易中心	是	广西	31	2022.11	深圳数据交易所	是	广东
16	2021.1	贵州省数据流通交易平台	是	贵州	32	2022.12	杭州国际数字交易中心	是	浙江

资料来源：各地大数据交易中心官网。

数据服务商是参与我国数据交易市场的重要主体，主要通过“采产销”模式提供综合数据服务。从成立时间来看，多数第三方数据服务商成立于2010—2016年，比较具有代表性的包括聚合数据、天元数据、数据堂、数据宝、友盟+等。从产品形式来看，基本均采用“采产销”型增值服务模式，首先进行数据汇集，数据来源包括互联网开放数据、企业内部数据、其他合作数据网站、政府数据等，其次对数据进行清洗、处理、储存和分析，提升数据价值，然后向客户提供相应的数据产品、数据服务以及相关数据衍生品。

从经营情况来看，数据服务商相比政府引导的大数据交易平台，交易量更大、活跃度更高、盈利性更强。如聚合数据已稳定运行超过10年，服务京东、今日头条、拼多多等头部企业，日访问次数超过3亿次。数据堂公司拥有超1000家合作伙伴、45000套数据量、2000TB的数据规模。天元数据收录22亿条商品零售类数据、2亿条生活服务类数据、500万条原材料进出口有关的数据等。

表44　数据服务商通过“采产销”模式提供数据产品

编号	成立时间	平台名称	用户群体
1	2010.2	聚合数据	企业客户，政府，第三方数据管理平台。
2	2020.4	友盟+	App开发者，网站开发人员，企业。
3	2010.8	数据堂	互联网公司，跨国企业，国内科学院，个人用户。
4	2014.9	龙猫数据	互联网公司，个人用户。
5	2015.8	天元数据	政府，机构，企业。
6	2016.4	数据宝	应用开发者，政府，企业。

资料来源：数据服务商官网。

以数字为主要生产要素的龙头企业构建的数据平台侧重于数据分析、定制服务、产业链上下游服务。近年来，以国内头部互联网企业为代表的大型企业，在满足自身的数据需求之外，均逐步构建自己的数据交易平台。但头部互联网企业的数据交易平台不局限于简单数据集的供给，其更关注由原始数据派生而来的各类衍生产品，通过逐步普及“云”的概念，实现对数据的存储、收集、分析处理，为客户提供数据分析、个性化定制解决方案、融合大数据的人工智能软硬件应用等。比较有代表性的包括阿里云、腾讯云、百度云等。

从三类主体的发展态势来看，未来大数据交易中心、数据服务商及头部互联网平台与政府部门的合作或将更为密切。通过在数据来源、数字技术方面的融合，一是有利于全面拓展数据来源广度，二是有利于提升数字交易技术，如更广泛地普及区块链技术，利用区块链技术具有去中心化、难以篡改、可溯源的特点，更好地实现交易双方的互信，三是完善数字交易规则，四是提升数字价值挖掘能力和数字应用能力。

数据基础设施是保障

资产评估主要是第三方评估机构对数据的价值进行评估，为数据流通提供基础性参考。登记结算是指为数据所有者及采购方提供名册建立与维护、数据交易结算等服务，规避数据交易风险。争议仲裁是指当数据交易双方对数据交易过程和结果产生民事争议时，对数据交易争议进行裁决并协调双方矛盾。上述三者构成数据要素重要的基础设施。

当前我国数据要素产业链的基础设施保障机制较为不足，缺乏权威的资产评估、登记结算、交易撮合及争议仲裁机构，数据资产评估的标准、方式均不够清晰，数字要素相关知识产权争议仲裁机制仍有待进一步完善。国务院《“十四五”数字经济发展规划》提出，要建立健全数据资产评估、登记结算、交易撮合、争议仲裁等市场运营体系，提升数据交易效率。2023 年，财政部、中国资产评估协会先后出台《企业数据资源相关会计处理暂行规定》《数字资产评估指导意见》，有助于推动从微观层面对企业数据资产价值进行会计计量，更加充分地反映数据的赋能作用，未来相关领域建设有望加速，进一步完善数字资产交易运营规制，逐步扩充数字场景，发展形成区域市场和国内统一市场。

四、数据要素市场化改革的四大难点

数据要素交易流通的制度建设问题

数据基础制度建设事关国家发展和安全大局，当前我国数据要素的发展仍处于探索阶段，在基础的数字确权、定价、交易环节均存在诸多难点，与数据要素市场发展配套的机构和服务不够完善，跨区域、跨部门、跨层级的协调机制和统一规范的数据流通规则尚未建立，数据要素确权的障碍以及市场标准的缺失也使得数据流通、交易、定价都呈现零散态势。

2022 年底印发的“数据二十条”在四大数据基础制度方面做出探索性指导，在数据产权制度、数据要素流动和交易制度、数据要素收益分配制度、数据要素治理制度方面均明确制度框架。“数据二十条”出台后，2023 年 8 月，财政部在数据要素入表方面出台相关政策，2023 年 10 月，国家数据局正式揭牌，为我国提高数据要素治理效能、提升数据资源价值创造力提供宏观政策引导。未来要充分认识和把握数据产权、流通、交易、使用、分配、治理、安全等基本规律，加快探索有利于数据安全保护、有效利用、合规流通的产权制度和市场体系，进一步在实践和发展中健全实施细则，以发挥数据要素价值为核心推动各方面制度完善，持续推动政府数据开放共享，促进形成与数字生产力相适应的新型生产关系，在保证数据安全的基础上完善数据要素的市场化配置基础制度。

数据龙头企业的垄断和公平竞争问题

与过去基于利润驱动的企业扩张方式不同，当前新兴领域企业的成长方式、成长路径与盈利模式都呈现较大差异性。一方面，数据要素核心技术具有垄断性，数字产业化聚焦5G、人工智能、工业互联网、高端芯片、高端工业软件、云计算等关键领域，而这部分关键领域的核心技术主要掌握在龙头企业手中，在市场准入、公平竞争机制尚不健全的情况下，数字产业化部分领域存在妨碍公平竞争的行为和做法。另一方面，数据要素市场有效形成正外溢性。与传统制造业和服务业不同，数字平台公司涉及范围广、承载力高、信息流量大、发展速度快，对经济、社会和环境产生显著的外溢效应，其中大部分是正外溢性，进一步提升市场竞争。

当前做好新型资本监管，要平衡好公平竞争与维护龙头企业创新积极性之间的关系。要从资本扩张特征出发，构建适应新经济、新业态的新型资本监管体系，适度提升对资本创新的风险容忍度，不断提升资本监管水平。习近平总书记在《求是》发表文章指出，“推动数字经济健康发展，要坚持促进发展和监管规范两手抓、两手都要硬，在发展中规范、在规范中发展。要健全市场准入制度、公平竞争审查制度、公平竞争监管制度，建立全方位、多层次、立体化监管体系，实现事前事中事后全链条全领域监管，堵塞监管漏洞，提高监管效能”。

数据要素赋能产业转型的标准问题

数字化转型是企业高质量发展的必由之路。2022年习近平总书记在《求是》刊文指出，要“利用互联网新技术对传统产业进行全方位、全链条的改造，提高全要素生产率，发挥数字技术对经济发展的放大、叠加、倍增作用。要推动互联网、大数据、人工智能同产业深度融合，加快培育一批‘专精特新’企业和制造业单项冠军企业”。

标准引领是加速数字化转型的有力抓手，此前我国传统产业数字化转型，仍有待形成统一的规范标准及行业配套标准体系。2022年底，《信息化和工业化融合数字化转型价值效益参考模型》国家标准正式发布，通过对数万家企业实践的总结提炼，围绕数字化转型价值效益“有哪些”“怎么创造和传递”及“怎么获取”等问题，构建价值效益的分类体系、基于能力单元的价值创造和传递体系，以及基于新型能力的价值获取体系等参考模型，对数字化转型领域标准化建设具有里程碑意义。未来要进一步培育多种类市场主体，以高标准引领，为非数字原生企业数字化转型提供指导和综合解决方案，做好数字化转型系列团体标准、行业标准、国家标准等的研制和推广，持续拓展标准应用广度和深度。

数据流通交易中的数字安全问题

近年来，数据泄露事件频发、影响广泛，且数据泄露的途径多样化，对数据安全形成严重威胁，对涉事企业、个人均造成重大影响。随着未来数据量持续提升、数据要素产业链发展不断深化，对数据存储和访问的安全性要求越来越高，如何在数据流通的环节保护数据价值不泄露、信息不丢失，保护所有站点的安全是数据要素产业链发展面对的重大挑战，加强数据安全防护将是未来数据产业链发展的重点。

要做好数据开放和数据安全的平衡。数据作为新型生产要素，是数字化、网络化、智能化的基础，已快速融入生产、分配、流通、消费和社会服务管理等各环节。要在政府和组织层面进一步完善数据开放政策和法规，要统筹好数据要素发展和安全，强化数据安全保障体系建设，把安全贯穿数据供给、流通、使用全过程，划定监管底线和红线。加强数据分类分级管理，把该管的管住、该放的放开，积极有效防范和化解各种数据风险，形成政府监管与市场自律、法治与行业自治协同、国内与国际统筹的数据要素治理结构。

要做好跨境数据流转的数据安全保护。随着全球数字化进程的加速，信息在国际间的流动变得更加频繁，数据安全在传输、存储和处理过程中尤为关键。要推进跨境数字贸易基础设施建设，积极参与数据流动、数据安全、认证评估、数字货币等国际规则和数字技术标准制定，针对跨境电商、跨境支付、供应链管理、服务外包等典型应用场景，探索安全规范的数据跨境流动方式，保障数据用于合法用途，在合法规范前提下有序推进数据出境。

第十九章 数字经济是高质量发展的新驱动力

数字经济是继农业经济、工业经济后最为核心的经济形态变革，数字经济下，生产要素组合为数字、技术、资本、劳动力、土地，其中数字作为核心要素起到关键变革作用。做强做优做大数字经济，是在全球新一轮数字技术革命中提升我国综合竞争力的关键举措，也是实现科创驱动和经济高质量发展的重要抓手。2020 年以来我国先后发布了多个推进数字要素市场化改革、做强数字经济的政策文件及配套举措，数字经济比重持续提升，2022 年超过 40%。要持续激发数字经济活力，促进数字经济成为我国高质量发展的核心驱动力。

一、数字经济的两大表现形式

数字经济是指以数据资源作为关键生产要素、以现代信息网络作为重要载体、以信息通信技术的有效使用作为效率提升和经济结构优化的重要推动力的一系列经济活动。数字经济发展速度之快、辐射范围之广、影响程度之深前所未有，正推动生产方式、生活方式和治理方式深刻变革，成为重组全球要素资源、重塑全球经济结构、改变全球竞争格局的关键力量。根据中国信通院测算，2005—2022 年，我国数字经济增加值规模由 2.6 万亿元扩张至 50.2 万亿元，数字经济占 GDP 比重由 14.2% 快速提升至 41.5%，是支撑经济增长的重要力量。

从数字经济构成来看，主要包括数字产业化、产业数字化、数字化治理以及数据价值化四个部分，其中以数字产业化和产业数字化为主要表现形式。当前数字经济发展的重心主要集中在“数字产业化”和“产业数字化”两大类，前者主要提供数字技术、产品、服务、基础设施和解决方案，包括完全依赖于数字技术、数据要素的各类经济活动，后者指应用数字技术和数据资源为传统产业带来的产出增加和效率提升，是数字技术与实体经济的融合。

2021 年 6 月，国家统计局发布《数字经济及其核心产业统计分类（2021）》，明确数字经济产业范围，分为“01 数字产品制造业”“02 数字产品服务业”“03 数字技术应用业”“04 数字要素驱动业”“05 数字化效率提升业”5 个大类，其中前 4 类基本对应“数字产业化”，第五类对应“产业数字化”。中国信通院数据显示，2022 年我国数字产业化规模约为 9.2 万亿元，同比名义增长 10.3%，占 GDP 比重为 7.6%，产业数字化规模约为 41 万亿元，同比名义增长 10.3%，占 GDP 比重达 33.9%。

表 45　我国数字经济产业分为数字产业化及产业数字化

	大类	名称	主要行业
数字产业化	01	数字产品制造业	计算机制造、通信及雷达设备制造、数字媒体设备制造、智能设备制造、电子元器件及设备制造、其他数字产品制造业。
	02	数字产品服务业	数字产品批发、数字产品零售、数字产品租赁、数字产品维修、其他数字产品服务业。
	03	数字技术应用业	软件开发、电信广播电视和卫星传输服务、互联网相关服务、信息技术服务、其他数字技术应用业。
	04	数字要素驱动业	互联网平台、互联网批发零售、互联网金融、数字内容与媒体、信息基础设施建设、数据资源与产权交易、其他数字要素驱动业。
产业数字化	05	数字化效率提升业	智慧农业、智能制造、智能交通、智能物流、数字金融、数字商贸、数字社会、数字政府。

资料来源：国家统计局。

2021年12月12日，国务院印发的《"十四五"数字经济发展规划》指出，"十四五"时期，我国数字经济转向深化应用、规范发展、普惠共享的新阶段，要以数据为关键要素，以数字技术与实体经济深度融合为主线，加强数字基础设施建设，完善数字经济治理体系，协同推进数字产业化和产业数字化，赋能传统产业转型升级，培育新产业新业态新模式，不断做强做优做大我国数字经济，为构建数字中国提供有力支撑。在发展目标上，提出到2025年，数字经济迈向全面扩展期，数字经济核心产业增加值占GDP比重达到10%，数据要素市场体系初步建立，产业数字化转型迈上新台阶，数字产业化水平显著提升，数字化公共服务更加普惠均等，数字经济治理体系更加完善。

表46 "十四五"数字经济发展主要指标

指标	2020年	2025年
数字经济核心产业增加值占GDP比重（%）	7.8	10
IPv6活跃用户数（亿户）	4.6	8
千兆带宽用户数（万户）	640	6000
软件和信息技术服务业规模（万亿元）	8.16	14
工业互联网平台应用普及率（%）	14.7	45
全国网上零售额（万亿元）	11.76	17
电子商务交易规模（万亿元）	37.21	46
在线政务服务实名用户规模（亿元）	4	8

资料来源：《"十四五"数字经济发展规划》。

二、数字产业化：核心技术突破是关键

数字产业化，主要指围绕提供数字技术、产品、服务、基础设施和解决方案，以及完全依赖于数字技术、数据要素的各类经济活动，是数字经济核心产业，是我国数字经济发展的根基和动力源泉。近年来，我国数字经济核心产业实现快速发展，一方面关键核心技术取得

突破，数字技术研发投入逐年上升，量子计算原型机、类脑计算芯片、碳基集成电路等基础前沿领域取得原创性突破，人工智能、区块链、物联网等新兴领域形成一批自主底层软硬件平台和开源社区，关键产品技术创新能力大幅提升，初步形成规模化应用效应。另一方面，产业创新活力不断提升，产业创新能力取得突破性进展，2022 年我国数字经济核心产业发明专利授权量达 33.5 万件，占同期全社会发明专利授权量的 41.9%，关键数字技术中人工智能、物联网、量子信息领域发明专利授权量居世界首位。

从数字产业化具体行业来看，主要为四大行业，分别为电信业、电子信息制造业、软件和信息技术服务业、互联网和相关服务业。

电信业加快转型升级

随着我国数字经济的快速发展，电信业已从过去的“管道运营商”转变为提供数字化服务的科技创新公司，在云计算、大数据、物联网、人工智能、区块链、安全等相关数字业务的推动下，电信业的增长引擎已出现明显切换。工业和信息化部数据显示，2022 年我国电信业务收入累计完成 1.58 万亿元，同比增长 8%，按照上年价格计算的电信业务总量达 1.75 万亿元，同比增长 21.3%。其中与数据中心、云计算、大数据、物联网等相关的新兴业务增长迅猛，2022 年共完成业务收入 3072 亿元，比上年增长 32.4%，在电信业务收入中占比由上年的 16.1% 提升至 19.4%，其中云计算业务比上年增长 118.2%。

电信业一端连接着电子信息制造业与软件和信息技术服务业，另一端连接着互联网和各行各业信息化应用，对数字经济发展具有关键性作用。在数字产业化发展的过程中，一方面电信运营商需要不断升级基础设施、引入新技术，以适应数字经济发展需求，另一方面要积极应对网络安全威胁，防止数据泄露，因此我国电信业发展面临较大的资金投入压力、技术转型压力以及网络安全保护压力。为进一步加强电信业发展动能，电信运营商需要加强网络安全防护，不断更新和升级安全技术以保障网络的稳定和用户信息安全，同时持续推动网络基础设施建设，前瞻性地布局6G网络技术储备，确保我国在下一代通信技术中的领先优势。

电子信息制造业聚焦创新引领

电子信息制造业是我国数字经济的重要支撑，包括工业机器人、半导体、集成电路、智能手机、可穿戴设备在内的产品均是数字经济发展的重要载体。工业和信息化部数据显示，2022年我国电子信息制造业实现了营业收入15.4万亿元，规模以上电子信息制造业增加值同比增长7.6%，营业收入同比增长5.5%，电子信息制造业增加值增速基本保持高于工业增加值增速态势。2023年8月，工业和信息化部、财政部联合印发的《电子信息制造业2023—2024年稳增长行动方案》明确，2023—2024年计算机、通信和其他电子设备制造业增加值平均增速5%左右，电子信息制造业规模以上企业营业收入突破24万亿元。

当前我国电子信息制造业的发展存在两方面问题。一是核心技术“卡脖子”的问题。例如当前我国在芯片设计、封装测试等领域已经达到世界先进水平，但是逻辑、储存等高性能芯片制造方面仍然薄弱，芯片源头技术主要掌握在英特尔、AMD和ARM手中，设计环节的EDA（电子设计自动化）等开发平台和知识产权受制于人，制造高端芯片的光刻机主要掌握在荷兰ASML、日本尼康及佳能等企业手中。二是全球供应链存在不稳定性。当前发达国家“再工业化”趋势强化，全球产业链、供应链重构，高端制造业回流趋势延续，对我国产业体系和全球供应链稳定性带来较大冲击。为进一步提升电子信息制造业竞争力，保障产业链自主安全可控，要加快形成以创新为主要引领的产业发展模式，以产业高水平对外开放提升产业全球竞争力，加强知识产权保护力度，积极适应并参与制定全球产业标准，在国际化发展中建设世界一流企业。

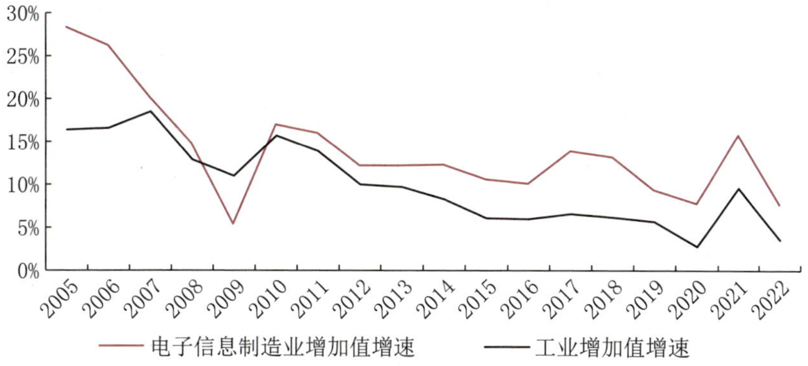

图 126　2010 年以来，电子信息制造业增加值增速高于工业增加值

资料来源：工业和信息化部。

软件和信息技术服务业强化产业融合

软件是新一代信息技术的灵魂，是数字经济发展的基础，是制造强国、网络强国、数字中国建设的关键支撑，同时软件和信息技术服务业也是驱动云计算、大数据、人工智能、5G、区块链、工业互联网、量子计算等新一代信息技术迭代创新的重要行业。工业和信息化部数据显示，2022 年我国软件和信息技术服务业发展态势平稳，软件业务收入平稳较快增长，利润总额保持增长，2022 年软件业务实现收入 10.8 万亿元，同比增长 11.2%，利润总额 1.3 万亿元，同比增长 5.7%。2021 年 11 月，工业和信息化部发布《“十四五”软件和信息技术服务业发展规划》，要求到 2025 年规模以上企业软件业务收入突破 14 万亿元，年均增长 12% 以上，产业结构更加优化，基础软件、工业软件、嵌入式软件等产品收入占比明显提升，新兴平台软件、行业应用软件保持较快增长，产业综合实力迈上新台阶。

当前软件和信息技术服务业发展主要存在三方面问题。一是软件与各领域融合应用的广度和深度需要进一步加强。当前我国软件应用层面存在行业间、系统间的相容问题和标准化不一的问题，加上部分企业的软件基础水平较弱、行业数据基础积累不足，导致软件与工业、服务业、农业等实际业务的结合不够紧密。二是关键核心技术仍存在短板。我国工业软件相比发达国家来说起步较晚，技术储备有限，部分软件被海外产品垄断。三是产品处于价值链的中低端。由于创新能力及研发投入的不足，国内较多公司偏重于开发和提供相对基础的软件及服务，而在高端、创新性产品和解决方案方面所占的份额相对较小，关键技术和软件工具更多依赖进口，容易受到市场波动和技术升级的冲击。未来要持续加快建设创新生态系统，提高创新及研发投入，培养和吸引高水平的技术人才，加强产学研之间的互动联系，推动软件和信息技术服务业向价值链的高端迈进。

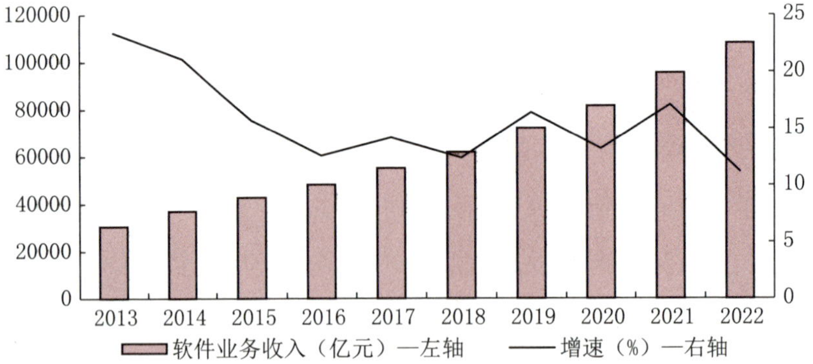

图 127　软件和信息技术服务业收入持续增长

资料来源：工业和信息化部。

互联网和相关服务业健康持续发展

互联网和相关服务业主要包括三部分，一是以新闻、资讯、搜索、社交等为主的信息服务，二是以旅游、金融、汽车为主的生活服务，三是以大宗商品、综合电商、快递、农副产品为主的网络销售服务。互联网和相关服务业具有体量大、发展空间广的显著特点，在提升资源配置效率、加速数字经济产业变革方面具有突出成效，在我国经济社会发展中的作用日益凸显。商务部数据显示，2022 年我国规模以上互联网和相关服务企业完成业务收入 1.46 万亿元，同比下降 1.1%。从细分领域来看，信息服务为主的企业（新闻、社交、游戏、音乐等）收入稳步增长，网络销售领域企业收入较快增长，但生活服务领域企业（如租车、旅游等）收入减少。

当前我国互联网和相关服务业发展的政策导向已基本明确，平台经济反垄断以及反不正当竞争的规制也在逐渐完善。2022 年 8 月 1 日，我国新修订的《中华人民共和国反垄断法》正式实施，对于互联网平台企业的反垄断规定进一步明确，互联网平台发展边界更加清晰，有效提振企业发展信心。2023 年 7 月 14 日中共中央、国务院出台的《关于促进民营经济发展壮大的意见》进一步明确提出，要引导平台经济向开放、创新、赋能方向发展，补齐发展短板弱项，支持平台企业在创造就业、拓展消费、国际竞争中大显身手，推动平台经济规范健康

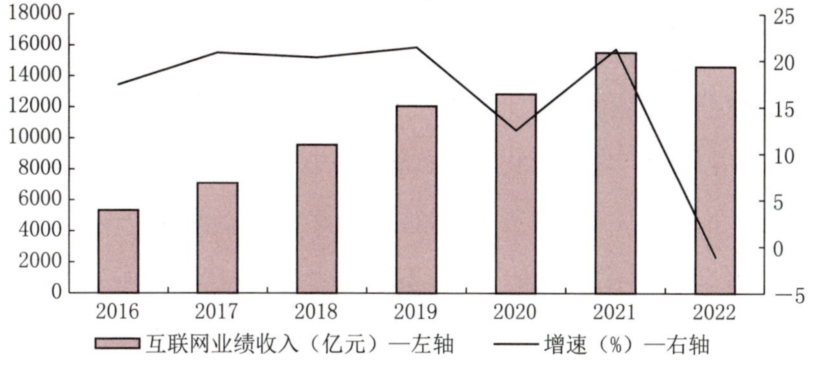

图 128　互联网和相关服务业收入增速短期下滑

资料来源：商务部。

持续发展。在当前政策导向下，各级政府要着力营造公平竞争的市场环境，完善投资准入、新技术新业务安全评估等政策，健全透明、可预期的常态化监管制度，降低企业合规经营成本，促进互联网行业良性发展。

三、产业数字化：数字与实体加速融合

产业数字化指应用数字技术和数据资源为传统产业带来的产出增加和效率提升，是数字技术与实体经济的融合，包括智慧农业、智能制造、智能交通、智能物流、数字金融等融合型新产业新模式新业态。数字经济与实体经济深度融合，是发挥我国海量数据和丰富应用场景优势、引领全球数字经济发展的必然选择。近年来，我国加快推动产业数字化转型，深入推进企业“上云用数赋智”，加快推动工业互联网、数字商务、智慧农业发展，促进传统产业全方位、全链条转型升级。

2020 年以来，服务业及工业数字渗透率均较此前大幅提升。从需求来看，疫情推动全社会经济活动向线上迁移，包括在线购物、在线教育、远程办公等需求均迅速扩大，催生各个行业的数字化应用进一步升级。从供给来看，随着近年以来“新基建”建设加速，包括 5G、数据中心、工业互联网等新型数字基础设施加速启动建设，为各个产业的数字化转型提供了更加先进的技术、工具、资源及基础设施支持，促进各行业加速产业数字化升级。根据中国信通院数据，2022 年我国服务业、工业、农业数字经济占行业增加值比重为 44.7%、24.0% 和 10.5%，较 2019 年提高 6.9、4.5、2.3 个百分点。从产业差异来说，服务业数字渗透率显著高于工业及农业，工业数字渗透率提升速度持续加快，农业数字渗透率整体偏低、稳步增长。

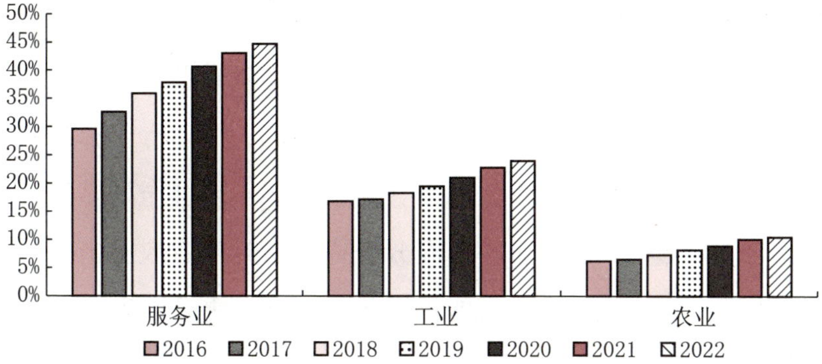

图 129　各产业数字渗透率持续提升

资料来源：中国信通院。

服务业数字化水平领先

当前我国服务业在经济发展中已占据半壁江山，服务业的数字化对于整体产业数字化具有重要影响。数字化不仅能够推动服务业需求扩大，更重要的是能够提高服务业效率，同时通过数字化转型深化服务业的普惠程度。当前我国服务业数字化水平已显著提高，服务业数字化已成为经济转型的引擎之一。具体来看，当前我国网络零售市场规模居于世界首位，从 2012 年的 1.31 万亿元增长到 2022 年的 13.8 万亿元，年均增速达 26.6%。近年来，我国电子商务交易额保持快速增长，由 2012 年的 8 万亿元增长至 2022 年的 43.8 万亿元，年均增长 18.5%。与此同时，我国电子商务、移动支付规模全球领先，网约车、网上外卖、数字文化、智慧旅游等市场规模不断扩大。

但也要认识到当前进一步推动我国服务业数字化转型还存在显著难点。我国服务业企业大多为中小微企业，中小微企业数字化转型面临着成本和收益不清晰、不对称的困境，需要有低门槛、低成本、预期成本收益确定性更大的数字化解决方案驱动企业实施数字化转型。同时，中小微企业缺乏充足的数据基础和统一的管理流程，导致数字化解决方案在实施过程中面临更大的复杂性。此外，服务业中的中小微企业本身的规模和财力都十分有限，制约了中小微企业数字化转型积极性。要全面加强服务业中小微企业的数字化转型支持力度，包括提供定制化的数字化解决方案、数字素养培训、推动行业标准化，降低数字化转型复杂性及成本，探索将企业数字化转型作为提升信用等级和参与政府招标的加分条件，充分发挥中小微企业数字化对产业链上下游物流、信息流、资金流的贯通效应，推动更多服务业中小微企业积极参与数字化建设。

工业数字化转型助力智能制造

工业数字化转型是我国传统产业现代化发展以及新兴产业高质量发展的重要方式。近年来，我国制造业数字化转型持续深化，信息化和工业化融合不断走深向实，企业数字技术应用水平显著提升。截至2022年底，我国工业企业关键工序数控化率、数字化研发设计工具普及率分别达58.6%、77%，比2012年分别提升34个和28.2个百分点。全国“5G+工业互联网”项目已覆盖41个国民经济大类，协同研发设计、远程设备操控等20个典型应用场景加速普及。据中国信通院监测，全国具备行业、区域影响力的工业互联网平台超过240余家，其中跨行业领域平台达到28个，有力促进了产品全流程、生产各环节、供应链上下游的数据互通和资源协同。此外我国发布《国家智能制造标准体系建设指南》，实施305个智能制造试点示范项目和420个新模式应用项目，建成700余个智能工厂、数字化车间，培育智能制造系统解决方案供应商已超过6000家。

当前我国工业数字化转型存在明显的结构性差异，资本密集型行业数字化转型程度显著高于劳动密集型行业，重工业高于轻工业，同时部分企业数字化转型存在“不愿”“不敢”“不会”的困境。要积极参照数字化水平相对较高的产业经验，推动工业数字化持续深入。例如以输配电及控制设备行业为例，其数字化程度较高有两大原因。一方面，以国家电网和南方电网为代表的上游国企积极助推行业数字化转型，另一方面，下游面临输电运营维护人力资源匮乏，需要通过数字化转型提升效率。要积极鼓励行业龙头企业立足自身优势，发挥带动作用，向产业链上企业输出数字化转型技术及相应的解决方案，同时激发中小企业数字化转型的自主性、积极性，通过实践案例等形式大力宣传数字化转型的效率提升作用及经济效益，并积极提供相应的人才、技术要素支持。

农业数字化转型向更多环节渗透

我国是一个拥有 14 亿多人口的大国，农业现代化发展和粮食安全是经济发展的基石。我国农业发展早期注重“藏粮于人”，保障农村人口数量，鼓励支持生育，后来发展到“藏粮于地”，严守 18 亿亩耕地红线，二十届中央财经委员会第一次会议进一步提出要“藏粮于技”，要突破耕地等自然条件对农业生产的限制，通过数字化进一步提升农业生产效率。近年来，我国农业数字化转型稳步推进，根据中国信通院报告，当前农业智能化水平显著提升，数字农业技术已经广泛应用于农业生产全流程，为农业现代化和精准农业提供了重要支持。同时农产品销售加速拥抱数字技术，有效对接农产品供给与需求，服务乡村振兴。2022 年，我国农产品电商零售额达到 5313.8 亿元，同比增长 9.2%，农业网络化水平持续提升。

目前我国农业数字化转型面临的问题主要有三个方面。一是数字基础设施建设与网络服务供给需要进一步提升，当前我国 4G 网络尚未覆盖所有的自然村，部分已覆盖网络的农业农村地区还存在网络带宽不够、信号不稳定等问题。二是数字化转型成本相对较高，而农业产品附加值相对较低、农业物联网设备维护难，导致农业农村生产领域的数字化转型进展缓慢。三是当前我国农村老龄化程度不断加深，农民知识技术水平不足，难以适应数字化、自动化、智能化生产方式。为进一步促进农业农村数字化转型，要从加强农村数字基础设施建设、网络服务供给、提升农民数字技术应用能力等多方面入手，缩小城乡差距、城乡数字鸿沟，让数字化转型更多惠及农业及农村地区。

四、推进数字经济高质量发展的五大抓手

大力推动数字产业创新发展

要充分发挥举国创新体制优势，强化国家战略科技力量，集中精力解决关键技术、共性技术、核心技术的“卡脖子”难题，提升集成电路、新型显示、关键软件、人工智能、大数据、云计算等重点领域核心技术创新力度，借助“十年基础研发行动计划”等举措切实将数字经济核心产业的自主权掌握在自己手中。要充分激发市场活力，更加重视发挥市场创新主体的作用，支持互联网企业不断加强技术创新，探索在基础研发费用加计扣除等方面对企业进行引导，鼓励企业主动加强前瞻性、引领性的研究投入。要把举国创新优势和企业创新优势结合起来，聚焦企业发展中的实际需求和面临的重点关键基础研究问题，增强企业科技成果转化能力。要鼓励平台企业依托市场、技术、数据等优势，赋能实体经济，支持平台企业不断提升国际化发展水平，提升核心竞争力。要推动数字产业集群化发展，高质量建设中国软件名城、名园，提升软件产业集聚度，打造世界级数字经济产业集群。

加快深化产业数字化转型

在工业数字化领域，要推动新一代信息技术与制造业融合发展。2022 年中央经济工作会议指出，要狠抓传统产业改造升级和战略性新

兴产业培育壮大，提升传统产业在全球产业分工中的地位和竞争力。要科学有效推动传统产业数字化转型，提升传统产业生产运营及管理的智能化、高端化水平，引导和支持传统产业加大技术改造和设备投入，合理规划鼓励企业数字化转型的财政补贴方式，增加直接对企业的补贴比例，提升企业获得感。各地政府还要积极搭建促进传统工业数字化转型的公共服务平台，以信息平台为核心，搭载咨询服务、中介服务、撮合服务、金融服务，针对性解决数字化转型难点，形成数字化转型伙伴服务商和解决方案清单，促进平台企业、数字化转型服务供应商加速与传统产业对接。

在服务业数字化领域，要提前规划和统筹布局传统服务业硬件改造，以提升便利度和改善服务体验为导向，利用先进数字技术手段赋能传统服务业、中小微服务业企业发展，提供标准化、便利化的数字转型解决方案。要重点加强健康、养老、文化、旅游、居民服务等生活性服务业的信息化投资、标准化建设、数字化转型，更加匹配居民消费结构升级和消费观念转变趋势，提升消费者消费体验。

在农业数字化领域，要以先进技术赋能农业发展，强化科技和设备支撑，以数字化、智能化为目标加快推动农业现代化发展，推进“三农”综合信息服务，创新发展智慧农业，优化农业生产结构和区域布局，加快建设农业强国。要大力发展数字商务，持续推进“数商兴农”，持续拓宽农产品的销售渠道及销售范围，以农业销售端数字化转型为基础，不断提升农业生产端、加工端数字化水平，全面提升我国农业发展质效。

持续提升数字公共服务水平

各级地方政府要不断提升政府数字化水平，通过“互联网＋政府服务”强化政务数据共享和业务协作，持续提升地方政府服务的便捷化、标准化、规范化。要与地方特色产业相结合，搭建工业互联网平台、城市运维管理平台、旅游数字平台、科技服务数字平台、农业数字平台、生态数字平台等具有广泛带动效应的数字化平台，有效统筹政府资源、市场资源，为特色产业发展做好资源协调对接工作。要加强社会服务业领域的数字化水平，针对教育、医疗、养老等重点民生领域加强社会服务供需对接，提高公共资源数字化供给及网络服务水平。要持续健全数字治理，制定和完善数字经济相关的法规和政策，以确保公平竞争、数据隐私保护和知识产权保护。

适度超前部署数字基础设施建设

各级政府要加强数字基础设施建设，确保高质量、高速度的数字基础设施的供应，如广泛的宽带网络和先进的数据中心、人工智能等，为数字经济提供可靠的技术基础。要全面加强信息通信网络建设，持续推动 5G 网络规模化部署和融合应用，建设面向重点区域和重点行业的人工智能基础设施。加快构建算力、算法、数据、应用资源协同的全国一体化大数据中心体系，统筹布局绿色智能的数据与算力基础设施，加强东西部算力协同创新合作，探索“东数西算”服务机制，开展跨区域算力高效调度探索。要有序推进基础设施智能升级，稳步构建智能高效的融合基础设施，提升基础设施网络化、智能化、服务化、协同化水平，建设可靠、灵活、安全的工业互联网基础设施，加快推进能源、交通运输、水利、物流、环保等领域基础设施数字化改造。

充分利用资本市场推动数字经济发展

当前我国资本市场针对数字经济的金融产品和投资工具较少，全市场数字经济主题基金规模小、成立时间短，数字经济投资缺乏成体系的产品工具和长期资金来源，造成数字经济领域投资常出现“一拥而上”或“一哄而散”现象。要进一步完善数字经济指数体系，鼓励中证指数及证券研究机构编制多元化的数字经济指数体系，合理分配数字产业化和产业数字化的权重，更多聚焦数字经济核心产业，加大基础软件和核心硬件行业的权重，提高指数的应用率和普及率。要全面加快数字经济投资工具和产品体系建设，重点鼓励公募基金、券商资管、保险资管等机构投资者创设多元化、各具特色的数字经济主题投资产品和指数产品。要持续吸引中长期投资者，提升市场在数字经济领域的投资专业度，为数字经济企业提供稳定的中长期资金来源。

第二十章 数据要素市场化改革的地方实践

近年来以北京、上海、深圳为代表的部分城市在数字经济发展上先行先试，以浙江、福建、四川为代表的省份也正在积极推进数字经济创新发展。我们选取九个省市，包括数字经济发展较为突出的北京、上海、贵州，以及六大国家数字经济创新发展试验区，即河北（雄安新区）、浙江、福建、广东、重庆、四川，试图从区域数字经济改革的脉络出发，梳理地方政府数据要素改革的创新实践，以期为其他地方政府数字经济发展变革的方向提供一些参考。

一、各地数字经济发展百花齐放

九省市数字经济发展位于全国前列

根据中国信通院数据统计，2020 年九个地区数字经济发展均处于全国中上游水平。从占比来看，北京及上海数字经济占当地生产总值比重全国领先，分别为 56% 及 55%，广东、浙江、福建、重庆数字经济占比超过全国平均水平，河北、四川及贵州数字经济占比处于全国中游。从数字经济绝对体量来说，广东处于绝对领先地位，数字经济规模超 5 万亿元，浙江、上海、北京及福建超 2 万亿元。从增速来看，贵州数字经济增速连续多年排名全国第一，重庆及福建数字经济增速均超过 15%，四川、浙江、河北数字经济增速超过 10%，北京、上海、广东数字经济增速处于 5%—10% 区间。

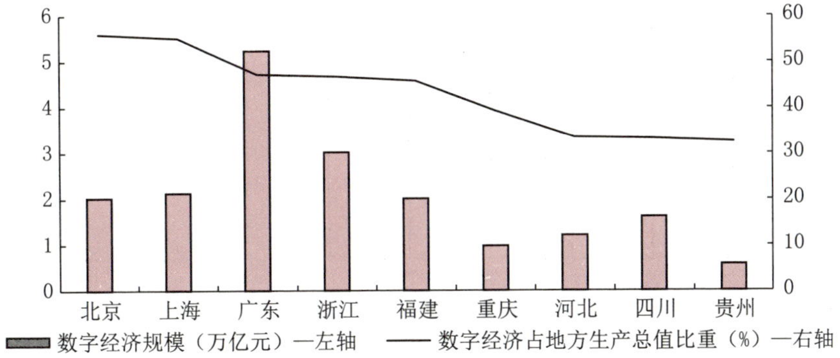

图 130　2020 年北京数字经济占比最高，广东数字经济体量最大

资料来源：中国信通院。

数字产业化方面，北京、广东及上海占比位居全国前列。由于三地信息技术产业体系全国领先，数字产业化占比均超过 10%，其中北京达到 19%，广东为 16%，上海为 10%。贵州及河北数字产业化占比相对较低，仅为 2%—3%。

产业数字化方面，上海、福建、浙江及北京占比全国领先。产业数字化是各地数字经济发展的主要方向，四省市均在产业数字化转型方面发力较早、体系较为完善，产业数字化占比分别达到 45%、40%、38%、37%。四川产业数字化占比相对较低，约为 26%。

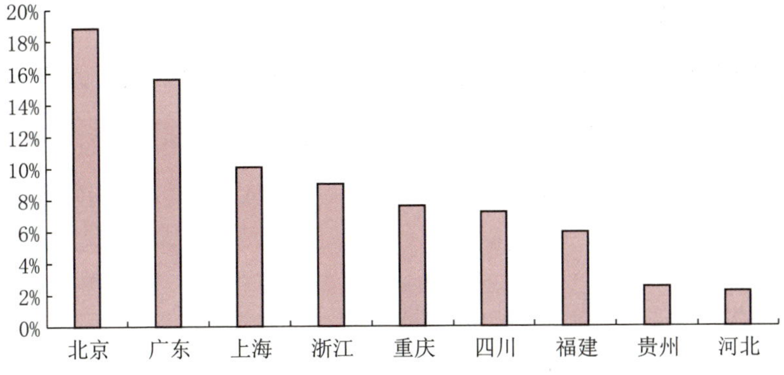

图 131　2020 年北京、广东及上海数字产业化占比较高

资料来源：中国信通院。

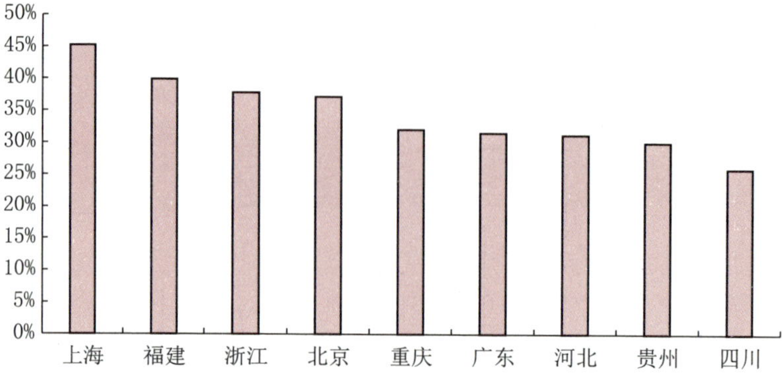

图 132　2020 年上海、福建及浙江产业数字化占比较高

资料来源：中国信通院。

各省市数字经济政策各有亮点

近年来各地方政府在数字经济发展及数据要素市场建设上加快探索，在数据确权方面探索“可用不可见”，在政府数据共享方面致力于解决公共数据分割问题，在数据交易方面探索新型模式，同时不断完善数据监管制度机制。

数据确权方面，数字经济发展水平较高的省市积极探索数据确权的实现方式。如广东积极探索公共数据资产确权，上海、浙江、北京、福建等地均提出探索数据权的分离模式，包括所有权、使用权及收益权，推动实现数据的“可用不可见”。

政府数据共享方面，各省市均大力推动政府数据公开及共享。如广东创新“首席数据官”制度，解决公共数据的割据问题，贵州也推出类似的“数据专员机制”，促进政府数据开放。浙江、福建及上海政府数字治理全国领先，上海“一网通办”两次写入政府工作报告，福建积累 20 多年“数字福建”建设经验。

数据交易方面，各省市均已推出或计划推出地方大数据交易所。广东创新性提出“两级数据要素市场”结构，以及“数据经纪人”制度，在交易模式上先行先试。其余省市围绕地方数据交易所，完善交易规则、交易模式、交易生态建设。

表 47　九省市数据要素政策亮点各异

省市	数据确权	政务数据共享	数据交易	数据监管
广东	探索**公共数据资产确权。**	创新“**首席数据官**”制度，建设政务大数据中心。	构建“**两级数据要素市场**”结构，建立“**数据经纪人**”制度，推动省级数据交易所建设。	政策体系较为健全，打击数据垄断和不正当竞争。
浙江	推动数据所有权使用权分离，实现**可用不可见**。	**探索公共数据分类分级标准**，鼓励第三方对公共数据挖掘利用。	引导和培育大数据交易市场，**政企协同，完善数据交易模式**。	公共数据法律法规制定较早。
上海	围绕**控制权、使用权、收益权**，实现确权。	公共数据授权运营，由企业**根据市场需求进行加工**。	建设**上海数据交易所**，完善供给机制、交易规则、交易标准，建设临港新片区“离岸数据中心”。	**赋予数据交易所监督职权**，积极参与数字化转型国际和国家标准制定。
北京	**超前布局“可用不可见”。**	实现 5000 项以上多层级政务数据、社会数据共享开放。	**用好北京国际大数据交易所**，推进数据跨境流动，设立数字海关。	加快推进数字经济地方立法，积极对接和运用国际数字贸易规则。
福建	探索数据所有权、使用权、管理权**分离模式**。	建设省公共数据资源开发服务平台，探索数据授权许可。	设立**东南大数据交易中心**，建设“丝路海运”信息化平台。	围绕数据权属、定价和交易，探索建立相应的行业规范和数据**流通交易规则**。
川渝地区	明确数据主体、数据控制方、数据使用方权利义务。	推动**两省市政务数据资源共享系统互联**，建设川渝共享专区。	建设**西部数据交易中心**和数字资产交易平台，健全数据市场定价机制。	加快数据权属确认、数据价值评估、数据交易收益分配等**配套制度建设**。
贵州	/	在省属国有企事业单位建立**数据专员机制**。	优化提升**贵阳大数据交易所**，构建数据流通交易生态。	先行探索数字经济**法制化标准化建设**，完善大数据法规标准。
河北（雄安新区）	/	制定发布公共数据开放标准、目录和计划，明确开放范围和领域。	建设雄安新区数字经济创新发展试验区，**建设大数据交易中心**。	建立数据资产评估定价、交易规则、标准合约等**政策体系**。

资料来源：政府官网。

数据监管方面，各地持续完善监管机制建设，加快立法进度。广东、上海持续完善法律法规建设；浙江公共数据法律法规制定较早，提出要积极开展数字经济发展与监管的立法研究；北京、福建提出要加快数字立法进程；贵州在数字经济的标准化体系上探索较早；川渝地区及河北提出要加快配套制度及政策体系建设。

数据要素产业链方面，各地均大力支持数据服务企业发展。如上海提出支持数字经济市场主体集聚发展，培育壮大数据收集存储、加工处理、交易流通等数据核心产业；北京支持行业龙头、数字平台发展第三方大数据服务产业，鼓励具备数据分析能力的企业发展数据分析服务；贵州提出发展数据加工产业，形成全省“特色产业”；川渝地区提出鼓励发展数据集成、数据经纪、数据资产评估、交易定价服务、交易争议仲裁等专业性中介服务机构。

在数字产业化方面，各地政策支持巩固发展地方优势产业，培育新兴产业，在产业数字化方面，各地均提出加快农业、工业、服务业等领域的数字化进程，部分地区提出了较为细化的支持方案。如北京作为全国数字产业化的高地和产业数字化的方案输出地，提出要超前布局6G、量子科技等高精尖产业。上海加大数字化转型考核和激励力度，推动国有企业加快数字化转型，通过金融支持为数字化转型提供融资渠道。

表48　各地支持数据要素产业链建设，积极培育数字产业

省市	数据要素产业链	数字产业化	产业数字化
广东	开展数据应用省级试点示范，**支持数据服务企业做大做强。**	打造全球领先的5G产业创新高地、人工智能产业开放创新体系、世界级软件与信息服务产业集群、集成电路产业新发展极、先进视听产业。	推进智慧农业、智慧金融、智慧医疗、智慧教育等领域建设，推动制造业数字化转型升级，推动产业集群数字化转型。
浙江	规范培育市场化数据应用服务主体，**发展数据清洗、建模、可视化、信用评价等数据服务。**	深化数字经济“一号工程”，做大做强数字安防、集成电路、智能计算和智能光伏等基础产业，做优做好云计算、区块链、人工智能等新兴产业。	推进工业互联网创新发展，推动重点商贸企业和专业市场数字化转型，加快数字农业科技创新及推广应用。

（续表）

省市	数据要素产业链	数字产业化	产业数字化
上海	支持**数字经济市场主体集聚发展**，培育壮大**数据收集存储、加工处理、交易流通等数据核心产业。**	发展大数据、云计算、人工智能、区块链、高端软件、物联网等产业。	加大数字化考核和激励力度，推动国有企业加快数字转型，金融支持为数字化转型提供多元化融资渠道。
北京	支持行业龙头、数字平台发展第三方大数据服务产业，鼓励具备数据分析能力的企业发展数据分析服务，**支持发展数据银行、数据信托和数据中介。**	培育高精尖产业体系，超前布局6G网络、量子科技及算法创新，建立自主人工智能基础软硬件技术和生态体系。	推动农业、工业、服务业等各行业企业数字化转型，推动万家企业全面实现数字化转型和智能化升级，推动制造业企业应用智能生产设备升级。
福建	支持福州、厦门、泉州、莆田等地建设综合性大数据管理服务平台，支持开展数据资产管理、数据交易、结算交付等业务。	推动福厦泉数字经济主导产业和新兴产业集聚发展，打造数字技术创新高地。	发展特色高效数字农业，大力发展数字农业、智能制造、智能化服务业、智慧城市、智慧海洋。
川渝地区	鼓励发展数据集成、数据经纪、数据资产评估、交易定价服务、交易争议仲裁等专业性中介服务机构。	发挥集成电路、新型显示、智能终端、软件与信息服务等产业优势，培育发展大数据、人工智能、区块链、数字内容、超高清视频等数字产业。	促进软件、互联网、大数据等信息技术与实体经济深度融合。
贵州	加快培育数据集成、数据经纪、资产评估、定价评估、安全评估等第三方专业服务机构，**发展数据加工产业，形成全省“特色产业”。**	推进数字产业化提质增效，针对电子信息制造业、软件和信息技术服务业、电信业等增速提出明确要求。	实施“万企融合”大赋能行动，推动大数据与新型工业化、新型城镇化、农业现代化、旅游产业化融合创新发展。
河北（雄安新区）	探索构建涵盖产权界定、价格评估、流转交易、担保、保险等业务的**综合服务体系。**	推动数字产业化聚集发展，鼓励全省大数据与物联网、电子信息制造业、人工智能与智能装备等数字经济产业向园区集聚。	鼓励各类平台、第三方机构面向广大中小微企业提供数字化转型所需的开发工具及公共性服务平台，促进中小微企业数字化转型。

资料来源：政府官网。

二、广东：探索数字化为产业赋能

广东省数字经济政策框架基本成型

2021 年起广东省明显加快数字经济相关的立法及政策推进。2021 年 4 月，广东省出台《关于加快数字化发展的意见》，围绕数字经济、数字社会、数字政府等数字化发展重点领域，聚焦数字技术创新、新

表 49　2021 年，广东省针对数字经济的政策密集推出

时　间	文件名称	主要内容
2018.4	《广东省数字经济发展规划（2018—2025 年）》	侧重于数字经济顶层设计及数字化治理，以大数据、新一代信息技术产业、数字基础设施、制造业数字化、服务业数字化、融合新动能、政府数字治理、区域内联外延 8 大重点推进广东数字经济创新发展。
2019.4.12	《广东省培育电子信息等五大世界级先进制造业集群实施方案》	到 2022 年基本培育形成电子信息、汽车、智能家电、机器人、绿色石化五大世界级先进制造业集群。
2021.4.23	《广东省人民政府关于加快数字化发展的意见》	围绕数字生态、数字经济、数字社会、数字政府四个方面，分类提出 8 点共 33 项具体措施，全面推进广东经济社会各领域数字化转型发展。
2021.4.23	《广东省首席数据官制度试点工作方案》	在有条件的地区和部门试点建立首席数据官制度，明确职责范围，健全评价机制，创新数据共享开放和开发利用模式，提高数据治理和数据运营能力。
2021.6.30	《广东省数字政府改革建设“十四五”规划》	要求加快政府职能转变，不断提高政府履职信息化、智能化、智慧化水平，有效解决数字鸿沟问题，实现省域治理体系和治理能力现代化，打造全国数字政府建设标杆。
2021.7.5	《广东省数据要素市场化配置改革行动方案》	全国首份数据要素市场化配置改革文件，在释放公共数据资源价值、激发社会数据资源活力、加强数据资源汇聚融合与创新应用、促进数据交易流通、强化数据安全保护等方面提出了 24 条改革任务和 71 项工作内容。
2021.7.6	《深圳经济特区数据条例》	国内数据领域首部基础性、综合性立法，在个人数据保护、数据产权保护、数据交易平台及数据安全保护领域进行了立法摸索。
2021.8.3	《广东省数字经济促进条例》	一是凸显广东特色，聚焦“数字产业化、产业数字化”，重点培育数字产业集群。二是从数字经济的全生态方面作了详尽的规定。三是建立适应数字经济的人才评价机制。四是明确财政资金在推动数字经济发展中的先导性作用在此次条例中成为制度性安排。
2021.10.25	《广东省公共数据管理办法》	广东省首部数据层面的政府规章，对公共数据采集、流通、开发利用、安全保障等方面进行规范。
2022.7.5	《广东省数字经济发展指引 1.0》	全国首个省级层面推动数字经济发展的指引性文件，鼓励探索实用性强、特色鲜明的数字经济发展模式和路径，构建了广东省数字经济发展的“两大核心、两大要素、两大基础、一个保障体系”。

资料来源：政府官网。

型基础设施体系构建、数据要素高效配置、核心产业发展、产业数字化转型等关键环节，全面推进广东经济社会各领域数字化转型发展。2021年7月，出台《广东省数据要素市场化配置改革行动方案》，成为全国首份数据要素市场化配置改革文件，也是广东省数据要素市场化改革的行动指南，在释放公共数据资源价值、激发社会数据资源活力、加强数据资源汇聚融合与创新应用、促进数据交易流通、强化数据安全保护等方面提出了24条改革任务和71项工作内容。

在立法方面，2021年7月，深圳率先推出《深圳经济特区数据条例》，是国内数据领域首部基础性、综合性立法，在个人数据保护、数据产权保护、数据交易平台及数据安全保护等领域进行了立法摸索。2021年8月起，广东省陆续出台了《广东省数字经济促进条例》《广东省公共数据管理办法》，完善法规体系，优化制度供给，对公共数据采集、流通、开发利用、安全保障等方面进行规范，推动广东数字技术与实体经济深度融合。

广东省数字经济改革呈现五大创新

从《广东省数据要素市场化配置改革行动方案》来看，广东省数字经济改革主要探索五方面创新。

一是提出加快构建“两级数据要素市场”结构。具体来讲，一级市场以政府行政机制为主，通过管运适度分离，建设公共数据运营机构，将政府、金融机构、国有企业等数据统一汇聚、开发、脱敏，推动公共数据分类分级管理和深度开发利用，保障数据流通交易的基础；二级市场以市场竞争机制为主，以激发供给主体活力、促进有序竞争为目的，规范数据进场交易，保障市场健康发展。

二是在全国率先启动“首席数据官”制度试点。首席数据官由本级政府或本部门分管数字政府改革建设工作的行政副职及以上领导兼任，一方面，利用大数据局对整个行政区域的数据统筹和管理，细化到每个单位或部门中，另一方面，解决政府数据割据难题，培养既懂业务又懂数据的创新型领导。鼓励试点单位在首席数据官的组织体系、职能体系及考核体系等方面先行先试，优化充实数据管理队伍，强化跨部门、跨层级、跨领域统筹协同机制。

三是探索公共数据资产化管理。一方面建立公共数据资产确权登记制度，搭建全省统一的数据资产凭证体系，实现凭证生成、存储、归集、流转和应用全流程管理，为公共数据资产流通和应用提供支撑，并且选择一批优化营商环境的业务场景，开展公共数据资产凭证试点。另一方面，深圳市政府办公厅印发《深圳市开展数据生产要素统计核算试点工作实施方案》，明确在南山区开展数据生产要素统计核算试点，建立数据资产统计调查制度，明确数据资产统计范围、分类标准。

四是探索建立“数据经纪人”制度。数据经纪人制度旨在探索数据交易模式创新，与数据交易平台相比，数据经纪人模式能够建立供需信任关系、挖掘数据要素价值、维护各方合法权益，解决目前数据流通存在的信任及质量等问题，同时有利于实施符合特定场景和行业特点的个性化方案，有效增强数据流通交易的可靠性。2021 年 12 月，广州市海珠区已推出《广州市海珠区数据经纪人试点工作方案》，选取了社会数据丰富的重点领域开展试点工作，对数据经纪人资质认定、分类分级标准、数据经纪服务、市场行为规范进行探索。2022 年 8 月广东省三家首批数据经纪人确定，分别是：（1）广东电网能源投资有限公司，主要从“电力看制造”“智能制造数据服务”“产业诊断分析服务”三个应用场景着手，利用电力数据解读产业、行业机遇；（2）广州金控征信服务有限公司，为产业链上下游企业提供金融及数据服务，在信贷等领域提升企业融资效率；（3）广州唯品会数据科技有限公司，从行业销售分析、市场反馈、定价指引、细分属性分析四个方面提供数据产品服务。三家企业试点均取得显著成效。

五是探索建立“数据海关”。支持广州南沙（粤港澳）数据要素合作试验区和珠海横琴粤澳深度合作区建设，探索建立“数据海关”，开展跨境数据流通的审查、评估、监管等工作。

广东省数字经济改革主要方向

在数据确权方面，《广东省数据要素市场化配置改革行动方案》提出，要建立公共数据资产确权登记和评估制度，以公共数据资产确权为主要探索方向。在其他数据确权方面，提出要探索建立数据产权制度，如深圳已发布《深圳经济特区数据条例》，认可企业处理数据产出的财产权益以及自然人的合法权益，并对个人权益进行细化，实现初步探索。

在数据共享方面，政策重点在于公共数据的普查、共享、开放和开发利用。《广东省数据要素市场化配置改革行动方案》提出的主要任务包括完善公共数据资源体系，强化政府内部数据共享，扩大公共数据有序开放，深化公共数据资源开发利用，推进政务大数据中心建设。重点工作包括开展公共数据资源普查，形成全省统一的系统清单、数据清单、需求清单，完善政务数据共享协调机制，完善“开放广东”平台，加快推进国家公共数据资源开发利用试点，初步建成省市一体化政务大数据中心。

在数据交易方面，一是加快数据交易场所建设。包括推动建设省数据交易场所，规范数据入场交易，培育数据要素交易市场，搭建数据交易平台，提供数据交易、结算、交付、安全保障等综合配套服务。支持深圳建设粤港澳大湾区数据平台，设立数据交易市场或依托现有交易场所开展数据交易。二是设立社会性数据经纪机构，规范开展数据要素市场流通中介服务，探索建立数据经纪人资格认证和管理制度，加强对数据经纪人的监管，规范数据经纪人的执业行为。

在数据监管方面，推动完善与数据交易相关的监管制度建设，建立隐私保护制度和安全管理机制。包括明确数据交易监管主体和监管对象，建立数据交易跨部门协同监管机制，健全投诉举报查处机制，开展数据要素交易市场监管，打击数据垄断、数据不正当竞争行为。健全数据隐私保护和安全审查制度，落实政府部门、企事业单位、社会公众等数据安全保护责任，加强对个人隐私、个人信息、商业秘密、保密商务信息等数据的保护。健全数据安全风险评估、报告、信息共享、监测预警和应急处置机制。

在数据要素产业链层面，广东提出要支持数据服务企业做大做强，带动数据产业发展，培育壮大数据产业集群。鼓励行业组织、企业和高校院所等单位推动数据分析挖掘、数据可视化、数据安全与隐私保护等核心技术攻关，强化数据技术应用，搭建数据产品和服务体系，打造数据创新生态。

在数字产业化方面，巩固提升数字经济核心产业，打造数字化发展新优势。包括打造全球领先的5G产业创新高地、人工智能产业开放创新体系、世界级软件与信息服务产业集群、集成电路产业新发展极、全链条融合发展的先进视听产业，以及培育发展数字经济新兴产业。

在产业数字化方面，提出以数字化转型重塑广东制造新优势。支持构建农业、工业、交通、教育、就业、卫生健康、社会保障、文化旅游、城市管理、基层社会治理、公共资源交易等领域数据开发利用场景。推进智慧农业、智慧金融、智慧医疗、智慧教育等领域建设。推动制造业数字化转型升级，支持具备一定数字化基础的区域开展制造业数字化转型试点，推动产业集群数字化转型。建立工业基础大数据库，推动工业数据资源有效利用，加强工业数据分类分级指导，支持设立广东工业互联网大数据分析中心。

CASE 案例

广东省推动数字技术与实体经济深度融合

广东省是制造业大省，产业集聚效应显著，中小微企业数量众多；同时广东省又是数字大省，具备良好的产业基础和市场优势。广东省数据要素市场化配置改革围绕数据要素对产业的赋能，推动数字技术和实体经济深度融合，一方面促进数字产业建设、培育集群优势，另一方面通过探索产业集群数字化转型，解决传统制造业和中小企业转型难题，促进战略性产业集群发展。

广东省依托数字经济产业集群，打造科创中心。一是推进数字技术创新和攻关。广东省推进省级实验室、科技创新平台、公共技术服务平台和重大科技基础设施等科技基础设施建设，允许中小企业共享财政资金形成科技成果。发挥龙头企业引领作用，广东发展了华为、中兴、腾讯等大批数字经济龙头企业，通过产学研融合发挥自身技术创新优势，例如华为建设终端总部基地“华为欧洲小镇”，其中包括华为大学、研发中心、中试中心等科研平台和创新载体。二是培育战略性数字产业集群。以电子信息制造产业为例，广东省大力建设广州和深圳的新一代通信设备和终端、惠州的智能移动终端、东莞的智能手机集群，聚集一批核心和关联企业进驻广东省电子信息制造产业基地，构建覆盖器件材料、主设备和终端设备制造、应用全环节的5G产业链体系。三是发挥核心集群空间辐射效应。以“两核”（广州、深圳）、“一廊”（广深科技创新走廊）、“两区”（珠江三角洲国家大数据综合试验区、中国智造2025国家级示范区）为核心，辐射引领、示范带动周边特色小镇和关联企业发展。如广州市建立人工智能与数字经济试验区，以腾讯、阿里巴巴、唯品会等39家人工智能与数字经济龙头企业为辐射中心，汇聚中山大学、广州大学城、中科院南海研究所、国家超级计算广州中心、人工智能与数字经济广东省实验室等丰富创新科研资源，辐射3.4万家相关企业。

广东省以产业集群为突破口，推动制造业数字化转型。截至2022年11月，广东省推动规模以上工业企业数字化转型累计2.5万家，带动70万家中小企业“上云用云”。一是夯实数字化转型基础。推进标识解析和安全保障体系等数字化基础设施建设，推动工业软件攻关应用和智能硬件及装备发展，培育工业互联网平台。以互联网标识解析体系建设为例，广州市于2018年在全国率先开通工业互联网标识解析国家顶级节点，也是华南地区唯一的工业互联网标识解析国家顶级节点城市，截至2022年1月10日，顶级节点标识注册量累计82.4亿个，涵盖25个重点行业的4200多家企业。二是打造集群企业数字化转型标杆。围绕8个“5G+工业互联网应用示范园区”试点，建设美的、格力等一批应用标杆示范项目，发挥标杆影响力带动一批中小上下游企业开展工业互联网应用，融通大中小企业发展。支持华为、美的、树根互联、腾讯等平台入选国家级“跨行业跨领域”工业互联网平台，探索低成本、快部署、易运维的工业互联网解决方案。三是开展产业链、供应链数字化协同。结合工厂运营和产业链上下游，打通生产、装备供应链体系全流程数字化，实现订单精准匹配和各环节高效对接。针对传统特色产业集群，利用数字赋能产业链提升竞争力，例如广州市花都狮岭镇组织本地龙头品牌企业、软件服务商、原辅料供应商、金融机构、专家智库等共同组成的产业集群联合体，打造包含协同制造平台、共享加工中心、共享直播基地等模块的线上线下联动新模式，推动皮具产业数字化转型。针对先进制造业集群，开展产业链高端化、智能化、绿色化改造升级。以广东省汽车产业为例，通过实施汽车零部件“强链工程”，开展产业聚集区规划建设，引进大项目、培育大企业，推动汽车产业成为广东省8个超万亿级产业集群之一。针对不同产业发展现状和痛点，实施不同产业链转型策略，例如制造业重镇佛山市根据产业发展实际情况，对于“头雁效应”突出的产业，实施产业链龙头企业带动中小企业的举措，对于中小企业为主的产业采取“抱团转型”的模式，着力解决共性问题、搭建整体系统。四是借助华为等先进平台数字化经验。华为坚持数字化创新和转型探索，深耕5G、AI、云、网络、安全等领域并设立省内创新中心和“产业云”，在面向产业集群的数字化转型升级上积累了丰富的实践经验。例如华为聚焦企业各类数字化需求，与华荣通信开展顶层规划、ERP系统升级、数字化办公平台、网络安全系统升级等领域的合作，提升企业运营效率和投入成本。针对不同产业集群的差异化现状和痛点，华为采用专业本地运营团队，量身定制解决方案，依托强大对接能力，“华为云工业互联网创新中心”汇聚用友、金蝶等服务伙伴，与政府、本地服务商共同构建华为数字产业生态。截至2020年底，华为形成工业互联网创新中心共40余个，为30多个产业集群、2万多家工业企业提供数字化转型服务。五是构建协同创新生态体系。建设广东工业互联网平台大数据分中心，实现数据要素汇聚共享，构建平台应用创新体验中心实现供需对接、人才培养、项目孵化等功能。同时广东积极推进产融结合、产研结合，鼓励社会资本参与工业互联网建设。

三、浙江：推进政企数字化协同发展

浙江省数字立法走在全国前列

早在2003年，浙江省委已提出建设“数字浙江”，并发布《数字浙江建设规划纲要》，随后出台一系列措施，促进浙江大数据发展、政府数字化转型。2020年12月，省政府印发《浙江省国家数字经济创新发展试验区建设工作方案》，详述推进试验区建设的目标任务和重点工作举措，提出推进试验区建设的“5752”体系，打造全国领先的数字产业化发展引领区。2021年6月，出台《浙江省数字经济发展“十四五”规划》，明确了“十四五”期间发展数字经济的指导思想、定位与目标。

立法方面，2020年6月出台《浙江省公共数据开放与安全管理暂行办法》，是国内首部省域公共数据开放与安全管理立法。同年12月，出台《浙江省数字经济促进条例》，也是全国首部促进数字经济发展的地方性法规，明确了数字经济的定义，规定了数字基础设施规划和建设的有关要求，并规定了促进数据资源开放共享的相关举措。2022年1月，颁布《浙江省公共数据条例》，解决公共数据管理中存在的归集缺少规范、共享存在壁垒、开放利用程度不高等问题，进一步推动公共数据共享，保障数字化改革顺利推进。

表 50　浙江省在立法方面走在全国前列

时　间	文件名称	主要内容
2003.9.4	《数字浙江建设规划纲要（2003—2007 年）》	提出以信息化带动工业化、以工业化促进信息化，实施走新型工业化道路的发展战略，使信息化、工业化、城市化、市场化和国际化的进程有机结合，加速实现现代化。
2016.1.14	《浙江省“互联网 +”行动计划》	全面推进新一代信息技术与三次产业的融合创新，充分运用“互联网 +”促进新技术、新产品、新业态和新模式的发展，为加快推进经济社会转型升级提供强大动力。
2016.5.20	《浙江省促进大数据发展实施计划》	以浙江政务服务网为重要依托，以公共数据整合、共享、开放为切入点，促进大数据产业健康发展，建设数据强省，助力经济社会转型升级，推动政府治理和公共服务能力现代化。
2018	《浙江省数字经济五年倍增计划》	提出要加快实施数字经济“一号工程”，建设国家数字经济示范省，在核心关键技术领域重点突破，推动数字产业化及产业数字化转型。
2018.12.28	《深化“最多跑一次”改革推进政府数字化转型工作整体方案》	以一体化数据平台为关键支撑，以构建业务协同、数据共享两大模型为基本方法，全面推进经济调节、市场监管等政府职能数字化转型，打造整体协同、高效运行的数字政府，推进政府治理体系和治理能力现代化。
2020.6.4	《浙江省公共数据开放与安全管理暂行办法》	国内首部省域公共数据开放与安全管理立法，对县级以上人民政府的公共数据开放与安全管理职责作了规定，特别规定了专家委员会制度，并在具体条文中充分明确了专家委员会的作用；明确界定公共数据开放的定义，实行分类开放及平台统一开放。
2020.8	《关于深入实施数字经济一号工程若干意见》	以“产业数字化，数字产业化，治理数字化”为发展主线，深入实施数字经济“一号工程”，推进国家数字经济创新发展试验区建设。
2020.8.31	《浙江省公共数据开放工作指引》	对于公共数据开放属性进行了分类规定，并明确各部分责任主体的工作职责。
2020.10.23	《浙江省数字贸易先行示范区建设方案》	明确了浙江数字贸易先行示范区的战略定位、发展目标、发展路径，围绕数字贸易新基建、新业态、新场景、新能级和新体系“五新”及组织保障 6 大方面 23 条建设任务，并提出 108 条政策制度创新清单，系统推进浙江省数字贸易先行示范区建设。
2020.12.22	《浙江省国家数字经济创新发展试验区建设工作方案》	详述推进试验区建设的目标任务和重点工作举措，提出推进试验区建设的“5752”体系，打造全国领先的数字产业化发展引领区。
2020.12.24	《浙江省数字经济促进条例》	全国首部促进数字经济发展的地方性法规，明确了数字经济的定义，规定了数字基础设施规划和建设的有关要求，并规定了促进数据资源开放共享的相关举措。在国内创下多个“第一”：首次明确数字经济的法定概念；首次对数字产业化、产业数字化作出法律界定；首次在法律层面把发展数字经济作为经济社会发展的重要战略。

（续表）

时　间	文件名称	主要内容
2021.6.16	《浙江省数字经济发展“十四五”规划》	明确了“十四五”期间发展数字经济的指导思想、定位与目标，并围绕发展目标和重点领域提出六大任务并相应提出强化组织协调、加大政策支持和加强改革创新三个方面的保障措施。着力于加快形成以数字化改革为引领的“三区三中心”发展格局，努力建成全球数字变革高地。
2021.7.5	《数字化改革公共数据分类分级指南》	以数字化改革为引领率先启动公共数据分类分级管理。
2022.1.21	《浙江省公共数据条例》	通过立法加强顶层设计和制度供给，解决公共数据管理中存在的归集缺少规范、共享存在壁垒、开放利用程度不高等问题，进一步推动公共数据共享，保障数字化改革顺利推进。
2022.7.30	《关于深化数字政府建设的实施意见》	加快建设现代政府，要求以数字化改革助力政府职能转变、以数字政府建设助推数字浙江发展、构建“平台 + 大脑”支撑体系、构建数字政府全方位安全保障体系、构建数字政府建设理论和制度体系。

资料来源：政府官网。

浙江省数字经济改革的四大特征

一是率先推进公共数据法律法规制定，积极探索公共数据分类分级标准。作为2018年中央网信办等部门确定的开展公共数据开放5个试点省市之一，浙江省先行先试，于2020年6月出台国内首部省域公共数据开放与安全管理立法《浙江省公共数据开放与安全管理暂行办法》，之后又陆续出台《浙江省公共数据开放工作指引》《数字化改革公共数据分类分级指南》《浙江省公共数据条例》以及《关于深化数字政府建设的实施意见》，旨在解决公共数据管理中存在的归集缺少规范、共享存在壁垒、开放利用程度不高等问题，进一步推动公共数据共享，形成“浙江经验”。

二是与长三角数字经济建设紧密对接，协同发展。《浙江省数字经济发展“十四五”规划》提出，要对接上海全球科创中心建设，打造长三角数字科技合作攻关网络。要加快数字基础设施一体化布局，打造长三角国家级区域数据中心集群、工业互联网一体化发展示范区。

要探索跨区域数据流动，推动长三角政务服务“一网通办”和应用场景一体化创新。强化产业链上下游资源跨区域对接，加快向中西部地区输出数字技术、产品、解决方案，共享发展红利。

三是政企协同释放数据价值。浙江省数字经济企业发展优势显著，截至2021年，拥有年营收超千亿级数字经济企业2家、超百亿企业45家，头部企业引领数字经济创新发展态势明显。浙江充分利用数字经济企业优势释放数据价值红利，基于数据采集、标注、分析、存储等全过程的数据资源化进程不断深化，数据要素市场化指数居全国第二。

四是加快金融创新，打造数字金融先行省。浙江省推进区块链、大数据等新技术与金融深度融合，高水平建设钱塘江金融港湾和杭州国际金融科技中心。加快“移动支付之省”建设，推动移动支付技术与支付结算服务创新，争取数字人民币应用试点。

浙江省数字经济改革主要方向

《浙江省数字赋能促进新业态新模式发展行动计划（2020—2022年）》及《浙江省数字经济发展“十四五”规划》均提出推进数据价值化，推动实现数据“可用不可见”、深入推进公共数据开放应用、提升社会数据资源价值、加强数据要素安全保障。

在数据确权方面，探索社会数据市场化运营机制，探索研究数据产品与服务所有权、使用权、收益权，应用区块链、数据安全沙盒、隐私计算等技术推动数据所有权和使用权分离，实现数据可用不可见。

在数据共享方面，统筹建设全省一体化数字资源系统，依托公共数据平台建立统一的数据共享和开放通道。将公共数据按照共享属性分为无条件共享、受限共享和不共享数据，强化数据分级分类管理。开展政府数据授权运营试点，鼓励第三方深化对公共数据的挖掘利用，实现对于公共数据的深入开发利用。

在数据交易方面，探索建立多元化的行业数据合作交流机制，加强数据资源整合，鼓励公民、法人和其他组织依法开放自有数据，引导和培育大数据交易市场，促进数据融合创新，提升社会数据资源价值。

在数据监管方面，贯彻落实《浙江省数字经济促进条例》等法律法规，开展数据资源利用与保护、平台经济发展与监管等立法研究。建立市场化、法治化、数字化的协同创新监管机制，深化信用监管、“互联网＋监管”等新模式应用，探索监管沙盒措施。探索建立面向轻微违法违规行为的清单式容错免责、减责机制，推动创新与规范发展。

在数据要素产业链层面，提出培育数据开发利用产品、产业体系，完善数据创新应用服务生态。规范培育市场化数据应用服务主体、公益性数据服务组织和研究机构，发展数据清洗、建模、可视化、信用评价等数据服务。

在数字产业化方面，深化数字经济“一号工程”，提升数字科技创新策源能力，提升数字产业规模能级，包括支持全省各科研机构合作，加快建设数字科技创新中心。做大做强数字安防、集成电路、智能计算和智能光伏等基础产业，加强数字科技基础研究和关键核心技术攻关，以及做优做好云计算、区块链、人工智能等新兴产业。

在产业数字化方面，推进工业互联网创新发展，并以此为支撑，以数据资源为核心，推进“产业大脑”建设，赋能企业数字化转型。作为数字贸易先行示范区，浙江省积极推动重点商贸企业和专业市场数字化转型，力图打造全球数字贸易中心。加快数字农业科技创新及推广应用，完善网络化流通体系，推动农业数字化转型，着力发展智慧农业。

四、上海：全面推动城市数字化转型

上海高度重视城市数字化转型

早在2001年，上海已出台《2000年—2002年上海市信息化实施计划》，此后颁布一系列支持大数据产业、数字贸易及智慧城市的政策。2021年1月出台《关于全面推进上海城市数字化转型的意见》，是上海数字化转型的纲领性文件，提出在2035年“成为具有世界影响力的国际数字之都”。2021年8月，出台《上海市促进城市数字化转型的

表51　上海市重视城市数字化转型

时　间	文件名称	主要内容
2001.12.5	《2000年—2002年上海市信息化实施计划》	旨在提高城市综合竞争能力和集聚辐射能力、提高生产力水平和人民生活质量、加速上海国际化现代化进程。
2016.2.16	《上海市推进“互联网+”行动实施意见》	围绕“互联网+”发展面临的瓶颈，聚焦“创新体制机制、资源开放共享、优化产业环境、鼓励创新创业”。
2016.10.28	《上海市大数据发展实施意见》	深化技术治理、数据赋能，力求增强数据采集汇聚能力、提高共享开放程度。
2018.10.30	《上海市公共数据和一网通办管理办法》	要求进一步促进公共数据资源整合和利用，推进政务服务“一网通办”、城市运行“一网统管”，提升政府治理能力和公共服务水平。建立统一的公共数据资源平台。
2019	《上海加快发展数字经济推动实体经济高质量发展的实施意见》	要持续增强新时代上海数字经济发展新优势，加快提升数字经济规模和质量。聚焦重点领域，大力推动关键核心技术突破。
2019.7.23	《上海市数字贸易发展行动方案（2019—2021年）》	围绕新模式、新业态打造云服务、数字内容、数字服务、跨境电子商务等基础好、潜力大、附加值高的特色领域，不断巩固上海数字贸易的先发优势，培育数字贸易持续增长的核心竞争力，加快打造本市数字贸易的全球影响力、竞争力、辐射力。
2020.2.10	《关于进一步加快智慧城市建设的若干意见》	聚焦政务服务“一网通办”、城市运行“一网统管”、全面赋能数字经济三大建设重点，夯实“城市大脑”、信息设施、网络安全三大基础保障，提出到2022年将上海建设成为全球新型智慧城市的排头兵，国际数字经济网络的重要枢纽。
2021.1.8	《关于全面推进上海城市数字化转型的意见》	指出“充分运用数字化方式探索超大城市社会治理新路子”的必要性。并提出三个坚持，即坚持整体性转变、坚持全方位赋能、坚持革命性重塑。

（续表）

时　间	文件名称	主要内容
2021.4.28	《中国（上海）自由贸易试验区临港新片区数字经济“十四五”规划》	要加快推动国际数据港建设，先行先试，推动跨境数据合理、有序、便捷流动；积极搭建跨境数字贸易新型功能型平台；加快数字产业有序开放，深化数字产业开放布局。
2021.7	《推进上海经济数字化转型　赋能高质量发展行动方案（2021—2023年）》	到2023年，将上海打造成为世界级的创新型产业集聚区、数字经济与实体经济融合发展示范区、经济数字化转型生态建设引领区，成为数字经济国际创新合作典范之城。
2021.8.2	《上海市促进城市数字化转型的若干政策措施》	政策着力强化目标引领、制度供给、精准服务、统筹推进，聚焦经济、生活、治理重点领域高频急难问题，立足于全方位激发各类主体的转型活力和动力，提出5个方面27项政策制度和保障措施。
2021.10.24	《上海市全面推进城市数字化转型“十四五”规划》	制定了上海城市数字化转型的“1+4”目标体系。“1”是指一个总体目标，“4”是指经济、生活、治理和底座支撑4个方面共16项具体指标。此外，提出“1+3+6”的任务体系。
2021.11.25	《上海市数据条例》	聚焦数据权益保障及数据要素市场建设，致力于培育数据要素市场主体，鼓励研发数据技术、推进数据应用，深度挖掘数据价值，通过实质性加工和创新性劳动形成数据产品和服务。
2022.3.18	《上海城市数字化转型标准化建设实施方案》	聚焦于完善支撑全局的基础标准、完善融合发展的经济数字化转型标准、完善服务民生的生活数字化转型标准、完善精细管理的治理数字化转型标准以及打造发展阶段的标准化工作格局5个方面。
2022.6.12	《上海市数字经济发展“十四五”规划》	围绕数字新产业、数据新要素、数字新基建、智能新终端等重点领域，加强数据、技术、企业、空间载体等关键要素协同联动，加快进行数字经济发展布局。
2022.12.31	《上海市公共数据开放实施细则》	适用于上海市行政区域内公共数据开放、获取、利用和安全管理等活动，坚持创新驱动、需求导向、场景牵引、公平公开、安全可控、分级分类、统一标准、便捷高效、流程规范的原则，以促进和规范上海市公共数据开放、获取、利用和安全管理。
2023.3.11	《上海市公共数据共享实施办法（试行）》	以共享为原则，不共享为例外，除法律、法规另有规定外，公共数据应当全量上链、上云，充分共享。同时鼓励公共管理和服务机构通过公共数据共享应用，创新管理和服务方式，提升管理和服务水平。
2023.3.15	《上海市数据交易场所管理实施暂行办法》	突出准公共服务、全数字化交易、全生态链构建、制度规则创新四个规则，体现规范确权、统一登记、集中清算、灵活交付四个特征，同时保障资金与数字的安全。

资料来源：政府官网。

若干政策措施》，提出 5 个方面 27 项政策制度和保障措施，针对城市数字化转型做出具体战略部署。2022 年上海加速数字经济领域制度供给，先后出台《上海城市数字化转型标准化建设实施方案》《上海市数字经济发展“十四五”规划》。

立法方面，2021 年 11 月颁布《上海市数据条例》，聚焦数据权益的保障及数据要素市场的建设，目的在于鼓励和引导市场主体依法开展数据共享、开放、交易、合作，促进跨区域、跨行业的数据流通利用。此外上海还出台《上海市公共数据和一网通办管理办法》《上海市公共数据开放实施细则》《上海市公共数据共享实施办法（试行）》以及《上海市数据交易场所管理实施暂行办法》等，政策框架持续完善。

上海城市数字化转型的五大突破

一是全面推动经济、生活、治理三大领域数字化转型，打造城市数字化转型标杆。上海市数字经济发展重点提出“城市数字化转型”，打造未来城市，从“城市是生命体、有机体”的全局出发，统筹推进城市经济、生活、治理全面数字化转型，聚焦“数智赋能”的基础底座构建、“跨界融合”的数字经济跃升、“以人为本”的数字生活体验、“高效协同”的数字治理变革。

二是提出一系列数字化转型细化措施，加大考核和激励力度。过去上海数字化转型存在一系列难点，如中小企业“缺技术标准”和“缺公共平台”，难以依靠自身实现数字化转型；制造业中小微企业平均税后利润低，“缺资金”数字化项目贷款难；国有企事业单位“缺激励机制”，数字化转型深度不够。上海针对相应问题，加大考核和激励力度，通过促进产业高质量发展等专项资金，对转型费用进行一定比例补贴，建立数字化转型伙伴服务商和解决方案清单，搭建平台企业、转型服务供应商与中小微企业的对接机制，针对性解决数字化转型难点。

三是强化国有企业主体责任，推动国有企业加快数字化转型和数字交易。上海推行国有企业数字化转型“一企一战略”和“一把手”负责制，将数字化转型目标纳入国有企业领导人员创新使命责任书签署范围，允许国有企业实施数字化转型的相关项目投入，经认定符合利润政策条件的，在经营业绩考核中可视同于利润。同时提出探索建立国有企事业单位数据产品进场交易机制。

四是探索引领全国数据要素市场发展的“上海模式”。建立数据流通业务的完整产业链，从交易起点到争议仲裁构建闭环交易体系，培育公平、开放、有序、诚信的数据要素市场，推动准公共服务、全数字化交易、全链生态构建、制度规则创新，促进数据要素依法有序流动。同时上海市2022年还出台《上海市数据交易场所管理实施暂行办法》，进一步防范和化解数据交易风险，规范数据交易场所运营。

五是通过金融支持为数字化转型提供多元化融资渠道。上海依托“信易贷”综合服务平台、大数据普惠金融平台和“银税互动”等，推动银行设立特色融资产品，为企业数字化转型提供多元化融资渠道。探索“云量贷”创新模式，试点将云平台提供的企业用云量，作为中小微企业申请银行贷款的信用增进信息。

上海数字经济改革主要方向

在数据确权方面，明确自然人、法人和非法人组织可以通过合法、正当的方式采集数据，并对其合法取得的数据，依法使用和加工。围绕数据控制权、使用权、收益权，实现数据确权，加强数据合规性审查。

在数据共享方面，建立公共数据授权运营机制。在满足公共数据本身分类分级管理、合法合规开放的前提下，按照特许原则，政府向少数技术能力及合规水平符合要求的企业开放公共数据，签订行政合同，由其根据市场需求进行加工，从而形成质效更高的数据开放，建立完善多元化主体公平准入的运营体系。

在数据交易方面，面向数据确权、登记、流通、交易等全链条服务，构建以数据交易所为核心的新型数据服务基础设施体系。充分发挥现有平台作用，推动建立市场化运作且具有准公共属性的上海数据交易所，完善数据制度性供给机制，建立数据交易目录清单与场内交易规则，推进开放共享、交易流通、监督管理等标准制定和系统建设。畅通公共数据与社会数据流通渠道，引导产业、健康、交通等领域的一批高价值行业数据进入流通交易市场。

在数据监管方面，面向政府治理、产业发展和社会运行，加快完善数字时代的法规、制度、标准和政策体系。优化数字经济市场准入制度，积极参与数字化转型国际和国家标准制定，创设一批“能用、管用、好用”的地方性数字化标准规范。对标国际建立透明化的数据监管规则，探索构建分级分类的管理模式。

在数据要素产业链方面，培育规范的数据交易平台和市场主体，支持数字经济市场主体集聚发展。培育壮大数据收集存储、加工处理、交易流通等数据核心产业，发展数据资产评估、登记结算、交易撮合、合规咨询、争议仲裁等市场运营体系。组织实施数字经济高成长型企业培育工程，聚焦云计算、大数据、人工智能等重点领域培育一批高能级市场主体。

在数字产业化方面，鼓励重点领域产业大数据枢纽建设。融合数据、算法、算力，建设综合性创新平台和行业数据中心。发挥上海有关专项资金作用，加强核心软件、基础软件、工业软件、大型行业应用软件等关键产品，以及数字孪生、智能物联、车路协同、区块链等应用技术研发，加快推进基础理论、核心算法、装备材料、工艺等研发突破和迭代升级，发展大数据、云计算、人工智能、区块链、高端软件、物联网等产业。

在产业数字化方面，运用数字技术优化产业链和供应链模式，试点建立重点产业数字化分级分类建设和评估标准。建立全面提升生活数字化服务能力的新制度，如运用数字化手段推进教育资源均衡、推进交通出行数字化升级、推动城区数字化转型等。着力推动场景开放，持续优化“专班推进＋揭榜挂帅”机制，加快推动一批综合性、标杆性场景开放，引导全球优秀数字化转型解决方案在上海落地和复制推广。着力加强供需对接，比如实施数字化转型伙伴计划，建立数字化转型服务商和解决方案清单，鼓励行业协会、公共服务平台等第三方机构开展共创共建，吸引投融资等专业机构参与，组织数字化转型项目路演、创新大赛、供需对接会等活动。

CASE 案例

上海市推动“两张网”建设，助力城市数字化转型

上海着力推动城市数字化转型，把握数字化、网络化、智能化应用方向，持续驱动生产方式、生活方式和治理方式变革。通过“两张网”(“一网通办”“一网统管”)建设推进城市政务服务和社会治理数字化，加快建设具有世界影响力的国际数字之都。

上海市夯实数字政府制度和组织建设。为实现全市公共数据集中统一管理和治理，上海市成立了市政府办公厅直属单位——大数据中心和城市运行管理中心，通过各职能、各层级、各区域政府部门底层数据共享，实现跨部门协调联动，以及线上线下协同高效处置。加快制度规范引领，发布《关于全面推进上海城市数字化转型的意见》《上海市全面推进城市数字化转型“十四五”规划》《上海市新城数字化转型规划建设导引》等一系列文件，为上海市城市数字化转型建立了组织架构、落实了责任体系。2022年1月《上海市数据条例》出台，为上海市数字政府建设和数据要素市场培育提供法治保障。

上海市依托“一网通办”优化政务服务和营商环境。一是由以政府部门管理为中心向用户为中心转变，“一网通办”站在百姓视角、贴近群众生活，不断完善“零次跑办成事”服务体系，随申办App能提供来自16个区、50多家市级部门的政务服务，种类超1500类，在线办比例已达56.9%，日活用户达300万、月活用户达1300万。二是优化营商环境、深化“放管服”，围绕企业经营全周期提供涵盖开办变更注销、惠企政策、普惠金融、综合纳税、专项资金、用工就业6大服务板块，提供“个性指南+智能申报”辅助服务，并开通资金申请、公共信用信息修复、高频证照变更联办等涉企高频事项线上办理。例如推进企业办税缴费便利度改革，通过多税种综合申报、“AI+一网通办”等举措提高办理效率，利用动态信用评价、风险评估进行缴费人差异化服务管理提升缴费智能化水平。三是围绕个人事项打造从出生到养老的数字生活服务体系，涵盖幼有所育、健康医疗、交通出行、学有所教、文旅体育、住有所居、食药安全、绿化环保、弱有所扶、优军优抚、老有所养、公共法律12大领域。例如随申码正在实现从疫情防控利器向市民生活服务码和数字名片的转变，市民可用“随申办”App取代实体社保卡到各大公立医院看病开药，实现医保卡和医保就医记录册“脱卡、免册”，省去挂号、付费等排队时间；可使用随申码取代实体公交卡乘坐公交、地铁、轮渡等公共交通，实现随申码“一码通行”；还可随时调出在线身份证、驾照证件等。

上海市基于“一网统管”构建城市运行体征系统。一是跨部门、跨层级协同联动共建城运生态系统。应用智慧公安、大数据、云计算、物联网、人工智能等技术首创城市运行管理和应急处置系统，接入公共安全、绿化市容、卫生健康、气象、水务等30多个部门的100多项基础数据，根据城市治理需要建立不同功能模块插件和子系统，实现部署调度实时响应和多部门联勤联动，提高风险处置的效率。例如利用“一网统管”城运系统可实现汛期防汛处置，防汛地图汇聚水位监测点、雨量监测点和气象采集点等实时气象监测数据，以及公安、交建部门监控数据，通过物联网连接各小区、疏散点、地下排水管网、易积水点，可利用系统提前部署易积水地区、优化调度路线以及采取封路措施等。二是科技赋能超大城市精细化治理。上海成立城市智能体应用与服务赋能中心，汇聚房屋、实有人口、感知、水电、12345热线、客流等10多类新增数据，利用AI、大数据、华为云、5G等先进技术延伸最小管理单元。例如虹口区北外滩街道云舫小区参与“数字孪生”最小管理单元试点，通过安装门禁、红外传感器、无人机等19个类别的1000多个物联感知设备，可以实现社区管理者一屏了解小区各项“生命体征”，并将相关数据传输到相关部门，及时进行风险处置。三是推动社会治理从应急处置向风险管控转变。通过无人机、高清摄像头、智能感知端等智能预警设备，水陆空88万个“神经元”，实现智能化城市应用场景从预警到处置的闭环管理，例如客流监测分析、套牌车核查、渣土车未盖顶预警等。

五、北京：建设全球数字经济标杆城市

北京打造数字经济标杆城市的政策持续深化

2020年9月，北京市出台《北京市促进数字经济创新发展行动纲要（2020—2022年）》，提出要体系化构建数字经济发展体制机制，聚焦“基础设施建设、数字产业化、产业数字化、数字化治理、数据价值化和数字贸易发展”六大方向。2021年1月，出台《北京市国民经济和社会发展第十四个五年规划和二〇三五年远景目标纲要》，提出要建设全球数字经济标杆城市，聚焦数字产业化和产业数字化，推动数字经济与实体经济深度融合、政府服务与市场参与高效协同，打造具有国际竞争力的数字产业集群。2021年7月，出台《北京市关于加快建设全球数字经济标杆城市的实施方案》，明确了北京市大力发展数字经济的战略，到2025年，数据驱动的高质量发展模式基本建立，进入国际先进数字经济城市行列，到2030年，全面实现数字赋能超大城市治理，数字经济增加值占地区生产总值比重持续提升，成为全球数字经济标杆城市。

表 52　北京市出台多项政策，打造数字经济标杆城市

时间	文件名称	主要内容
2020.4.9	《关于推进北京市金融公共数据专区建设的意见》	聚焦在数字经济的补短板方面，对于金融公共数据的汇聚与运营进行了详细的规定，鼓励运营单位进行金融公共数据市场化开发应用的先行先试。
2020.9.21	《北京市关于打造数字贸易试验区实施方案》	政策聚焦在数字经济的“促流转”方面，为数字经济发展设定了更高目标，提供了更多动能。以数字贸易试验区建设为抓手，以实现跨境数据安全有序流动为着眼点，着力推进规则探索、创新政策举措、破解制度瓶颈。
2020.9.21	《中国（北京）自由贸易试验区总体方案》	旨在利用所在地的区位优势，以制度创新为核心，以可复制可推广为基本要求，助力建设数字经济试验区，为全球数字经济标杆城市建设创造基础。
2020.9.22	《北京市促进数字经济创新发展行动纲要（2020—2022 年）》	构建数据要素市场化配置机制是全球数字经济标杆城市建设的重要部分，并提出建设方向为坚决推动数据要素有序流动和培育数据交易市场，实现与国际规则接轨，深化释放数据这一关键生产要素的价值，为全国数字经济发展赋能。
2021.1.27	《北京市国民经济和社会发展第十四个五年规划和二〇三五年远景目标纲要》	要“实施促进数字经济创新发展行动纲要，打造具有国际竞争力的数字产业集群，建设全球数字经济标杆城市”。聚焦数字产业化、产业数字化，厚积数字化发展新势能。
2021.4.27	《北京市数据中心统筹发展实施方案（2021—2023 年）》	目标是打造全世界领先的高端数据中心发展集群，对京津冀整体进行了明确的区域划分与战略部署。
2021.7.30	《北京市关于加快建设全球数字经济标杆城市的实施方案》	明确了北京市大力发展数字经济的战略和愿景，提出将打造引领全球数字经济发展的“六个高地”，并分三阶段进行建设推进。
2021.8.11	《北京市“十四五”时期高精尖产业发展规划》	突出创新引领数智赋能，统筹推进高精尖产业发展和全球数字经济标杆城市建设，加快培育一批标杆企业，实施一批标杆工程，构建基于数字化智能化驱动的竞争新优势。
2022.5.30	《北京市数字经济全产业链开放发展行动方案》	突出数据要素、坚持问题导向、注重衔接互补、体现多为开放、统筹发展与安全，以“数据驱动、开放创新、应用牵引、安全发展”为原则，研提 6 个方面、22 条改革措施，努力打造数据驱动的数字经济全产业链发展高地。
2022.11.21	《关于推进北京市数据专区建设的指导意见》	以政府引导市场运作、授权运营创新引领、依法合规安全可控为基本原则，通过建立健全组织管理体系、完善专区数据供给机制、提升专区运营服务能力的具体举措，实现建立健全数据专区配套管理制度和标准规范，形成一套科学完备且操作性强的专区管理制度体系的目标。
2022.12.14	《北京市数字经济促进条例》	着力夯实数字经济发展的物质和技术基础，立法探索做强做优做大数字经济的北京方法，强化数字经济安全、确保数字经济行稳致远。

资料来源：政府官网。

在立法方面，北京市于2022年12月出台《北京市数字经济促进条例》，着力夯实数字经济发展的物质和技术基础，探索做强做优做大数字经济的北京方法，补齐北京在数字经济立法方面的短板。

北京数字经济改革的五大特征

一是立足国际视野，深化开放合作。北京市强调要高标准高质量建设中国（北京）自由贸易试验区，建设全球数字经济标杆城市，立足国际视野，积极对接和运用国际数字贸易规则，完善数字贸易要素流动机制，构建与国际接轨的高水平数字贸易开放体系。以数字贸易试验区建设为切入口，以实现跨境数据安全有序流动为着眼点，着力推进规则探索、创新政策举措、破解制度瓶颈。建立安全和发展并重的数据跨境流动机制，设立数字海关，在实验区内探索开展跨境数据流动试点，完善数据分类分级安全保护制度，分阶段推动跨境数据流动的有序开放。

二是以科技创新为支撑，突出创新引领，打通技术壁垒。多项政策重点强调，要加快新一代信息基础设施建设，加快培育掌握核心竞争力和重要知识产权的全球顶尖企业，主动布局国家重大战略项目和前沿技术。依托区块链技术应用，整合高精尖制造业企业信息和信用数据，打造高效便捷的通关模式。支持大数据、人工智能、云计算、数字孪生和区块链等新一代数字技术应用和集成创新。超前布局“可用不可见”、量子芯片、大数据底层框架、分布式存储、云原生等前沿技术，支持概念验证和前沿颠覆性项目，提高交易主体、交易内容的可信度，确保交易“高效透明、过程可溯”。

三是打造数据资产全产业链，建立基于数据资产管理、交易、服务的产业生态。支持行业龙头企业、数字平台企业发展第三方大数据服务产业。鼓励具备数据分析能力的企业，发展医疗、金融、零售业等特定行业数据分析服务。支持各领域企业组建数据资产管理运营公司。探索数据资产价值的评估方法，支持发展联通政府、企业、个人的数据平台交易、数据银行、数据信托和数据中介服务模式，构建完善的数据资产化运营生态。探索开展数据资产质押融资、数据资产保险、数据资产担保、数据资产证券化等金融创新服务。构建保障数据安全的系统能力，发展数据安全服务业。

四是创新数据专区建设，支撑城市数字经济发展。北京市经信局于2022年底发布《关于推进北京市数据专区建设的指导意见》，探索通过数据专区建设，吸纳市场主体和数据、技术、资本等多元要素参与，以政企数据融合应用为主线，构建多层级数据要素市场，形成政务和社会数据流通融合体系。具体包括通过部门间统筹协调，建立监督管理体系，针对专区完善数据供给机制、提升运营服务能力、强化安全管理能力，为加快推动首都新型智慧城市建设和打造全球数字经济标杆城市提供有力支撑。

五是重视数据中心建设及优化。北京致力于打造人工智能算力枢纽、先进节能技术应用高地。提出利用虚拟化技术、绿色节能技术及自动化技术，以绿色低碳为目标，全面改造升级传统数据中心。加快京津冀区域数据中心协同布局，统筹利用周边能源富集地区的算力资源，形成京津冀区域梯次建设、算力一体化的协同发展格局，数据中心密度达到全球领先水平。

北京数字经济改革主要方向

构建数据要素市场化配置机制是全球数字经济标杆城市建设的重要部分，北京市提出要积极探索数据资源资产化、市场化、产业化发展的有效模式和可行路径。

在数据确权方面，面对复杂的数据确权情形，北京市超前布局

"可用不可见"，灵活解决数据的确权难题。支持布局元数据网关、融合混布数据库、融合人工智能计算沙盒等云端数据生产设施，支持隐私计算和多方安全计算的数据消费池、数据阀。

在数据共享方面，鼓励企业依法依规开展数据共享。制定数据开放计划，加强数据资源"统采共用、分采统用"，推动汇聚融合治理，实现5000项以上多层级政务数据、社会数据共享开放。

在数据交易方面，探索建立集数据登记、评估、共享、交易、应用、服务于一体的数据流通机制，引导数据汇聚和融合利用，建设数据跨境交易枢纽。围绕明文数据交易和基于隐私计算的数据交易方式，搭建数据交易系统。加快数据交易规范化运营和试点化推进，通过建立北京市数据资产评估中心实现高价值数据的开发利用和安全流通，对高价值敏感数据分级分类制定特定交易规则和交易机制。培育数据交易市场，用好北京国际大数据交易所，稳妥推进数据跨境流动，释放数据价值。

在数据监管方面，制定配套实施办法，针对数据权属、数据交易规则、数据跨境流动、预防平台垄断等关键问题建立规则体系。强化标准规范和引领，鼓励行业协会、产业联盟、龙头企业等主体参与各类标准制定，积极争取国家数字经济领域标准化试点建设，积极参与国际标准制定。组建北京数字经济发展联盟，制定数字经济新规则，发展数字经济新技术和新产品服务。

在数据要素产业链方面，建立数据资源统筹机制，通过数据的物理汇聚和逻辑汇通建立数据标注库，汇聚利用覆盖政府、企业、境内外机构等多来源公共数据，为激活数据资产价值奠定基础。鼓励企业依法依规开展数据共享，支持行业龙头企业、数字平台企业发展第三方大数据服务产业。

在数字产业化方面，培育高精尖产业体系。超前布局6G网络，支持发展下一代信息通信网络、通信感知一体化、通信与人工智能融合、星地一体融合组网、通信网络内生安全等通信融合技术。超前布局量子科技，培育量子计算技术的产业生态和用户群体，研发量子计算机操作系统。超前布局算法创新，建立自主人工智能基础软硬件技术和生态体系。超前布局区块链。

在产业数字化方面，推动农业、工业、服务业等各行业企业数字化转型，组织实施一批典型项目。通过上云、上平台和智能化技改、绿色化技改工程，推动万家企业全面实现数字化转型和智能化升级。推动制造业企业应用智能生产设备及信息化管理系统，加快向“互联网+制造”升级。到“十四五”末，规模以上工业企业实现关键技术装备自动化、网络化、智能化提升，中小企业实现上云上平台，线上办公、远程协作、协同开发等数字化运营手段普遍应用，万人机器人拥有率达到世界领先水平。

CASE 案 例

北京市汇聚创新资源打造全球数字经济标杆

北京市以创新资源激发数字经济活力、引领前沿方案先行先试，依托政策优势、技术优势、区位优势、人才优势等着力打造数字经济创新生态，通过资金支持、优化服务、营造生态等手段成为数字经济创新资源聚集地、全国数字产业化的制高地和产业数字化方案输出地。

北京市推进数字基础设施建设和数据要素汇聚共享，夯实数字技术基础。一是汇聚数据要素，发挥枢纽作用。北京开放多部门数据共享，向全市 51 个部门、16 个区及经济技术开发区提供政务数据，按照“统采共用、分采统用”原则向 14 个市级部门、6 个区提供社会数据。建立公共数据平台和数据专区模式，例如北京市首创金融公共数据专区，为中小企业融资难问题提供信贷服务支撑，成立基于自主知识产权的数据交易平台 IDeX，组建全国首个国际数据交易联盟，通过“数据可用不可见”等交易新范式创新建立北京国际大数据交易所。二是加快数字基础设施部署。增强宽带接入能力，接入超千兆且用户数量累计达 37.08 万户。构建新型网络设施，5G 基站建设开通数量截至 2021 年底达 5.2 万个，万人基站数全国第一，超前部署高速互联智能算力云平台。工业互联网标识解析国家顶级节点（北京）设立二级接入点 37 个，累计注册量超 66.51 亿、标识解析量 41.92 亿，接入企业节点 1.81 万家，平台数量、接入资源量均居全国首位。此外还推动智慧城市互联互通，利用“一网、一图、一云、一码、一感、一库、一算”及大数据平台，构建“七通一平”。

北京市着力打造全球数字技术创新中心，推进数字产业发展。数字科技成果创新方面，一是攻关国际前沿领域，北京市科研产出连续多年全球第一，涌现出马约拉纳任意子、新型基因编辑技术、天机芯、量子直接通信样机等世界级重大创新成果，且多项高尖技术处于世界领先水平，例如单个超导量子比特退相干时间打破世界纪录。二是积极布局核心技术创新，在工业互联网、集成电路和芯片、人工智能产业和区块链等领域加速培育，例如支持人工智能领域技术创新，建设全球最大超大规模智能模型“悟道 2.0”，与 30 余家机构共同打造大模型创新生态，发布百度昆仑 AI 芯片、国内算力最强的寒武纪思元 AI 芯片，建设百度飞桨等开源平台。三是建立创新研发机构平台，北京自贸区科技创新片区打造集数字经济试验区、全球创业投资中心、科技体制改革先行示范区为一体的数字创新生态，聚集超过 2 万余家科技创新企业。设立北京智源人工智能研究院、北京量子信息科学研究院等一批前沿数字技术研发机构。四是探索新兴技术方向，例如北京市探索元宇宙技术，《北京市关于加快元宇宙相关产业发展的实施方案》明确支持组建元宇宙政产学研用协同的新型创新联合体，探索建设元宇宙产业聚集区。数字产业发展方面，一是加速高新技术产业发展聚集，推动国家工业互联网大数据中心、国家网络安全产业园区、国家北斗创新应用综合示范区等园区建设和运营。二是发挥总部经济和龙头企业引领支撑作用，聚集小米、百度、京东等知名信息技术企业，发挥龙头企业坚实产业基础和聚集效应，打造北京数字智造的标杆区。三是构建多点协同的数字经济园区发展体系，以中关村软件园为核心构建数字经济核心产业集群，建设国家软件产业基地、国家软件出口基地和国家数字服务出口基地，汇聚包括腾讯、联想、百度、新浪等700多家国内外知名IT企业总部和全球研发中心，其中包含70家上市企业、17家中国软件百强企业、11家独角兽企业、90家收入过亿企业。以自动驾驶、网络安全等新兴园区为亮点建设数字经济特色新兴园区，落地国家网络安全产业园、中关村工业互联网产业园、高级别自动驾驶示范区、北京中日创新合作示范区、北京中德经济技术合作先行示范区、北京园博数字经济产业园等特色园区。以各区发展情况为基础形成优势产业，例如西城区积极创建国家级数字文化产业发展示范园区，昌平区加快推动数字化装备与机器人产业园创新发展。

北京市输出产业数字化方案，并带动全国产业升级。一是聚焦服务首都功能建设，打造多领域数字化新模式，涵盖金融服务、教育服务、医疗服务、信息消费、文化传媒等领域，搭建工业互联网平台、工业电子商务平台发展智能制造产业。二是以“赋能全国数字化转型”为目标，围绕完善发展环境、夯实基础设施、打造赋能体系、深化行业应用四个方向，形成“4+N”产业集群发展布局，例如在服务领域建设国家级金融科技示范区和数字贸易区，发展远程教育、在线医疗、数字商务，在农业领域依托北京农业科技供给能力，建设多个农业数字化研究机构。

六、福建：“数字福建”建设二十余年

福建省持续完善政策体系建设

早在2000年，福建省委就提出“数字福建”战略决策，随后不断出台政策，从早期的电子政务、社会信息化和企业信息化，到支持数字经济全面发展。2021年3月，福建印发《国家数字经济创新发展试验区（福建）工作方案》，从数字产业化、产业数字化、数据要素市场、“数字丝路”、数字新基建等领域作出战略部署。2021年11月，福建省出台《福建省“十四五”数字福建专项规划》，提出把数字福建

表 53　福建数字经济政策体系持续完善

时　间	文件名称	主要内容
2012.10	《工业和信息化部、福建省人民政府关于合作推进“数字福建”建设实施方案》	将“数字福建”升格为国家试点工程，旨在加快福建省信息化建设步伐，推动“数字福建”建设进入更高层次发展的新阶段，提出要实施三大提升工程。
2014.4	《福建省人民政府关于数字福建智慧城市建设的指导意见》	提出全省实现智慧城市建设的发展目标，并强调要加快完成数字化建设，建设公共平台等，推动数字化政府治理及政务业务运行。
2015.3	《加快互联网经济发展十条措施》	要把加快发展互联网经济作为打造经济升级版的重要支撑。提出了三阶段推进的发展目标以及实现目标的具体措施。
2016.10	《福建省政务数据管理办法》	旨在加强政务数据管理，推进政务数据汇聚共享和开放开发，加快“数字福建”建设，从六个方面对政务数据管理作出了详细的规范。
2018.5.25	《福建省人民政府办公厅关于加快全省工业数字经济创新发展的意见》	分阶段提出发展目标，并列出工业数字经济发展的四项重点任务：夯实工业数字经济产业基础、加快工业企业数字化升级步伐、打造数据驱动的工业新生态及优化工业数字经济发展环境。
2021.3.3	《国家数字经济创新发展试验区（福建）工作方案》	到 2022 年全省数字经济增加值达 2.6 万亿元以上，占生产总值的比重达 50% 以上，建成数字中国样板区。并于数字经济产业链、数据要素市场化配置、“数字丝路”建设以及数字新基建五大方面做出重点布局。
2021.3	《福建省国民经济和社会发展第十四个五年规划和二〇三五年远景目标纲要》	明确了“十四五”时期的工作重点，提出到 2035 年基本实现社会主义现代化和全方位高质量发展超越的远景目标，对于数字化发展提出了工作要求。
2021.11	《福建省“十四五”数字福建专项规划》	明确了“十四五”时期数字福建建设的指导思想、主要目标、重点任务等，是“十四五”时期全省各级各部门数字化工作的重要指南，是制定年度工作计划和安排项目建设与政府投资的基本依据。
2021.12	《福建省大数据发展条例》	从数据资源、基础设施、发展应用、数据安全、保障措施和法律责任等方面对大数据的发展做出详细阐述，并在数据采集、公共数据开放、个人信息保护方面提出要求，旨在探索大数据健康发展的标准。
2022.4.11	《福建省做大做强做优数字经济行动计划（2022—2025 年）》	聚焦做大做优做强数字经济，包括总体要求、重点任务、保障措施三个方面内容。
2022.12.26	《福建省数字政府改革和建设总体方案》	坚持“全省一盘棋、上下一体化建设”原则，构建一张网、一朵云、三大一体化平台和一个综合门户，支撑 N 个应用的“1131+N”一体化数字政府体系。

资料来源：政府官网。

建设作为推动高质量发展的基础性先导性工程，以数字化转型整体驱动生产方式、生活方式和治理方式变革，充分释放数字化发展的放大、叠加、倍增效应。

在立法方面，福建省较早出台了《福建省政务数据管理办法》，2021 年 12 月出台《福建省大数据发展条例》，要求进一步发挥数据生产要素作用，推进数字福建建设。

福建省数字经济改革三大特征

一是基于“数字福建”二十余年建设经验，进一步深化数字政府建设。福建已全面建成省市两级政务数据汇聚共享平台，形成了“统一汇聚、按需共享”新模式。《福建省“十四五”数字福建专项规划》提出要全面整合优化政务网络和一体化政务服务体系，提升基础设施和公共平台的支撑能力，推进数字技术与政府履职全面深度融合，打造整体协同、高效运行的数字政府。《福建省数字政府改革和建设总体方案》进一步提出，要实现数字政府系统通、业务通、数据通、服务通、管理通和组织在线、数据在线、业务在线、管理在线、沟通在线“五通五在线”，建成全过程数字化管理、政务服务“一网通办”、省域治理“一网统管”、政府运行“一网协同”的高效协同数字政府，打造能办事、快办事、办成事的“便利福建”，推动网上政务服务能力走在全国前列，奋力打造数字政府改革先行省、全国数字化治理示范省，贡献数字政府改革福建模式。

二是提出加快建设“数字丝路”，打造数字经济开放合作核心区。《国家数字经济创新发展试验区（福建）工作方案》提出要提升数字经贸合作水平。加快建设厦门金砖国家新工业革命伙伴关系创新基地，深入推进政策协调、人才培养、项目开发等领域合作。培育推广数字展览、数字营销、数字文化、跨境电商等数字贸易新业态新模式，加快推进厦门软件园国家数字服务出口基地建设，打造数字贸易的重要载体和数字服务出口的集聚区。打造跨境电商海外仓大数据服务平台、海上丝绸之路产业互联网创新合作平台，建设海丝工业互联网（泉州）创新中心，支持福州、厦门、泉州建设“数字丝路”经济合作试验区。

三是加强数字经济基金引育工程。《福建省做大做强做优数字经济行动计划（2022—2025年）》提出要设立福建省数字产业基金，同时以省级政府投资基金、省数字产业基金为龙头，加强省、市、县三级政府投资基金联动，引导各级国有企业、各类社会资本加大对天使、风投、创投基金的参股（出资）力度，促进数字企业融资。

福建省数字经济改革方向

在数据确权方面，《福建省“十四五”数字福建专项规划》提出，探索数据所有权、使用权、管理权分离模式。

在数据共享方面，提出一系列细化要求，包括优化完善政务数据资源目录，构建全省公共数据资源目录。加强公共数据汇聚，建立政务数据汇聚保障机制和基础数据更新联动机制。推进全省公共数据资源一级开发和授权开放。建设省公共数据资源开发服务平台，提供面向企业、科研院所、社会机构的场景化公共数据建模、分析、挖掘等基础服务和应用环境支撑。建立公共数据资源目录发布机制和数据供给服务保障机制，强化公共数据供需对接，快速响应企业需求。

在数据交易方面，推进数据交易服务平台建设，建立统一有序的数据交易机制，围绕数据权属、定价和交易，探索建立相应的行业规范和数据流通交易规则，营造数据要素流通良好生态。

在数据监管方面，福建提出为统筹推动数据资源管理、开发、利用和大数据产业发展提供法治保障，完善反垄断、反不正当竞争、行业管理、安全管理等数据要素市场监管体系。

在数据要素产业链方面，支持开展数据资产管理、数据交易、结算交付等业务，提高数据要素的配置能力，逐步建立全链条数据要素对接市场，推动公共数据与企业数据深度对接，提升社会数据资源价值。培育一批数据服务商，推动依法依规开展公共数据、互联网数据、企业数据的采集、整理、聚合、分析等业务。丰富公共数据应用场景，优化数据供给，以数据应用促进数据质量提升。

在数字产业化方面，做大做强物联网、大数据、卫星应用等特色优势产业，加大高性能传感器产业链协同创新攻关，发展 MEMS 智能传感器等产品体系，构建物联网公共服务体系。统筹打造一批高性能计算设施、人工智能超算设施和大数据处理能力支撑体系，增强大数据服务能力。统筹部署并鼓励企业等多元主体建设一批海丝卫星综合服务平台，增强卫星应用赋能和产业优势能力。组织实施“卫星 +”示范应用工程。

在产业数字化方面，赋能实体经济转型升级，发展特色高效数字农业，大力发展数字农业、智能制造、智能化服务业、智慧城市、智慧海洋。

CASE 案 例

福建省夯实数字经济底座，打造“数字福建”新引擎

近年来，福建省充分发挥“数字福建”的建设引领作用，加快布局数字基础设施建设，加快信息网络建设为数字经济高质量发展提供支撑，创新拓展应用场景为各行各业的快速发展赋能。

福建省大规模铺开网络建设，发挥数字经济载体作用。一是建设“5G+ 宽带”双千兆网络，全面部署 IPv6，促进 5G 网络向县（市）、乡（镇）延伸覆盖，向独立组网和商业用途推广。截至 2022 年 6 月，福建省实现所有县区和 99% 乡镇 5G 网络覆盖，全省互联网数据中心在用 36 个、在建 5 个，总机架数 7.3 万个。二是超前布局新技术基础设施，例如在云

计算领域，率先投运“数字福建”云计算中心（商务云），配置省人工智能公共服务平台、运行速度达3000万亿次/秒的省超级计算中心等基础设施，引入东南健康医疗大数据中心等多个国家级项目。三是发展空天地一体化卫星互联网，实施数字福建“151”卫星应用工程，设立海丝卫星数据服务行业分中心和区域分中心、基于人工智能的卫星数据智能解译平台、国家北斗导航位置服务数据福建分中心。福建鼓励大型国企、高校、民营企业加入商业卫星建设，形成以企业为主体、行业应用为导向、公共平台为支撑、产业延续为承载的功能格局。中国信通院统计数据显示，福建省从事卫星应用企业达100多家，涵盖从芯片设计、移动电话、车载导航设备到地理信息应用测绘等产业链各个环节。四是建设数字丝路信息枢纽，聚焦“一带一路”共建国家和地区在信息互联互通、国际经贸合作信息化和人文交流信息化方面的合作，升级网络基础设施，建设国家离岸数据中心（平潭）、“海丝”空间信息港和丝路网络安全协作机制，促进丝路电商合作，建设“丝路智慧口岸”“数字丝路”经济合作试验区，此外还加强人文交流，建设华侨华人数字化公共服务平台等。

福建省深化跨行业融合应用，拓展不同业务场景需求。一是推动农村基础设施数字化，实施“益农信息社”与“农村普惠金融服务点”联合运营试点，推进信息进村入户。实现农村通信基础设施4G全面覆盖、5G加速延伸，农村基础设施加速改造升级，“智慧林业”“智慧海洋”等数字化应用场景不断创新推广。二是加快“5G+工业互联网”布局，开展涵盖新型基础设施建设的全省工业园区标准化建设专项行动，并在16个园区首先试点。福建推动数字与应用场景深入融合，打造无人智能巡检、生产现场监测、远程装备操作、现场辅助装配、机器视觉检测、厂区智能物流等典型场景应用，实现生产效率的提高和生产成本的降低。例如建设全省首个5G智慧制造示范产业园——永春县九牧厨卫生产园区，九牧厨卫公司通过MEC（边缘计算）技术实现24小时车间及厂间AGV（自动导引运输车）无人物流运送，降低人力成本，通过机器自动施釉，提升工作效率2倍以上，利用5G+机器视觉系统替代人工进行产品质量监测，将良品率从88%提升至90%。三是提升各行业智能化水平，涵盖智慧教育、智慧交通、智慧农业、智慧海洋等领域。例如智慧教育方面，建设全球最大的教育内容生产基地“福州5G+智慧教育”示范项目，探索5G在远程教育、智慧教室、校园安全等场景下的应用，重点开展5G+高清远程互动教学、AR/VR沉浸式教学、全息课堂、远程督导、高清视频安防监控等业务，平台拥有来自190多个国家和地区、超1亿的用户，被联合国教科文组织列入重点推荐的远程学习平台。智慧港口方面，厦门远海码头是全国首个5G全场景应用智慧港口，利用5G相关技术实现驾驶行为分析、AGV（自动导引车）远程控制、自动驾驶、港机远控等功能，极大提高了港区的效率和安全。智慧海洋方面，福建移动为打造智慧海洋交互平台，部署泉州首批覆盖海面的惠安海域5G基站，探索海洋场景与5G、大数据、AI的结合，利用无人监测船实时回传巡航视频、监测图像、监测数据，实现海洋管理工作智慧信息化。

七、川渝地区：数字经济协同发展

川渝地区加快数字双城经济圈建设

2021年10月20日，国务院出台《成渝地区双城经济圈建设规划纲要》，对于成渝地区数字经济的发展提出要求，并就数字基础设施、数字产业链及数字安全等方面作出战略部署。12月，川渝两地联合出台《重庆四川两省市贯彻落实〈成渝地区双城经济圈建设规划纲要〉联合实施方案》，强调要“合力打造数字产业新高地”，协同建设现代数字产业体系。2023年1月，川渝两地联合出台《推动成渝地区双城经济圈市场一体化建设行动方案》，提出要互联互通数据要素市场，加强川渝数据领域交流合作。

具体来看，重庆出台了《重庆建设国家数字经济创新发展试验区工作方案》《重庆市数字经济“十四五”发展规划》，四川出台了《国家数字经济创新发展试验区（四川）建设工作方案》《四川省“十四五”数字经济发展规划》，建成较为健全的政策框架。同时两地均在数字

表 54　川渝地区作出决策部署，加快数字经济圈建设

时　间	文件名称	主要内容
2018.5	《重庆市政务信息资源共享开放管理办法》	先行探索公共信息资源共享与开放的管理标准，着力促进政务信息系统互联互通，为重庆政务信息资源共享和开放提供制度保障。
2019.8.21	《重庆市政务数据资源管理暂行办法》	进一步打通数据屏障，致力于构建政务数据资源采集、编目、汇聚、共享、开放、应用监督的全链条管理体系。
2020.6	《重庆建设国家数字经济创新发展试验区工作方案》	在全国六个试验区率先获批印发，重庆市成为全国首个启动实施的国家数字经济创新发展试验区。对于重庆市国家数字经济创新发展试验区的建设作了详细的部署，提出重点任务。
2021.4.8	《重庆市公共数据开放管理暂行办法》	针对新冠疫情带来的数字经济发展新态势进一步完善数据开放管理制度，加快建立公共数据有序开放体制机制。
2021.12.8	《重庆市数字经济“十四五”发展规划》	就数据要素市场化、数字经济产业链、数字治理等方面部署了重点工作任务。
2020.12.16	《重庆市大数据标准化建设实施方案（2020—2022 年）》	旨在探索大数据各项标准建设，建立“1+3”的大数据标准化体系。重庆市成为国内首个出台大数据标准化工作方案的省市。
2021.1.1	《国家数字经济创新发展试验区（四川）建设工作方案》	提出总体要求、重点任务和保障措施三大部分共 13 项任务，对试验区建设工作进行全面部署安排。
2021.5.6	《四川省数字化转型促进中心建设实施方案》	提出通过数字化转型促进中心建设，打造一批数字化转型服务平台，催生一批数字化转型支撑技术与产品，开发一批数字化转型解决方案，探索建立数字化转型的标准和规范，形成一批可复制、可推广的数字化转型模式和典型经验，充分激发企业数字化转型积极性，加速促进经济社会数字化转型。
2021.9.8	《四川省“十四五”新型基础设施建设规划》	就四川省当前新型基础设施的建设现状及其发展所面临的机遇和挑战进行分析，提出“十四五”时期新基建的总体要求，并从信息基础设施、融合基础设施、创新基础设施等新基建的多个重点领域进行战略布局。
2021.9.27	《四川省“十四五”数字政府建设规划》	明确提出要加快数字政府建设，深化政府数据开放共享，不断提高决策科学性和服务效率。到 2025 年，四川省数字政府建设整体水平迈入全国先进行列，全面建成协同高效、治理精准、决策科学、人民满意的数字政府。
2021.9	《四川省数字经济发展创新示范区建设方案》	进一步明确四川省数字经济发展创新示范区建设的总体思路、建设目标、建设布局和保障措施。
2021.10	《成渝地区双城经济圈建设规划纲要》	对于成渝地区数字经济的发展提出要求，并就数字基础设施、数字产业链及数字安全等方面作出战略部署。

（续表）

时　间	文件名称	主要内容
2021.11.22	《四川省“十四五”数字经济发展规划》	提出数字经济发展的阶段性目标，并指出从七大方向进行重点布局，加快数字经济变革。
2021.12.16	《重庆市数据治理“十四五”规划（2021—2025年）》	深入实施国家大数据战略，全力攻坚数据“聚通用”，充分挖掘大数据商用、政用、民用价值，构建数字社会。
2021.12	《重庆四川两省市贯彻落实〈成渝地区双城经济圈建设规划纲要〉联合实施方案》	强调要“合力打造数字产业新高地”，协同建设现代数字产业体系。
2022.12.7	《四川省数据条例》	作为四川省数据领域第一部基础性法规，将充分发挥立法的保障、引领和推动作用，助推四川省经济社会高质量发展。
2023.1.31	《推动成渝地区双城经济圈市场一体化建设行动方案》	互联互通数据要素市场。探索统一数据权属界定、开放共享、交易流通等标准措施。

资料来源：政府官网。

标准化建设方面进行探索，包括《重庆市大数据标准化建设实施方案（2020—2022年）》《四川省公共数据开放技术规范》，探索大数据各项标准建设。

在立法方面，重庆针对公共数据开放出台一系列管理办法，《重庆市政务信息资源共享开放管理办法》《重庆市政务数据资源管理暂行办法》《重庆市公共数据开放管理暂行办法》，进一步完善数据开放管理制度，加快建立公共数据有序开放体制机制。四川出台《四川省数据条例》，为四川省第一部数据领域基础法规，聚焦数据资源体系建设、数据流通利用、数据安全管理三大环节。

川渝地区数字经济改革的三大突破

从《重庆四川两省市贯彻落实〈成渝地区双城经济圈建设规划纲要〉联合实施方案》《推动成渝地区双城经济圈市场一体化建设行动方

案》及四川、重庆各自的“十四五”数字经济发展规划来看，川渝地区数字经济改革主要有以下三方面创新。

一是利用川渝特色资源优势，提升科技创新能力，为数字经济发展提供技术支撑。统筹成都高新区、重庆高新区资源，联动高校和科研院所，打造全国重要的科技创新和协同创新示范区。实施成渝科技创新合作计划，围绕新一代信息技术、人工智能等领域，联合开展关键核心技术攻关。加快推动重庆软件园与成都天府软件园深度合作，共创成渝软件名城。深入推进全面创新改革试验，健全创新激励政策体系，深入实施“天府英才”工程、“重庆英才计划”，构建充满活力的创新生态。

二是川渝合力推动两省市政务数据资源共享系统互联，促进数据要素跨区域流动。川渝地区提出要探索统一数据权属界定、开放共享、交易流通等标准措施。同时提出编制数据共享责任清单，推进川渝“跨省通办”系统与国家“跨省通办”系统融合，推动网上政务服务平台及移动端用户身份跨省市互认、跨区域服务自动切换。此外，依托城市大数据资源中心建设川渝共享专区，在地级以上城市全面建立数字化管理平台，推动政务数据与公共事业数据、社会数据融合流通。

三是“东数西算”赋能川渝数字经济发展。两地启动建设全国一体化算力网络国家枢纽节点，推动数据存储、传输和计算资源协同布局。川渝将加快建设西部数据交易中心（重庆）和西部数字资产交易中心（四川），充分发挥国家级超算中心——成都超算中心效能，推动中新国际数据通道和成都国际数据直达通道共建共享共用。在成渝地区积极建设国际数据中心和国际数据门户，共同打造成渝地区大数据产业基地，建设国家级数据流通服务中心，推进国家“数据长城”行动计划，推动跨层级、跨地域、跨行业数据联动和数据融合应用。

川渝地区数字经济改革主要方向

《重庆四川两省市贯彻落实〈成渝地区双城经济圈建设规划纲要〉联合实施方案》强调，要加快释放数据资源价值，培育数据要素市场。

在数据确权和定价方面，建立健全数据权益、交易流通和安全保护等基础性制度规范，明确数据主体、数据控制方、数据使用方权利义务，保护数据主体权益。探索政务数据运营与西部数据交易中心对接机制，健全数据市场定价机制，以数据应用需求为导向，完善数据市场流通环境，精准对接市场供给。

在数据共享方面，积极探索数据共享交换和开发利用等一体化创新路径，促进数据跨省跨地域流通。依托城市大数据资源中心建设川渝共享专区，推动川渝政务数据共享系统互联。探索建立统一的区域数据共享和开放目录清单，梳理跨省跨地域共享数据资源数量及种类，推动跨省跨地域数据共享开放。推动“渝快办”与“天府通办”对接，扩大“跨省通办”“跨省联办”服务范围，推进社保、医保、公积金等“跨省通办”事项高频使用证明的电子化，推进跨省跨地域互认共享、在线核验。

在数据交易方面，建设西部数据交易中心和数字资产交易平台，推动政府部门、企事业单位、社会主体在西部数据交易中心开展数据交易，培育数据要素交易市场。其中，重庆市致力于推动出台数据交易管理办法，加快数据交易中介服务、数据权属确认、数据价值评估、数据交易收益分配等配套制度建设，探索建立数据产品和服务进场交易机制，提高数据要素市场配置效率。四川省正加大力度研究保障大数据流通交易的政策措施，鼓励企业对脱敏后的数据进行市场交易。

在数据监管方面，构建数据流通监管平台，加强数据交易流通全过程安全监管，确保数据流通过程可追溯、使用范围可明确、合法合规可审计、安全风险可防范、法律责任可追诉。

在数据要素产业链方面，逐步完善数据要素市场生态体系，鼓励发展数据集成、数据经纪、数据合规性评审、数据审计、数据公证、数据资产评估、交易定价服务、交易争议仲裁、人才培训等专业性中介服务机构，规范开展数据要素市场流通中介服务。鼓励数据密集型企业基于自身优势开展业务转型，成为数据资源生产企业和数据要素提供企业，参与数据交易服务。

在数字产业化方面，抢抓川渝建设国家数字经济创新发展试验区的契机，发挥创新驱动作用，塑造智能产业新优势。发挥集成电路、新型显示、智能终端、软件与信息服务等产业优势，培育“芯屏器核网”全产业链。构建“云联数算用”全要素群，打造“住业游乐购”全场景集，培育发展大数据、人工智能、区块链、数字内容、超高清视频等数字产业，打造具有国际竞争力的电子信息产业集群。

在产业数字化方面，促进软件、互联网、大数据等信息技术与实体经济深度融合，加快重点领域数字化发展，引领产业转型升级。围绕产业发展需要，推动共建成渝工业互联网一体化发展示范区、区域协同公共服务平台和服务体系，构建全国领先的“5G+ 工业互联网”生态。

八、贵州：政策红利下的数字经济新态势

贵州省数字经济战略持续深化

早在 2014 年 2 月，贵州省政府就印发《关于加快大数据产业发展应用若干政策的意见》。2016 年 2 月，贵州建设全国首个国家大数据综合试验区。2020 年起，贵州省进一步加强数字经济改革力度。2020 年 6 月，贵州出台《贵州省大数据标准化体系建设规划（2020—2022 年）》，进一步完善和优化大数据标准化体系，提升大数据标准化水平，为大数据发展及融合应用提供技术支撑。2021 年 12 月出台《贵州

省“十四五”数字经济发展规划》和《国家大数据（贵州）综合试验区“十四五”建设规划》，全面部署数字经济发展。

立法方面，当前贵州省已颁布《贵州省大数据安全保障条例》《贵州省政府数据共享开放条例》《贵州省数据流通交易管理办法（试行）》等7部地方性法规，逐渐形成具有贵州特色的大数据法律法规体系。

2022年贵州省数字经济政策红利持续增强，发展战略进一步深化。2022年1月，国务院发布《国务院关于支持贵州在新时代西部大开发上闯新路的意见》，赋予贵州省“数字经济发展创新区”的战略定位，要求贵州省深入实施数字经济战略，强化科技创新支撑，激活数据要素潜能，推动数字经济与实体经济融合发展，为产业转型升级和数字中国建设探索经验。

表55　贵州省数字战略政策布局启动较早

时　间	文件名称	主要内容
2017.4.20	《贵州省人民政府关于推动数字经济加快发展的意见》	明确要坚持创新驱动、市场主导、重点突破，以数字化、网络化、智能化为指引，以发展数字经济重点型态为方向，以培育市场主体为抓手，以推动重点领域改革为突破口，以强化发展保障为支撑，共享数字红利，推动数字经济加快发展。
2019.8.1	《贵州省大数据安全保障条例》	全国首个省级层面大数据安全保障法规，明确了部门职责权限，围绕数据全生命周期确定了大数据安全责任人责任，建立了全省统一的大数据安全监管体系，明确支持大数据安全相关产业技术发展应用。
2020.6.28	《贵州省大数据标准化体系建设规划（2020—2022年）》	一是通过开展大数据领域国际、国家标准试验验证与应用推广，培育发展大数据领域团体标准、企业标准；二是依托国家技术标准创新基地（贵州大数据）建设，加强大数据标准化相关制度建设，完善大数据标准化公共服务体系，推动大数据标准化实施与监督体系建设，赋能产业发展，形成带动效应。
2020.6.29	《贵州省大数据融合创新发展工程专项行动方案》	明确到2022年“数据要素市场培育基本成型”，提出“加快培育数据要素市场催生服务业新业态新模式”的重点任务。

（续表）

时　间	文件名称	主要内容
2020.9.25	《贵州省政府数据共享开放条例》	共 7 章 45 条，从政府数据管理、政府数据共享、政府数据开放、监督管理等明确贵州省政府数据共享开放事项，构建了数字经济时代的原材料供应链基础，规范了政府数据采集、清洗、汇集、治理、挖掘与利用各环节的标准，制定了政府数据服务的基本准则。
2021.12.29	《贵州省"十四五"数字经济发展规划》	明确了"十四五"贵州数字经济增加值万亿倍增的总体目标及四个方面主要发展目标，并就 2035 年数字经济发展进行了展望。系统谋划了"5 + 2 + 2"任务框架，即"数字产业化、产业数字化、数字化治理、数字经济创新、数字合作交流"五大发展方向。
2021.12.29	《国家大数据（贵州）综合试验区"十四五"建设规划》	提出"三区一枢纽"建设目标，一是围绕深入探索政策制度优化、体制机制创新和服务模式创新，健全大数据法规标准体系及新业态审慎包容监管等。二是建成大数据产业发展先行区。到 2025 年，全省数字经济增加值实现倍增，占地区生产总值比重达到 50% 左右。三是围绕完善数字化社会治理体系和数字化民生服务体系。
2022.1.26	《国务院关于支持贵州在新时代西部大开发上闯新路的意见》	赋予贵州省"数字经济发展创新区"的战略定位，鼓励贵州省深入实施数字经济战略，强化科技创新支撑，激活数据要素潜能，推动数字经济与实体经济融合发展，为产业转型升级和数字中国建设探索经验。
2022.12.26	《贵州省数据流通交易管理办法（试行）》	共 9 章 42 条，包括部门职责、交易场所、交易标的、交易主体、交易流程、安全管理、监督管理等，解决在哪里进行数据流通交易、数据流通交易什么以及流通交易谁来参与的问题。
2023.2.17	《贵州省建设数字经济发展创新区 2023 年工作要点》	提出加快发展主导产业、实施大数据新兴产业"双千倍增"行动、打造多元化产业集聚平台、打造数字化转型标杆、着力提升算力服务水平、加快数据要素市场化配置改革、强化应用场景开放、开展"大数据项目建设年"活动等。

资料来源：政府官网。

贵州省数字经济改革四大特点

一是着力推动数字经济法治化标准化建设。早在 2017 年 7 月出台的《贵州省人民政府关于推动数字经济加快发展的意见》就提出要"加快建立各类数字经济标准"。针对数据的采集、开放、共享、确权、交易等关键环节制定共性标准，建立数据资源标准体系。《贵州省大数据标准化体系建设规划（2020—2022年）》积极推进数据开放共享、流通交易、数据确权与估值等标准化探索，构建贵州省“一云一网一平台”标准体系，为全国一体化大数据中心体系标准化建设先行探索，进一步推动贵州数据要素市场标准化发展。

二是做实数据价值化，在省属国有企事业单位建立数据专员机制，培育引进一批专业“数据商”。提出在贵阳市开展数据资产化试点，开展数据要素型企业认定、企业采购数据费用纳入研发投入费用、数据资产纳入企业资产负债表试点，探索数据资产入表新模式。加快公共数据场景开放和开发利用，通过“数据专员机制”优化数据调度流程，深化数据质量评估，制定共享开放责任清单，推动数据供需双方精准对接。此外，构建数据流通交易生态，重点在政务、金融、通信、电力、交通、信用等领域，培育引进一批专业“数据商”，加快培育数据集成、数据经纪、资产评估、定价评估、安全评估等第三方专业服务机构。

三是高度重视数字基础设施建设。要求实施数字设施大提升行动，构建新型数字基础设施，加快算力基础设施、融合基础设施、创新基础设施等建设。在算力方面，要建设全国算力网国家枢纽节点，打造全国数据算力服务高地，加快“东数西算”示范工程项目申报建设，建设“东数西算”算力协同与数据流通实验室，推动东西部算力协同创新合作，探索“东数西算”服务机制，开展跨区域算力高效调度探索。

四是关注数字化政府治理，深化数字民生服务应用。作为全国首个国家大数据综合试验区，贵州省政府加快完善“一云一网一平台”，努力打造全国领先的数字政府核心基础设施，提升“贵人服务”品牌。加快构建数字政府“大基础、大中台、大系统”体系，提升“云上贵州”系统平台服务能力，推进云资源省市一体化协同。《国家大数据

（贵州）综合试验区“十四五”建设规划》中明确提出关注大数据与民生服务的融合应用，运用大数据提升公共服务均等化、普惠化、便捷化水平。

贵州省数字经济改革主要方向

国务院在 2022 年 1 月发布的《国务院关于支持贵州在新时代西部大开发上闯新路的意见》明确提出，贵州省要加快要素市场化配置改革，推进数据确权，推动数据资源化、资产化改革，建立数据要素市场化配置和收益分配机制。

在数据共享方面，加快公共数据高质量归集及高质量开放。建成数字“一带一路”信息港（贵州），完善“云上贵州”数据共享交换平台。制定实施公共数据开放计划，优化数据调度流程，深化数据质量评估，制定共享开放责任清单，推动数据供需精准对接。

在数据交易方面，优化提升贵阳大数据交易所。完善贵州省数据流通交易服务中心组织架构，搭建贵州省数据流通交易平台，规范数据交易场所功能定位、经营服务范围。强化企业数据供给激励，鼓励国有企业参与数据流通交易，推进“场外交易”逐步转入“场内交易”。

在数据监管方面，推进《贵州省信息基础设施条例（修订草案）》立法修订，开展《贵州省数据条例（草案）》立法调研，编制大数据立法规划。探索开展全省数字经济统计核算。健全安全评估指标体系，强化安全监测及评估。

在数据要素产业链方面，发展数据加工产业，形成全省“特色产业”。聚焦数据清洗与标注、数据分析与可视化等业务，加快发展数据衍生增值服务，将数据加工产业打造成全省大数据“特色产业”。做强图像、语音、文本及视频标注等标识业务，在无人驾驶、智慧城市、智能家居、智慧金融等领域打造定制化的数据标注产品。支持云上数联、块数据、数据宝等企业研发推广一批数据治理产品。

在数字产业化方面，推进关键技术自主化，补齐研发链短板，提升关键技术对于产业发展的支撑力。加快部署区块链设施，打造以“享链”技术为核心的城市级自主可控主权区块链平台。

在产业数字化方面，深入实施“万企融合”，推进大数据与实体经济深度融合。推动数据赋能全产业链协同转型，助力新型工业化、新型城镇化、农业现代化、旅游产业化融合创新发展。大力发展智能制造，推进“上云用数赋智”，促进省内上下游企业加快数字化转型。夯实智慧农业基础，建设一批现代智慧农业产业园，深化农业智慧产销对接，搭建智慧农业综合服务平台，推动数字技术赋能农业现代化。完善提升贵州全域智慧旅游服务平台，推动智慧旅游景区建设与数据的互联互通，促进数字文化与社交电商、网络直播、短视频等在线新经济结合，引领服务业数智化升级。

CASE 案 例

贵州省依托大数据产业支撑，驱动数字经济高质量发展

贵州省建设全国首个国家大数据综合试验区，发挥气候适宜、电力充足、地质结构稳定等优势，依托“东数西算”工程，推动数据中心集群和数字产业链发展。同时，立足“数字经济发展创新区”，推动大数据与实体经济深度融合，充分激发数据潜能、释放数据价值，在实施数字经济战略上抢新机。

贵州省建设数据中心集群，构造数字经济全产业链。一是超前部署数字基建。2022 年 2 月“东数西算”工程启动，旨在建设成为全国一体化算力网络国家枢纽节点。贵州加快数据中心、算力网、5G 等新一代数字基础设施布局，构建“云算数网”融合与协同创新的数据算力服务体系，规划到 2025 年，贵州省数据中心标准机架达 80 万架、服务器达 400 万台，

建成5G基站18万个以上，至京津冀、粤港澳、长三角、成渝枢纽以及周边省份直连网络单向时延平均在20毫秒以内。二是推进数据中心集群建设。贵安新区数据中心集群依托“东数西算”工程，相继规划建设了中国移动数据中心、中国联通数据中心、贵安华为云数据中心（七星湖）、贵安华为云数据中心（高端园）、苹果贵安数据中心、腾讯贵安七星数据中心等14个超大型数据中心，预计总投资达400亿元，可承载服务器超400万台，形成超大型数据中心集群。贵州省将进一步推动全国一体化算力网络国家（贵州）主枢纽中心建设，引进面向国家部委、金融机构和互联网领军企业的重大数据中心项目。三是培育延长数据产业链。贵州围绕数据中心集群，以服务器、存储设备、电力设备等配套设备需求吸引电子信息制造业集聚，带动服务器、机柜、存储设备等上游产业发展，以数据要素资源吸引清洗、数据分析等软件和信息技术企业集聚，带动云计算、云服务等下游产业发展。当前贵州已吸引苹果、惠普等世界知名企业落户，华为、腾讯、阿里、百度、京东、浪潮等互联网领军企业扎根，培育满帮、易鲸捷、白山云、云上贵州、朗玛信息、翰凯斯等一批本土大数据引领企业。

贵州省数据驱动创新发展，推动大数据与实体经济深度融合。贵州实施“万企融合”，带动9217户企业开展数字化改造，加快企业“上云用数赋智”，截至2021年底，累计引导2.3万多户企业上“云”用“云”。赋能农业现代化，建设集基地动态、扶贫专区、供应大厅、采购大厅、冷链配送、校农对接、农业服务、价格行情为一体的贵州省农产品大数据平台，通过采集基地种植信息、冷库冷链信息、省内外农产品交易信息和全国农产品价格信息等，多维度构建信息交易网络，同时汇聚市场、天气数据、全国产区等数据，根据产品供求关系提供滞销预警、市场拓展指导等功能。赋能旅游产业化，建设5A级景区智慧服务平台，利用5G、AR等技术实现虚拟导游讲解、手机观看场景再现等功能。例如黄果树大瀑布景区通过大数据中心和智能管理平台，在旅客手机和景区大屏实时推送在园人数和舒适度等数据信息，便于游客选择游览景点。

九、河北：加快数字经济追赶步伐

河北省加快政策体系建设

2020 年 5 月，河北省出台《河北省数字经济发展规划（2020—2025 年）》，提出全面建设雄安新区数字经济创新发展试验区，在智能城市建设、数据要素流通、体制机制构建等方面先行先试。2020 年 10

表 56　河北持续加快政策体系建设

时　间	文件名称	主要内容
2020.5.13	《河北省数字经济发展规划（2020—2025 年）》	紧密结合河北经济社会发展实际，坚持全面部署与重点突破相结合，统筹部署数字产业化、产业数字化及社会治理数字化等各方面任务，着力构建数据资源体系、产业创新体系。
2020.7	《河北省大数据产业创新发展提升行动计划（2020—2022 年）》	包括总体要求、重点任务、保障措施三部分。旨在激活数据要素潜能，加速赋能传统行业，推动经济转型升级，培育数字经济发展新动能，打造数字经济新优势。为实现计划目标，组织开展七个专项行动。
2020.10	《河北省关于支持数字经济加快发展的若干政策》	紧紧抓住产业数字化、数字产业化赋予的机遇，着力壮大新增长点，形成发展新动能。遵循突出基础设施建设、突出市场主体培育和突出发展生态营造三大原则，包括五大方面共 18 项政策。
2022.1	《关于破解瓶颈制约助推数字经济健康发展的若干政策》	推出五大方面 17 项措施，进一步优化河北省数据中心布局和建设，破解数字基础设施建设运营中的瓶颈制约，加快产业数字化步伐，推动数字经济健康发展。
2022.5.27	《河北省数字经济促进条例》	共 9 章 81 条，包括数字基础设施建设、数据资源开发利用、数字产业化、产业数字化、数字化治理、京津冀数字经济协同发展、保障和监督等。填补了河北省数字经济发展方面的法规空白。
2022.11.4	《河北省政务数据共享应用管理办法》	坚持统筹共享应用与安全管理的原则，共设 7 章 32 条，主要包括明确范围职责、坚持统筹管理、推进共享应用、加强安全监管等内容。
2023.1.1	《河北省一体化政务大数据体系建设若干措施》	全省一体化政务大数据体系包括省政务大数据平台、市级政务大数据平台以及配套的管理机制、标准规范、安全保障体系，为全省开展政务数据管理提供统一的基础支撑。
2023.1.21	《加快建设数字河北行动方案（2023—2027 年）》	抢抓数字化变革新机遇，把数字河北建设作为推进高质量发展的基础性先导性工程，组织实施 6 个专项行动、20 项重点工程，推动数字技术与实体经济深度融合，适度超前建设数字基础设施，做强做优做大数字经济，完善数字社会治理体系，提升公共服务水平。

资料来源：政府官网。

月出台《关于支持数字经济加快发展的若干政策》，从支持数字基础设施建设、提升产业数字化支撑和服务能力、引进培育市场主体、加大技术创新投入力度、构建数字经济发展良好生态等领域进行部署。2023年1月出台《加快建设数字河北行动方案（2023—2027年）》，提出要将雄安新区建成全球数字城市新标杆，石家庄建成全国一流的新一代电子信息产业基地，张家口建成全国一体化算力网络关键节点。

在立法方面，2022年5月《河北省数字经济促进条例》、2022年11月《河北省政务数据共享应用管理办法》陆续发布。

雄安新区数字经济改革三大特点

一是侧重于数据要素的流通机制建设。雄安新区重点探索数字经济生产要素充分流通机制，建立数据资产评估定价、交易规则、标准合约等政策体系，高效配置数字经济生产要素。同时探索构建数字经济新型生产关系，建立适应数字经济发展的治理模式和体制机制，全面激活数据、信息、知识、技术等新生产要素。此外，以政企数据机制化融通利用，加快智慧城市建设，为推动京津冀协同发展和建设京津冀世界级城市群提供支撑。

二是强化数字基础设施建设。《加快建设数字河北行动方案（2023—2027年）》针对雄安新区提出一系列行动计划，包括到2027年在雄安新区建成6G规模应用示范网，将雄安新区打造成中国6G发展先导区；启动雄安国际互联网数据专用通道建设，争取雄安新区建设国家互联网骨干直联点；推进雄安城市计算中心、雄安（衡水）先进超算中心、廊坊人工智能计算中心等。以数字基础设施夯实雄安新区数字经济发展底座。

三是强调数字城市超前规划。坚持数字城市与现实城市同步规划、同步建设，大规模、全领域集成应用新一代信息技术，适度超前布局智能基础设施和感知体系，推进建筑施工的智能化，实施智慧政务服务、智慧治理体系、智慧公共服务等应用工程，建设智慧能源、交通、物流系统，建立城市智能运行模式，打造具有深度学习能力、全球领先的智能城市。

河北省数字经济改革方向

在数据共享方面，《河北省数字经济发展规划（2020—2025年）》提出推进政务数据开放共享，制定发布公共数据开放标准、开放目录和开放计划，明确开放范围和领域。

在数据交易方面，提出建设雄安新区数字经济创新发展试验区，建设大数据交易中心，推进数据要素资源高效有序流动和深度开发利用，支持开展数据资产管理、数据交易、结算交付等业务。

在数据监管方面，探索开展数据权益保护、个人信息和隐私保护、数据安全等地方立法工作，梳理并修订阻碍数字经济发展的法律、法规，逐步建立与数字经济发展相适应的法治体系。

在数字产业化方面，《河北省数字经济发展规划（2020—2025年）》指出，河北省数字经济核心产业规模小，要围绕培育数字经济核心产业，推动一批产业园区创新发展。鼓励全省大数据与物联网、电子信息制造业、人工智能与智能装备等数字经济产业向园区集聚。支持现有产业基地、园区创新适应数字经济特点的改革举措，延伸产业链条，吸引配套产业，完善数字化产业体系。对培育数字经济成效显著、聚集效应好、带动性强的省级战略性新兴产业示范基地，省级战略性新兴产业发展专项资金给予奖励。

在产业数字化方面，鼓励各类平台、第三方机构面向广大中小微企业提供数字化转型所需的开发工具及公共性服务平台，开展低成本、低门槛服务，促进中小微企业数字化转型。

主要参考文献

References

[1] 麦可思研究院:《2022年中国大学生就业报告》,社会科学文献出版社2022年版。

[2] 中国科技评估与成果管理研究会、国家科技评估中心、中国科学技术信息研究所:《中国科技成果转化年度报告2021(高等院校与科研院所篇)》,科学技术文献出版社2022年版。

[3] 黄奇帆、陈春花、吴声、何帆、管清友等:《数字上的中国》,中信出版社2022年版。

[4] 王瑞民、邵挺:《"十四五"土地市场体系发展:挑战与建议》,载《发展研究》2020年第1期。

[5] 刘昱洋:《中国五大要素市场化配置的制约因素及完善策略》,载《区域经济评论》2021年第6期。

[6] 余露:《新发展格局下土地要素市场化改革的思考及建议》,载《商业经济》2021年第8期。

[7] 杨浩、袁博、强海洋:《我国工业用地价格市场化改革思路研究》,载《中国国土资源经济》2015年第9期。

[8] 宋志红:《农村土地制度改革必须坚守底线意识和法治思维》,载《中国国土资源经济》2015年第4期。

[9] 董新辉:《新中国70年宅基地使用权流转:制度变迁、现实

困境、改革方向》，载《中国农村经济》2019 年第 6 期。

［10］黄征学、吴九兴：《集体经营性建设用地入市：成效与影响》，载《团结》2019 年第 1 期。

［11］吴昭军：《集体经营性建设用地土地增值收益分配：试点总结与制度设计》，载《法学杂志》2019 年第 4 期。

［12］张晓恒、王志娜、闵师：《农村集体建设用地试点改革：整理、盘活与收益分配》，载《新疆农垦经济》2020 年第 11 期。

［13］贺雪峰：《城乡建设用地增减挂钩政策的逻辑与谬误》，载《学术月刊》2019 年第 1 期。

［14］汪毅、何淼：《利用集体建设用地建设租赁住房的挑战与对策》，载《中国土地》2021 年第 18 期。

［15］陆剑、陈振涛：《集体经营性建设用地入市改革试点的困境与出路》，载《南京农业大学学报（社会科学版）》2019 年第 2 期。

［16］刘亚辉：《农村集体经营性建设用地使用权入市的进展、突出问题与对策》，载《农村经济》2018 年第 12 期。

［17］付冬梅、龙腾：《浙江德清集体经营性建设用地入市模式研究》，载《上海国土资源》2016 年第 2 期。

［18］何芳、龙国举、范华、周梦璐：《国家集体农民利益均衡分配：集体经营性建设用地入市调节金设定研究》，载《农业经济问题》2019 年第 6 期。

［19］武舜臣、胡凌啸、汪明煜、于海龙：《城乡建设用地增减挂钩政策“扶贫特例”的利好与隐忧——基于四川案例的思考》，载《中国延安干部学院学报》2019 年第 5 期。

［20］蔡继明、刘梦醒：《论我国城乡建设用地增减挂钩模式的转变》，载《天津社会科学》2021 年第 5 期。

［21］谭明智：《严控与激励并存：土地增减挂钩的政策脉络及地

方实施》，载《中国社会科学》2014 年第 7 期。

[22] 谢琼、王金华、张芷祎：《城乡建设用地增减挂钩政策的缘起、发展与新思考》，载《武汉社会科学》2022 年第 1 期。

[23] 韩立达、王静：《创新和规范城乡建设用地增减挂钩政策研究——以成都市为例》，载《农村经济》2014 年第 10 期。

[24] 徐海燕：《城乡建设用地增减挂钩节余指标跨县域交易定价研究》，载《资源开发与市场》2019 年第 4 期。

[25] 张海鹏：《我国城乡建设用地增减挂钩的实践探索与理论阐释》，载《经济学家》2011 年第 11 期。

[26] 尹冰、刘燕：《重庆地票制度探析》，载《智能城市应用》2018 年第 1 期。

[27] 李小健：《天津：以“宅基地换房”趟出城镇化新路》，载《中国人大杂志》2013 年第 11 期。

[28] 石颖：《国有企业职业经理人差异化薪酬实践》，载《中国人力资源社会保障》2022 年第 2 期。

[29] 张顺：《数字经济转型中的就业群体分化及多维治理》，载《人民论坛》2022 年第 3 期。

[30] 陈甬军、余雯雯：《发展共享经济是实现共同富裕的重要路径》，载《理论导报》2021 年第 11 期。

[31] 刘昱洋：《中国五大要素市场化配置的制约因素及完善策略》，载《区域经济评论》2021 年第 6 期。

[32] 蔡昉：《谨防数字经济时代的劳动力“内卷”数字经济时代应高度重视就业政策》，载《上海企业》2021 年第 8 期。

[33] 黄恒学：《数字经济对产业组织形态和就业模式的多重影响》，载《国家治理》2021 年第 23 期。

[34] 翟涛、晋晓磊、胡辉、张俊华、尚涛、张星、王宇坤、李乐

苗：《关于提升全民数字技能的研究报告》，载《中国培训》2021 年第 6 期。

[35] 高更和、王玉婵、徐祖牧、郭雅琪、牛宁：《农民工回流务工区位研究——以河南省 45 个村为例》，载《地理科学进展》2020 年第 12 期。

[36] 国务院发展研究中心“人口结构变化与就业形势研究”课题组、李建伟、钱诚：《未来十年我国劳动力供求趋势分析》，载《理论导报》2020 年第 10 期。

[37] 王美艳、贾朋：《中国劳动力市场制度面临的新挑战及完善建议》，载《中国发展观察》2020 年 Z7 期。

[38] 孙即、张文婷：《国有上市公司高管“限薪令”的潜在问题与改进建议》，载《金融发展研究》2020 年第 6 期。

[39] 王绛：《国企薪酬机制市场化改革的下一步》，载《企业观察家》2019 年第 10 期。

[40] 李周：《农民流动：70 年历史变迁与未来 30 年展望》，载《中国农村观察》2019 年第 5 期。

[41] 邹勇：《商贸流通业发展对农村地区剩余劳动力转移的影响》，载《商业经济研究》2018 年第 14 期。

[42] 黄冬娅、张华：《民营企业家如何组织起来？——基于广东工商联系统商会组织的分析》，载《社会学研究》2018 年第 4 期。

[43] 高沐阳：《中国行业产值结构与就业人口结构关系分析——基于 2004—2012 年中国统计数据》，载《西北人口》2017 年第 2 期。

[44] 聂常虹、李慧聪：《企业家精神驱动实体经济发展的作用机制研究》，载《全球化》2016 年第 6 期。

[45] 曾铖、郭兵、罗守贵：《企业家精神与经济增长方式转变关系的文献述评》，载《上海经济研究》2015 年第 2 期。

[46] 李永华:《"不愿进厂当工人"难题怎么解？人大代表：提升工匠的社会地位》，载《中国经济周刊》2022年第5期。

[47] 雷晓天、柴静:《从"发展中规范"到"规范中发展"：互联网平台用工治理的演进过程与机制》，载《中国人力资源开发》2022年第5期。

[48] 杨卫敏:《中国式现代化与"两个健康"的实现路径——基于浙江省的实践探索和前瞻分析》，载《上海市社会主义学院学报》2023年第1期。

[49] 卓贤、杨修娜:《珠三角等地用工荒，返乡就业收入低，农民工为何仍大规模回流?》，载《财经杂志》2021年第20期。

[50] 王贻芳:《建设国家实验室，完善国家科研体系》，载《科学与社会》2022年第2期。

[51] 陈凯华、郭锐、裴瑞敏:《我国科技人才政策十年发展与面向高水平科技自立自强的优化思路》，载《中国科学院院刊》2022年第5期。

[52] 樊春良、李哲:《国家科研机构在国家战略科技力量中的定位和作用》，载《中国科学院院刊》2022年第5期。

[53] 朱常海:《超越市场：论技术要素市场化配置改革》，载《科技中国》2022年第4期。

[54] 巴曙松、赵慧倩:《中国金融体系支持科技创新的约束何在？》，载《中国银行业》2022年第4期。

[55] 刘合、张国生、徐鹏、朱世佳、唐玮、梁英波、苏健:《"两论"视角看中国关键核心技术创新体系建设》，载《科技导报》2022年第7期。

[56] 鲍悦华:《完善行业生态　加快上海技术转移中介服务业发展》，载《上海质量》2022年第2期。

[57] 胡飞：《推进技术转移机构改革　激发高校成果转化活力》，载《科技中国》2022年第1期。

[58] 宣晓冬、傅啸、叶璟、魏澄莹：《推动企业参与基础研究的政策研究——基于浙江省数字经济核心产业的案例》，载《中国科学基金》2021年第5期。

[59]《党的十八大以来科技人才政策综述》，载《中国科技人才》2021年第5期。

[60] 朱星华：《我们究竟需要什么样的职务科技成果所有权制度?》，载《科技与金融》2021年第10期。

[61] 吴寿仁：《高校院所科技成果转化的现状进展分析与对策建议》，载《竞争情报》2021年第4期。

[62] 刘瑞明、金田林、葛晶、刘辰星：《唤醒"沉睡"的科技成果：中国科技成果转化的困境与出路》，载《西北大学学报（哲学社会科学版）》2021年第4期。

[63] 李冰、张纪海：《面向重大科技攻关的科技动员模式》，载《科技导报》2021年第7期。

[64] 曲冠青、李春伶：《新型举国体制与推进科技创新》，载《经济导刊》2021年第4期。

[65] 雷朝滋：《加快推动高校专利工作高质量发展》，载《中国高等教育》2021年第Z1期。

[66] 姜江：《技术市场发展：中国与国际对比分析》，载《科技导报》2020年第24期。

[67] 薛薇、尉佳：《适应新时代科技创新发展的税收政策：挑战、问题与建议》，载《国际税收》2020年第6期。

[68] 宋高旭、施红：《中国企业基础研究投入不足原因及政策研究》，载《技术经济与管理研究》2019年第2期。

[69] 李平、王宏伟、张静:《改革开放 40 年中国科技体制改革和全要素生产率》,载《China Economist》2018 年第 1 期。

[70] 边哲:《我国科技体制现状及改革方向研究》,载《科技经济市场》2017 年第 12 期。

[71] 樊春良:《美国是怎样成为世界科技强国的》,载《人民论坛·学术前沿》2016 年第 16 期。

[72] 王宏伟、李平:《深化科技体制改革与创新驱动发展》,载《求是学刊》2015 年第 5 期。

[73] 高洪善、张健:《美国国家创新体系构成特点分析》,载《全球科技经济瞭望》2014 年第 10 期。

[74] 于佳佳、邹漩、韩衍青、陆红娟:《江苏省科技成果转移转化实践与思考》,载《江苏科技信息》2018 年第 36 期。

[75] 王晓惠、郑开萍:《江苏省科技成果转化人才培养现状及对策研究》,载《江苏科技信息》2021 年第 23 期。

[76] 李细枚、邓玥、崔心怡等:《大数据下广东省中小企业融资平台创新研究》,载《科技和产业》2021 年第 5 期。

[77] 李慧:《广东省促进科技成果转化的科技金融机制研究》,载《科技与金融》2019 年第 8 期。

[78] 王胜光:《技术要素市场如何培育》,载《瞭望》2021 年第 11 期。

[79] 孙颖妮:《科技成果如何走出"深闺"?》,载《财经杂志》2021 年第 20 期。

[80] 刘晓春:《多类型风投是科创获得支持的关键》,载《财经杂志》2022 年第 22 期。

[81] 王璟璇、窦悦、黄倩倩、童楠楠:《全国一体化大数据中心引领下超大规模数据要素市场的体系架构与推进路径》,载《电子政

务》2021 年第 6 期。

[82] 熊巧琴、汤珂：《数据要素的界权、交易和定价研究进展》，载《经济学动态》2021 年第 2 期。

[83] 于施洋、王建冬、郭巧敏：《我国构建数据新型要素市场体系面临的挑战与对策》，载《电子政务》2020 年第 3 期。

[84] 王卫、张梦君、王晶：《国内外大数据交易平台调研分析》，载《情报杂志》2019 年第 2 期。

[85]《广东：依托数字经济产业集群打造科创中心》，载《信息化建设》2021 年第 3 期。

[86] 左越、莫笑迎、孙玉龙：《区域产业数字化转型模式研究》，载《未来与发展》2023 年第 1 期。

[87] 丁弋弋：《"1+1+3+3" 框架确立上海城市数字化转型驶入快车道》，载《上海信息化》2022 年第 2 期。

[88] 伍振军：《集体建设用地建租赁住房是农地改革重大突破口》，国研网，[EB/OL]，2017-12-25，http://www.drcnet.com.cn/www/TrainInterview/TrainInterviewDetail.aspx?interviewid=174。

[89]《黄奇帆谈土地要素市场化配置：一场不亚于 80 年代农村承包制的伟大改革》，中国金融四十人论坛，[EB/OL]，2020-05-12，https://mp.weixin.qq.com/s/5alQOnmWt-4YsQJRlqM9ng。

[90] 任泽平：《重庆房地产为什么调控得好？》，新浪网，[EB/OL]，2021-09-07，http://finance.sina.com.cn/zl/china/2021-09-07/zl-iktzscyx2685307.shtml。

[91]《宅基地改革进行时：3000 万亩农村闲置用地即将被唤醒》，中国经济网，[EB/OL]，2018-07-25，http://www.ce.cn/xwzx/gnsz/gdxw/201807/25/t20180725_29850610.shtml。

[92]《新模式研究丨国内集体土地租赁住房模式的创新实践》，贝

壳研究院，[EB/OL]，2022-09-14，https://mp.weixin.qq.com/s/UuXE3z5e5tDWLGTYiEmoFQ。

[93]《农村集体经营性建设用地入市改革　需解决好四大问题》，中国农村网，[EB/OL]，2023-03-13，http://journal.crnews.net/ncgztxcs/2019/deq/snlt/926392_20190123105317.html。

[94]《对十三届全国人大四次会议第 1785 号建议的答复》，自然资源部，[EB/OL]，2021-06-29，http://gi.mnr.gov.cn/202111/t20211104_2701722.html。

[95]《城乡建设用地增减挂钩主要方式及其政策完善》，土地观察微信公众号，[EB/OL]，2020-01-08，https://mp.weixin.qq.com/s/M-PgnLnFznGrficnDT6Cdg。

[96] 蔡昉：《一些农村小孩放弃上学匆匆就业，这种情况必须重视》，新浪网，[EB/OL]，2017-03-30，http://finance.sina.com.cn/zl/china/2017-03-30/zl-ifycwyxr8741295.shtml。

[97]《未来中国还有人口红利吗？》，中国新闻网，[EB/OL]，2021-05-11，https://www.chinanews.com.cn/gn/2021/05-11/9475013.shtml。

[98]《我国老龄化进程加快，银发经济带来新机遇》，中国国际经济交流中心，[EB/OL]，2022-01-18，http://www.cciee.org.cn/Detail.aspx?newsId=19591&TId=685。

[99]《中金：延迟退休带来三重红利》，新浪财经，[EB/OL]，2021-04-20，https://finance.sina.cn/china/cjpl/2021-04-20/detail-ikmyaawc0670652.d.html。

[100] 尹稚：《城乡双向流动是乡村振兴的重要途径》，清华大学中国新型城镇化研究院，[EB/OL]，2022-04-12，http://tucsu.tsinghua.edu.cn/info/research_zjsj/3588。

[101]《金台论策：加大正向激励，促进老龄人力资源开发》，

人民网研究院，［EB/OL］，2021-12-18，https://mp.weixin.qq.com/s/xO8z1L5Zj9LQmpbDQnWNhQ。

［102］《招工难与就业难，不是锅盖配锅的问题》，光明网，［EB/OL］，2022-02-17，https://mp.weixin.qq.com/s/Z0XZ9OVCBQNh15cyMp-_oA。

［103］《数字经济促进就业的挑战和建议》，中国宏观经济研究院，［EB/OL］，2021-04-02，https://www.ndrc.gov.cn/xxgk/jd/wsdwhfz/202104/t20210402_1271690.html?code=&state=123%EF%BC%89。

［104］杨瑞龙：《分类分层构建国有企业经营者激励机制》，人大新闻，［EB/OL］，2017-03-25，https://news.ruc.edu.cn/archives/164847。

［105］《刀尖上的职业经理人》，投中网，［EB/OL］，2022-08-08，https://www.chinaventure.com.cn/news/78-20220808-370458.html。

［106］《浙江杭州启动市属国有企业负责人薪酬制度改革》，杭州国资委，［EB/OL］，2015-09-29，http://www.sasac.gov.cn/n2588025/n2588129/c2753098/content.html。

［107］《探路市场化，激发国企活力》，中国青年网，［EB/OL］，2017-06-22，http://news.youth.cn/jsxw/201706/t20170622_10140627.htm。

［108］《以数字经济助推乡村振兴——曹县县委书记、县委深改委主任赵福龙谈改革》，澎湃新闻，［EB/OL］，2022-07-11，https://m.thepaper.cn/baijiahao_18959453。

［109］《校办企业改革20年：让高校回归教育本位，企业受市场指挥》，澎湃新闻，［EB/OL］，2021-10-08，https://m.thepaper.cn/newsDetail_forward_14811641。

［110］《高校科技成果作价入股，为何遭企业“嫌弃”？》，上海技术交易所，［EB/OL］，2022-01-26，http://www.stte.com/articles/557。

［111］《国内技术交易现状分析及未来发展建议》，国家技术转移东

部中心，[EB/OL]，2023-03-30，https://www.netcchina.com/archives/3644。

[112]《他山之石可以攻玉，国内外技术成果转化服务机构建设对比与启示》，上海技术交易所，[EB/OL]，2021-05-13，http://www.stte.com/articles/237。

[113]《党坚持对科技事业领导的历史经验与启示》，中国科学技术大学科研部，[EB/OL]，2021-07-21，https://kyb.ustc.edu.cn/2021/0721/c26083a517844/page.htm。

[114]《国家重点研发计划公布 51 个专项，26.7 亿“揭榜挂帅”经费瞄准哪些领域》，第一财经，[EB/OL]，2021-07-20，https://www.yicai.com/news/101115968.html。

[115]《科研计划项目“揭榜制”国内外做法与启示》，上海技术交易所，[EB/OL]，2021-03-30，http://www.stte.com/articles/219。

[116]《破“五唯”后，高校年终绩效考核变了吗？》，科学网，[EB/OL]，2021-02-01，https://news.sciencenet.cn/htmlnews/2021/2/452688.shtm。

[117]《落实科技成果转化政策的三个难点和九个建议》，三思派微信公众号，[EB/OL]，2021-09-15，http://www.chinatorch.gov.cn/jssc/llyj/202109/db3dff6f2fd943ee9a4877bd3cae4e7f.shtml。

[118]《风险投资：美国科技创新的阿基米德杠杆》，读数一帜微信公众号，[EB/OL]，2022-05-26，https://mp.weixin.qq.com/s/p0eB9LHfBSAS6xnJIXt8-g。

[119]《以色列创新的经验和启示》，金融四十人论坛，[EB/OL]，2015-12-15，http://www.cf40.com/news_detail/6526.html。

[120]《加快推动服务业创新发展，支撑引领经济转型升级》，国家发改委微信公众号，[EB/OL]，2017-08-15，https://mp.weixin.qq.com/s/V42cMjJ-ukJd7-tZGEUvzg。

[121]《深创投：牢牢聚焦激活内部机制，构建现代创投企业治

理模式》，深圳市国资委，［EB/OL］，2023-03-10，http://gzw.sz.gov.cn/gkmlpt/content/10/10474/post_10474937.html#1904。

［122］《深创投：发现并成就伟大企业》，深圳市国资委，［EB/OL］，2022-12-29，http://gzw.sz.gov.cn/zwgk/qt/pcgz/content/post_10360659.html。

［123］《深圳：今年11月1日起职务科技成果所有权70%以上归属科研人员》，深圳发布，［EB/OL］，2020-08-31，https://mp.weixin.qq.com/s/HbPblrRyKw1jFMQ1iPtdtQ。

［124］《助力城市数字化转型，上海"一网通办"开辟新场景》，文汇网，［EB/OL］，2021-01-07，https://wenhui.whb.cn/third/baidu/202101/07/387128.html。

［125］《"一网统管"形成数字治理"上海方案"：科技之智、规则之治、人民之力》，文汇网，［EB/OL］，2022-01-09，https://wenhui.whb.cn/third/baidu/202201/09/443188.html。

［126］《北京全球数字经济标杆城市发展现状与特点》，北京物联网智能技术应用协会，［EB/OL］，2023-03-28，https://mp.weixin.qq.com/s/KdVcmLpYvo8TiErm_MU6Uw。

［127］《数绘北京2022：奋楫全球数字经济标杆城市》，中关村金融科技产业发展联盟，［EB/OL］，2022-12-08，https://mp.weixin.qq.com/s/kmYDlfG-uecI3ug2mGtaRA。

［128］《以二十大精神为指南　探索中国式服务业数字化发展之路》，金融时报—中国金融新闻网，［EB/OL］，2023-04-10，https://www.financialnews.com.cn/ll/sx/202304/t20230410_268563.html。

［129］《农业农村数字化转型的现实表征、影响机理与推进策略》，数邦客，［EB/OL］，2021-01-16，https://www.sohu.com/a/444961668_468714。

［130］陈锡文：《农村集体经营性建设用地入市的现实进路》，载《经济评论》2021年4月25日。

［131］苏树芳：《破解集体经营性用地入市难点——访北京市尚和律师事务所主任闫凤翥》，载《今日国土》2020 年 5 月 18 日。

［132］苏志勇：《试点 3 年，集体土地建租赁住房艰难探路》，载《中国房地产报》2020 年 11 月 15 日。

［133］曾湘泉：《缓解结构矛盾需要辩证思考》，载《贵阳日报》2021 年 11 月 22 日。

［134］夏小雄：《如何建立完善国有企业职业经理人制度》，载《经济参考报》2021 年 10 月 19 日。

［135］杨勤：《劳动力市场的新挑战与新对策》，载《中国劳动保障报》2020 年 12 月 30 日。

［136］李晓超：《关于我国调查失业率统计的几个问题》，载《中国信息报》2020 年 9 月 29 日。

［137］王阳：《以扩容提质促进就业结构均衡》，载《经济日报》2021 年 4 月 19 日。

［138］高明华：《国企董事会治理：实重于形》，载《经济参考报》2019 年 1 月 28 日。

［139］姜琳琳：《国有企业职业经理人薪酬制度的思考》，载《经济参考报》2017 年 9 月 15 日。

［140］《珠三角探索户籍准入年限同城化累计互认全面实施居住证制度》，载《南方都市报》2021 年 12 月 17 日。

［141］《真诚以待，服务暖心——江苏省打造农民工满意的公共服务平台》，载《中国劳动保障报》2017 年 9 月 28 日。

［142］《技能型人才队伍不断壮大，举全市之力育“工匠之城”》，载《台州日报》2021 年 12 月 7 日。

［143］孟佩佩：《科技成果转化到底难在哪儿》，载《中国青年报》2022 年 6 月 14 日。

[144] 吴红梅：《打造“不落幕”技术交易市场》，载《新华日报》2017 年 7 月 1 日。

[145] 张明喜：《对科研人员的创新激励力度更大了》，载《光明日报》2020 年 6 月 18 日。

[146] 张木、郭曼：《如何建设现代技术要素市场：加快创新驱动，构建“五方共治”新格局》，载《科技日报》2021 年 7 月 27 日。

[147] 倪思洁：《“科技成果转化率”咋衡量？》，载《中国科学报》2014 年 1 月 9 日。

[148] 向家莹：《CF40 报告：金融发力支持科技创新发展》，载《经济参考报》2022 年 4 月 29 日。

[149] 洪群联：《创新是服务业发展根本动力》，载《经济日报》2022 年 5 月 10 日。

[150] 杨华：《重构分类评价激励体系——深圳坚持深化人才发展体制机制改革》，载《人民日报》2021 年 10 月 5 日。

[151] 许张超、孙晶、戴曼曼、杭莹、丁玲：《广东金融赋能“专精特新”企业》，载《羊城晚报》2022 年 6 月 22 日。

[152] 于长洹：《解码广东制造数字化：探路产业集群转型，5 年将推百万企业“上云用云”》，载《21 世纪经济报道》2021 年 6 月 28 日。

[153] 罗曼、田牧：《理想很丰满，现实很骨感，贵阳大数据交易所这六年》，载《证券时报》2021 年 7 月 13 日。

[154] 罗艾桦：《全国首批“数据经纪人”授牌》，载《人民日报》2022 年 8 月 18 日。

[155] 陈杰、陈开洋：《集体建设用地建租赁房试点改革的历史回顾、现状梳理与对策建议》，载上海交通大学住房与城乡建设研究中心“SJTU 住房政策观察”第 6 期，2020 年。

[156] 夏磊、郑南宏、庞欣：《中国住房制度：回顾、成就、反思

与改革》，恒大研究院，2019 年。

[157] 任泽平、熊柴：《中国土地资源稀缺吗？》，恒大研究院，2019 年。

[158] 林薇：《城乡建设用地增减挂钩中土地收益分配研究》，载《福建省土地学会 2016 年学术年会暨福建省科协第十六届学术年会土地分会场论文集》，2016 年。

[159] 宋晓梧：《对劳动力要素市场配置的几点看法》，载《中国经济体制改革研究会：2019 年宏观经济与改革走势座谈会内容汇编》，2019 年。

[160] 赵简、孙李淳：《国有企业市场化选人用人存在问题及对策研究》，AEIC Academic Exchange Information Centre（China）. Proceedings of 2019 4th International Conference on Social Sciences and Economic Development（ICSSED 2019）（Advances in Social Science，Education and Humanities Research，VOL.314），2019 年。

[161]《"十四五"期间劳动力市场的主要问题和应对措施》，中国人民大学国家发展与战略研究院，2019 年。

[162]《从人口普查观察近年来我国人口流动的新变化》，中国银行研究院，2021 年。

[163]《老龄社会的就业与养老金——兼论养老金领取机制和弹性退休政策》，清华—布鲁金斯公共政策研究中心，2023 年。

[164]《我国数字经济发展对就业的影响与对策建议》，中国银行研究院，2022 年。

[165]《2021 数字化就业新职业新岗位研究报告》，中国信息通信研究院，2021 年。

[166]《中国数字经济就业发展研究报告：新形态、新模式、新趋势（2021 年）》，中国信息通信研究院，2021 年。

[167]《中国共享经济发展报告（2022）》，国家信息中心，2022 年。

[168]《数字经济时代的创新城市和城市群发展研究报告》，清华大学，2019 年。

[169]《就业难与招工难并存，经济转型带来新机遇》，湘财证券，2022 年。

[170]《2022 年全国技术市场统计年报》，技术市场与成果转化处，2022 年。

[171]《中国专利调查报告》，国家知识产权局，2022 年。

[172] 张晓慧：《透视我国金融支持科技创新：现阶段核心矛盾何在？》，载《2022 · CF40 中国金融改革报告》，2022 年。

[173]《数据治理研究报告（2020 年）》，中国信息通信研究院，2020 年。

[174]《中国数据要素市场发展报告（2021—2022）》，国家工业信息安全发展研究中心，2022 年。

[175]《中国数据要素市场发展报告（2020—2021）》，国家工业信息安全发展研究中心，2021 年。

[176]《中国数字经济发展白皮书（2020）》，中国信息通信研究院，2020 年。

[177]《中国数字经济发展白皮书（2021）》，中国信息通信研究院，2021 年。

[178]《中国数字经济发展白皮书（2022）》，中国信息通信研究院，2022 年。

[179]《政务数据共享开放安全研究报告》，中国信息通信研究院，2021 年。

[180]《数据资产化：数据资产确认与会计计量研究报告（2020 年）》，中国信息通信研究院，2020 年。

[181]《数据价值化和数据要素市场发展报告（2021 年）》，中国信息通信研究院，2021 年。

[182]《数据交易的商业模式研究报告》，数据交易商业模式探究项目组，2019 年。

[183]《重点城市大数据发展指数报告》，中国电子技术标准化研究院，2021 年。

图书在版编目(CIP)数据

盘活要素市场:新旧要素大融合/杨成长,龚芳,
方思元著. —上海:上海人民出版社,2024
(发展地方经济决策丛书)
ISBN 978-7-208-18705-4

Ⅰ. ①盘… Ⅱ. ①杨… ②龚… ③方… Ⅲ. ①生产要
素市场-市场配置-市场改革-研究-中国 Ⅳ.
①F723.0

中国国家版本馆 CIP 数据核字(2024)第 003717 号

责任编辑 夏红梅
封面设计 孙 康

发展地方经济决策丛书
盘活要素市场:新旧要素大融合
杨成长 龚 芳 方思元 著

出 版 上海人民出版社
(201101 上海市闵行区号景路 159 弄 C 座)
发 行 上海人民出版社发行中心
印 刷 上海华业装璜印刷厂有限公司
开 本 720×1000 1/16
印 张 33
字 数 398,000
版 次 2024 年 1 月第 1 版
印 次 2024 年 1 月第 1 次印刷
ISBN 978-7-208-18705-4/F·2861
定 价 120.00 元